U0424479

墨子与中国文化

张永义◎著

中山大學出版社
SUN YAT-SEN UNIVERSITY PRESS
·广州·

图书在版编目（CIP）数据

墨子与中国文化/张永义著．—广州：中山大学出版社，2020.9
（中山大学哲学精品教程）
ISBN 978-7-306-06933-7

Ⅰ.①墨…　Ⅱ.①张…　Ⅲ.①墨翟（前468—前376）—哲学思想—影响—中华文化—教材　Ⅳ.①B224.5

中国版本图书馆CIP数据核字（2020）第152332号

出 版 人：王天琪
策划编辑：嵇春霞
责任编辑：王　璞
封面设计：曾　斌
责任校对：杨文泉
责任技编：何雅涛
出版发行：中山大学出版社
电　　话：编辑部 020-84110771，84110283，84111997，84110771
　　　　　发行部 020-84111998，84111981，84111160
地　　址：广州市新港西路135号
邮　　编：510275　　传　　真：020-84036565
网　　址：http://www.zsup.com.cn　E-mail：zdcbs@mail.sysu.edu.cn
印 刷 者：佛山家联印刷有限公司
规　　格：787mm×1092mm　1/16　20.5印张　344千字
版次印次：2020年9月第1版　2020年9月第1次印刷
定　　价：78.00元

中山大学哲学精品教程

总　序

中山大学哲学系创办于1924年，是中山大学创建之初最早培植的学系之一。1952年逢全国高校院系调整而撤销建制，1960年复办至今。先后由黄希声、冯友兰、傅斯年、朱谦之、杨荣国、刘嵘、李锦全、胡景钊、林铭钧、章海山、黎红雷、鞠实儿、张伟等担任系主任。

早期的中山大学哲学系名家云集，奠立了极为深厚的学术根基。其中，冯友兰先生的中国哲学研究、吴康先生的西方哲学研究、朱谦之先生的比较哲学研究、李达先生与何思敬先生的马克思主义哲学研究、陈荣捷先生的朱子学研究、马采先生的美学研究等，均在学界产生了重要影响，也奠定了中山大学哲学系在全国的领先地位。

日月其迈，逝者如斯。迄于今岁，中山大学哲学系复办恰满一甲子。60年来，哲学系同仁勠力同心、继往开来，各项事业蓬勃发展，取得了长足进步。目前，我系是教育部确定的全国哲学研究与人才培养基地之一，具有一级学科博士学位授予权，拥有国家重点学科2个、全国高校人文社会科学重点研究基地2个。2002年教育部实行学科评估以来，稳居全国高校前列。2017年，中山大学哲学学科成功入选国家“双一流”建设名单，我系迎来了跨越式发展的重要机遇。

近年来，在中山大学努力建设世界一流大学的号召和指引下，中山大学哲学学科的人才队伍不断壮大，且越来越呈现出年轻化、国际化的特色。哲学系各位同仁研精覃思、深造自得，在各自的研究领域均取得了丰硕的成果，不少著述产生了国际性影响，中山大学哲学系已逐渐发展成为全国哲学研究的重镇之一。

在发展过程中，中山大学哲学系极为重视教学工作，始终遵循“明德亲民”的“大学之道”，注重培养德才兼备、具有家国情怀的优秀人才。诸位同仁对待课堂教学，也积极参与，投入了大量的精力。长期以来，我系在本科生和研究生教学工作中重视中西方经典原著的研读以及学术前沿问题的讲授，已逐渐形成特色，学生从中获益良多。为了进一步提高教学质量，我系计划推出这套“中山大学哲学精品教程”，乃从我系同仁所撰教材中择优出版。这对于学科建设与人才培育而言，都具有十分重要的意义。

“中山大学哲学精品教程”的编撰与出版，是对我系教学工作的检验和促进。我们真诚地希望得到学界同仁的批评指正，使之更加完善。

“中山大学哲学精品教程”的出版，得到中山大学出版社的鼎力支持，在此谨致以诚挚谢意！

中山大学哲学系
2020 年 1 月 8 日

目　录

绪　论

墨子是我国先秦时期著名的思想家，墨家学派的创始人。其经历与儒家开创者孔子有很多相似之处。

墨子的家世早在汉代就已不详。从一些文献记载可以知道，他早年受到过良好的教育，对《诗》《书》等文化典籍相当熟悉。据说有一个时期，他还学习过儒者之业。但当他发现孔门所宣讲的那套烦琐礼制与自己的性格、志趣不合时，马上就从儒学中独立了出来，开始自创学派，自立新说。也许正因为有过这种出入孔儒的经历，他的主张才显得处处与儒家相对立。

和孔子一样，墨子成年后也曾四处游历，宣传自己的主张。他的足迹所至，就有齐、鲁、宋、卫、楚等国。不过，比孔子稍显优越的是，墨子游历时颇受时君世主的礼遇。这是因为毕竟时代不同了，战国初期“士”的地位已较孔子之时有了很大的提高。

由于其主张本身不甚切合实际，墨子始终未被统治者所重用。他的游说活动，除了极少的几次外，大都没有取得令人满意的效果。但是，通过这些游历活动，他的学说却被越来越多的人了解，他悲天悯人、苦行救世、言行一致的崇高品格也为更多的人所认识。相应地，他的声望也就变得越来越大。

到了晚年，墨子主要从事授徒讲学活动，并以自己的声望向各国统治者举荐弟子出仕，借以推行自己的主张。在其人格力量的感召下，墨子身边聚集了一批有才华的弟子，并形成了一个实力强大的学派。这个学派和儒家一起被并称为“当世之显学”。墨子本人也在很长的一段时期内和孔子齐名，一道被人称作“智者”或“圣人”。

墨子的主张，概括地讲，一共有十条，即兼爱、非攻、尚贤、尚同、节用、节葬、天志、明鬼、非乐、非命。这十大主张都是针对现实而发，对此，墨子本人做了最好的说明：“凡入国，必择务而从事焉。国家昏乱，则语之尚贤尚同；国家贫，则语之节用节葬；国家憙音湛湎，则语之非乐非命；国家淫僻无礼，则语之尊天事鬼；国家务夺侵凌，即语之兼爱非攻。”（《墨子·鲁问》）① 对现实问题的极度关注构成了墨子思想的一大特点。

兼爱是墨子十大主张的灵魂，也是墨家区别于其他各家的主要标志。兼爱的意思是视人如己，不分亲疏、远近、贵贱，平等地爱所有的人。它和儒家的差等之爱刚好相反。儒家也讲爱，但儒家的爱是仁爱，有远近、亲疏、贵贱之别。贵贱之分源于封建制度，亲疏之别起于血缘关系，这两者是宗法制的核心。因此，儒家的仁爱实际上是建立在传统的宗法制度之上的。墨子反对亲疏之别、贵贱之分，其意义不仅在反对儒家伦理，而且还是对宗法制的质疑和批判。可以说，墨子是中国历史上较早要求废除宗法制度、打破贵族政治、重建社会伦理的思想家，他的兼爱论在当时无疑是思想界的一场革命。

墨子讲兼爱，常与“利”相连。“爱人利人”“爱利万民”“相爱相利”等都是爱利并提。墨子从不空言爱，他认为没有表现为具体利益的就不能叫作爱，判定一种行为是否属于爱，首先要看它的实际效果。重视行为的实际效果使墨子的思想呈现出功利主义的特征。这和儒家的耻言功利又刚好形成明显的对照。儒家属于彻底的动机论者，从孔子起就把动机和效果严格区分开来，所谓“君子喻于义，小人喻于利”（《论语·里仁》），所谓“鸡鸣而起，孳孳为善者，舜之徒也；鸡鸣而起，孳孳为利者，跖之徒也”（《孟子·尽心上》），所谓“正其谊不谋其利，明其道不计其功”（《汉书·董仲舒传》）等，均把义和利放在了两个相反的极端。儒墨的这种区别使中国传统文化中的义利观分成了截然对立的两大阵营。

非攻是兼爱的延伸。要兼爱，就不能有侵略、不能有战争，侵略和战争必然会带来流血和死亡。先秦诸子中，除法家主张耕战外，儒、道、墨均反对战争。儒、道两家反战的根据主要是战争不人道，违背人的本性，墨家反战的理由则更多地偏向战争的实际后果。从人道的角度批评战争之残忍，对好战者来说，常常只是一种不合时宜的空洞说教；但从经济的角度分析战争的得失却是交战双方都不得不慎重考虑的问题。墨子从战争的实际后果论证其非攻主张之必要，进一步丰富了中国古代和平主义思想的内容。

---

① 下引《墨子》，只注篇名。引用原文，除特别说明外，皆据吴毓江《墨子校注》，孙启治点校，中华书局 1993 年版。

不过，墨子并不是一位没有原则的和平主义者。他并非反对所有的战争。除了赞成自卫的战争（“守”）外，他还认可正义的出讨（“诛”）。为了帮助弱小者的自卫，墨子和他的弟子们专门研究了守城的技巧，这些守城技巧涉及备城门、备高临、备梯、备突、备水、备穴等十分广泛的内容。《汉书·艺文志》专门把《墨子》书中的这部分内容归到“兵技巧”一类，以与集中研究军事理论的“兵权谋”相区分。而兵权谋和兵技巧分别构成了中国古代军事理论的两大组成部分。

代表墨子政治理想的是尚同、尚贤两大主张。尚同的意思是下级绝对服从上级：普通百姓服从里长，里长服从乡长，乡长服从国君，国君服从天子，这样一层层地上推，最后由天子一同天下之义。墨子的理由是，不如此，每个人都会以自己为标准，都会认为自己正确而别人错误，结果彼此之间老是互相攻击、互相欺骗乃至互相残杀，天下乱得就像禽兽一样。但是，把这种主张贯彻到底，以天子一人为标准，最后走向的却是绝对的专制主义。无论墨子本人的意愿如何，尚同论客观上都成了中国古代政治思想史中专制主义理论的源头之一。

为了保证尚同不至于流为暴政，墨子进一步提出了尚贤论。尚贤的意思是任用贤才。墨子主张打破血缘关系的束缚，任用那些有德有才的人来治理国家，即便是农与工肆之人，只要有能力照样可以做官。这是对贵族政治的否定，反映了平民参政的要求。墨子的尚贤主张影响很大，战国中后期，尚贤成为诸子（道家除外）的共识。

代表墨子经济思想的是节用、节葬和非乐诸论。墨子立言宗旨在“兴天下之利，除天下之弊”。因此，如何获得、增加和分配“利”是他思想中的一个重要组成部分。对于获得利，墨子主张人人参与劳作并分工合作、各尽所能。对于分配利，墨子主张量功分禄、以劳定赏。对于增加利，墨子则提出了节俭倍财的主张。节用、节葬和非乐诸论反复说明的也正是这个道理。墨子认为，在社会总体财富一定的情况下，去掉许多无用之举，是一种比扩大再生产更有效的增加社会财富的办法。这不合乎经济学的常识，但在当时生产力水平十分落后的情况下，仍不失为一种有效缓解社会矛盾的方法。

墨子要求节制之处很多，如宫室、衣服、饮食、舟车、蓄私等，但最重要的是丧葬和音乐两种。墨子认为，厚葬久丧必然会带来劳民靡财、伤生害事的后果，繁饰礼乐也会影响到士君子的听狱治政与老百姓的生产劳作，这两者均属无用之举，因此必须加以限制或取消。墨子之所以特别提出这两者，一方面是为了约束当时统治者在丧葬和音乐方面的过分奢侈，另一方面也是为了批评儒家的厚葬久丧、繁饰礼乐论。

为了推行自己的政治理想，给自己的理论提供一个更坚实的基础，墨子进一步提出了天志、明鬼和非命三大主张。天志和明鬼主要是论证天、鬼的实有以及它们对现世生活的干预，意在借助民间信仰，通过改造传统的天命观念，为人的行为制定外在的标准；非命则极力反对命定论，目的是高扬人的能动性。就转换传统天命观的内容、把自己的主张上升到天意这一点来说，墨子和儒家并无太大的不同。但经过春秋以来人文主义的觉醒，墨子再把天、鬼描写得活灵活现，也无法满足日益开启的民智的需要，反而给人留下了许多批评的口实。不过，墨子对“命”的否定则成功地展示了人自身的力量，揭露了命这种观念产生的根源，对于后人正确认识各种命定论极具参考价值。

总之，墨子的十大主张涉及政治经济、伦理道德、宗教信仰等十分广泛的领域，构成了一套独特的思想系统。墨子以此上说下教，广泛宣传，从而使墨家成为战国时期最有影响的学派之一。这个学派在政治、伦理、经济和军事等许多方面的见解不但丰富了中国思想史的内容，同时也影响了战国时期的其他各家各派。

在宣传自己政治主张的同时，墨子出于争鸣的需要，还认真地研究了辩论的技巧和方法，提出了察类、明故以及言必立仪等原则。所谓察类、明故，就是说在论战中要注意概念内涵和外延的确定性，保持意义的一贯，从而避免把表面相似而实质不同的事物混为一谈。所谓言必立仪，就是说言谈必须设立一个标准。这两者都表明墨子已经认识到思维必须遵守一定的规则。对思维规则的重视使墨子成为中国古代逻辑学的奠基者。

作为学派领袖和导师，墨子还是一位伟大的教育家，具有丰富的教学实践经验，并提出了一些独特的教育理论。墨子认为，教育是实现其政治主张最方便的途径，个人的能力总是有限的，通过教育可以让更多的人了解必须行义的道理。因此，墨子极力提倡“有道者劝以教人”。墨子反对儒家“恭己以待”的消极教育观，主张主动施教。墨子相信好的道理不说出来，别人是无法知道的，所以隐匿良道是一桩不仁不义的事，君子必须“强说人”，也就是说，要主动地进行宣传和教育。由于实践的需要，墨子继孔子之后，在教学中进一步推行了分科教学的方法。他把教育分为谈辩、说书和从事三科，根据学生性之所近，分配到不同的科目中学习。谈辩主要学习辩论的技巧和方法，说书主要研究古代文化典籍，从事则主要掌握一些具体的知识和技能。他认为，只要每个人把自己所长发挥出来，任何义事都可以顺利地实现。墨子的这些独特的教育理论为中国古代教育思想的园地增添了一些新鲜的内容。

墨子不仅是一位杰出的思想家，而且还是一位伟大的实践家。如果说作为思想家的墨子还常常受到批评或攻击的话，那么作为实践家的墨子却得到了众口一词的赞美。人们可以不同意他的学说和主张，但却不能不敬佩他那种“摩顶放踵，利天下为之”的献身精神以及“枯槁不舍，舍己济人”的救世情怀。为了止楚攻宋，墨子可以带领弟子日夜奔波，帮宋守城，自己则面见楚王，晓以大义；为了自己的信念，墨子可以拒绝越王的邀请，可以斥退弟子的出仕。他的各种声誉，如《庄子·天下》篇所谓“真天下之好，才士也夫”很大程度上都得力于他的行为而不是思想。

在墨子精神和行为的影响下，墨家学派也成了先秦诸子中最有组织、最有纪律的团体。和其他各家相比，墨家的组织结构有许多独特的地方：首先，这个团体有自己世代相传的首领，即巨子。其次，这个团体内部下级对上级有绝对服从的义务。再次，这个团体内部有自己的法，此法连巨子也得无条件地遵循。最后，团体内部各成员有多财分贫、互助互济的义务。这种情况足以表明，墨家并不是一个松散的学术团体，而是一个有严密组织纪律、有自己学说和主张的政治团体。以这样的团体力量推行一种政治理想，自然较之于单纯的理论更容易产生实际的效果。但是，在一个大一统的社会里，像这样的民间组织肯定会受到统治者的猜忌，所以，在墨家的组织结构里，事实上早已埋下了后世衰亡的种子。

墨子死后，墨家曾经分裂为相里氏、相夫氏和邓陵氏三派。人们习惯上把墨子及其及门弟子称为前期墨家，把分裂后的墨家称为后期墨家。可以相信，现存《墨子》书中的《经上》《经下》《经说上》《经说下》《大取》《小取》六篇就是后期墨家的著作。从这些著作中，我们可以发现，墨家从前期到后期，思想倾向发生了重要的变化，那就是从政治伦理逐渐转向了逻辑和科学，墨家批评的对象也从儒家逐渐转向了名家和道家。

《墨子》书中的《经上》《经下》《经说上》《经说下》《大取》《小取》六篇，通常叫《墨辩》或《墨经》。其主要内容除了少量地对前期墨家政治、伦理思想的发挥外，大部分是关于逻辑和科学的。《墨辩》中逻辑部分讨论了概念的分类原则、命题的词项周延性以及推理的规则与形式，代表了中国古代逻辑学的最高成就。科学部分主要记录了几何和光学方面的成就，其中，几何方面对方、圆、相交、相切等几何概念的定义和说明有助于改变中国古代缺乏几何学思想的猜测，光学方面对针孔成像的试验更是世界最早的记录。《墨辩》中的这些逻辑和科学内容奠定了后期墨家在中国古代逻辑和科学史上的崇高地位。

由于儒家独尊地位的确立，加上前期墨家的政治主张不切实际，以及后期墨家的知识取向无法满足意识形态的需要，墨家学派在秦汉之际衰微了。但是，作为战国时期盛极一时的显学，墨家对中国文化的影响并未完全消失。通过百家争鸣，战国时期的很多思想家身上都多少打上了墨家的烙印。在秦汉之际的儒家典籍里，我们可以找到某些原本属于墨家的理念。在游侠的行为中，我们依稀可以看到墨者们勇于牺牲、乐于助人的身影。在方士们的法术中，我们甚至可以看到后期墨家科学思想在实际中的一种扭曲应用。

第一章

墨子和他的学派

在先秦诸子中，墨子的名声与孔子不相上下，他所开创的学派是当时的显学之一。在生前，墨子就获得过“北方贤圣人”的美誉。身后，其声望也并未消减。在很长一段时间内，人们都把他看作和孔子一样的仁人、智者。《庄子·天下》篇评论百家学术，首先提到的就是墨子。《吕氏春秋》和《淮南子》中也有不少孔墨并称的记载。只是到了西汉中叶儒学独尊地位确立之后，墨子的名字才不再见称于学者或儒生之口。从此，墨家便从思想史的主流中消失了，以至于连墨子的思想渊源、生平事迹、墨家学派形成发展的经过等也都成了模糊不清的问题。

一、思想渊源

传统上，关于墨家起源的说法主要有三种：一是墨家源于大禹，二是墨家出于清庙之守，三是墨学是从儒家分化出来的。

第一种说法的根据在《庄子·天下》篇：

> 墨子称道曰：“昔禹之湮洪水、决江河而通四夷九州也，名川三百，支川三千，小者无数；禹亲自操橐耜而九杂天下之川，腓无胈，胫无毛，沐甚雨，栉疾风，置万国。禹大圣也，而形劳天下也如此。”使后世之墨者，多以裘褐为衣，以跂蹻为服，日夜不休，以自苦为极，曰：“不能如此，非禹之道也，不足为墨。”

《天下》篇引述的这段话不见于今本《墨子》书。53篇之中，单独提到大禹的地方极少，倒是合称“尧舜禹汤文武”“禹汤文武”的例子有很多。《韩非子·显学》篇说："孔子墨子俱道尧舜，而取舍不同，皆自谓真尧舜。"司马谈在《论六家要旨》中也说："墨者亦尚尧舜道，言其德行，曰：堂高三尺，土阶三等，茅茨不翦，采椽不刮；食土簋，啜土刑，粝粱之食，藜藿之羹；夏日葛衣，冬日鹿裘。"这些均说明墨子所赞誉的先王或圣人并不仅仅限于大禹，而是包括尧舜禹汤文武在内的一个圣王系列。把这几条材料对照起来看，墨子所称赞的"禹道"和"尧舜道"在精神实质上并无差别，只是细节略有不同而已。按照《要旨》篇的描述，"尧舜道"的真精神显然在勤俭和节约。而《天下》篇所说的"禹道"，讲得更多的是吃苦耐劳、勇于牺牲、热心救世等品德和精神。这两个方面，在墨子思想中，实际上是水乳交融、不可分离的。从墨子对"尧舜道"和"禹道"内容的描述来看，他所推崇的圣人只不过是他自己理想的一种寄托而已。换句话说，尧舜也好，大禹也好，他们的作用只在于使墨子的主张获得某种神圣的合法性。所以，《天下》篇的这一说法并不足以判定墨子思想的确切来源。至多，它只不过说明了墨子曾经受到过传说中的某种远古精神的感召而已。

第二种说法的根据在《汉书·艺文志》：

> 墨家者流，盖出于清庙之守。茅屋采椽，是以贵俭。养三老五更，是以兼爱。选士大射，是以上贤。宗祀严父，是以右鬼。顺四时而行，是以非命。以孝视天下，是以上同。

《艺文志》的根本主张在于"诸子出于王官"论。其大意是说，春秋以前学在官府，后来随着王纲失统，官失其守，学术因而下移民间。诸子分成各家各派正是学问散在民间之后的事儿，因此追本溯源，诸子十家都可以上溯到某种王官那里，如"墨家者流，盖出于清庙之守""纵横家流，盖出于行人之官""杂家者流，盖出于议官"等。《艺文志》的这种说法虽然有助于解释官学向私学的转化，但它却过分重视横面的剖判，缺乏发展的眼光，所以根本无法解释诸子百家的演进过程。为了追求整齐划一，它不得不引入许多附会的东西。对此，胡适的批驳相当有力：

> 此其所言，无一语不谬。墨家贵俭，与茅屋采椽何关。茹毛饮血，穴居野处，不更俭耶。又何不谓墨家为出于洪荒之世乎。养三老

> 五更，尤不足以尽兼爱。墨家兼爱，本之其所谓“天志”。其意欲兼而爱人，兼而利人，与陋儒之养老异矣。选士大射，岂属清庙之守。其说已为离本。至谓“宗祀严父，是以右鬼，以孝视天下，是以上同”，则更荒谬矣。墨家爱无差等，何得宗祀严父。其上同之说，谓一同天下之义，与儒家之以孝治天下，全无关系也。墨家非命之说，要在使人知祸福由于自召，丰歉有待耕耘，正攻儒家“死生有命，富贵在天”之说。若“顺四时而行”，适成有命之说，更何“非命”之可言。①

后来，虽然也有人试图替《艺文志》辩护，但并不能推倒胡适的批评。所以，墨家出于清庙之守的说法不足以揭示墨家的真实来源。

最后一种说法的根据在《淮南子·要略》：

> 墨子学儒者之业，受孔子之术，以为其礼烦扰而不说，厚葬靡财而贫民，（久）服伤生而害事，故背周道而用夏政。禹之时，天下大水，禹身执虆锸以为民先，剔河而道九岐，凿江而通九路，辟五湖而定东海。当此之时，烧不暇撌，濡不给抳，死陵者葬陵，死泽者葬泽，故节财薄葬闲服生焉。

这段话的后半部分略同于《天下》篇，说明古本《墨子》书中可能确实有一些单独称颂禹道的内容，同时也说明了墨子对大禹的牺牲精神特别钦佩。但是，《要略》并不因此就认为墨家出于大禹，相反，它给出了墨家更近的思想来源，那就是“墨子学儒者之业，受孔子之术”。这种说法不见于他书，但由以下几方面来看，似乎相当可靠：第一，鲁是儒家的发源地，墨子出生在鲁国，早年极易接受儒学的感染。第二，墨子对儒家典籍如《诗》《书》等记诵娴熟，达到了可以随口征引的程度。第三，墨子对儒家的一套主张非常熟悉，他自己的理论与儒家处处相反，似乎是有意立异的结果。第四，儒墨两家有着共同的理想人格，尧舜禹汤文武成了他们共同推崇的圣贤。联系到《淮南子·主术训》所谓“孔墨皆修先圣

---

① 胡适：《诸子不出王官论》，载《中国哲学史大纲》卷上附录，商务印书馆1919年版，第4页。

之术，通六艺之论”的说法，可以相信，即便墨子并未真的受过“孔子之术”，那也不能否认，儒墨两家有着共同或相近的思想来源。《吕氏春秋·当染》篇曾记载说：“鲁惠公使宰让请郊庙之礼于天子，桓王使史角往，惠公止之，其后在于鲁，墨子学焉。”史角是周朝的史官，熟悉周礼，墨子曾学于史角后人，他自然免不了浸润于周礼之中。鲁国也素有重视保存周礼的传统，儒家便是在这种深厚的礼乐文化基础上形成的，孔子一生念念不忘的便是恢复周礼以重振社会秩序。所以，习礼、习六艺恐怕是孔墨两人早年的共同经历。只不过，在对待周礼的态度上，他们后来刚好相反而已。其中，墨子的态度正如《要略》篇所说：“以为其礼烦扰而不说，厚葬靡财而贫民，（久）服伤生而害事，故背周道而用夏政。”

关于“背周道而用夏政”，这里需要做点解释。其实，按照《墨子》本书，墨子并非文王和武王，也非制礼作乐的周公。《公孟》和《贵义》等篇甚至还多次提到“周公旦为天下之圣人”“故周公旦佐相天子”等。所以，似乎没有理由说“墨子背周道而用夏政”。但事实上，墨子的主张的确与周礼相悖，他对儒家的批评实际上也正是对周礼的抨击。这种相互矛盾的现象只能有一种解释，那就是墨子所“背”的“周道”是实际的，在他生活的时代还依然存在的周道，所“用”的“夏政”只是他自己寄托在古代圣贤名下的夏政。其结果，同一个周公，本来是周道的创始者，名义上却又成了专门用来印证墨子本人主张的“天下大圣”。

总之，《要略》篇既为我们回顾了墨子思想的远因，那就是上古传说中的大禹精神的感召，又为我们揭示了墨子思想形成的近因，从而把墨子的成长展示在一个由浸润六艺、出入孔门到自创学派的过程之中，这些对我们正确认识墨子的思想来源和理论贡献都极具启发意义。

二、生平事迹

司马迁作《史记》，对先秦诸子多有论列，如孔子有《世家》，老、庄、申、韩、孟轲、荀卿甚至仲尼弟子均有《列传》，唯独没有给墨子单独作传，只是在《孟子荀卿列传》的末尾做了一个附注：“盖墨翟，宋之大夫，善守御，为节用。或曰并孔子时，或曰在其后。”对司马迁的这种

做法，曾有过各种猜测：有说司马迁倾向于黄老之学，对墨子不感兴趣的；有说司马迁本有《墨子列传》，只是被后来崇儒的人删掉的；有说司马迁作《史记》时，墨家早已衰微，留传下来的材料极度贫乏，使他无法为墨子单独立传的。无论真实情况如何，其直接后果都是使我们失去了了解墨子及其学派的最可靠的历史依据，后来对墨子生平的讨论总是免不了带有猜测、推想的成分。这在墨学研究中，实在是一桩无可奈何的事。

1. 姓名、里籍与年代

墨子姓墨，名翟，古无疑词。只是到了元朝，伊世珍作《瑯嬛记》，引述《贾子说林》的话，称墨子的真实姓氏是翟，名字则为乌。之所以叫作乌，是因为在墨子出生时，其母亲曾梦见赤乌飞入室中①。清代学者周亮工接受了这一说法："墨子姓翟，母梦乌而生，因名之曰乌。以墨为道。"他并且反问道："今以姓为名，以墨为姓，是老子当姓老耳?"②

根据孙诒让的考证，古代并无《贾子说林》一书，《瑯嬛记》的说法大概是伊世珍自己杜撰的。由于《瑯嬛记》属笔记小说类，其说自然不足为训，但周亮工不加分辨地接受它，并引出"以墨为道"之说，却引发了此后长时间的争端。

在学派取名方式上，墨家的确与众不同。儒家、道家、法家、名家、阴阳家、兵家、杂家、纵横家等都是以其学术宗旨来命名的，唯有墨家是以其创始人之姓来命名。这极易给人带来一种联想，好像"墨"也是一种学术宗旨的标志。近代以来的许多学者如江瑔、钱穆、冯友兰等都有过这样的怀疑。江瑔说，所谓"墨"大概是垢面囚首、面目黧黑的意思，墨子之学适合于"墨"字之义，故以墨名家。③钱穆则进一步推演说，"墨"为古代的刑名之一，转辞为刑徒、奴隶，墨家生活菲薄，其道以自苦为极，所以就被称为墨了。④早期冯友兰也认为："墨子所主张者为'贱人

---

① 伊世珍《琅嬛记》卷下引《贾子说林》："墨子姓翟，名乌。其母梦日中赤乌飞入室中，光辉照耀，目不能正，惊觉生乌，遂名之。"

② 周亮工：《因树屋书影》卷十，载《续修四库全书》第1134册，上海古籍出版社1996—2003年版，第482页。

③ 参见江瑔《读子卮言》卷二，华东师范大学出版社2011年版，第112页。

④ 参见钱穆《墨子》，商务印书馆1934年版，第2页。

之所为'，此其所以见称为墨道也。"①

顾颉刚不同意上述说法，他曾做过一个考辨。他指出："近人以墨姓不多见，对于墨子的姓氏祖籍等起了很多的猜测。我们以为，墨确是他的真姓氏，而且从这姓上可以知道他是公子目夷之后，原是宋国的宗族。"②顾氏的论证颇多曲折，大意是宋国公子目夷的后人，始以目夷为姓，而目夷又可作"墨夷""墨台"（"台"读作"怡"），省掉后一个字即为"墨"，这大概是墨姓的来历。又墨子的主张与宋人的思想存在颇多相合之处，这似乎也有助于说明墨子与宋国公族在精神上有某种继承关系。由于顾氏的根据主要在《元和姓纂》等内容不十分可靠的著作，所以他的推测有多少真实的成分尚属疑问。

关于墨子的出生地，历史上也有几种说法：有说是宋国的，有说是楚国的，也有说是鲁国的。三种说法均没有确凿的证据，比较而言，墨子是鲁国人的可能性较大。

说墨子为宋人，其根据主要有两点：一是《史记》记载墨子为宋大夫，一是墨子为宋国公子目夷之后。墨子是否为宋国公子目夷之后，因为纯系猜测之辞，实在不敢妄断。而从《史记》的记载也并不能证明墨子就是宋国人，因为战国时期，交往频繁，士无定主，在一国做官的并不必然是本国人。像吴起，本来是卫国人，后来却到魏国、楚国做了高官。又如商鞅，本来也是卫人，后来却入秦受到孝公的重用。所以，即便《史记》的记载属实，墨子确实做过宋国的大夫，那也不能推得他就是宋国人。相反，从《墨子》书中，我们倒可以发现两条相反的例子："子墨子仕曹公子于宋，三年而返"（《鲁问》）、"子墨子归，过宋。天雨，庇其闾中，守闾者不内也"（《公输》）。既曰"仕曹公子于宋，三年而返"，又曰"归，过宋"，那么墨子为宋人的可能性并不是很大。

说墨子为楚国人的，根据更单薄。《墨子》书中记载有他与楚鲁阳文君的答问，清代一些学者就据此推测说墨子为鲁阳人。但观《贵义》篇，有"子墨子南游于楚"的说法，余知古《渚宫旧事》亦载鲁阳文君的话说"墨子，北方贤圣人"。若墨子果为楚国人，这些话就成了不通之论。

倒是说墨子为鲁国人，可以举出比较多的证据。

---

① 冯友兰：《中国哲学史》上卷，中华书局1961年版，第110页。

② 顾颉刚：《顾颉刚古史论文集》第一册，中华书局1988年版，第329页。

首先，鲁国是墨子活动的中心。《贵义》篇云："子墨子自鲁即齐。"又云："子墨子南游使卫。"《鲁问》篇云："越王为公尚过束车五十乘，以迎子墨子于鲁。"《吕氏春秋·爱类》篇也说："公输般为云梯欲以攻宋，墨子闻之，自鲁往，见荆王曰，臣北方之鄙人也。"这些材料均可证明鲁为墨家的大本营。

其次，墨子是在鲁国接受的教育。《吕氏春秋·当染》篇记载说："鲁惠公使宰让请郊庙之礼于天子，桓王使史角往，惠公止之，其后在于鲁，墨子学焉。"

最后，墨子所结交之人多为鲁人。公输般不必论矣，其他像鲁人有因子墨子而学其子者，鲁之南鄙人吴虑曾和墨子辩论等，鲁君也曾多次向墨子请教过。而且，墨子和儒者的冲突恐怕也大多发生在儒学盛行的鲁国境内。子夏之徒、公孟子的国籍虽然无法确定，但自称爱鲁人更甚于爱邹人的巫马子则确确实实为鲁国人。《淮南子·氾论训》说："总邹鲁之儒墨，通先圣之遗教"，正可说明儒墨的发源地同在邹鲁。

除了姓氏、里籍之外，墨子的生卒年代也是一个非常困难的问题。此问题早在西汉时期已经不很清楚，太史公在《孟子荀卿列传》的末尾以怀疑的口气说："或曰并孔子时，或曰在其后。"班固也只是笼统地说在孔子之后。由于墨子的生卒年代问题关系到墨家兴起的思想和文化背景，所以近代以来的治《墨》者都想找出墨子生卒的确切年限。

较早给出墨子生卒年代的人是毕沅。毕称："翟实六国时人，至周末犹存。"[①] 其根据在《非攻中》篇"中山诸国，其所以亡"一语，但孙诒让已证"中山诸国"四字为后人所篡改[②]，因此毕说也就不攻自破了。

稍后，汪中也提出了自己的看法。他说："墨子实与楚惠王同时，其仕宋当景公、昭公之世。其年于孔子差后，或犹及见孔子矣。"[③] 根据孙诒让的考证，墨子之仕宋决不能出现在景公之世，因为景公之死距齐太公田和执政有83年之久，而墨子晚年又曾经和齐太公田和见过面。前后算起来，墨子必须活到一百多岁才可能在景公的时候仕宋。所以，汪中的推

---

① 毕沅：《墨子注》叙，载孙诒让《墨子间诂》附录《墨子旧叙》，中华书局1986年版，第613页。

② 参见孙诒让《墨子间诂》卷五，中华书局1986年版，第123页。

③ 汪中：《墨子序》，载孙诒让《墨子间诂》附录《墨子旧叙》，第618页。

测明显失之太前。

孙诒让自己也有一个考证：

> 窃以今五十三篇推校之，墨子前及与公输般、鲁阳文子相问答，而后及见齐太公和，与齐康公兴乐，楚吴起之死，上距孔子之卒，几及百年，则墨子之后孔子，盖信。审核前后，约略计之，墨子当与子思并时，而生年尚在其后，当生于周定王之初年，而卒于安王之季，盖八九十岁，亦寿考矣。①

按公历计，周定王元年为公元前 468 年，周安王卒年为公元前 375 年。孙诒让认为，墨子的生卒年限不出这 93 年之间。可是，孙说也存在着严重的缺陷。胡适根据《吕氏春秋·上德》篇早已指出，墨子决不及见吴起之死（公元前 381 年），因为此时的巨子为孟胜，墨者已有了新立的领袖。孟胜的弟子曾劝孟胜不要为阳城君而死，说“绝墨者于世，不可”，这只有墨子死后才有人敢说这话。② 所以，孙诒让把墨子的卒年定在公元前 375 年前后，又失之太后。

孙氏之后，关于墨子生卒年代的说法更多：

胡适认为，墨子大概生在周敬王二十年与三十年之间（前 500—前 490 年），死在周威烈王元年与十年之间（前 426—前 416 年）。③

梁启超认为，墨子生于周定王初年（前 468—前 459 年），卒于周安王中叶（前 390—前 382 年）。④

钱穆则根据墨子和公输般、楚鲁阳文子的关系以及《墨子》书中所记载的言行，考定墨子生于公元前 479 年左右，卒于公元前 394 年左右。⑤

诸说之间的差别实际上并不很大，前后不出 30 年。比较而言，钱穆的考证似乎更可靠一点。说墨子卒于前 394 年前后，有《墨子》本书的支

---

① 孙诒让：《墨子间诂》，中华书局 1986 年版，第 641 页。

② 参见胡适《中国哲学史大纲》卷上，商务印书馆 1919 年版，第 146 页。

③ 参见胡适《中国哲学史大纲》卷上，商务印书馆 1919 年版，第 147 页。

④ 参见梁启超《墨子学案》附录二，载《饮冰室合集》之《专集》第 39 种，中华书局 1936 年版，第 79 页。

⑤ 参见钱穆《墨子的生卒年代》，载顾颉刚《古史辨》第 4 卷，上海古籍出版社 1982 年版，第 272－278 页。

持。《鲁问》篇记载说墨子曾和齐大王相问答。齐大王可以确切地断定为齐太公田和，田和执政从公元前 404 年开始，这说明墨子至迟于公元前 404 年尚在人世。《鲁问》篇还记载有鲁阳文君对墨子语：“郑人三世杀其君①，天加诛焉，使三年不全。”据考，郑人三世弑君，最后一位为繻公，被弑时间是公元前 396 年。鲁阳文君和墨子的谈话发生在这件事之后三年，则为公元前 393 年。联系到墨子不及见吴起之死，可以相信，墨子的卒年一定在公元前 393 年到公元前 381 年之间。另一方面，把墨子的生年定在公元前 479 年前后，也能和止楚攻宋一事相印证。墨子一生行事以止楚攻宋为最著，按照钱穆的考证，止楚攻宋发生在公元前 445 年到公元前 440 年之间。这时墨子刚好处于壮年，因此才能既担当其学派领袖的重任，又能赢得“北方贤圣人”的美誉（据《渚宫旧事》记载，墨子献书惠王的时间为公元前 440 年，当时，鲁阳文子曾在惠王面前赞誉墨子为“北方贤圣人”）。

把墨子的生卒年代限定在公元前 479 到前 393 年之间，对战国时期人的一般寿命来说，似乎有点太长。但由于史料的限制，要想比这个推测更准确恐怕是不可能的了。

2. 生平行事

墨子一生行事，史书中同样没有记载。根据《墨子》本书和其他一些秦汉旧籍，可以看出墨子和先秦大多数思想家一样，主要从事的不外乎讲学和游说两方面的活动。

据说，墨子早年曾受到过良好的教育。《吕氏春秋·当染》篇云：“鲁惠公使宰让请郊庙之礼于天子，桓王使史角往，惠公止之，其后在于鲁，墨子学焉。”意思是说墨子曾从学于史角的后人。由于春秋以前王官世守其职，史角的后人仍当操守史官之业。墨子从史角后人那里获得的也当是丰富的历史知识。这一点从墨子随口征引《诗》《书》，并遍读百国《春秋》的事实可以得到充分的说明。《淮南子·要略》又云：“墨子学儒者之业，受孔子之术，以为其礼烦扰而不说，厚葬靡财而贫民，（久）服伤生而害事，故背周道而用夏政。”意思是说墨子还接受过儒家的教育。《淮南子》这种说法的根据不知何在，但孔墨两家的主张处处相悖，如：

---

① “君”原作“父”，从苏时学校改。

孔子亲亲、墨子尚贤，孔子差爱、墨子兼爱，孔子繁礼、墨子节用，孔子重丧、墨子节葬，孔子远鬼、墨子明鬼，孔子正乐、墨子非乐，孔子知命、墨子非命，等等。由此来看，若说墨子非常熟悉儒家或孔子的一套主张，当无问题。《庄子·天下》篇曾说墨子"好学而博"，再加上他又生在鲁国，易受浸染，所以在其早年，曾经学过孔子的东西并非不可能之事。《淮南子·主术训》说："孔墨皆修先圣之术，通六艺之论"，正可说明两家思想有某种共同的起源。只是到了后来，当墨子发现儒学的烦琐和空洞根本无助于改变严酷的社会现实时，他才从儒学的影响中走出，开始自创学派，自立新说。

墨子究竟什么时候开始授徒讲学，史无确载。合理的推测是，他成年之后不久即获得了教师的身份。因为，在止楚攻宋前后，他所开创的学派实力已经强大到一次可以出动三百人帮宋守城，他自己也已赢得了"北方贤圣人"的称号。由于弟子人数众多，教育任务繁重，讲学似乎成了墨子的主要职业。《贵义》篇云：

> 子墨子南游使卫，关中载书甚多。弦唐子见而怪之，曰："吾夫子教公尚过曰：'揣曲直而已。'今夫子载书甚多，何有也？"子墨子曰："昔者周公旦朝读书百篇，夕见漆十士，故周公旦佐相天子，其修至于今。翟上无君上之事，下无耕农之难，吾安敢废此？"

墨子自称"上无君上之事，下无耕农之难"，说明他既没有担任行政职务，又不需要从事直接的生产劳动。他自己如此看重读书，除了进一步提高自己外，大概也是出于讲学的需要吧。

在墨子看来，教育是一桩"为义"的大事。如果一个人仅靠自己去努力耕作，其作用最多只相当于一个农夫；仅靠自己去努力纺织，其作用最多只相当于一个农妇；仅靠自己去努力打仗，其作用也最多只相当于一名士兵。一农之耕、一妇之织、一夫之战并不能解决天下之饥寒和战争，但是教育就不同了，教育可以让天下人明白劳作的重要以及战争的危害，其作用远远大于自己去耕织：

> 翟以为不若诵先王之道而求其说，通圣人之言而察其辞，上说王公大人，次说匹夫徒步之士。王公大人用吾言，国必治；匹夫徒步之

士用吾言，行必修。故翟以为虽不耕而食饥，不织而衣寒，功贤于耕而食之、织而衣之者也。（《鲁问》）

正因为对教育的作用有充分的认识，墨子才会以积极、主动的态度去从事教学活动。和儒家“恭己以待”的态度不同，墨子主张强学强教，有了“良道”，就要“遍从人而说之”，使每一个人都能明白其好处。甚至，是否做到“有道相教”，还是判定一个人是否为贤良之士的标准。在实际的教学活动中，墨子积累了许多宝贵经验，如分科教学、因材施教、学以致用等。这些经验和方法使墨子成为中国历史上最伟大的教师之一。

除了授徒讲学之外，墨子另一方面的活动便是在列国游说。墨子的游说大概有两个目的：一是为了宣传自家的主张，以实际的行动从事救世活动；另一个则是举荐弟子出仕，借以推行自己的社会理想。他曾告诫弟子说：“凡入国，必择务而从事焉。国家昏乱，则语之尚贤尚同；国家贫，则语之节用节葬；国家憙音湛湎，则语之非乐非命；国家淫僻无礼，则语之尊天事鬼；国家务夺侵凌，即语之兼爱非攻。”（《鲁问》）这也可以看作墨子游说列国时的一贯原则。

根据《墨子》53 篇，墨子的足迹所至除鲁国外，大概北有齐国，西有卫国，南则有楚、宋等国。据说，墨子还打算到更加遥远的越国去，只是由于担心越王不会采纳他的主张而未果。在这些国家里，墨子和贵族、当政者有过不同程度的交往，这使他能成功地推荐自己的弟子出仕。但另一方面，墨子并未找到愿意推行自己政治主张的明主。除了少数的几次外，墨子的游说活动大都没有取得什么实际的效果。所以作为政治实践家的墨子，远远不如作为思想家和教师的墨子来得重要。

从《墨子》本书的记载看，墨子一生中比较重要的活动有如下几次：

（1）止鲁（鲁阳文君）攻郑。鲁阳文君是楚国的封君，与墨子相友善。据《鲁问》篇记载，鲁阳文君有一次准备攻打邻近的郑国，墨子听说后，急忙赶去制止他。墨子对鲁阳文君说：“今使鲁四境之内大都攻其小都，大家伐其小家，杀其人民，取其牛马狗豕、布帛米粟货财，则何若？”鲁阳文君回答说，鲁四境之内均是他的臣民，如果大都攻小都、大家攻小家，他一定会严厉地惩罚他们。墨子则用类比的方法巧妙地指出鲁阳文君的错误：“夫天之兼有天下也，亦犹君之有四境之内也。今举兵将以攻郑，天诛亓不至乎？”最后，鲁阳文君终于被墨子所说服，放弃了攻郑的打算。

（2）止楚攻宋。止楚攻宋是墨子一生中最伟大、最成功之举。按照钱穆的考证，此事大约发生在公元前445到前440年之间。当时，公输般替楚国建造了攻城云梯，准备用来攻打宋国。墨子一听到这个消息，就急急忙忙从鲁国出发，走了十日十夜才赶到楚国的都城郢。他首先求见公输般，用一番攻国不义的道理驳得公输般哑口无言。然后，他们又一起面见楚王，重新阐释自己的立场。而当劝说失败的时候，墨子和公输般又马上在楚王面前展开一场实力的较量。墨子解下自己的革带作为城墙，以小木板作为防守的器械。公输般九设攻城之方法，墨子都成功地瓦解了他。到最后，公输般用完了攻城的器械，墨子的防守之道还绰绰有余。公输般无奈之余，想杀掉墨子以实现攻宋的目的。墨子却告知对方，自己的三百名弟子已拿着防守的器械在宋城上等待楚国的进犯。在墨子的这种精神和实力的影响下，楚王只好取消了攻宋的计划。

和止鲁攻郑相比，止楚攻宋的意义更大。鲁阳文君只是楚国的封君，他和郑国的矛盾可能只属于边境的摩擦。楚宋则是两个实力悬殊的诸侯国，它们之间的战争将会给人民带来更大的灾难。当楚国已经充分做好了战争准备时，墨子还能够凭机智和实力制止这场战争，这实在是人类历史上值得大书特书的功绩。从战国诸子争相传述这件事，就足可看出它在当时的影响之大。

（3）献书惠王。《贵义》篇云："子墨子南游于楚，献书惠王。惠王以老辞。"余知古《渚宫旧事》有更加详细的记载："楚惠王五十年，墨子至郢献书惠王。王受而读之，曰：'良书也。寡人虽不得天下，而乐养贤人。'墨子辞曰：'翟闻贤人进，道不行不受其赏，义不听不处其朝。今书未用，请遂行矣。'将辞而归，王使穆贺以老辞。""鲁阳文君言于王曰：'墨子，北方贤圣人，君王不见，又不为礼，毋乃失士。'乃使文君追墨子，以书社五里封之，不受而去。"[①] 两书的记载大同小异，说的都是墨子的献书并未打动惠王之心。这当是墨子一系列不成功游说活动中的一例。

（4）止齐攻鲁。《鲁问》篇记载说，齐国将要攻打鲁国，墨子劝说齐将项子牛道：攻打鲁国是齐国的大错。过去吴王夫差东伐越，西伐楚，北伐齐，以至于把四邻得罪光了，所以后来诸侯联合起来向吴国报仇。吴国

① 孙诒让：《墨子间诂》附录，中华书局1986年版，第635页。

的老百姓因为不堪其苦，所以都不愿为他效力，结果吴国灭亡了，吴王自己也遭到刑戮。紧接着，墨子又亲自面见齐国国君，迫使齐君承认并国覆军、贼杀百姓为不祥之举。不过，墨子的这些劝说似乎并未起到什么实际的效果，同一篇《鲁问》中又这样写道："项子牛三侵鲁地。"

（5）与儒者辩论。鲁国是儒家的大本营，墨子由于长期居住在鲁国，所以双方难免会发生相互冲突之事。《公孟》《耕柱》等篇记载了墨子和儒者巫马子、子夏之徒、公孟子等人的辩论，讨论的内容涉及面极广，如礼乐、言服、述作、丧葬及兼爱别爱等。这些论辩一方面显示出儒墨相争的激烈程度，另一方面也有助于扩大各自的影响。

墨子个人的生平行事大体如此。在结束本节之前，我们还需简单谈一下墨子的人格。在中国历史上，墨子是个人品德最高尚的少数人物之一。作为一位伟大的思想家和学派领袖，墨子具有丰厚的同情心，他对民众的疾苦极度关心，以至于为天下兴利除弊成了自己毕生奔走的目标。他的信念之坚几乎无人能比。即使在最失意的时候，他都从来没有怀疑过自己。所以，当他的一位故人以"天下莫为义"为由劝他不如算了吧时，他却反问道："今有人于此，有子十人，一人耕而九人处，则耕者不可以不急矣。何故？则食者众而耕者寡也。今天下莫为义，则子可劝我者也，何故止我？"（《贵义》）正是这种勇于自我牺牲的精神和强烈的社会责任感为墨子赢来了极大的尊重和荣誉。历史上，批评他的学说的人很多，但怀疑墨子人格者尚不多见。《庄子·天下》篇说："墨子真天下之好也，将求之不得也，虽枯槁不舍也，才士也夫！"正可代表大多数论者的意见。而《淮南子·修务训》则干脆把孔墨并称为替天下兴利除害的大圣人："孔子无黔突，墨子无暖席。是以圣人不高山，不广河，蒙耻辱，以干世主，非以贪禄慕位，欲事起天下利，而除万民之害。"这恐怕是后人所给墨子的最高也最公正的评价了。

三、墨家学派的形成与分化

由于墨子人格高尚，主张深得人心，所以在他的周围很快就聚集了一批有才华的弟子。这些弟子来自不同的国家，多数出身于社会下层，人数亦相当可观。平时，他们跟随墨子周游列国，学习知识技能。学成之后，则由墨子举荐给各国统治者，担任各种官职，以便在具体的政治实践中推行墨子的学说和主张。当这些弟子违背了墨家的宗旨时，墨子还可以把他们斥退回来。这说明在墨家内部，师弟之间远非普通的契约关系，而是有相当严重的依附性。这种依附关系也许是墨子尚同主张在学派内部的一种推行。但不管怎么说，这种做法的确有助于保持墨家内部的团结。所以，在墨子死后的一个时期内，墨家不但没有遇到什么生存危机，势力反而一天天地强大起来。到孟子的时候，竟出现“天下之言不归杨即归墨”的局面，《吕氏春秋·当染》篇更为之铺陈曰：“举天下之显荣者，必称此二士也。皆死久矣，从属弥众，弟子弥丰，充满天下……孔墨之后学，显荣于天下者众矣，不可胜数。”随着人数的增多和墨者活动范围的扩展，墨家内部后来还是发生了分裂。由于书阙有间，我们对于墨家后学分裂的原因和经过一无所知，这是令人相当遗憾的事情。

1. 巨子制

和先秦其他各家相比，墨家的一个显著特点是，其内部奉行严格的制度和纪律。这种制度和纪律使墨家成为一个半军事化的政治组织。墨家在墨子死后之所以还能保持兴盛的局面，很大程度上得归因于这套组织制度。

墨家的组织制度为巨子制。巨子又作“钜子”，是该学派的最高首领。据说儒家在孔子死后也曾想继立新的首领，他们选中了有若，只是有若的才能无法让众人心服才作罢。墨家在这个问题上似乎没有遇到什么麻烦。从一些史籍的记载来看，墨子死后，墨家确实有了自己世代相传的新领袖即巨子，其中姓名流传下来的就有孟胜、田襄子和腹𪟝三人。

粗略地讲，墨家内部的组织纪律有如下几个特征。

第一，这个团体内部下级对上级有绝对服从的义务。墨子生前，弟子一百八十人皆可使赴火蹈刃，死不旋踵。墨子死后，巨子们对服役者同样有生杀予夺之权。《吕氏春秋·上德》篇曾记载这样一则故事：

> 墨者巨子孟胜善荆之阳城君。阳城君令守于国，毁璜以为符，约曰：“符合，听之。”荆王薨，群臣攻吴起兵于丧所，阳城君与焉。阳城君走，荆罪之，荆收其国。孟胜曰：“受人之国，与之有符。今不

见符，而力不能禁。不能死，不可。”其弟子徐弱谏孟胜曰：“死而有益阳城君，死之可矣。无益也，而绝墨者于世，不可。”孟胜曰：“不然。吾于阳城君，非师则友也，非友则臣也。不死，自今以来，求严师必不于墨者矣，求贤友必不于墨者矣，求良臣必不于墨者矣。死之所以行墨者之义，而继其业者也。我将属巨子于宋之田襄子。田襄子，贤者也。何患墨者之绝世也?”徐弱曰：“若夫子之言，弱请先死以除路。”还殁头前于孟胜。因使二人传巨子于田襄子。孟胜死，弟子死之者百八十三人。以致令于田襄子，欲反死孟胜于荆。田襄子止之，曰：“孟子传巨子于我矣，当听。”遂反死之，墨者以为不听巨子。

孟胜是墨家巨子，他曾受阳城君委托帮助守国。阳城君因为参与了一桩反对吴起的阴谋而被楚王追究责任，其封国面临着被收回的危险。在这种情况下，孟胜既没有能力与国家的力量相抗衡，又不愿失信于自己的朋友，所以，为了行墨者之义，只好亲率弟子 183 人从容赴死。死前他曾派两名使者把巨子之位传给宋国的田襄子。当这两名使者完成任务后要求反死孟胜于楚时，新任巨子田襄子试图制止他们。故事的结果是这两位使者并未听从新任巨子的命令，还是返回楚国自杀了。但在墨家内部，他们却落下了不听巨子的恶名。这说明服从墨家巨子的命令有时比遵从墨者之义来得更重要。

第二，这个团体内部有严格的法，此法连巨子也得无条件遵循。《吕氏春秋·去私》篇记载说：

墨者有巨子腹䵍居秦，其子杀人。秦惠王曰：“先生之年长矣，非有它子也，寡人已令吏弗诛矣，先生之以此听寡人也。”腹䵍对曰：“墨者之法曰：‘杀人者死，伤人者刑。’此所以禁杀伤人也。夫禁杀伤人者，天下之大义也。王虽为之赐而令吏弗诛，腹䵍不可不行墨者之法。”不许惠王，而遂杀之。

腹䵍之子杀人，秦王可以法外施恩，腹䵍自己却不得不遵照墨者之法实行，这足可见出墨者之法的严厉性。由此可以推测，墨子之所以能够从项子牛那里斥退胜绰，恐怕也有一项针对违反团体之义者的法存在。这种法是如此严厉，以至于像胜绰这样的墨者根本不敢不听。

第三，这个团体内的一切事务均由巨子所操纵。无论是出仕也好，还是辞职也好，都由巨子统一安排。团体内的成员似乎要向巨子交纳一定的俸禄或钱财，以便实行“多财分贫”的理想。《耕柱》篇有云：“子墨子游耕柱子于楚，二三子过之，食之三升，客之不厚。二三子复于子墨子曰：‘耕柱子处楚无益矣！二三子过之，食之三升，客之不厚。’子墨子曰：‘未可知也。’毋几何而遗十金于子墨子曰：‘后生不敢死！有十金于此，愿夫子之用之也。’子墨子曰：‘果未可知也！’”耕柱是一位深受墨子器重的弟子，在墨子推荐下，他到楚国做了官。几位同门师兄弟前去拜访他，可他招待得却很一般，这些人满腹牢骚地回复墨子说，耕柱子在楚国做官对我们一点好处都没有。尽管墨子本人并未认可这些弟子们对耕柱的批评，可这则故事却从一个侧面反映了墨家内部成员间有相互照顾相互帮助的义务。

第四，后任巨子由前任巨子所指定，而巨子当系终身制。这一点从孟胜死难阳城君之事即可知。田襄子之接任巨子就是由孟胜派使者传给的，而在《墨子》书及其他文献中我们也没有发现公选巨子的痕迹。倒是《庄子·天下》篇有记载说，墨者“以巨子为圣人，皆愿为之尸，冀得为其后世”。显而易见，这实际上说的就是后任巨子由前任所指定。

2. 墨学之传授

墨家的人数之众、势力之大，诸书多有记载。《吕氏春秋·上德》篇称：“孔墨徒属弥众，弟子弥丰，充满天下。”《淮南子·泰族训》称：“墨子服役者百八十人，皆可使赴火蹈刃，死不旋踵。”在止楚攻宋时，墨子本人也曾对楚王说：“臣之弟子禽滑厘等三百人，已持臣守圉之器，在宋城上而待楚寇矣。”（《公输》）而楚国吴起之乱，墨家因之死难者有孟胜及弟子185人之多。就人数而言，在整个战国时期，也许唯有儒家才能和墨家相抗衡。可惜的是，汉以后墨学中绝，墨家弟子活动的材料丧失殆尽，甚至连名姓留传下来的也极少，这种惨状自不能和儒家的昌盛同日而语了。孙诒让曾遍寻诸子，作《墨学传授考》，所得亦不过“墨子弟子十五人，再传弟子三人，三传弟子一人，治墨术而不详其传授系次者十三人，杂家四人，大都不逾三十余人”而已。甚至，就连这三十余人，有行迹可记者亦不在多数。

（1）及门弟子。

在墨子有名姓留传下来的15位弟子中，真正比较重要的只有禽滑厘、高石子、耕柱子等数人。禽滑厘可能是墨子的大弟子，在墨家团体内，其地位仅次于墨子。《耕柱》篇曾称禽滑厘为“子禽子”，这是墨子其他弟子所没有享受到的殊荣。据说，禽滑厘原受业于子夏，后来改换门庭，才投到墨子的门下。由于其操行艰苦卓绝，一以墨子言行为准，所以深得老师的信任。在止楚攻宋时，墨子只身前往楚国，而把弟子300人交给禽滑厘指挥，帮宋守城，这足可看出个中消息。正是因为禽滑厘在墨家团体中的地位重要，《庄子·天下》篇在总结先秦学术时才把他和墨子并称。现存《墨子》书中，《备城门》以下11篇专门讲守城之道，据说也和禽滑厘有关：

> 禽滑厘问于子墨子曰：“由圣人之言，凤鸟之不出，诸侯畔殷周之国，甲兵方起于天下，大攻小，强执弱，吾欲守小国，为之奈何?”子墨子曰：“何攻之守?”禽滑厘对曰：“今之世常所以攻者，临、钩、冲、梯、堙、水、穴、突、空洞、蚁傅、轒辒、轩车，敢问守此十二者奈何?”子墨子曰：“我城池修，守器具，推粟足，上下相亲，又得四邻诸侯之救，此所以持也。”（《备城门》）

墨子对禽滑厘所提出的12种守城之法的回答，现在还保留有备临、备梯、备水、备突、备穴5种。据近人研究，《墨子》书中与这5种防守方法相关的篇章属战国时期的作品。所以，它们很可能就是禽子或禽子的弟子后学所记。

高石子和耕柱子是另外2位受到墨子器重的弟子。《耕柱》篇记载说，墨子曾推荐高石子给卫国国君，卫君予以高官厚禄，但并没有采纳高石子的建议。于是高石子辞职不干，回到了墨子的身边。对于自己的这种行为，高石子的解释是：“昔者夫子有言曰：‘天下无道，仁士不处厚焉。’今卫君无道，而贪其爵禄，则是我为苟啗人食也。”墨子闻之大悦，感叹地说“夫倍义而向禄者，我常闻之矣。倍禄而向义者，于高石子焉见之也”。耕柱子属于另外一种类型的人。从《墨子》书的记载看，耕柱子似乎不够自觉。有一次，墨子对他很生气，耕柱辩称，我不是比别的人更努力吗？墨子则回答说，我之所以严格要求你，是因为对你有更高的期望。

至于说墨子对耕柱的期望体现在哪些方面，那我们就不得而知了。而且，耕柱后来的行为好像也并没有让墨子失望。在墨子的举荐下，他到楚国做了官。虽然同门师兄弟对他的招待不周有很大意见，可墨子自己还是充分信任他。过了不久，耕柱子就有十金献于墨子，这让墨子大喜过望地说："果未可知也。"

高石子和耕柱子之所以受到墨子的器重，主要是因为他们确实以自己的行为实践了墨家背禄向义、多财分贫的社会理想。但我们决不可误认为墨子的所有弟子都能够做到这一点。有的人之所以投入到墨子门下，显然是想利用墨子的声望作为出仕的捷径。投名师以学干禄在当时似乎是一种很普遍的现象，孔子也遇到过同样的问题。《鲁问》篇中曾提到胜绰和曹公子，他们2人显然就是这种背义向禄的典型：

> 子墨子使胜绰事项子牛，项子牛三侵鲁地，而胜绰三从。子墨子闻之，使高孙子请而退之，曰："我使绰也，将以济骄而正嬖也。今绰也，禄厚而谲夫子，夫子三侵鲁，而绰三从，是鼓鞭于马靳也。翟闻之，言义而弗行，是犯明也。绰非弗之知也，禄胜义也。"
>
> 子墨子出曹公子而于宋，三年而反，睹子墨子曰："始吾游于子之门，短褐之衣，藜藿之羹，朝得之则夕弗得，弗得祭祀鬼神。今而以夫子之故，家厚于始也，有家厚谨祭祀鬼神。然而人徒多死，六畜不蕃，身湛于病，吾未知夫子之道之可用也。"子墨子曰："不然。夫鬼神之所欲于人者多，欲人之处高爵禄则以让贤也，多财以分贫也，夫鬼神岂唯擢季拑肺之为欲哉。今子处高爵禄而不以让贤，一不祥也。多财而不以分贫，二不祥也。今子事鬼神，唯祭而已矣，而曰：'病何自至哉？'是犹百门而闭一门焉，曰：'盗何从入？'若是而求福，于有？怪之鬼，岂可哉？"

胜绰和曹公子都是由墨子举荐出仕的弟子。胜绰为了俸禄的缘故，置墨家非攻主张于不顾，竟然数次帮助项子牛侵略鲁国。曹公子同样贪图高官厚禄，忘掉墨家举能尚贤、多财分贫的原则，反而怀疑墨子的右鬼主张。尽管他们都受到了墨子的斥退或批评，但这两件事却说明，即便是像墨家这样组织和纪律非常严格的学派，其成员也仍然避免不了富贵利禄的诱惑。这一点似乎为后来个别墨徒的变质埋下了伏笔。

除了以上5人之外，墨子有名姓传下来的弟子还有高何、县子硕、随巢子、胡非子、公尚过、魏越、跌鼻、高孙子、治徒娱、管黔滶10人。其中，除了高何、县子硕原为齐国暴者（《吕氏春秋·尊师》），后学于墨子，成为天下名士外，余者多无形迹可记。我们这里也就从略了。

（2）再传与三传弟子。

墨子有名姓可记的再传弟子一共有3人，他们分别是许犯、索卢参和屈将子。三传弟子则有1名，为田系。据《吕氏春秋》的记载，许犯和索卢参是禽滑厘的弟子，田系是许犯的弟子。又据《胡非子佚文》，屈将子是胡非子的弟子。这几个人在历史上都没有留下任何值得一提的事迹。

（3）传授不明者。

按照孙诒让的考证，墨家弟子中传授不明者一共有13人，杂家4人。相比之下，这些传授不明的墨者对于我们了解墨家后期的历史，倒显得更为重要。

《庄子·天下》篇曾提到过其中的5位，他们分别是相里勤、五侯、苦获、已齿和邓陵子。相里勤和五侯的情况，我们一无所知，苦获、已齿和邓陵子则属南方之墨者。据《天下》篇说，这些人的徒属弟子俱诵《墨经》，但意见不一，所以老是互相攻击对方是“别墨”。他们经常辩论的题目是坚白同异问题，但他们辩论的态度却是彼此诋毁。这些人把巨子看得像圣人一样，所以都争着去拥护他，并希望能够成为他的接班人。《韩非子·显学》篇亦记载有类似的情况，只不过在相里勤、邓陵子之外，韩非子又多加了一个相夫氏而已。按照韩非的意见，墨子死后，墨家分成了三派，相里氏、相夫氏和邓陵氏就是这三派的代表。把这种说法和《天下》篇联系起来看，相里勤、邓陵子等人显然属于后期墨家的重要人物，现存的《墨辩》六篇极可能与他们中的一些人有关。

《天下》篇之外，《吕氏春秋》也为我们保留了一些有关墨家后学的宝贵材料。《上德》篇曾提到过孟胜、田襄子2位巨子以及孟胜的弟子徐弱等，《去私》篇则提到另1位巨子腹䵍。关于这3位巨子的事迹，我们在“巨子制”一节已有介绍。这里需要补充的只是，这3位巨子活动的时期前后不过六七十年，所以他们很可能就是一脉相承下来的。

墨家后学之中，还有1位经常被诸子提到的人物田俅子。田俅亦名田鸠，齐人，其行为接近纵横之徒。据说他很想面见秦惠王，可是留秦三年也没能如愿。于是他往说楚王，从而博得楚王的好感。楚王把他作为使节派往秦国，终于受到惠王的接见，这才算了却了他的一桩心愿（《吕氏春秋·首时》）。还有一次，楚王问起墨子何以“言多而不辩”，田鸠回答说：“墨子之说先王之道，论圣人之言，以宣告人。若辩其辞，则恐人怀其文忘其用，直以文害用也。”（《韩非子·外储说左上》）意思是说，墨子讲的是古圣先王一脉相传下来的治国之道，其目的是让人明白其中的道理，所以才不去看重什么文采。如果太着重文采，反而会影响其作用的发挥。田鸠的回答虽然机智，但与墨家的主张已不相干。观其之秦先之楚的行径，田鸠似乎早已流入到六国辩士之流。

其余传授不明的墨家弟子还有：

我子。《汉书·艺文志》著录《我子》一篇，颜师古注引刘向《别录》云：“为墨子之学。”

缠子。《论衡·福虚》篇称缠子修墨子之业以教于世，曾与儒者董无心讨论过鬼神问题。

夷之。据《孟子·滕文公上》记载，夷之曾提出过“爱无差等，施由亲始”的说法。尽管夷之的这种说法已比墨子的兼爱论有所缓和，但还是遭到了孟子的批评。

唐姑果和谢子。唐姑果是秦之墨者，谢子是东方墨者。有一次，谢子将西见秦惠王，惠王从唐姑果处了解情况，唐姑果因为担心惠王亲近谢子胜于己，便对惠王说：“谢子，东方之辩士也，其为人甚险，将奋于说以取少主也。”惠王因此心存芥蒂，谢子与惠王见面后话不投机，终于无功而返。（《吕氏春秋·去宥》）

本来，尊贤重士是墨家的政治理想，言行一致是墨者行为的基本准则，可唐姑果却妒贤嫉能，恶意中伤本门派中人；夷之更是表面上说爱无差等，实际上却厚葬自己的父母。这些事例均说明，到了末流手中，墨学已面临变质的危险。

3. 学派的分化

关于墨家的分化，文献中只有《庄子》和《韩非子》的两段记载。《庄子·天下》篇云：

> 相里勤之弟子，五侯之徒，南方之墨者苦获、已齿、邓陵子之属，俱诵《墨经》而倍谲不同，相谓别墨，以坚白同异之辩相訾，以

觭偶不仵之辞相应，以巨子为圣人，皆愿为之尸，冀得为其后世，至今不决。

《韩非子·显学》篇则说：

世之显学，儒墨也。儒之所至，孔丘也。墨之所至，墨翟也。自孔子之死也，有子张之儒，有子思之儒，有颜氏之儒，有孟氏之儒，有漆雕氏之儒，有仲良氏之儒，有孙氏之儒，有乐正氏之儒。自墨子之死也，有相里氏之墨，有相夫氏之墨，有邓陵氏之墨。故孔、墨之后，儒分为八，墨离为三，取舍相反不同，而皆自谓真孔墨。

对于这两段话，学者们一般认为所指为一事。尽管也有人认为，韩非所说的“墨离为三”是对东方之墨、秦墨和南方之墨的概括，但这种说法只是一种猜测而已。问题的关键在三墨之分始于何时，这对我们把握墨学演进的轨迹至关重要。可是《天下》篇和《显学》篇均没有给出具体的时间，这使此问题变得更加复杂。

谭戒甫认为，三墨之分大概发生在墨子殁后不久，因为“首据《显学》篇，知墨子在世时，此相里祖夫邓陵三子皆尝亲受业于墨子之门……及墨子既殁，此三子者各称师说，转授其徒，因而有相里氏祖夫氏邓陵氏三家之墨学见称于时”“惟名辩一科，深沈博洽，每为常人所不易燎，即墨子当日亦未臻极成；迨传之相里祖夫邓陵三墨，始得修整，晚年结集，删存为经”[①]。不过，谭氏此说实多附会。三墨是否修整过《墨经》，我们不得而知，但说他们同时受业于墨子，则只是一种误解。谭氏的根据在《显学》篇，可《显学》篇所列举的“儒分为八”在时间上并不同时，其中既有及门的子张之儒，有私淑的孟氏之儒，还有后于孔子150年的孙氏之儒，那么，“墨离为三”何以就一定发生在同一时期之内呢？谭氏之误显而易见。

本书认为，三墨之分大致发生在战国中期，最早不当超过腹䵍之死（据钱穆考证，腹䵍约死在公元前320年左右）。其理由如下：

第一，三墨弟子徒属俱诵的《墨经》中有与惠施和初期辩者相呼应的

① 谭戒甫：《墨辩发微》，中华书局1964年版，第24、4页。

痕迹。如惠施历物之意中有“南方有穷而无穷”的说法，《墨经》中则详细给定了有穷和无穷的定义，从而解除了惠施的悖论。又如，与惠施日逐辩论的天下之辩者提出了“飞鸟之影未尝动也”的命题，《墨经》中同样有“影不徙，说在改为”的说法。其他像初期辩者所提出的“矩不方”“规不可以为圆”“火不热”“狗非犬”等，在《墨经》中均有针锋相对的批评。由此推测，《墨经》诸篇的最终成书不应当发生在惠施和初期辩者之前。而三墨弟子既然能够俱诵这同一部经典，说明他们的分裂无论如何也不应当比这部经典成书更早。

第二，根据墨家的组织原则，巨子拥有极大的权力。在一位有名望的巨子掌管之下，我们很难想象墨家内部能够四分五裂、互相攻讦。而观腹䵍的行事，可知他本人尚且能够严守墨者之法，秦惠王也极为尊重他，这说明腹䵍还是一位极具声望的巨子。所以，我们认为，墨家内部的分裂很可能发生在腹䵍死后。

第三，秦墨唐姑果中伤东方之墨者谢子，表明墨家内部已隐藏了分裂的种子，假若此时墨家已经分裂的话，那么当谢子西来时，秦惠王就肯定不会去征询唐姑果的意见。观《吕氏春秋》因此而批评秦王之语：“今惠王之老也，形与智皆衰邪?”可知此事发生在惠王（前337—前311年在位）的晚年。由此可证，秦惠王在位期间，墨家尚没有发生分裂的现象。

以上三点是我们认为墨家的分裂发生在战国中期的主要根据。不过，这里需要注意的是，我们所谓“三墨”专门针对《天下》篇和《显学》篇而言。在墨学研究中，也有人称谈辩、说书和从事为“三墨”。在后一种意义上，“三墨”在墨子生前似乎就有分开的迹象。

四、《墨子》的著者与年代

《墨子》书，《汉书·艺文志》著录71篇，《隋书·经籍志》著录15卷，目1卷。今本卷数与《隋志》同，篇数则仅存53篇，较《汉志》少18篇。佚失的18篇中，有8篇的目录尚存，为《节用下》《节葬上》《节葬中》《明鬼上》《明鬼中》《非乐中》《非乐下》《非儒上》，另外10篇连篇目也亡佚了。

过去一般认为，《墨子》书为墨翟所自著。《四库全书总目》始云："其书中多称子墨子，则门人之言，非所自著。"到了近代，人们进一步认识到先秦子书大多非一个人所著，亦非一时所成，一部著作实际上就等于是一家一派的著作总集。《墨子》书自不例外，它同样是不同时期墨者们集体努力的结果。这样，如何判定各篇的著者和年代就成了墨学研究中的一个重要问题。

另外，和其他子书相比，《墨子》书作为一部著作总集的特征更为明显。从现存的53篇可以看出，该书包含着相当清楚的区部划分。而且，不同的区部，其写作风格、思想内容都有显著的差别。

大体而言，《墨子》书一共可以分为五个部分。第一部分我们可以称之为"杂篇"，包括《亲士》《修身》《所染》《法仪》《七患》《辞过》《三辩》7篇。之所以称之为"杂篇"，是因为本部分各篇之间并无一个明确的主题。孙诒让曾对各篇的内容略加考辨，发现《亲士》所论大抵《尚贤》篇的余义，《法仪》所论大抵《天志》篇的余义，《七患》《辞过》所论大抵《节用》篇的余义，《三辩》所论大抵《非乐》篇的余义。换句话说，这7篇只是对墨子基本主张中某几个方面的发挥而已。孙氏又说，《亲士》篇之所以被放在第一篇，大概是"后人因其持论尚正，与儒言相近，遂举以冠首耳"①。这种推测很可能离实情不远。

近人对本部分各篇的可靠性有颇多怀疑。胡适曾说，这7篇全是后人假造的，前3篇全无墨家口气，后4篇乃根据墨家的余论所作。梁启超同意胡适对前3篇的判断，但认为后4篇是"墨家记墨学概要，很能提纲挈领"②。在两人之前，汪中已指出《亲士》《修身》两篇出于儒家，孙诒让也认为："《修身》《亲士》诸篇，谊正而文靡，校之他篇殊不类；《所染》又颇涉晚周之事，非墨子所得闻；疑皆后人以儒言缘饰之，非其本书也。"③

不过，也有不同意这种说法的。毕沅认为，《亲士》《修身》中没有"子墨子云"的字样，所以当系墨子自著。张尔田也说："《墨子》以七篇为经，而以余者为论，盖犹儒家尊孔子所言为《孝经》、道家尊老子所言

---

① 孙诒让：《墨子间诂》，中华书局1986年版，第1页。

② 梁启超：《墨子学案》，《饮冰室合集》之《专集》第39种，中华书局1936年版，第6页。

③ 孙诒让：《墨子间诂》序，中华书局1986年版。

为《道经》耳。”①

毕、张的说法问题很多。像《墨经》4篇，里面也没有出现“子墨子曰”的字样，但它们不必是墨子自著，为什么一定要说《亲士》《修身》等篇为墨子所著？另外，《所染》中提到的一些史实是墨子死后百余年的事情，《三辩》的内容与题目又不相符，《亲士》和《修身》还夹杂着一些儒家和道家的理念，这些均足以否证墨子自著的说法。但是，像胡适那样把这7篇全部说成是后人假造的，同样不得要领。我们知道，判定一部作品的归属，主要不是靠它里面所包含的各家共同的意见，而是靠它所体现的一家所独有的主张。《亲士》篇中说：“夫恶有同方不取，而取同己者乎？盖非兼王之道也。”兼别之分为墨家主张的核心，绝非他家所能有。《修身》篇亦云：“志不彊者智不达，言不信者行不果，据财不能以分人者，不足与友。”言行一致、多财分贫正是墨家一贯的主张。所以，从基本倾向上看，怀疑《亲士》《修身》为伪作的根据并不充分。对于另外几篇，论者大都并不否认它们是墨家的作品，只不过它们不必是墨子自著的罢了。所以，我们可以初步断定，第一部分的这7篇均属墨家后学的作品。

第二部分包括《尚贤》《尚同》《兼爱》《非攻》《节用》《节葬》《天志》《明鬼》《非乐》《非命》和《非儒》共11题，32篇（《非儒》为上下篇，其他10题各分上中下三篇）。其中，8篇有目无文，实存24篇。由于《非儒下》与本组其他各篇的主题不类，所以我们把前10题简称为“十论”。

本部分除《非乐上》和《非儒下》之外，一般认为，其余22篇均由墨子所述，门弟子所记。因此，它们构成了《墨子》书的中坚，是我们把握墨子本人思想的关键。

《非乐上》篇之所以受到怀疑，主要是因为它里面记载的“齐康公兴乐万”一段与墨子生活的年代不相符。但这一点实在不能成为证明《非乐上》晚出的理由，因为本部分之中几乎没有哪一篇不是由墨子的门弟子演述而成，尽管基本观念可以确切地判定属于墨子本人。细按“齐康公兴乐万”一段话，它明显是门弟子举例证以发挥墨子非乐主旨的，所以里面出现一些墨子身后的事并不奇怪。从基本体例看，《非乐上》和本组其他各

① 张尔田：《原墨》，载顾颉刚《古史辨》第4册，上海古籍出版社1982年版，第234页。

篇并无任何明显的不同。这倒可以暗示我们，其他各篇也并不必然都是在墨子生前写定的，其中的很多内容极有可能是在他死后由其弟子们追忆的结果。

《非儒下》篇比较特别。墨子虽然非儒，便并不丑诋孔子之形象。《非儒下》则不然，它对孔子的私德进行了猛烈的攻击，其中许多说法与事实不符，如说孔子亲与白公之乱，阳虎、佛肸为孔子弟子等，均属此类。近人栾调甫曾称之为“后世墨者自作之书”“疑其人习闻墨子非儒之旨，又亲见儒者辟墨之辞，不觉奋其愤怨之私，采摭野语横致诽难，而不暇顾其为说之若何也”。因此，本篇不足以代表墨子的思想。

另外，本部分还有一个值得注意的现象，那就是“十论”中的每题都各分上中下三篇，而且三篇之间文字上虽有差异，但内容却基本一致。对于这种现象，近人曾有各种各样的解释。俞樾认为，三篇之分实为相里、相夫、邓陵氏三家传本的不同，陈柱则解释说这是墨子随地演说、按成数删裁的结果，不过，最可信的当属栾调甫的说法：

> 中下一十五篇，几乎篇篇称述《诗》《书》古事。上之八篇，则惟《非乐》《非命》略引商周之书，此上与中下两篇之异也……《尚贤中》篇“面目姣好”句，下篇云“面目美好”。据《方言》卷一云：“秦晋之间凡好而轻者谓之娥，自关而河济之间谓之姣。”与佼姣二体为古之性别字言之，“佼好”当为关东河济间语。此中下两篇方言之异也。《兼爱中》篇云“挈太山而越河济”，下篇则谓“挈泰山以超江河”，以济在山东而江贯楚越之地言之，中下两篇超越之水已有南北之异。而《非攻下》篇云“若楚越之君食于楚越四境之内爱楚越之人”、《天志下》篇云“譬之若楚越之君”，益见其为南方者言也……以秦无儒，墨子游踪不及于秦，秦之墨者说教明义，自难征引《诗》《书》陈其古道。是故：余疑十论上篇出于秦之墨，中为东方之墨，下为南方之墨也。①

栾氏从方言、语词用法及地域文化等方面的差异来解释“十论”题各三篇的成因，可以说抓住了问题的关键。他的推测与墨家组织中心的迁移

---

① 栾调甫：《墨子研究论文集》，人民出版社1957年版，第114页。

路线正好相吻合。大体上讲，墨家中心的迁移是从鲁到楚宋再到秦。鲁为儒文化的中心，《诗》《书》等古代文化典籍最受重视，楚国谈辩之风最盛，而秦国最为崇尚实际。这对遵循“入国必择务而从事”原则的墨家来说，自然会各有所偏重。所以，东方之墨重说书、南方之墨重谈辩、秦墨重从事当属事实。观“十论”中的各中篇，征引《诗》《书》最多，下篇言繁好辩，上篇最为简洁，这与东方之墨、南方之墨、秦墨的倾向正相一致。所以，“十论”中的三篇之分极有可能起源于三地的传本不同。

第三部分为《墨经》，包括《经上》《经下》《经说上》《经说下》《大取》《小取》共6篇。有时，《墨经》也专门用来指《经》《说》4篇。6篇合起来，则叫《墨辩》。晋鲁胜曾说狭义的《墨经》是墨子本人所著，直到清代学者汪中、孙诒让才怀疑这几篇为墨家后学的作品，胡适则进一步指出它们属于惠施、公孙龙时代别墨的著作。除了“别墨”的说法不成立之外，胡适对《墨经》6篇成书年代的判定大体不差。这是因为：

第一，《墨经》的内容与诸子眼中的墨子形象不符。在诸子的描绘中，墨子主要是一位倡导兼爱非攻、节俭非乐的义士，他所关心的是如何通过实际行动来替天下兴利除弊，他的兴奋点始终在实际的社会政治生活。而《墨经》各篇的内容除了光学、力学、几何学之外，就是逻辑学了。这些显然都是名辩思潮兴盛之后的产物。

第二，《墨经》中的各条大多有的放矢，也就是说，大部分是批驳当时其他各家学说的。这些被批驳的对象有名家的惠施、公孙龙及其他辩者，有道家的《老子》《庄子》，也有阴阳家的邹衍。可以确定为批评名家的如：

《经上》：“穷，或有前不容尺也。”《经说上》：“穷：或不容尺，有穷。莫不容尺，无穷也。”（驳惠施“南方无穷而有穷”）

《经上》：“同，重、体、合、类。异，二、不体、不合、不类。”（驳惠施“大同而与小同异，此之谓小同异；万物毕同毕异，此之谓大同异”）

《经上》：“坚白不相外也。”（驳公孙龙的“离坚白”论）

《经上》：“方，柱隅四杈也。”《经说上》：“方，矩写交也。”（驳辩者的“矩不方”论）

《经上》：“圆，一中同长也。”《经说上》：“圆，规写交也。”

（驳辩者的“规不可以为圆”）

《经下》：“火热，说在顿。”（驳辩者“火不热”论）

《经下》：“非半弗新则不动，说在端。”（驳辩者“一尺之捶，日取其半，万世不竭”命题）。

《经下》：“知狗自谓不知犬，过也，说在重。”（驳辩者“狗非犬”论）

批评道家的条目有：

《经上》：“辩，争彼也。辩胜，当也。”《经下》：“谓辩无胜，必不当，说在辩。”（驳庄周“辩无胜”说）

《经下》：“非诽者悖，说在弗非。”（驳庄周“齐是非”论）

《经下》：“学之无益也，说在诽者。”（驳《老子》“绝学无忧”论）

《经下》：“以言为尽悖，悖。说在其言。”（驳庄周“言尽悖”论）

批评阴阳家的也有一条：

《经下》：“五行毋常胜，说在宜。”（驳邹衍的“五德终始”说）

惠施、庄周、公孙龙、邹衍和《老子》书与墨子的年代均不相值，《墨经》里面出现这么多批驳他们学说的内容，恐怕就很难再用“后学增益”来搪塞了。况且，《墨经》中批驳其他各家的条目绝不止这些，据一些人统计，比较保守的说法就有六十多条，这几乎占去了《墨经》内容的三分之一。所以，无论如何，《墨经》不可能是名辩思潮兴盛前的产物。

近来，还有一种说法，认为这6篇虽不能说全是墨子的作品，但至少《经》上下或《经上》的一部分为墨子所自著。其理由是：第一，墨子重视谈辩，他曾告诫弟子能谈辩者谈辩；第二，墨子曾经著书并献给惠王，《经》上下又无“子墨子曰”的字样，所以当为墨子自著；第三，《经上》篇全为定义界说之类，其宗旨在立不在破，因此该篇成书应当比辩者为早；第四，这两篇称“经”并为三墨所俱诵，表明它们地位非常重要，只能是由墨子所著。

但是，这些理由没有一条能够站得住脚。首先，可以说墨子重视谈辩，但并不能由此推得他曾经著过这方面的书。其次，即使墨子确曾著过书，但该书也绝不会是《经》上下篇。因为，墨子曾经献书惠王，惠王称为良书，由此可知该书讲的肯定是治国之术，而不会是逻辑和科学的著作。再次，《经上》虽是由定义或界说组成，但它们并非纯粹阐述己说之作。此点由上面的引文即可看出。最后，“经”在先秦并不具有神圣的意义，它只不过表明那些内容可以作为一般原理来使用而已。《韩非子·外储说》有经有说即为其例，我们不能一看到“经”字，就以为它一定是墨子本人所著。另外，《墨经》的理论基本立足于常识之上，根据思想发展的逻辑来看，常识不足以首先作为一家一派独有的主张，但在反对某种违背常识的学说时，常识就可以作为一个学派立说的依据，并为其自身而辩护，这也可以作为《墨经》较辩者为晚出的一个佐证。

第四部分为我们称之为“墨语”，包括《耕柱》《贵义》《公孟》《鲁问》《公输》共5篇。之所以叫“墨语”，是因为其内容与《论语》有点接近，主要记载墨子的言行举止。

《墨子》全书中，唯这一部分引起的争论最少。一般认为，这几篇为墨子的及门弟子或再传弟子所记，是我们了解墨子生平行事的最重要依据。根据文中称墨子为“子墨子”，称禽滑厘为“子禽子”，称耕柱为“耕柱子”等，可以相信这几篇应该与禽子弟子有关。

第五部分包括《备城门》《备高临》《备梯》《备水》《备突》《备穴》《备蛾传》《迎敌祠》《旗帜》《号令》《杂守》共11篇，主要记述的是墨家守城的技术，可以称之为“墨技”。《汉书·艺文志》曾把这11篇列入兵技巧家。

过去一般认为，这11篇是由墨家后学记述的墨子守城之法。近人苏时学、朱希祖始怀疑它们非墨者之书。苏时学指出：“若《号令》篇所言令丞尉、三老、五大夫、太守、关内侯、公乘，皆秦时官，其号令亦秦时法，而篇首称王，更非战国以前人语，此盖出于商鞅辈所为，后世之墨者取以益其书也。”① 朱希祖则进一步推测说这11篇皆为汉人的伪作。他的理由是：第一，篇中多汉代官名（如城门司马、城门侯、都司空、执盾

---

① 转引自孙诒让《墨子间诂》，中华书局1986年版，第540页。

等)；第二，有汉代刑法制度（如城旦，蔺石等)；第三，多袭战国末及秦汉诸子（如《备城门》袭《管子·九变》等)；第四，多言铁器，与墨子时代不符。[①]

孙次舟、方授楚则不同意朱希祖的说法。孙氏认为，《备城门》以下各篇文体并不一律，出现汉代官名和刑法制度的只在《号令》《杂守》两篇，其他各篇均无，所以真正为汉代伪作的只有这两篇[②]。方授楚指出，《迎敌祠》和《旗帜》也有可疑的地方，因为篇内出现了墨家所反对的阴阳家之言[③]。至于本部分的另外 7 篇，孙、方二人均主张是战国后期墨家弟子所作。

此后，历史学家蒙文通进一步考证说，《备城门》以下各篇为秦墨所著，因为其中备见秦人所独有之制，如女子服兵役、女子授爵、什伍之说及连坐、鬻爵，等等[④]。岑仲勉也指出："今考此十一篇内所记官称，如役司马、都司空、次司空、丞、校、亭尉、门尉、县侯、中涓等，参据明董说《七国考》，尚未见于其他六国，城旦之刑亦然，因此，认为这几篇最少一部分是秦人所写，殆已毫无疑问。亦唯如此而后它的文体何以与战国时东方齐鲁、三晋的作风不同，才得到合理的解释。"[⑤]

综合以上各种意见，可以初步断定，本部分中的各篇大致成书在战国中叶至汉初这一段时期。其作者主要是秦国的墨者。个别篇章如《迎敌祠》和《旗帜》可能是后人的伪作。

《墨子》书中五个部分的情况大体如此。从前面的分析可以看出，这部以《墨子》命名的著作，实际上是墨家的一部著作总集，里面并未有墨子本人所著的篇章。但是承认这一点并不意味着说墨子本人的思想也变得模糊不清了，从他的弟子们的记述或追忆中，墨子的学说基本上得到了完整保留。其中，"十论"和"墨语"最足以反映墨子本人的思想，它们在

---

① 参见朱希祖《墨子〈备城门〉以下二十篇系汉人伪书说》，载顾颉刚《古史辨》第 4 册，上海古籍出版社 1982 年版，第 261 页。

② 参见孙次舟《墨子〈备城门〉以下数篇之真伪问题》，载顾颉刚《古史辨》第 6 册，上海古籍出版社 1982 年版，第 188 页。

③ 参见方授楚《墨学源流》，中华书局 1934 年版，第 54 页。

④ 参见蒙文通《论墨子书备三墨之学》，《蒙文通文集》第 1 卷，巴蜀书社 1987 年版，第 213 页。

⑤ 岑仲勉：《墨子城守各篇简注》再序，中华书局 1958 年版，第 8 页。

全书中可能出现得最早。《墨经》或《墨辩》6篇属后期墨家的作品。“杂篇”和“墨技”两部分的成书年代则可能包含了一个相当长的时期，其中个别篇章夹杂着其他各家的内容。

第二章 墨子的伦理学说

墨子生活的时代是一个礼崩乐坏的时代，旧的制度已经崩溃，新的制度还没有成形，社会正在发生剧烈的变化。在这样的时代，社会变革时期通常所有的灾难和罪恶无所不有，战争、暴力、苛政、饥荒、腐败和欺诈充斥人间。因此，如何恢复社会的稳定，如何协调人与人之间的关系，如何重建社会的伦理原则，成了思想家们共同关注的普遍问题。对这些问题，墨子提供的解决办法就是他的十大主张：尚贤、尚同、兼爱、非攻、节用、节葬、天志、明鬼、非乐、非命。其中，兼爱占有特别突出的地位。兼爱代表了墨子理想社会中最基本的伦理原则，其批判的矛头直接指向了旧有的血缘宗法制度。

一、兼　爱　论

兼爱是墨子十大主张的核心，也是墨家区别于其他各家的标志。这一点早在先秦时期就已得到诸子的广泛认可，如孟子说："墨氏兼爱。"（《孟子·滕文公下》）尸子曰："墨子贵兼。"（《尸子·广泽》）《庄子·天下》篇亦云："墨子泛爱兼利而非斗。"兼爱的要求是视人如己，不分亲疏贵贱之别，同等地爱一切人，这和宗法制度下的宗法伦理刚好相反。墨子讲爱，恒与利相连，兼相爱必表现为交相利。重视利益、重视实效又使墨子的思想呈现出功利主义的特征。

1. 兼别之分

所谓"兼爱"，按照《墨子》，实可以简单地用四个字来表达，那就是"视人如己"：

若使天下兼相爱，爱人若爱其身，犹有不孝者乎？视父兄与君若其身，恶施不孝？犹有不慈者乎？视弟子与臣若其身，恶施不慈？故不孝不慈亡有。犹有盗贼乎？故视人之室若其室，谁窃？视人身若其身，谁贼？故盗贼无有。犹有大夫之相乱家，诸侯之相攻国者乎？视人家若其家，谁乱？视人国若其国，谁攻？故大夫之相乱家，诸侯之相攻国者亡有。若使天下兼相爱，国与国不相攻，家与家不相乱，盗贼无有，君臣父子皆能孝慈，若此则天下治。（《兼爱上》）

把别人的身子当作自己的身子，把别人的家庭当作自己的家庭，把别人的国家当作自己的国家，结果将会彻底取消人我之间的界限。而一旦人我之间的界限被取消，那么不孝、不慈、盗窃、攻国也就变得没有任何意义。即使传统的伦理规范如孝、慈、忠、惠等尚可继续保留其名目，但它们的内容也已发生了实质性的变化，施受双方不再是森严等级的两端，而是两个相互对等的社会个体。

和兼爱相对立的是“不相爱”。“不相爱”的意思是只爱自己，不爱别人，为了一己的利益而不惜亏害别人的利益：

今诸侯独知爱其国，不爱人之国，是以不惮举其国以攻人之国；今家主独知爱其家，而不爱人之家，是以不惮举其家以篡人之家；今人独知爱其身，不爱人之身，是以不惮举其身以贼人之身。是故诸侯不相爱，则必野战。家主不相爱，则必相篡。人与人不相爱，则必相贼。君臣不相爱，则不惠忠。父子不相爱，则不慈孝。兄弟不相爱，则不和调。天下之人皆不相爱，强必执弱，众必劫寡，富必侮贫，诈必欺愚。凡天下祸篡怨恨，其所以起者，以不相爱生也。（《兼爱中》）

天下之祸患或大害的表现形式多种多样，如诸侯的攻国、家主的相篡、人与人的相贼、君臣的不惠忠、父子的不慈孝、兄弟的不和调等，究其实，这都是由于“不相爱”的缘故。

“不相爱”，墨子有时又称之为“别”：

姑尝本原若众害之所自生，此胡自生？此自爱人利人生与？即必

曰非然也，必曰从恶人贼人生。分名乎天下恶人而贼人者，兼与？别与？即必曰别也。（《兼爱下》）

“众害”生于“恶人贼人”，而“恶人贼人”则是由于“别”的缘故，所以“别”才是天下祸篡怨恨之源。

按照“非人者必有以易之”的原则，墨子进一步提出了“兼以易别”的主张。“兼以易别”就是说用“兼爱”来代替“别爱”，用平等的、无差等的爱来代替自私自利之爱。为了论证“兼以易别”确实可行，墨子设定了两种伦理学上的极限境况。其一是说：假设有士二人，一士执别，一士执兼。执别者公开宣称：“吾岂能为吾友之身，若为吾身；为吾友之亲，若为吾亲。”（《兼爱下》）因此，别士在遇到朋友饥饿、寒冷、疾病、死亡的情况下均无动于衷，不予理睬。兼士则相反，说“吾闻为高士于天下者，必为其友之身，若为其身；为其友之亲，若为其亲，然后可以为高士于天下”（同上），所以在遇到与前面同样的情况时，兼士就会给朋友提供衣食，并乐于帮朋友养病甚至为之治丧。假设这两人均能做到言必信、行必果，那么当人们不得已必须托付妻子给朋友时，究竟是愿意选择别士，还是愿意选择兼士？墨子肯定地说，即使愚夫愚妇、即使非兼的人在这种情况下也会愿意选择兼士，人们之所以“言而非兼，择即取兼”，只不过表明他们心口不一罢了。

另外一个例子的情况与此差不多，只不过别士换成了别君，兼士换成了兼君。别君不管人民的死活，只知满足一己之享乐；兼君则首先考虑万民的利益，然后才顾及自身。墨子问，假若遇到灾荒之年，人们究竟是愿意拥戴别君呢？还是愿意拥戴兼君？答案当然是自明的，那就是人们肯定会选择兼君的。墨子认为，这就足以证明“兼”是完全可以实行的。

不过，墨子的这种论证存在着严重的缺陷。他一开始并未解释别士（君）和兼士（君）做出个人选择的理由或动机，而那位不得不在兼别二士（君）中进行选择的第三者却有机会进行权衡和取舍。这位第三者之所以愿意选择兼士（君），事实上也正是出于自利的考虑，并不能证明他就认可了兼士（君）的行为。因此，对这种境况来说，墨子根本不应当问第三者究竟愿意选择谁来作为值得托付或依靠的人，而应当问在同样的条件下，这位第三者是否愿意做兼士，这才是问题的关键。假若每一个人在这种情况下都愿意去做兼士，那才足以说明兼爱具有道理上的强制性和实践上的可行性。如果情况相反，那么兼爱究竟能否在全社会推行就很成问题了。

其实，墨子本人也并非没有意识到这个问题。他曾从功利的角度解释说："夫爱人者人必从而爱之，利人者人必从而利之，恶人者人必从而恶之，害人者人必从而害之。"（《兼爱中》）墨子的思路是这样：如孝子替父母考虑，自然也希望别人爱利自己的父母；要想别人爱利自己的父母，自己首先就必须以实际行动来爱利别人的父母；别人作为回报，也就会反对来爱利自己的父母。这种思路虽然看似幼稚，但却体现了墨子兼爱论的一个重要特点，那就是坚持对等互利原则。《兼爱上》云："子自爱不家父，故亏父而自利；弟自爱不爱兄，故亏兄而自利；臣自爱不爱君，故亏君而自利。此所谓乱也。虽父之不慈子，兄之不慈弟，君之不慈臣，此亦天下之所谓乱也。"子不爱父、弟不爱兄、臣不爱君，这叫乱；同样地，父不慈子、兄不慈弟、君不慈臣，这也叫乱。所以，父子、兄弟、君臣之间的爱是互相的、对等的。在这个问题上，儒家就不同了。儒家讲爱人，只求尽心，不言回报。如果因为子之爱父，就要求父同等程度地爱子，那将是莫大的忤逆。

从理论上讲，对等互利是一个比较合理的原则，它比自私自利更能满足人们争取最大利益的要求。但是，这必须建立在下面的前提上，即每个人都意识到互利能更好地利己。比较而言，自利来得更直接，更容易见效，互利而利己却不那么容易被人所认识。假若一个人首先尽了最大的努力去爱人，如爱别人之亲，但自己却没有得到相应的回报，自己之亲并未得到别人的爱，在这种情况下，他是否还应当继续向别人施爱呢？对此，墨子并未能给予有效的回答。对于墨子本人来说，这也许不成问题，因为"摩顶放踵、利天下为之"正是他立身行事的准则。但现在的问题是，对等互利能否作为一个普遍的道德原则为大家所共同遵循。若不恰当地解决这个问题，墨子的兼爱论总会遇到类似的质疑。

2. 兼爱与差爱

"兼爱"的意思是视人如己，和它对应的是"别爱"。在墨子的思想中，"别"还可以区分为两种情况，一种是不爱人，只爱己；另一种是虽爱人，但有差等。前者是极端的利己主义，后者是有限度的利他主义。

极端利己主义的情况我们上节已做了介绍。所谓君臣不惠忠，父子不

慈孝，兄弟不和调，强必执弱，众必劫寡，富必侮贫，诈必欺愚等均属典型的例子。在墨子看来，之所以会出现这些情况，都是由于人们只爱自己，不爱别人，只为自己的利益打算，而不为别人的利益着想。

有限度的利他主义则以儒家的差等之爱为代表。儒家也承认要爱人，口头上也反对自私自利，但它所讲的“爱”是要分等级和层次的，血缘关系远近不同，所施之爱也有原则的差别。

儒家差等之爱的基础在周礼的“亲亲”原则，而周礼是西周初年形成的一套用来规范宗法社会中人们思想和行为的伦理系统。由于从西周流传下来的材料极少，所以周礼的具体内容已不甚详备。但是，周礼的精神实质却保留在儒家的学说中。《礼记・丧服小记》中说：“亲亲，尊尊，长长，男女之有别，人道之大者也。”《中庸》亦云：“仁者人也，亲亲为大。义者宜也，尊贤为大。亲亲之杀，尊贤之等，礼所生也。”这些均可看作是对周礼内容和精神的确切描述。到了春秋战国时期，随着社会的发展、土地制度的变化，这套旧有的宗法伦理已经无法适应急剧变动的社会现实。孔子试图通过给周礼注入新的内容以缓解它和现实之间的深刻矛盾，其方法便是以仁释礼，从而把礼转化为一种出于人之自觉的行为。但孔子并不打算改变周礼的精神实质，这是儒家的思想呈现出一种保守性格的原因所在。

从《墨子》书看，墨子似乎并未直接批评过周礼，但他却猛烈地攻击儒家的“差等之爱”，这同样可以看作对周礼的批评。在墨子看来，社会中的许多罪恶和不平等都是由这种“差等之爱”引起的：

> 今王公大人其所富，其所贵，皆王公大人骨肉之亲、无故富贵面目美好者也。今王公大人骨肉之亲、无故富贵面目美好者，焉故必知哉。若不知，使治其国家，则其国家之乱可得而知也。（《尚贤下》）

王公大人所富所贵中，有一类是他们的骨肉之亲。这类人未必有智慧和才能，他们之所以能获得富贵，完全是由于与王公大人血缘关系较近。用这类人来治国，国家不得治而得乱，自是情理中的事。

由于“差等之爱”最典型地体现在丧葬制度上，所以墨子对儒家丧葬制度批评得最激烈。《非儒下》有一段比较可靠的话，可以代表墨子和墨家对儒家丧葬制度的态度：

> 儒者曰："亲亲有术，尊贤有等。"言亲疏尊卑之异也。其礼曰："丧：父母三年，妻、后子三年，伯父叔父弟兄庶子其，戚族人五月。"若以亲疏为岁月之数，则亲者多而疏者少矣，是妻、后子与父同也。若以尊卑为岁月数，则是尊其妻子与父母同，而亲伯父宗兄而卑子也，逆孰大焉。

按照儒家的"亲亲"原则，血缘关系的远近不同，服丧也有时间上的长短之别，如父母三年，妻、后子三年，伯父、叔父、兄弟、庶子一年等。墨者则认为，儒家的这些规定恰恰违反了差等原则。因为，无论是按亲疏还是按尊卑而论，妻、后子均不应与父母同等对等。儒家把这三者的服丧时间都定为三年，从"亲亲"的原则看，实在是莫大的忤逆。

在《公孟》篇中，墨子分析儒家丧葬制度的弊端说："丧礼，君与父母、妻、后子死，三年丧服；伯父、叔父、兄弟期，族人五月；姑姊、舅甥皆有数月之丧。或以不丧之间诵诗三百，弦诗三百，歌诗三百，舞诗三百。若用子之言，则君子何日以听治？庶人何日以从事？"如果所有的亲属死后都有长时间的服丧，那么士君子还哪有时间从事政事？老百姓还哪有时间从事生产劳作？墨子这里担心的显然是，儒家的烦琐礼制会给正常的劳作带来不良的影响，所以他从反亲亲原则出发，制订了一个简单的葬埋之法："棺三寸，足以朽骨，衣三领，足以朽肉，掘地之深，下无菹漏，气无发洩于上，垄足以期其所，则止矣。"（《节葬下》）在这种葬埋之法面前，所谓的等级，所谓的差别，都变得荡然无存了。

除了对丧葬制度进行批评之外，墨子还进一步指出，儒家的"差等之爱"最终必然会走向极端的利己主义。这一点体现在他与巫马子的一段辩论中：

> 巫马子谓子墨子曰："我与子异，我不能兼爱。我爱邹人于越人，爱鲁人于邹人，爱我乡人于鲁人，爱我家人于乡人，爱我亲于我家人，爱我身于吾亲，以为近我也。击我则疾，击彼则不疾于我，我何故疾者之不拂，而不疾者之拂？故有我，有杀彼以利我，无杀我以利彼。"子墨子曰："子之义将匿邪？意将以告人乎？"巫马子曰："我何故匿我义？吾将以告人。"子墨子曰："然则一人说子，一人欲杀子以利己；十人说子，十人欲杀子以利己；天下说子，天下欲杀子以利

己。一人不说子，一人欲杀子，以子为施不祥言者也；十人不说子，十人欲杀子，以子为施不祥言者也；天下不说子，天下欲杀子，以子为施不祥言者也。说子亦欲杀子，不说子亦欲杀子，是所谓经者口也，杀常之身者也。”（《耕柱》）

巫马子显然是一位儒者，他严格遵循差等原则去施爱，先是我亲，然后依次推出去为家人、乡人、邹人、越人。关系越近，爱的程度就越深；关系越远，爱的程度就越浅。把这种差等关系推到极致，就是认为我身最重要，只能够为我的利益而杀别人，不能够为别人的利益而杀我。从孔孟诸大儒的言论里面也许找不到像巫马子所说的“爱我身于吾亲”这种极端之言，但巫马子的这段话却无意中揭示了这样一个事实，即儒家建立在血缘关系之上的差等原则的前提正是肯认自私自利的合理性。

墨子则从巫马子的前提出发，根据两难推理，推论说巫马子必因此而招致杀身之祸。因为，那些喜欢其原则的人会为了自己的利益而杀他，那些不喜欢其原则的人也会由于其散布不祥之言而杀他。这种论证未必有效，但它却从一个侧面说明了墨家的“兼爱”与儒家的“差等之爱”有着本质上的差别。

3. 兼爱与交利

墨子讲兼爱，还常与“利”相并提。如“兼相爱，交相利”“爱利万民”“爱人利人”“相爱相利”等均为其例。在墨子的观念里，爱人利人必表现于实际的事功，没有实际事功的爱就不能称作真正的爱。所以，虽从概念上来说，“兼相爱”可以说是一条最基本的道德理想，“交相利”是这种道德理想在实际中应用的结果，但究极而言，“兼相爱”就等于“交相利”，“交相利”也就等于“兼相爱”，两者说的实际上是一回事。爱利相提使墨子的思想带有功利主义的特征。

墨子所谓“利”，非个人的私利，乃天下之公利：

仁人之事者，必务求兴天下之利，除天下之害。今吾本原兼之所生，天下之大利也；吾本原别之所生，天下之大害也。是故子墨子曰，别非而兼是。（《兼爱中》）

今天下之士君子，中实欲为仁义，求为上士，上欲中圣王之道，

下欲中国家百姓之利者，当天之志，而不可不察也。（《天志下》）

故君子莫若惠君、慈父、孝子、友兄、悌弟，当若兼之不可不行也，此圣王之道而万民之大利也。（《兼爱下》）

墨子念念不忘的是“天下之利”“国家百姓之利”“万民之大利”，这些既是圣王之道，又是仁人士君子所应努力追求的目标。它同时还是检验一种言论是非的标准，三表法的最后一表即“发以为刑政，观其中国家百姓人民之利”。天下之公利、国家百姓人民之利成了墨子立说的最后根据。这一点说明墨子的功利主义属于利他主义的范畴。

合乎天下公利的行为，墨子称之为“义”；不合乎天下公利的行为，墨子称之为“不义”。“有力者疾以助人，有财者勉以分人，有道者劝以教人”，因为合乎天下人民的利益，所以是义事。“有余力不能以相劳，腐朽余财不以相分，隐匿良道不以相教”，因为不合乎天下人民的利益，所以是不义之事。

在墨子看来，虽然“义”与“不义”的区别彰彰明甚，可天下之士君子并不能把两者明确地区分开来：

今有一人，入人园圃，窃其桃李，众闻则非之，上为政者得则罚之。此何也？以亏人自利也。至攘人犬豕鸡豚者，其不义又甚于入园圃窃桃李。是何故也？以亏人愈多，其不仁兹甚，罪益厚。至入人栏厩，取人马牛者，其不仁义又甚攘人犬豕鸡豚。此何故也？以其亏人愈多，苟亏人愈多，其不仁兹甚，罪益厚。至杀不辜人也，扡其衣裘、取戈剑者，其不义又甚入人栏厩、取人牛马。此何故也？以其亏人愈多，苟亏人愈多，其不仁兹甚矣，罪益厚。当此，天下之君子皆知而非之，谓之不义。今至大为攻国，则弗知非，从而誉之，谓之义。此可谓知义与不义之别乎？（《非攻上》）

窃取桃李、偷盗牛马、杀人越货，人们都知道是不义之事，都会主动地去指责这种行为。但大到攻打别人的国家，杀人盈城，血流成河，人们却认为是值得称赞的义事，从而热情地歌颂它。就亏人自利而言，偷盗、杀人和攻国具有同样的性质，在损害别人利益的程度上，攻国比偷盗、杀人来得更严重，可一者指责、一者称颂，这难道算是明白“义”与“不义”之别吗？

正因为相信天下士君子不能明白“义”与“不义”之辨，所以墨子才极力抬高“义”的地位，并强聒不舍，四处宣传为义的重要性。在《贵义》篇一开头，墨子就开宗明义地说：“万事莫贵于义。”在《耕柱》篇中，墨子进一步把“义”比作良宝：“义，天下之良宝也。”良宝的作用是可以利民，而以“义”为政的话，同样可以使国家富、人民众、刑政治、社稷安，同样可以达到利民的目的。为了宣传和实践“义”，墨子本人上说下教，以自苦为极。当他的一位故人劝他“今天下莫为义，子独自苦而为义，子不若已”时，墨子则回答说，正因为天下莫为义，所以我才应该更加努力。他曾告诫弟子说：“为义而不能，必毋排其道。”这足可看出墨子对“义道”的信念之坚。所以，当巫马子之流攻击他“子之为义，人不见而助，鬼不见而富，而子为之，有狂疾”时，墨子一点都不为所动，而是以“受狂何伤”的态度照样行义不懈。

准确地说，义利并提并不始于墨子。《左传》中已有“义以建利”“义，利之本也”“言义必及利”“义者，利之正也”等说法。大体上讲，这些说法都比较倾向于用义来约束利，也就是说，虽然言义的时候免不了会涉及利，可是利的根本仍在于义。墨子和这些说法的不同之处在于，他把“义”直接归结到“利”，并进而把“爱”和“利”相提并论，从而建立了中国历史上第一个功利主义思想体系。这样，“利”不再是“义”的附属物，而是评价一种行为是否属于“义”的标准。考虑到以耻言功利为主的儒家德性伦理学在中国思想史上长期占有统治地位，墨子所提出的这套功利主义主张显得尤其珍贵。

另外，值得注意的是，重视功利、重视行为的实际效果并没有使墨子完全否定动机的作用。在回答鲁君关于两个儿子究竟哪一个可以做太子的问题时，墨子提出要“合其志功而观焉”。“志”是行为的动机，“功”是行为的效果，只有把这两者结合起来，才能准确地判断一个人的行为。他举例说，钓鱼的人恭恭敬敬地站着，并不是为了不打扰鱼，而是为了把鱼钓上来。用虫子作诱饵，引诱老鼠出来也不是由于爱老鼠，而是想把它捕杀。因此，不能只看一个人表面上的行为，而要把志、功联系在一起考察。“志功合一”说初步接触到了伦理学上的动机和效果的关系。

4. 后期墨家对“兼爱论”的发展

墨子的兼爱主张由于同血缘宗法伦理相违背，所以招致了许多批评。后期墨家在替墨子进行辩护的同时，对兼爱论也有所发挥和修正。其中，一些方面可以说是对墨子思想的发展。

第一，“爱”是一种道德情感，“利”则是这种道德情感在实际中的体现。“爱”属仁，“利”属义。

在墨子的言论中，“爱”和“利”常常并举，如“兼相爱，交相利”“爱利天下”“爱利万民”等。从整个思想体系来看，墨子所谓“爱”和“利”实际上讲的是一回事。“爱”必须体现为具体的“利”，否则就不能被称作“爱”。“利”成了判定“爱”的唯一标准。到了后期墨家，情况就不同了。《墨辩》的作者倾向于把“爱”和“利”分开，认为“利”必须体现为实际的行动，“爱”则不必有什么实际的效果。《大取》云：“以臧为其亲也而爱之，爱其亲也。以臧为其亲也而利之，非利其亲也。”臧是人名的代称。一个人误认臧是他的父亲而爱臧，这还是爱父亲；但误认臧为父亲而给他许多好处，得到好处的是臧而不是父亲，这就不能算作利父亲。这一点说明“爱”纯粹是一种道德情感，可以和对象相分离，不必有什么实际的效果。而“利”则必须体现在行动中，没有实际表现的就不能称作是“利”。

当时，有人提出了仁属内、义属外的说法。后期墨家不同意这种观点，他们批评道：

> 仁义之为内外也冈，说在仵颜。（《经下》）
>
> 仁：仁，爱也。义，利也。爱利，此也。所爱所利，彼也。爱利不相为内外，所爱利亦不相为外内。其为仁内也义外也，举爱与所利也，是狂举也。若左目出，右目入。（《经说下》）

在后期墨家看来，“仁内义外”说把爱归为主体，把利归为客体，犯了一种“狂举”的错误。因为，实际上，爱和利都既有各自的主体即施予者，又都有各自的客体即承受者。换句话说，爱有爱人者和被爱者两个方面，利也有利人者和被利者两个方面。从主体方面来讲，爱和利都可以说是内，从客体方面讲，所爱和所利又都属于外。如果把爱（仁）和所利

（义）联在一起，说它们之间属于一种内外关系，那就犯了“不知类”的错误。

把爱、利分开是后期墨家与墨子在伦理问题上的一个很重要的不同，也是墨家兼爱理论的一个很大进步。在墨子那里，爱利不分导致了一种比较狭隘的功利主义，那就是一切均以现实的物质利益为转移，结果爱仅仅获得了一种工具价值。到了后期墨家，爱和利的分辨使墨家的兼爱论中容纳了一些情感的因素，也就是说，爱不必产生实际效果才能称得上爱，只要在人的心灵深处有这种道德情感，那就说明他实际上已在爱了。这种解释使墨家的兼爱论更接近人情，更容易为人所认可。

第二，由于爱是一种情感，利是一种行为，二者不能相等同，所以，在实际生活中，就必须爱利并重，仁义不可偏废其一。

后期墨家认为，只讲爱不讲利，不是圣人之道。因为，有爱而无利的结果将是不切实际的空洞说教。《大取》篇有一段话说：“天下之利驩。圣人有爱而无利，俔日之言也，乃客之言也。”意思是说，天下之人都热衷于趋利，唯有圣人只有仁爱而不争利，这种说法是别人的意见，不是墨者之言。既不是墨者语，那么，言外之意就是说墨者认为圣人既讲爱又讲利了。

另一方面，只讲利不讲爱，同样不是圣人之道。《经上》有一条说：“仁，体爱也。”《经说上》则进一步解释说：“仁：爱己者，非为用己也，不若爱马。”意思是说，仁就像爱护自己身体一样。爱护自己身体，不是为了使用自己，不像爱马是为了使用马。显然，后期墨家把仁理解成了一种发自内心的道德情感，它不必纯粹出于某种功利的目的。如果任何行为都像爱马那样出于实用和功利的考虑，那就难免会出现人人追求私利的现象。

在墨子那里，虽然爱利常常并举，但爱却有与利等同的危险。到了后期墨家，爱利之间的关系就被解释得比较辩证，仅有爱不行，仅有利也不行，必须爱利统一才能作为普遍的社会交往准则。这又是一个进步。

第三，爱是普遍的情感，所以需周爱人才算是爱人；利是具体的行为，所以要结合实际进行取舍。

由于爱是一种道德情感，不必表现出实际的功利效果，所以，爱一个人和爱另一个人，从情感的角度来看并无不同。但是，利就不同了。利必须体现为具体的行为，针对一个人的行为和针对另一个人的行为可以完全无关。《大取》篇云："爱获之爱人也，生于虑获之利。虑获之利，非虑臧之利也。而爱臧之爱人也，乃爱获之爱人也。"讲的正是这个意思。臧、获都是古代奴隶的名字，这里代指两个不同的个体。从爱的角度看，爱臧是爱人，爱获也是爱人，两者都出于对人的爱。但从利的角度看，考虑获的利益，就不是考虑臧的利益。臧和获的利益不同，所以，利臧和利获也就大不一样。

就爱而言，由于它是一种普遍的情感，所以爱一切人便成为可能。在后期墨家看来，真正的爱人必须是爱一切人，这也就是兼爱题中应有之义。《小取》篇说："爱人待周爱人而后为爱人。不爱人不待周不爱人。""周"是普遍、全部的意思，这句话的意思是说，爱人必须普遍地爱所有的人才算是爱人，但不必要所有的人都不爱，才算是不爱人，只要有一个人不爱，就可以称得上是不爱人了。

利的情况不同。利必须付诸实际的行动，所以利一切人是不可能的。其实，也正因为利与实际的行为有关，所以才能够使人在利的问题上发挥智的权衡取舍作用。《大取》篇说："于所体中而权轻重之谓权。权非为是也，亦非为非也。权，正也。断指以存擎，利之中取大，害之中取小也。害之中取小也，非取害也，取利也。其所取者，人之所执也。遇盗人而断指以免身，利也；其遇盗人，害也。"这段话的意思是说，"权"不是争论是非，而是在事实中权衡轻重，从而在利害关系上选取最合理的行动。害可分为大害和小害，利也可分为大利和小利。有时候，目前的小利可能导致长远的大害，目前的小害也可能导致长远的大利，所以在面临具体的利害关系时，人们所取的利就不应是目前的小利，而应是长远的大利，所避的害不应是目前的小害，而应是长远的大害。譬如断指存身，断指是取目前的小害，存身则属将来的大利。为了将来的大利，人们宁可忍受当前的痛苦。所以"断指存身"实际上就是"利之中取大，害之中取小"的行为。"利之中取大，害之中取小"是后期墨家在利的问题上所总结出来的基本原则，这种原则较之于前期墨家的"交相利"来说，要详细具体多了。

另外，后期墨家对"利"的本质也有新的认识。墨子曾经提出过义即利，但利的本质究竟是什么，他并未予以进一步的追问。在《墨经》之中，这个问题也得到了正面的回答。《经上》云："利，所得而喜也。"把利的本质规定为"所得而喜"，这就替墨子的功利主义提供了一个心理依

据。然后，后期墨家又以利的定义为基础，再给各种道德范畴下定义。如：《经上》云：“义，利也”，“忠，以为利而强低也”，“孝，利民也”，“功，利民也。”这样，道德的最后根据就落在了人的趋利避害本性上，后期墨家也就不用到外在的天、鬼那里去寻求兼爱交利等原则的保障了。

第四，空间和人数有限与否，地点是否确定，都不影响兼爱的实施。

后期墨家把爱人定义为“周爱人”，但“周”涉及一个人数是否有限的问题，所以当时就有人提出了这样一个说法，即如果人数是无穷的或不知道究竟有多少，那么你墨家又怎样去“兼爱”呢？墨家的回答记载在下面三条经文中：

> 无穷不害兼，说在盈否。（《经下》）
>
> 无：“南方有穷则可尽，无穷则不可尽。有穷无穷未可智，则可尽不可尽未可智，人之盈否未可智，而人之可尽不可尽亦未可智。而必人之可尽爱也，悖。”人若不盈无穷，则人有穷也，尽有穷无难。盈无穷，则无穷尽也，尽无穷无难。（《经说下》）
>
> 不知其数而知其尽也，说在问者。（《经下》）
>
> 不：“不知其数，恶知爱民之尽之也？或者遗乎？”其问也尽问人，则尽爱其所问，若不知其数而知爱之尽之也，无难。（《经说下》）
>
> 不知其所处，不害爱之，说在丧子者。（《经下》）

按照反对者的意见，空间的无穷、人数的无限以及地点的不确定都是限制实施兼爱的条件，所以从理论上讲，“周爱人”是根本无法实现的。比如，南方有穷无穷问题：如果南方有穷，当然可尽；如果南方无穷，则不可尽。现在南方是有穷还是无穷尚未可知，人能否充盈南方也不可知，怎么能够说人可尽爱呢？又如，人的数量问题：如果不知道人究竟有多少，那么怎么才能知道尽爱了所有的人，难道不会有遗漏吗？还有地点问题：如果不知道一个人处于何地，那又如何去爱他呢？对这些问题，后期墨家的回答是：人如果不能充盈无穷的南方，则人数有穷，尽爱有穷之人不难；人如果能够充盈无穷的南方，则南方就不是真正的无穷，那么，尽爱有穷之地上的人也不难。你如果因为人数的不确定而担心“兼爱”有遗漏的话，那就请你把遗漏者指出来吧，凡你指出的都可以爱。至于地点的不确定性更不成问题了，比如父母丧失了子女，决不会妨害他们的爱子之心。

对于反对者的批评，后期墨家的回答的确很巧妙。可惜的是，这些回答根本没有理论上的说服力，毋宁说简直是巧辞强辩。实际上，兼爱的问题的症结在如何去推行和实施它，而不在于能否尽爱所有的人。按照后期墨家的理论，兼爱本来就是一种普遍的情感，有时可以和对象相分离，时空的有限与否、人数的多少都不会影响这种情感的发挥。在这个问题上，墨子本人似乎比后期墨家处理得更加得当。墨子并未追问到底能否兼爱所有的人，但他却用自己的实际行动证明兼爱是可行的。后期墨家对爱的解释虽然更完善，但他们却忽视了行动，仅仅停留在名言的强辩和文字的争执上，这就把墨子的真精神丢失了，兼爱也就成了一种空洞的口号。

二、非　攻　论

非攻是兼爱的延伸。兼爱要求所有的人互爱、互利和互惠。依兼爱的要求去爱人利人即为“义”，依兼爱的反面去害人杀人，就叫“不义”。“不义”的形式多种多样，如偷窃、抢劫和杀人，但最大的“不义”却是攻国。攻国动辄杀人千万，如果杀一人有一重不义，算一次死罪，杀十人有十重不义，算十次死罪的话，那么攻国者杀人千万，必有千万重不义、千万次死罪。所以，要行义，要兼爱，就不能不“非攻”。

1. 攻国的危害

先秦诸子中，除法家外，余者大都反对战争。如孔子云：“俎豆之事，则尝闻之矣。军旅之事，未之学也。”（《论语·卫灵公》）《老子》亦云：“夫兵者，不祥之器，物或恶之，故有道者不处。”（第31章）孟子则称：“善战者服上刑，连诸侯者次之，辟草莱、任土地者次之。”（《孟子·离娄上》）墨子比较独特之处在于，他更偏重于从战争的实际后果来分析其危害，这似乎比儒道两家从人道的立场反战更有说服力。

墨子认为，攻伐对于战争双方来说，都是一个有百害而无一利的行为。被侵略者经过战争的蹂躏之后，其惨状自然令人目不忍睹：

> 入其国家边境，芟刈其禾稼，斩其树木，堕其城郊，以湮其沟池，攘杀其牲牷，燔溃其祖庙，劲杀其万民，覆其老弱，迁其重器。(《非攻下》)

在侵略者的铁蹄之下，家园被毁，宗庙被烧，国家被灭，人民死的死、伤的伤，即使还有少数的幸存者，也因为失去了赖以生活的手段，而不得不流离失所，忍受着亡国丧家之痛。

被侵略者如此，侵略者的情况是否会好些呢？墨子进一步分析道：

> 今师徒唯毋兴起，冬行恐寒，夏行恐暑，此不可以冬夏为者也。春则废民耕稼树艺，秋则废民获敛。今唯毋废一时，则百姓饥寒冻馁而死者，不可胜数。今尝计军上，竹箭、羽旄、幄幕、甲盾、拨劫往而靡弊腑冷不反者，不可胜数。又与矛、戟、戈、剑、乘车，其列往碎折靡弊而不反者，不可胜数。与其牛马肥而往、瘠而反，往死亡而不反者，不可胜数。与其涂道之修远，粮食辍绝而不继，百姓死者，不可胜数也。与其居处之不安，食饮之不时，饥饱之不节，百姓之道疾病而死者，不可胜数。丧师多不可胜数，丧师尽不可胜计，则是鬼神之丧其主后，亦不可胜数。(《非攻中》)

兴师动众的结果是，正常的生产和生活秩序全被打乱，农夫没有时间从事劳作，贻误了农时，饥荒随之而至，人民饥寒冻馁而死者不可胜数。用于生产和生活的基本资料，因为战争的缘故而被征用，可战后这些东西能够存留下来的却极少。更为严重的是，残酷而持久的战争将会导致大批战士和后勤人员的死亡：有的战死，有的饿死，有的冻死，有的则是生病而死。付出了这么沉重的代价，侵略者最终得到的又是什么呢？“杀人多必数于万，寡必数于千，然后三里之城，七里之郭，且可得也。”(《非攻中》) 可是，对于那些有能力发动侵略战争的国家来说，有余的是土地，不足的是人民，弃其不足而争所有余又有什么意义呢？所以，最终的结果只能是：“计其所自胜，无所可用也。计其所得，反不如所丧者之多。”(同上) 也就是说，侵略的一方也并没有得到任何实际的好处，反而还得和被侵略者一同饱受战争之苦，因此，真正说来，侵略战争永远都是一个既损人又损己的行为。

不过，墨子对战争后果的这种分析并未能使“饰攻战者”折服，因为一个非常明显的例子是，当时的大国荆、吴、齐、晋，始封之时方圆不超过数百里，人数不超过数十万，正是通过攻战，它们的土地才成倍增长，达到数千里，人数才多至数百万。对此，墨子的解释是：“虽四五国则得利焉，犹谓之非行道也。譬若医之药人之有病者然，今有医于此，和合其祝药之于天下之有病者而药之，万人食此，若医四五人得利焉，犹谓之非行药也。”（《非攻中》）意思是说，虽然有那么四五个国家得到了攻战的好处，但并不能证明攻战就是一个可以常行之道，这正如一剂药方，有万人服用，只对四五个人有效，我们不能说它是一个可以常用的药方一样。墨子的这种解释显然是不足以服人的，因为，“饰攻战者”要问的是攻战有没有可能带来好处，墨子的回答则是攻战只给少数国家带来好处，并不能作为常行之道，他这里实际上已经偷偷地转换了论题。

相比之下，墨子用一些强大诸侯衰亡的例子来说明攻战的危害，说服力似乎更大一点。墨子举的例子是吴国的夫差和晋国的智伯。夫差在其父吴王阖闾开创的基础上，进一步通过攻战，使吴国变成了一个强大的侯国。在最辉煌的时候，九夷宾服，越王屈膝，甚至齐人也常常被打得大败。但由于后来“自恃其力，伐其功，誉其智，怠于教”的缘故，却招致越国的复仇，以至身死而国亡。智伯是晋国六将军之一，他的势力在六家中最大。为了进一步扩大自己的力量，他先是攻打中行氏而亡之，继而又攻兹范氏而有之。后来他又想吞掉赵氏。在这种情况下，韩赵魏三家只好联合进来，同心戮力，以攻智伯。结果智伯身死而为天下笑。夫差和智伯都是通过攻战而变得强大，同时也是因为攻战而灭亡的。墨子以此作为攻战者的前车之鉴，多少会对那些好战者起一种警告作用。

总的来说，墨子虽然没有认识到战争对社会发展的促进作用，虽然对战争危害的论证还有不完善之处，但他把侵略战争归结为最大的不义，从而予以道德上的谴责，这足以显示出墨子思想的高尚和伟大。他对攻战后果的分析，更多的是站在普通民众的立场之上，说明了他对天下百姓的疾苦抱有深深的同情。特别是，他通过实际的行动，积极奔走于列国之间，以制止即将发生的侵略战争，这一点更是奠定了他在中国历史上的崇高地位。

2. 攻诛之别

墨子虽然非攻，但并不是要反对一切战争。他所反对的只是“大攻小”“强执弱”的侵略战争，因为这种战争属不义的行为。对于另外两种战争，墨子则是完全赞成的：其一是防守，其二是出诛。

防守属于自卫的战争，墨子认为，这是小国在强邻环伺下得以生存下去的必要手段。为了能够有效地对付大国的侵犯，墨子非常强调积极备战的重要性。《七患》篇中说：“库无备兵，虽有义，不能征无义。城郭不备完，不可以自守。心无备虑，不可以应卒……故备者，国之重也。”这可以看作墨子本人的一贯主张。该篇还罗列了国家的七种祸患，其中有三种就涉及守备问题：

> 子墨子曰：“国有七患。七患者何？城郭沟池不可守，而治宫室，一患也。边国至境，四邻莫救，二患也……君自以为圣智而不问事，自以为安彊而无守备，四邻谋之不知戒，五患也……以七患居国，必无社稷，以七患守城，敌至国倾，七患之所当，国必有殃。”

城郭沟池不足以坚守、与邻国处理不好关系以及自以为强大而不做守备，这都是国家的严重隐患。一旦有什么变故，城亡国覆将是不可避免的命运。

为了避免这种悲剧的一再发生，墨子还专门精研了守城的技巧。《墨子》书中《备城门》以下各篇记述的就是墨子和他的弟子们在这方面努力的结果。其中，对如何编制军队，如何构筑工事，如何装备武器，如何进行战斗等问题均有专门的论述。

除此之外，墨子本人还用实际行动来制止侵略战争。止楚攻宋、止鲁（鲁阳）攻郑以及止齐攻鲁都是有据可查的史实。在墨子的教导下，墨家团体甚至把修习兵法、掌握必要的军事技能作为其成员的基本训练内容。这个团体，至少在止楚攻宋一事中曾起到一定的威慑作用。

第二种得到墨子赞成的战争为“出诛”。“出诛”是基于道义，讨伐暴君以安定社会之类的战争。墨子认为，像禹征有苗、汤伐桀、武王伐纣等古代圣王所发动的战争都属这种“出诛”的范例：

> 今逮夫好攻伐之君，又饰其说以非子墨子曰："以攻伐之为不义，非利物与？昔者禹征有苗，汤伐桀，武王伐纣，此皆立为圣王，是何故也？"子墨子曰："子未察吾言之类，未明其故者也。彼非所谓攻，谓诛也。"（《非攻下》）

按照墨子的意见，"攻"是一种不正义的侵略战争，"诛"则是一种正义的讨伐战争，两者性质完全不同，根本不属一类。禹、汤、武王这些圣王对有苗、桀、纣的讨伐都是禀承天命进行的，因而都属正义的行为，不能和侵略战争的"攻国"相提并论。好攻伐之君以此来反对非攻主张，则犯了不知类、不明故的错误。

过去，有人曾根据墨子赞成"出诛"而推论说墨子并不反对战争，非攻实际上是为了美攻。也有人认为墨子的非攻意在保持封建割据状态，所以抹杀了战国时期新旧势力相攻的社会意义。这两种说法都值得讨论。第一种说法最为惊人，但论据却很脆弱。墨子赞成"诛"并不意味着赞成一切战争，反对"攻"也不就是说反对所有的战争。他所谓"攻"和"诛"有着严格的界限，那就是正义和非正义。现实之中的战争谁正义谁不正义的确不容易分辨，但在墨子的观念上两者却是清晰可辨的。论者说墨子非攻实际上是美攻的根据在："攻是侵犯私有权，非攻是反对侵犯私有权，因而非攻本身就是战争。"这种说法简直不知所云。侵犯私有权必定是一种行动，反对侵犯私有权却可以是一种信念或主张。一种信念或主张怎么会变成了战争呢？显然论者为了自己的成见而有意曲解了墨子的意思。

第二种说法相对说来平实一点，可它却把历史价值和道德价值混在了一起。从史学的角度来看，战争可以是社会发展的动力，但从道德的角度看，战争毕竟是一种残酷和恶的行为，它给人带来的只是破坏和痛苦，因而战争本身不值得歌颂。墨子的非攻虽然与战国时期国家统一的趋势相背离，但换一个角度来看，它却是一种极富道德勇气的主张。无论如何，这种主张曾寄寓了像墨子这类热爱和平者的理想。这是尤其值得我们后人珍视的。

第三章 墨子的政治思想

在墨子的十大主张之中，代表其政治思想的是“尚同”和“尚贤”两论。“尚同”的意思是一切有关善恶、是非的意见都必须统一、服从于上级。“尚贤”的意思是任用贤才，不计出身贵贱，一切依能力为准。“尚同”和“尚贤”合起来，既反映了墨子对贵族政治的不满，又体现了他对政治清明、国家统一的愿望。尽管这两大主张都只是墨子的一种社会理想，但通过儒、法两家的进一步发挥，它们成为许多思想家的共识，并影响到后来的中国历代王朝政治。

一、尚同论

在墨子的所有主张中，“尚同”引起的争议最大。“尚同”的要求是一切有关善恶、是非的意见都统一于政长，可问题的症结在于，政长又是如何产生的？有人推测说，在墨子的观念里，各级政长都是由民众所公选，这样墨子就成了中国历史上最早的契约论者；有人则认为，从《墨子》书里找不出任何民选的痕迹，各级政长都是由在上者所逐级任命，这样，墨子又成了极端专制主义的热烈鼓吹者。本书支持后一种说法，其理由将在下文中依次叙述。

1. 尚同的目的

所谓“尚同”，按照墨子的理论，大体上有两方面的含义：一是思想的统一，一是政治的集中。思想统一要求人们在思想上采纳同一个标准，不能一人一义。政治集中则要求人们在行动上和上级保持完全一致，不准自行其是。

由于思想的统一是政治集中的前提，所以墨子特别强调要“一同天下之义”。他说：

> 凡闻见善者必以告其上，闻见不善者亦必以告其上。上之所是必亦是之，上之所非必亦非之。己有善傍荐之，上有过规谏之。尚同义其上，而毋有下比之心，上得则赏之，万民闻则誉之。(《尚同中》)

意思是说，凡是听到善事或不善的事，都要报告上面。上面认为对的，大家也都必须认为是对的；上面认为错的，大家也都必须认为是错的。自己有善，就献给上面；上面有过，就加以劝谏。一切都要服从上面，而不能附和下面。

这种说法的专制色彩极重。它把个人的自由和权利剥夺净尽，没有思想，没有自决权，更没有独立的人格，一切都出于上面的意志，个人只不过是一种工具而已。墨子认为，之所以要如此，是因为思想不统一容易引起天下大乱：

> 古者民始生未有刑政之时，盖其语，人异义。是以一人则一义，二人则二义，十人则十义。其人兹众，其所谓义者亦兹众。是以人是其义，以非人之义，故交相非也。是以内者父子兄弟作怨恶，离散不能相和合。天下之百姓，皆以水火毒药相亏害，至有余力不能以相劳，腐朽余财不以相分，隐匿良道不以相教，天下之乱，至若禽兽然。(《尚同上》)

按照墨子的描述，人类的原初状态是一种彻底的无政府状态，既没有行政制度，也没有行政首长。人们都以自己为标准，各自执持一义。有一个人就有一种义，有两个人就有两种义，有十个人就有十种义。人越多，义也就越多。每个人都认为自己的义是正确的，别人的义是错误的，因而彼此之间老是互相攻击。在家庭内部，父子兄弟因意见不一而互相怨恨，不能和睦相处。在外面，天下的老百姓都用水火毒药互相损害。以至有余力的人不愿帮助别人，有余财的宁愿把财物腐烂掉也不分给别人，有了好的道理宁可藏起来也不愿教导别人。因此，天下乱得就像禽兽一样。

这种描述与霍布斯的“自然状态”颇为接近。只是在霍布斯的“自

然状态”背后还有一个更深的人性基础，即人本质上是自私自利的，自我保存是人的天性，而在墨子所描述的这种无政府状态背后，是否还有一个人性的基础就不是很清楚了。墨子只是指出了标准不一是大乱之源，但他并未进一步说明每个人的标准是根据什么得来的。从《兼爱》等篇的内容看，墨子认为自私自利是人们互相攻击的原因所在，这可能也是他所说的“一人一义”的基本原因。从《墨子》书里，我们并不能找到关于这个问题的明确论断。

和霍布斯一样，墨子认为自然状态或无政府状态不是人类社会的理想的状态。为了避免“一人一义”所带来的罪恶，人类必须设立一种共同的标准（“义”），建立一个国家（“刑政”），组成一个代表国家的主权团体（“政长”），由他们来统一人们的意见，并指导人们的行动。

但是，这个主权团体（“政长”）是如何产生的呢？墨子的解释非常含糊：

> 夫明乎天下之所以乱者，生于无政长。是故选天下之贤可者，立以为天子。天子立，以其力为未足，又选择天下之贤可者，置立之以为三公。天子三公既以立，以天下为博大，远国异土之民、是非利害之辩，不可一二而明知，故画分万国，立诸侯国君。诸侯国君既已立，以其力为未足，又选择其国之贤可者，置立之以为正长。（《尚同上》）
>
> 明乎民之无政长，以一同天下之义，而天下乱也，是故选择天下贤良圣知辩慧之人，立以为天子，使从事乎一同天下之义。天子既已立矣，以为唯其耳目之请，不能独一同天下之义，是故选择天下赞阅贤良、圣知辩慧之人，置以为三公，与从事乎一同天下之义。（《尚同中》）
>
> 是故天下之欲同一天下之义也，是故选择贤者，立为天子。天子以其知力为未足独治天下，是以选择其次，立为三公。三公又以其知力为未足独左右天子也，是以分国建诸侯。诸侯又以其知力为未足独治其四境之内也，是以选择其次，立为卿之宰。（《尚同下》）

这三段话的内容大同小异，讲的都是各级政长的设立问题。其中，比较清楚的是，除天子外，下级政长都是由上一级的政长所任命，而上级政长之所以任命下级政长，是因为自己的智力不足以独治，需要有人来帮助治理。但是，作为最高统治者的“天子”是如何设立的？从这三段话中实在看不出个究竟来。三段话都承认，“天子”是从贤良圣智辩慧之人中选择出来的，其目的是一同天下之义，避免天下之乱。但是执掌“选择”大权的是谁，它们却并没有提及。近代以来的许多墨学家都试图把这个“选择者”找出来。一种意见认为“选择者”为天下万民百姓，那么这就差不多等于现代的民选，于是墨子也就成了中国古代最早的“民约论”者。但是从前者的分析可以看出，在墨子所提供的政长系列里，所有的下级政长实际上都是由上一级的政长所任命的，这足以说明“民选说”的不足信。另一种意见认为“选择者”是前任天子，而天子的设立制度为禅让制。这种说法可以在《墨子》书中找到一些根据，如《尚贤上》云：“古者尧举舜于服泽之阳，授之政，天下平。”《尚贤中》云：“古者舜耕历山，陶河濒，渔雷泽。尧得之服泽之阳，举以为天子。”但需要注意的是，此说有无穷后退的危险。如果说舜的天子之位是由尧禅让来的，那么尧的天子之位又是谁传来的？第一位天子又是如何产生的？因此，这种说法实际上并没有解释天子是如何设立的问题。

还有一种意见认为，“选择者”为天，因而墨子是一位君权神授论者。这种说法有一定的道理。墨子曾声称天子还要上同于天，《墨子》书中更有一些“天福之，使立为天子”（《法仪》）、“天祸之，使遂失其国家”（同上）、“天鬼赏之，立为天子，以为民父母”（《尚贤中》）等说法，这些足可证明，墨子认为天子的废立与天有关。不过，在这个问题上，我们不能把墨子的说法看得太认真，因为天鬼只是他神道设教的工具而已，有时候，他甚至可以允许用疑似之词来描绘天鬼。

总之，不管天子是由谁选择而立的，政长的系列总算被建立起来了。《尚同》三篇所提出的政长系列略有不同，上篇是天子、三公、诸侯、乡长、里长，中篇是天子、三公、诸侯国君、左右将军大夫、乡里之长，下篇是天子、三公、诸侯、卿之宰、乡长家君。这可能与三篇成书的地点不同有关，但它们并不影响各级政长都是自上而下逐级任命的这一结论。

2. 尚同的方法

有了各级政长，“尚同”也就获得了制度的保障。其具体程序是，普通百姓服从里长，里长之所是必皆是之，里长之所非必皆非之。这样，一

里就不会出现什么乱子。里长又率一里之人服从乡长，乡长之所是必皆是之，乡长之所非必皆非之。一乡也得到治理。依次类推，乡长又率一乡之人服从国君，国君又率一国之人服从天子。最后的结果必然是，天子成了唯一做决定的人，他担负着一同天下之义的责任。而整个天下只剩下一种声音、一个标准。墨子认为，如果做到了这一步，那么天下自然也就实现大治了。

不过，“尚同”并未到此为止。墨子认为，天下百姓除了上同于天子之外，还得上同于天：

> 天下之百姓皆上同于天子，而不上同于天，则灾犹未去也。今若天飘风苦雨，溱溱而至者，此天之所以罚百姓之不上同于天者也。(《尚同上》)
>
> 天下即尚同乎天子，而未尚同乎天者，则天灾将犹未止也。故当若天降寒热不节，雪霜雨露不时，五谷不熟，六畜不遂，疾灾戾疫，飘风苦雨，荐臻而至者，此天之降罚也，将以罚下人之不尚同乎天者也。(《尚同中》)

如果老百姓只上同于天子，而没有上同到天，那么天灾仍然不会完全消除。像飘风苦雨、五谷不熟、六畜不遂等都是上天对下民没有上同于天的惩罚。

从“刑政”的角度看，尚同的这最后一步并不重要。因为，天意只是墨子虚悬的一个标准，它对现实世界仅起一种谴告的作用。问题的关键在于，如何才能使天下所有的人都上同于天子。假若做到了这一步，那么天下已治，天意当然也就得到了实现。对于这个问题，墨子认为，除了下级绝对服从上级之外，还有两种方法可以帮助此目的的实现：

第一，明赏罚以劝诫百姓。《尚同下》云：

> 天子亦为发宪布令于天下之众，曰：“若见爱利天下者必以告，若见恶贼天下者亦必以告。若见爱利天下以告者，亦犹爱利人天下者也，上得则赏之，众闻则誉之。若见恶贼天下不以告者，亦犹恶贼天下者也，上得且罚之，众闻则非之。”是以遍天下之人，皆欲得其长上之赏誉，避其毁罚。是以见善者善之，见不善者告之。天子得善人

> 而赏之，得暴人而罚之。善人赏而暴人罚，则天下必治矣。

天子公开发布宪令，要求人们见到善人要向上汇报，以便赏之；见到恶人也要向上汇报，以便罚之。见到善人向上汇报，就等于做善事，因而同样得赏；见到恶人而不向上汇报，就等于做恶事，因而同样得罚。在这种赏赐的诱惑和惩罚的恐吓下，人们都会争着去行善避恶。墨子称这种做法为“富贵以道其前，明罚以率其后”。他指出，如果天子以此为政，那么，即便想让老百姓与自己不同，也做不到。

第二，设耳目以通上下之情。墨子云：

> 故古圣王之治天下也，其所差论以自左右羽翼者皆良，外为之人助之视听者众。故与人谋事，先人得之，与人举事，先人成之，光誉令问，先人发之。(《尚同下》)
>
> 是以数千万里之外有善者，其室人未遍知，乡里未遍闻，天子得而赏之。数千万里之外有为不善者，其室人未遍知，乡里未遍闻，天子得而罚之。是以举天下之人，皆恐惧振动惕慄，不敢为淫暴，曰：“天子之视听也神。”(《尚同中》)

由于天子只是一人，他要想了解下情，除正常的逐级汇报外，还必须广设耳目，如“左右羽翼者”“外为之人”，让他们深入到民间，进行监督。这样，不管距离有多远，地方有多么闭塞，只要有人行善或作恶，天子马上就可以知道，并进行赏赐或惩除。天下之人因此而恐惧战栗，自然也就不敢妄言妄动了。

墨子的这两种方法极易让人联想到后世的恐怖统治。第一种方法意在鼓励人告密，第二种方法主张实行特务统治。两者所针对的不仅仅是人的行为，而且还包括人的思想。墨子的本意是“兴天下之利，除天下之害”，可尚同的结果却是如此专制，以至于人们除了勉强维持生存之外，整天都生活在恐怖的气氛之中，这哪里还有什么生活的乐趣可言呢？难怪《庄子·天下》篇批评墨子时会说：“恐其不可以为圣人之道，反天下之心，天下不堪。墨子虽独能任，奈天下何！”

3. 尚同的作用

按照墨子的解释，尚同的作用在实现天下之治。它之所以能够使天下得治，主要理由有三：一是所有的政长都是仁人贤者，乡长是一乡的仁人，国君是一国的仁人，这可以保证他们为天下兴利除弊。二是有利于“上下通情”。“上下通情”的意思是说，下面的情况如何，上面一清二楚。这样，百姓的善恶，执政者心中有数，赏善罚暴自然会得当。三是能够避免上下相非。如果上下不同义，也就是说判断是非的标准不一样，那么赏誉就不足以劝善，刑罚就不足以阻暴。

不过，墨子在这个问题上显然过于乐观了。用他所提供的这套方法不但不足以实现天下之治，而且情况可能会变得更糟糕。让我们站在墨子的前提下看看会得出什么结论：

第一，即使我们承认，在墨子的尚同社会里，所有的“政长”都是仁人、贤可者：里长为一里之仁人，乡长为一乡之仁人，国君为一国之仁人。但是，“仁”和“贤”的标准又是由谁来确定的呢？如果说是由天下之百姓和万民所确定，那么政长就必须由这些百姓和万民来推举，这与墨子尚同的主旨相违背。如果说“仁”和“贤”的标准是由上一级的政长所确定，那么就肯定会出现逐级后退的现象，结果标准只能由天子一人来确定，而天子一人的意见若等于“仁”和“贤”的标准，那就永远不会出现暴君了，这与墨子的一贯主张仍然不符。于是，墨子最后只好求助于天，尊天意者即为仁为贤，反天意者即为恶为暴。但是，天意是不会自己说的，只能通过行与事示人，也就是说天意还得借助于人来实现。而人的行为各种各样，究竟谁合天意谁不合天意，仍然找不到标准。这样，墨子又陷入到了循环论证的圈套之中。尽管墨子可以举出许多合乎天意的说法，如他所谓十论，但在一个尚同的社会里，墨子本人又如何有资格来确定什么是仁、什么是贤呢？

第二，即使退一步，容或所有的政长都是仁人、贤可者，他们从事政治活动的唯一目的就是为天下兴利除害，而天下万民百姓也全都能严格遵照“上之所是必皆是之，上之所非必皆非之”的原则行事。假若现实中确有一个这样的社会，那它也绝不是所有社会中最好的。这是因为：①这个社会里面除了最高级政长之将没有任何自由可言，所有人行动的标准都将由一人所独断。②个人的意见在这个社会里无法发挥任何有效的作用，所以，单个人只能是庞大、严密的专制组织随意指使的工具。③如果政长的决策出现致命的失误，那么将没有任何人可以纠正他，整个国家也将被带入深渊。

第三，假设在尚同社会里，不幸出现了一位暴君，那么，墨子又怎样去制止他的暴行呢？推翻他的统治是不合法的，因为普通民众、三公以下的各级政长均没有这个权力，他们必须绝对服从自己的上级。限制他的权力同样行不通，因为事实上就没有人能够做到这一点。剩下的办法也就只有两条了，一是进谏，一是靠某种超人的力量来约束他。墨子主张首先要进谏，“上有过则规谏之”，如果还不行，天谴就接踵而至：“暴王桀纣幽厉，兼恶天下之百姓，率以诟天侮鬼；其贼人多，故天祸之；使遂失其国家，身死为僇于天下，后世子孙毁之，至今不息。”但是，进谏不必被采纳，天谴也不必暴君独受，往往是天下万民同被其祸，这不恰好和尚同的目的相违背吗？

显然，以墨子之道推行尚同政治，不但无助于天下之治的实现，反而结果更糟。不但个人的自由和权利面临被剥夺的危险，整个国家也会变成最高统治者独裁的机器。人民只不过是独裁者随意指使的工具，又哪里会有幸福可言？

由于“尚同”必导致专制及恐怖气氛，所以有论者就怀疑墨子本人的倾向，说墨子立说的目的纯粹是为王公大人着想。本书不赞成这种极端的立场。从墨子的各项主张看，他关心的仍是天下万民百姓之利。所谓“兴天下之利，除天下之弊”、所谓“息饥食寒”、所谓“为万民兴利除害、富贫众寡、安危治乱”等都足以表明墨子的立场所在。只是他的方法与他的目的恰相乖违而已。

二、尚 贤 论

“尚贤”是墨子政治思想的另一项重要内容。它的意思非常简单，就是说要崇尚和重用贤能的人。墨子所谓“贤”，其标准在于厚乎德行、辩乎言谈和博乎道术，这些均与个人的身份和地位无关。所以，“尚贤”代表了一种要求打破贵族政治、重建政治秩序的呼声，其批判的矛头直接指向了传统的血缘宗法制度，同时也反映了普通民众要求参政的愿望。

1. 尚贤与尚同的关系

尚同和尚贤是墨子政治思想的两个主题。对这两个主题之间的关系，传统上一直有两种相互对立的说法。一种说法认为尚贤是根本，尚同只是尚贤的引申或派生物。持这种观点的学者大都对墨子的学说持有一种同情的立场，他们欣赏墨子的“官无常贵，民无终贱，有能则举之，无能则下之”等激进的、富有平等气息的政治宣言，而对墨子尚同论的专制倾向却心存顾虑，所以总想把尚同纳入尚贤论之中，以便淡化尚同的极权色彩。另一种说法刚好相反，认为尚同才是墨子政治思想的根本，尚贤则是尚同的派生物。持这种观点的学者大都对墨子的学说持有一种批判的态度。他们对尚同论的极权主义品格极为厌恶，因而也波及对尚贤论的评价，认为尚贤只不过是墨子对其极权主义的一种限制或补充而已。

这两种说法都有用现代人的观念来取舍、改造古人的嫌疑。其实，墨子立说的目的在“兴天下之利，除天下之弊”，他的所有主张都是针对现实而发，各个论题所涉及的都是社会生活中的一个特定方面，因而互相之间不一定都有什么主次或本末关系。具体到政治思想来说，“尚同”所讨论的是国家政权的组织形式，如国家的起源、行政制度的设立、各级政长的关系等问题；“尚贤”所讨论的是如何选拔、培养和推举德才兼备者，以便赋予治国的重任。就总的目的来说，它们当然都服务于“兴天下之利，除天下之弊”这个大原则，但就内容来说，前者属制度问题，后者属人的问题，两者所讲根本就不是一回事。如果一定要把两者互相化约，那就未免有削足适履之感。

且看《墨子》书中的以下几段记载：

> 夫尚贤者，政之本也。（《尚贤上》）
>
> 今王公大人欲王天下、正诸侯，将欲使意得乎天下，名成乎后世，故不察尚贤为政之本也？此圣人之厚行也。（《尚贤中》）
>
> 子墨子曰：今天下王公大人士君子，中情将欲为仁义，求为上士，上欲中圣王之道，下欲中国家百姓人民之利，故当尚同之说而不可不察。尚同为政之本，而治国之要也。（《尚同下》）

原来,“尚同”和“尚贤”都被墨子称作“政之本”!这似乎暗示我们,政治本来就有两个根本,正不必一定要把其中的一个化归到另一个。

当然,对于一个国家来讲,制度和人同等重要,都是创造一种良好政治环境的必要条件。没有一种良好的制度作保证,人无论怎样有德有才,也难以自由地施展。没有合格的人才,制度同样会变成一种空洞的形式。墨子能够把“尚同”和“尚贤”同时称为“政之本”,正说明他对这一点的认识程度之深刻。近人多主张把“尚同”和“尚贤”互相化约,似乎没有体会到墨子的这层深意。

2. 尚贤的目的

墨子提倡“尚贤”的直接目的,就是反对“任人唯亲”的血缘宗法制度。

宗法制是西周时期形成的一套建立在血缘关系之上的等级制度。周礼则是这种制度在意识形态上的反映。按照儒家经典的记载,周礼的主要内容是“亲亲”和“尊尊”。“亲亲”概指所有的血缘关系,意为离自己血缘关系近的,所施之爱就厚。“尊尊”特重父系宗亲中的父子关系,因而与政治的关系较密。“亲亲”和“尊尊”的结果就是家国合一、族权与政权的合一。体现在政治上就是,治理国家的主要政府官员通常也都是领有这个国家的宗族成员。这种制度完全建立在血缘关系之上,用人讲究亲疏和远近,并不考虑个人的能力如何。

春秋战国之际,随着王室的衰微和诸侯国的各自为政,土地关系、财政制度均已发生了变化,以血缘关系为基础的贵族世袭制度也面临着严重的挑战。由于争战的需要,诸侯国不得不选用有才能的人任事。新兴的士阶层也逐渐积累起一定的实力,从而为出仕做好了充分的准备。一些诸侯国开始按军功赐田授爵,如赵简子在前线曾誓师说“克敌者,上大夫受县,下大夫受郡,士田十万,庶人工商遂,人臣隶圉免”(《左传·哀公二年》)。一些诸侯国开始聘用客卿(如孙武等),一些有远见的统治者如魏文侯也开始礼贤下士。这些迹象都表明,宗法关系、世袭制度已不再能够满足社会发展的需要,开展对宗法伦理和宗法制度的批判成为时代的要求。

正是在这种背景下,墨子率先站出来,对传统的宗法伦理和世袭制度展开了猛烈的批判。他揭露世袭制度的弊端说:“今天下大人其所富,其所贵，皆王公大人骨肉之亲、无故富贵、面目美好者也。”（《尚贤下》）这些人未必有什么才能，之所以得享富贵，只因为他们是王公大人的“骨肉之亲”。“骨肉之亲”是不能够通过学习获得的，所以一个人如果与王公大人没有血缘关系的话，即使德行有如禹汤文武，照样不会被王公大人所重用。相反，只要是王公大人的骨肉之亲，即便是聋哑跛瞎、暴若桀纣，也同样可以做官任职。这样做，必然会出现“赏不当赏，罚不当暴”的结果：

> 是故以赏不当贤，罚不当暴，其所赏者已无故矣，其所罚者亦无罪。是以使百姓皆放心解体，沮以为善，垂其股肱之力，而不相劳来也，腐臭余财，而不相分资也，隐匿良道，而不相教诲也。若此，则饥者不得食，寒者不得衣，乱者不得治。（《尚贤下》）

一旦赏罚失当，那么它们也就失去了惩戒劝导的作用。普通百姓由于缺乏足够的动力，所以再也不愿积极行善。那些有力者宁愿闲着也不愿帮人，有财者宁愿把余财腐烂掉也不愿分给别人，有道者宁愿把道藏起来也不愿教导别人。如果这样的话，那么接踵而至的将是“饥者不得食，寒者不得衣，乱者不得治”，整个国家离最终衰亡也就不远了。

墨子继续分析道：

> 王公大人有一罢马，不能治，必索良医。有一危弓，不能张，必索良工。当王公大人之于此也，虽有骨肉之亲，无故富贵、面目美好者，实知其不能，必不使。是何故？恐其败财也。当王公大人之于此也，尚不失尚贤而使能。逮至其国家则不然，王公大人骨肉之亲、无故富贵面目美好者，则举之。则王公大人之亲其国家也，不若其亲一危弓、罢马、衣裳、牛羊之财与？我以此知天下之士君子皆明于小而不明于大也。（《尚贤下》）

在日常生活中，像治疗罢马、修理危弓这种小事，王公大人都知道去找能手去做。但在治国这种大事上，他们却任用“骨肉之亲”“无故富贵”“面目美好”者。王公大人明知道这些人的智慧不足以治国，但却仍然举荐他们，这说明王公大人根本不懂得大小之辩！

为了避免出现这种“赏不当赏、罚不当暴”的现象，同时也是为了打破世袭贵族对政权的垄断局面，墨子站在“农与工肆之人”的立场上，喊出了“官无常贵，民无终贱”的响亮口号：

> 故古者圣王之为政，列德而尚贤，虽在农与工肆之人，有能则举之，高予之爵，重予之禄，任之以事，断予之令……故当是时，以德就列，以官服事，以劳殿赏，量功而分禄。故官无常贵，而民无终贱，有能则举之，无能则下之。举公义，辟私怨，此若言之谓也。(《尚贤上》)
>
> 故古者圣王甚尊尚贤而任使能，不党父兄，不偏富贵，不嬖颜色。贤者举而上之，富而贵之，以为官长。不肖者抑而废之，贫而贱之，以为徒役。(《尚贤下》)

这两段话说得极为痛快，它第一次道出了平民要求参政的心声。所谓“不党父兄、不偏富贵、不嬖颜色”，把批判的矛头直接指向了传统的世袭制度，决定一个人是否应当富贵的再也不是血统，不是身份，不是地位，而是他的才能和德行。因此，无论农夫也好，还是百工、商人也好，只要德才兼备，就都有机会成为官长。“以劳殿赏，量功而分禄”更是涉及财富的分配制度，既然一切都依个人的“劳”和“功”来定，那种“不与其劳而获其实”的不合理现象也就没有立足之地了。

重贤、礼贤之风并非始于墨子，早在春秋时期，就有一些开明的政治家如管仲认识到贤能的重要性，孔子亦有“举贤才”的主张。墨子的独特之处在于，他把“尚贤使能”的范畴扩展到了“农与工肆之人”，从而打破了血缘和阶级的界限，这为战国时期士阶层的广泛崛起奠定了理论基础。墨子之后，尚贤成为一种社会潮流，而为各诸侯国所普遍推行。

3. 尚贤的方法

“尚贤”是任何一个良好的国家都应当采取的用人政策，但是，判定一个人是否为贤士的标准是什么呢？我们又该如何对待这些贤士呢？对于这些问题，墨子也做了简单的讨论。

先看第一个问题，关于“贤士”的标准。墨子认为，一个人至少必须具备以下两个条件，然后才能被称作贤士。

首先，在个人素质方面，必须德才兼备。《尚贤上》篇云：

况又有贤良之士，厚乎德行，辩乎言谈，博乎道术者乎，此固国家之珍，而社稷之佐也。

其中，“厚乎德行”的意思是说个人品德要好，“辩乎言谈”的意思是说必须对修辞或论辩的艺术有良好的素养，“博乎道术”的意思是需要掌握广泛的知识和技能。三者基本涵盖了道德和才能两个方面。

其次，在行为上，必须做到“有力助人”“有财分人”和“有道教人”。《尚贤下》篇云：

今也天下之士君子皆欲富贵而恶贫贱，然女何为而得富贵而辟贫贱？曰：莫若为贤。为贤之道将奈何？曰：有力者疾以助人，有财者勉以分人，有道者劝以教人。若此，则饥者得食，寒者得衣，乱者得治。

既然“有力者疾以助人，有财者勉以分人，有道者教以劝人”是为贤的基本方法，那么它们自然也是判定一个人是否为贤士的标准。

从这两个标准来看，墨子所谓“贤”似乎比儒家的要求更全面一点。儒家讲“贤”主要偏重于“德”的方面，墨子讲“贤”则包括了“能”在内。“贤能”并举是墨子尚贤论的一个特点。

再看第二个问题，如何养贤。墨子认为，要想使贤能之士愿意竭力尽忠，为天下兴利除弊，必须设置“三本”：

何谓三本？曰：爵位不高则民不敬也，蓄禄不厚则民不信也，政令不断则民不畏也。故古者圣王高予之爵，重予之禄，任之以事，断予之令。夫岂为贤臣赐哉，欲其事之成也。(《尚贤中》)

“三本”就是高予之爵、重予之禄和断予之令。之所以要在爵位、蓄禄、政令三方面予以特殊的对待，墨子认为，是因为它们关系到贤士在老百姓心目中的地位。只有爵位很高，百姓才会敬重；只有俸禄很丰厚，百姓才会相信；只有令行禁止，百姓才会畏惧。所有这些优厚的待遇，并不是因为一个人具备了“贤”的品质便赏赐给他，而是想通过贤人把事情办成功而已。

在《尚贤上》篇，墨子换了一个角度继续论证道：

> 曰：然则众贤之术将奈何哉？子墨子言曰：譬若欲众其国之善射御之士者，必将富之贵之，敬之誉之，然后国之善射御之士将可得而众也。况又有贤良之士，厚乎德行，辩乎言谈，博乎道术者乎，此固国家之珍，而社稷之佐也。亦必且富之贵之，敬之誉之，然后国之良士亦将可行而众也。

这段话讲的是“众贤之术”。墨子认为，要想使一个国家拥有大量的贤良之士，最基本的办法就是给他们提供特殊的待遇，如厚禄（“富之”）、尊位（“贵之”）和令名（“敬之、誉之”）。这正如一个国家想要多一些善战之士，就必须让他们变得富贵一样。只有具备了厚禄、尊位和令名这些诱人的条件，人们才会努力向善，争做贤人。

过去，有一种意见认为，墨子既然主张“官无常贵、民无终贱”，所以肯定赞成政治上的平等，反对等级制度。从这里讨论的“众贤之术”或“三本”来看，这种说法显然是不准确的。墨子主张对贤士赐予高官厚禄，说明他仍然承认等级的存在及其重要性。《尚贤中》篇云：“贤者举而上之，富而贵之，以为官长；不肖者抑而废之，贫而贱之，以为徒役。”这说明在墨子理想的社会里，还允许有“徒役”的存在。从“上同而不下比”的要求看，这个社会内上下之间的等级观念可能更严重。所以，准确地说，墨子所反对的“尊尊”只是血缘宗法意义上的“尊尊”，而不是纯粹政治意义上的“尊尊”。对后者，他不但不反对，而且还相当地拥护。明白了这一点，我们也就可以理解“官无常贵、民无终贱”口号所包含的平等思想，只是一种机会上的均等，而与政治上的平等无干。

三、墨子与中国古代政治传统

先秦是中国政治思想的草创时期，急剧变动的社会环境和丰富的政治

实践经验为理论的发展准备了充分的条件，宽松的政治环境也使人们有机会自由地表达自己的思想，于是一大批思想家站出来竞相立言创教，宣传自己治国安民的方针。司马谈在《论六家要旨》中说：“夫阴阳、儒、墨、名、法、道德，此务为治者也。直所从言之异路，有省不省耳。”讲的正是这种情况。

诸子之中，势力最大、思想最系统的主要有四家，它们分别是道、儒、墨、法。梁启超曾把四家的政治思想概括为四大潮流：

> 先秦政治思想，有四大潮流，一无治主义，二人治主义，三礼治主义，四法治主义。把四潮流分配四家，系统如下：无治主义，等于无政府主义，是道家所独倡。有许行一派，后人别立一名叫作农家，其实不过是道家支流。这种主义，结果等于根本取消政治，所以其余三家都反对他。但他的理想，却被后来法家采用一部分去。礼治主义，是儒家所独有，其余三家都排斥他，但儒家实是人治礼治并重。他最高的理想，也倾向到无治，惟极端的排斥法治。人治主义，本来是最素朴平正的思想，所以儒墨两家都用他。墨家因为带宗教气味最深，所以他的人治也别有一种色彩。然而专讲人治到底不能成为一派壁垒，所以墨家的末流，也趋到法治。法治主义是最后起最进步的，因这个主义，才成了一个法家的学派名称。其实这一派的学说，也可以说是将道儒墨三家之说熔铸而成。①

梁氏对四家之间的异同分合讲得颇为简洁明快，无治、人治、礼治和法治四大潮流的分类也基本上涵盖了中国政治传统的主要内容。为了更清楚地认识墨子政治思想与其他三家的区别及联系，下面我们本着梁氏的分类对其他三家政治思想的特征再稍做介绍。

道家是典型的“无治主义”者，其主要论断体现在老子的“无为而治”上：“我无为而民自化，我好静而民自正，我无事而民自富，我无欲而民自朴。”（《老子》第57章）意思是说，只要统治者不对人民的行动横加干涉，而是让他们自由地发展，那么一切事情自会处理得恰到好处。老子之所以要提倡“无为而治”，大概有两个原因：第一，无为而治是

---

① 梁启超：《先秦政治思想史》，东方出版社1996年版，第239页。

“道”的要求：“道常无为而无不为，侯王若能守之，万物将自化。”（《老子》第37章）“道”作为世界的本源生育长养了万物，但是并不把万物据为己有，而是以“无为”“不宰”的态度让万物自然地发展。因此，统治者也应当效法“道”实行“无为”政治，让人民依照自己的本性自由地发展。第二，法令、伎巧、利器等容易引起人们的争竞之心，从而导致国家混乱、人民困穷：“天下多忌讳，而民弥贫；民多利器，国家滋昏；人多伎巧，奇物滋起；法令滋章，盗贼多有。”（同上）因此，老子要求聪明的统治者必须做到：“不尚贤，使民不争；不贵难得之货，使民不为盗；不见可欲，使民心不乱。”（《老子》第3章）这样，才能达到天下太平的目的。他理想的社会是：“小国寡民，使有什伯之器而不用，使民重死不远徙。虽有舟舆，无所乘之。虽有甲兵，无所陈之。使人复结绳而用之。甘其食，美其服，安其居，乐其俗，邻国相望，鸡犬之声相闻，民至老死不相往来。”（《老子》第80章）

庄子走得更极端。如果说老子还承认通过“无为”的手段最终能实现政治上的“无不为”的话，那么庄子则干脆反对一切政治活动。《应帝王》篇记有一则寓言：

> 肩吾见狂接舆。狂接舆曰：“日中始何以语女？”肩吾曰：“告我君人者以己出经式义度，人孰敢不听而化诸！”狂接舆曰：“是欺德也。其于治天下也，犹涉海凿河而使蚊负山也。夫圣人之治也，治外乎？正而后行，确乎能其事者而已矣。且鸟高飞以避矰弋之害，鼷鼠深穴乎神丘之下以避熏凿之患，而曾二虫之无知！”

显然，庄子这里把君主和所有的制度设施都看成了多余的东西。他认为，人凭借本能就足以保护自己、管理自己，正如飞鸟和鼷鼠凭本能就可以躲避伤害一样，所以根本就不需要任何“经式义度”。

由于庄子的贡献主要体现在人生哲学领域，他的政治主张对后世的实际政治没有多大影响。真正对实际政治产生深刻影响是老子。老子的“无为而无不为”经过法家和黄老道家的吸收和改造，成为历代帝王南面之术的一个重要组成部分。

儒家则礼治和人治并重。礼是一套行为规范，用来维持社会的等级秩序。《礼记·曲礼上》云：“礼者所以定亲疏，决嫌疑，别同异，明是非

也。”儒家承认社会等级存在的合理性，认为“贱事贵，不肖事贤，是天下之通义”（《荀子·仲尼》）。把不同的等级区别开来，并给每一种等级制订其特殊的行为准则便是礼的任务。所谓“名位不同，礼亦异数”讲的正是这个意思。社会等级主要表现在两个方面，一是家族中的亲疏、尊卑和长幼，一是社会中的贵贱上下。相应地，礼的内容也就有“亲亲”和“尊尊”之别。“亲亲”的要求是按血缘关系远近实施不同程度的爱，“尊尊”的要求是按政治地位的高低表现不同程度的敬意，两者归结到一点，都是要维护等级之“别”。而一旦真正做到了贵贱有等、长幼有差、亲疏有别、贫富轻重皆有称，换句话说，实现了“别”，那么儒家的理想社会也就差不多实现了。这也正是儒者经常把礼与为政治国联系起来的原因所在。

由于礼只是一套行为规范，建立在个人的自觉基础之上，所以它和法律不同，并不具备强制的力量。《大戴礼记·礼察》云：“礼者禁于将然之前，而法者禁于已然之后。”一为事前的预防，一为事后的惩罚，正把二者区别得清清楚楚。儒家既讲礼治，自然不赞成用刑罚对待人民。孔子云：“道之以政，齐之以刑，民免而无耻。道之以德，齐之以礼，有耻且格。”（《论语·为政》）意思是说，用刑政治国，人民虽然苟免刑罚，但并无羞愧之心，若用德礼治国，人民不但耻于不善，而且还会努力去行善。所以，孔子极端推崇道德教化的作用，他说：“为政以德，譬如北辰，居其所而众星共之。”（同上）在孔子的影响下，重德轻罚成了儒家政治思想的基本特征。

重视道德教化，必重视榜样的力量、人格的魅力，必夸大圣贤的作用。换句话说，德治主义必流为人治主义。孔子讲“为政在人”（《礼记·中庸》）、“其人存则其政举，其人亡则其政息”（同上），荀子讲“有治人，无治法……法不能独立，类不能自行。得其人则存，失其人则亡”，都是出于同一思路。在这种人治主义的模式下，国家的治乱存亡度仅仅系于少数人的德行，修身被看成了为政的基础，不世出的圣贤成了人们苦苦盼望的救星。

对人治主义的弊端，法家有极深刻的批判。尹文子说：“若使遭贤则治，遭愚则乱，是治乱系于贤愚，不系于礼乐，是圣王之术与圣主而俱殁。治世之法，逮易世而莫用则乱多而治寡。”（《尹文子·大道上》）韩非子说：“且夫尧舜桀纣，千世而一出……中者上不及尧舜，而下亦不为桀纣……背法而待尧舜，尧舜至乃治，是千世乱而一治也；抱法而待桀纣，桀纣至乃乱，是千世治而一乱也。”（《韩非子·难势》）这讲的都是贤人不易得、圣王不世出。商鞅更是怀疑贤人的动机：“今上论材能知慧而任之，则知慧之人希主好恶，使官制物以适主心。是以官无常，国乱而不壹。”（《商君书·农战》）

与儒家相反，法家是坚定的法治主义者。就对政治的态度而言，法家和道家正处于两个极端，一是绝对的不干涉主义，一是绝对的干涉主义。就治国的方法来说，法家又和儒家相对立。儒家主张以礼治国、为政以德，法家则主张以法治国、刑赏并用。

所谓“法”，按照韩非的解释是：“编著之图籍，设之于官府，而布之于百姓者也。”（《韩非子·难三》）显然，韩非这里所说的“法”是指由国家颁布的成文法典。法家认为，治国的首要任务是标准统一，赏罚严明，让人民感觉到公平，并知所取舍。这只有借助于政府颁布统一的法令才能实现。而法令一旦公布，就有绝对的权威。大臣百姓必须遵循它，即便是君主也不能违背它。《管子·法治》篇云：“明君置法以自治，立仪以自正也……禁胜于身，则令行于民矣。”又云：“不为君欲变其令，令尊于君。”只有这样，才能维护法律的尊严。

法家之所以特别强调“法”的神圣性，一个目的是反对社会等级关系对法律执行的干扰。管子称，明王“不为亲戚故贵易其法”（《管子·禁藏》）。商鞅云：“所谓一刑者，刑无等级，自卿相、将军以至大夫、庶人，有不从王令犯国禁乱上制者，罪死不赦。”（《商君书·赏刑》）韩非也说：“法不阿贵，绳不绕曲，法之所加，智者弗能辞，勇者弗敢争，刑过不避大臣，赏善不遗匹夫。”（《韩非子·有度》）讲的都是这个意思。法家其实并不反对贵贱、尊卑、亲疏之别，韩非有云：“贵贱不相踰，愚智提衡而立，治之至也。”（同上）说明他仍然承认有贵贱愚智的分别。法家所反对的只是因为身份、等级的不同，而受到法律的不同对待。

在有的情况下，法未必是最好的或最合理的，但法家认为，即使是不善之法也比无法要好。慎到说：“法虽不善，犹愈于无法，所以一人心也。夫投钩以分财，投策以分马，非钩策为均也，使得美者不知所以美，得恶者不知所以恶，所以塞愿望也。”（《慎子·威德》）

为了使法能够真正发挥作用，法家主张，必须实行严刑重罚。商鞅云：“去奸之本莫深于严刑。”（《商君书·开塞》）韩非也说：“夫严刑者

民之所畏也，重罚者民之所恶也。故圣人陈其所畏以禁其邪，设其所恶以防其奸，是以国安而暴乱不起。”（《韩非子·奸动弑臣》）在法家看来，法的作用本来就是惩奸而不是用来劝善的，韩非云：“设柙所以备鼠也，所以使怯弱能服虎也；立法非所以避曾史也，所以使庸主能止盗跖也。”（《韩非子·守道》）所以，对于道德教化、仁义之术，法家持彻底的否定态度，认为它们只是不现实的想法而已。

与以上三家相比，墨家对政治的态度和道家相对立，而与儒、法为同调，即都主张实行积极干预的政策，反对放任自流。在治国的方法上，墨家的主张则界乎儒法之间。就强调尊贤使能，重视统治者的德行，把治国的希望寄托在仁人贤士身上来说，墨家和儒家是一致的。这一点从他们共同歌颂三代，称扬尧舜禹等圣人即可窥见。只不过，他们对圣贤标准的理解有别罢了。就主张统一思想、赏罚严明、反对亲疏贵贱尊卑远近之别来说，墨家又与法家的思想相接近。墨子“上同而不下比”“上之所是，必皆是之；上之所非，必皆非之”等说法，让人极易联想到韩非的“贤者之为人臣，北面委质，无有二心，朝廷不敢辞贱，军旅不敢辞难，顺上之为，从主之法，虚心以待令而无是非也，故有口不以私言，有目不以私视，而上尽制之”（《韩非子·有度》）等论断。考虑到先秦学派演变的关系，墨家的政治思想似乎在儒法之间扮演了一个过渡环节。

四家之中，儒、道、法三家政治思想均在中国历史中扮演了重要角色，深深地影响了中国两千年的政治生活，唯有墨家无声无息地消亡了。道家的影响主要体现要统治术方面，而且，黄老道家之清静无为、休养生息的主张甚至成了西汉前期的官方统治思想。儒、法的影响更大，汉武帝独尊儒术，使得儒学成为此后两千年的正统意识形态，不可避免地，儒家的礼治德教思想成了中国指导政治的基本思想，后来的一切政治活动无不笼罩在儒家伦理的精神之下。但是，法家的思想并未消失，作为一种伏流，法家对中国古代政治生活仍起着至关重要的作用。李悝著《法经》，是我国第一部比较完备的成文法典，商君受之以相秦，使秦国变成一个靠法治富强的国家。后来的秦律即以《法经》为蓝本。汉承秦制，萧何所制《九章律》也不过是对秦律的增删而已。秦汉时期奠定了中国古代政治的基本规模，其法典贯穿着法家精神，由此足可看出法家对中国政治的影响之深之巨。即便是儒学独尊也无法改变这个事实，汉宣帝声称“汉家自有制度，本以霸王道杂之，奈何纯任儒教，用周政乎”（《汉书·元帝纪》），把最高统治者的意图说得再明白不过了。在这种指导思想下，后儒援法入儒，以儒为体，以法为用，把儒法结合起来，共同服务于现实政治，阳儒阴法成了历代王朝政治的典型特征。

不过，需要注意的是，墨家虽然从来没有上升到国家意识形态的地位，秦汉之际又落了个中绝的命运，但并不意味着墨家的思想也彻底消失了。通过儒、法两家的吸收和改造，墨家的一些政治理念还是得到了保留和传播。儒家对墨家思想的吸收主要表现在尚贤论上。传统上，儒家所重之“贤”偏于德行、限于贵族，经过墨子的大声疾呼和广泛宣传之后，儒家对“贤”的范围进行了拓展，“官无常贵，民无终贱。有能则使之，无能则下之”也成为儒家的社会理想：“贤能不待次而举，罢不能不待须而废……虽王公大人之子孙也，不能属于礼义，则归之庶人；虽庶人之子孙也，积文学，正身行，能属于礼义，则归之卿相士大夫”（《荀子·王制》）、“王者之论：无德不贵，无能不官，无功不赏，无罪不罚”（同上）。墨家对法家思想的影响则主要表现在尚同论上，从墨子的“一同天下之义”走向商鞅的“一刑罚”只不过一步之遥。在讨论实现尚同的方法时，墨子提出了“富贵以道其前，明罚以率其后”，这也开法家以赏罚为治国之基本手段的先声。特别是，墨子提出要广设耳目以监督下情，亦与申不害之术相仿佛。再加上墨、法对血缘宗法制度持有共同的批判立场，两家之间出现相互影响的事并不奇怪。从种种迹象来看，墨家作为一时的显学，在法家兴起时，极可能曾给予后者以一定程度上的理论刺激。如果这种推测可靠的话，那么墨家对中国古代政治传统造成过一些间接影响的说法也就获得了进一步的证明。

第四章 墨子的经济主张

墨子是先秦诸子中比较重视经济问题的思想家之一。与孔子耻言功利不同，墨子公开声称他立说的目的在“兴天下之利，除天下之弊”。所以，如何获得和增加“利”便成了他关心的重要内容。“十论”之中有三条与此问题相关，它们分别是“节用”“节葬”和“非乐”。现存墨书中，专门讨论这一问题的篇章有《节用上》《节用中》《节葬下》《非乐上》《辞过》《七患》6 篇。从这些篇章中，我们可以大体把握墨子在经济方面的主张和贡献。

一、生　财　论

墨子的经济思想主要体现在两个方面，一是生产，二是消费。他认为这两个方面是富国的主要途径。关于生产，墨子的主张是“生财密”，即努力增加生产。关于消费，墨子则主张“用之节”，即尽量节俭。生产通常包括物质资料的生产和劳动力的生产两种，而劳动力的生产是物质资料生产的前提。对物质资料的生产，墨子提出了“强力从事”“各尽分事”和“以时生财”等主张。对劳动力的生产，墨子则提出了“早婚”及消除各种“寡人之道”的方法。

1. 赖其力者生

墨子重视劳动，认为劳动是人和动物的本质区别：

今人固与禽兽、麋鹿、蜚鸟、贞虫异者也。今之禽兽、麋鹿、蜚鸟、贞虫，因其羽毛以为衣裘，因其蹄蚤以为绔屦，因其水草以为饮

> 食。故唯使雄不耕稼树艺，雌亦不纺绩织纴，衣食之财固已具矣。今人与此异者也，赖其力者生，不赖其力者不生。(《非乐上》)

动物依靠自己的本能和外在的自然条件就可以生存，就可以获得足够的“衣食之财”，所以它们既不需要“耕稼树艺”，也不需要“纺绩织纴”。人就不同了。人必须从事劳作，靠自己的力量创造财富，以满足日常生活的需要，否则，人就无法生存下去。

把劳动提到人的本质地位，在中国历史上，这还是第一次。关于人的本质，先秦思想家还有一些说法，如孟子认为人兽之别在人有道德伦理而动物没有，荀子称人和动物的根本区别在人能群能分而动物不能。但他们谁也没有像墨子这样重视劳动，这样强调劳动对于人类生存的重要性。这一点为正确评价劳动并尊重劳动成果奠定了理论基础。

墨子承认劳动有很多种。紧接着上段引文，他又说“君子不强听治，即刑政乱；贱人不强从事，即财用不足”。很明显，他把君子的“听治”和贱人的“从事”都看成了需要费力费时的劳动。这从下面的一段话可以看得更明白：

> 王公大人蚤朝晏退，听狱治政，此其分事也。士君子竭股肱之力，亶其思虑之智，内治官府，外收敛关市、山林、泽梁之利，以实仓廪府库，此其分事也。农夫蚤出暮入，耕稼树艺，多聚叔粟，此其分事也。妇人夙兴夜寐，纺绩织纴，多治麻丝葛绪，捆布縿，此其分事也。(《非乐上》)

王公大人、士君子、农夫、农妇虽然分工不同，但他们为完成自己的“分事”都需花费气力则是相同的。因而只要王公大人和士君子各尽了自己的“分事”，那他们也同样属于“赖其力者生”的范畴。

由于王公大人、士君子从事的是行政管理工作，并不能直接创造财富，所以墨子在讨论劳动问题时，特别重视直接创造物质财富的生产劳动。生产劳动成了他论证自己主张的基本出发点。譬如，他反对战争，理由之一是战争耽误农时，破坏生产；他主张节葬，原因是节葬对生产的影响较小；他反对命定论，是因为命定论会使人变得懒惰而不强力从事。特别是，墨子把粮食的生产看成是国家政治得以稳固的基础，把直接生产

“衣食之财”的农业提高到了国家的根本地步，这更可看出他对生产劳动的重视程度。

> 凡五谷者，民之所仰也，君之所以为养也。故民无仰则君无养，民无食则不可事。故食不可不务也，地不可不力也。(《七患》)
>
> 食者国之宝也。(同上)
>
> 故先民以时生财，固本而用财，则财足。(同上)

五谷是君民同仰的东西，没有了粮食，人的生存便成问题，所以粮食才是“国之宝”。相应地，生产粮食的农业便成了国家的根本，按时进行农业生产也就等于是为国家“固本”。根本得到稳固，再加上节约使用，那么财富也就足够支付人们的需要了。

把“本”的概念引入到经济问题中，是墨子经济思想的又一个贡献。可以说，墨子的“固本”说首开了后世广泛盛行的“以农为本”论的先声。

2. 强力从事

由于农业是国家的根本，所以增加农业生产是使一个国家富强起来的基本方法。对于如何增加农业生产，墨子也提出了一些独到的见解。

第一，强力从事。“强力从事”的意思是说充分发挥人的劳动积极性，通过延长劳动时间和提高劳动强度，来达到增加财富的目的。《非命下》篇云：

> 今也农夫之所以蚤出暮入，强乎耕稼树艺，多聚叔粟，而不敢怠倦者，何也？曰：彼以为强必富，不强必贫，强必饱，不强必饥，故不敢怠倦。今也妇人夙兴夜寐，强乎纺绩织纴，多治麻丝葛绪，捆布縿，而不敢怠倦者，何也？曰：彼以为强必富，不强必贫，强必煖，不强必寒，故不敢怠倦。

所谓“蚤出暮入”“夙兴夜寐”，指的就是延长劳动时间。所谓“强乎耕稼树艺”“强乎纺绩织纴”，指的则是提高劳动强度。墨子认为，农夫农妇之所以愿意努力从事生产劳动，是因为他们认识到，只有这样才能够避免饥寒的发生，才能够达到富足的目的。墨子以此类推，指出一切活动都必须建立在“强力从事”的基础之上，然后才能取得完满的效果。

不过，需要注意的是，墨子也并非主张无限度地增加劳动时间和提高劳动强度。他曾把“饥者不得食、寒者不得衣、劳者不得息”称为老百姓的“三患”，所以让劳者得息也是他立说的目的之一。他之所以特别提出“强力从事”，大概是为了对治当时“不与其劳而获其实”的不合理现象。

第二，各尽“分事”。墨子没有专门讨论分工问题，但从他的一些言论里可以看出，他对分工的重要性已有所认识。在同弟子的谈话中，墨子曾指出，“能筑者筑，能实壤者实壤，能欣者欣，然后墙成也”，这说的是同一生产过程中的不同工序。在讲到节用之法时，墨子说“凡天下群百工，轮车、鞼匏、陶冶、梓匠，使各从事其所能”（《节用下》），这说的是同一类工作中的不同工种。在同吴虑辩论时，墨子又说自己宣传先王之道、圣人之言虽不能当一农之耕、一妇之织，但作用却贤于自己去耕织，这更表明他已把体力劳动和脑力劳动明确地区别开来。在谈到治国问题时，墨子曾指出，王公大人、士君子、农夫、妇人各有自己的“分事”，只有当四者都尽了自己的“分事”，国家才能刑法治、官府实和万民富，这更是对分工之重要性的明确说明。按照墨子的意思，王公大人士君子并不需要亲自下田劳作，因为听狱治政、内治官府同样也是劳动，它们是生产活动得以正常进行的必要条件。这较之于后来许行之流所提出的“君民并耕”的说法深刻多了。

第三，“以时生财”。农业生产的季节性很强，一旦错过时间，就会一无所获，所以墨子特别强调“财不足则反之时”。也就是说，在财用不足的情况下，要赶紧反省一下是否适时而作。他非攻的一个理由就是，攻战会影响农业生产的正常进行：

> 今师徒唯毋兴起，冬行恐寒，夏行恐暑，此不可以冬夏为者也。春则废民耕稼树艺，秋则废民获敛。今唯毋废一时，则百姓饥寒冻馁而死者，不可胜数。（《非攻中》）

由于冬天行军太冷，夏天行军太热，所以兴师动众的时间通常都选在春秋两季。但春秋两季恰好是农业生产中播种和收获的季节，春天行军将会耽误百姓的播种，秋天行军将会耽误百姓的收获。一旦影响到农时，那么收成就很成问题，饥寒灾荒也将接踵而至。

第四，增加人口。战国时期，由于战争和饥荒，人口数量急剧减少，劳动力匮乏成了各诸侯国普遍存在的现象。没有足够的劳动力，生产自然跟不上去，国家也就不可能富裕。特别是，在生产技术水平比较低下的社会里，国家的富强程度主要取决于能够参加生产的劳动力的数量。所以，如何增加人口以提高生产成了各诸侯国共同面临的问题。墨子主张增加人口，主要目的就是为了增加劳动力，以便创造更多的财富。他认为："古者王公大人为政于国家者，皆欲国家之富，人民之众，刑政之治。"（《尚贤上》）"人民之众"和"国家之富"成了判定一个国家是否强大的主要标志。不过，在当时的条件下，由于人口基数较小和自然条件的限制，使人口成倍增长是相当困难的事，所以墨子曾感叹地说："唯人为难倍。"（《节用上》）

3. 众人之道

由于人口的多寡关系到一个国家的富强程度，所以墨子提出了一系列的"众人"方法，以便实现人口倍增的目的。这些方法大概可以分为两个方面。

一是规定早婚，以加快人口的繁殖。《节用上》篇云：

> 故孰为难倍？唯人为难倍。然人有可倍也。昔者圣王为法曰："丈夫年二十，毋敢不处家，女子年十五，毋敢不事人。"此圣王之法也。圣王既没，于民次也。其欲蚤处家者，有所二十年处家。其欲晚处家者，有所四十年处家。以其蚤与其晚相践，后圣王之法十年。若纯三年而字，子生可以二三人矣。此不惟使民蚤处家而可以倍与？

墨子指出，尽管人口成倍增长是比较困难的事情，但也并非完全没有办法。古代圣王曾把结婚年龄规定为男 20 岁、女 15 岁，只是后来老百姓不受约束，随意推迟结婚时间，才减缓了人口增长的速度。墨子分析当时的情况说，即使是那些愿意早结婚的人也要等到 20 岁，那些不愿意早结婚的甚至更晚，一直等到 40 岁才成家，把两者平均起来看，这比圣王之法已推迟了 10 年左右。按照 3 年生 1 子来计算的话，10 年间至少可以多生两三人。所以，墨子建议强制推行古代圣王之法，把结婚年龄统一规定为男20岁、女15岁，以便加快人口的自然繁殖。

二是消除各种“寡人之道”，以避免人口的大量死亡或减少。如果死亡率高于生育率的话，即便强制推行早婚早育也并不能使人口实际增加。所以，“众人之道”的另一个方面就是如何降低人口的死亡率以及如何避免人口生育率的下降。导致人口死亡或减少的因素不外乎两个方面，一方面是自然的原因，如天灾、疾病等，这些通常都是人力所无法克服的；另一方面是人为的原因，如战争、劳役等，这些可以通过人的努力而消除。墨子所说的“寡人之道”主要就是指这种由人为因素所造成的人口的非自然死亡和出生率下降。

在墨子看来，“寡人之道”的原因大概有以下几点。

第一，苛税、徭役和战争：

> 今天下为政者，其所以寡人之道多。其使民劳，其籍敛厚，民财不足，冻饿死者不可胜数也。且大人惟毋兴师以攻伐邻国，久者终年，速者数月，男女久不相见，此所以寡人之道也。与居处不安、饮食不时、作疾病死者，有与侵就援橐、攻城野战死者，不可胜数。（《节用上》）

繁重的徭役和税收把老百姓的衣食之财大部分掠夺走了，剩下的不足以维持生存，所以很多人都因饥寒而死。战争对人口的破坏性更大，除了大量的人战死、病死之外，持久作战还导致男女长时间不相见，因而影响到妇女的正常生育。

第二，厚葬久丧：

> 今惟无以厚葬久丧者为政，君死丧之三年，父母死丧之三年，妻与后子死者，五皆丧之三年，然后伯父、叔父、兄弟、孽子其，族人五月，姑姊、甥舅皆有月数，则毁瘠必有制矣。使面目陷陬，颜色黧黑，耳目不聪明，手足不劲强，不可用也。又曰：上士之操丧也，必扶而能起，杖而能行，以此共三年。若法若言，行若道，苟其饥约又若此矣。是故百姓冬不仞寒，夏不仞暑，作疾病死者不可胜计也。此其为败男女之交多矣，以此求众，譬犹使人负剑而求其寿也，众之说无可得焉。（《节葬下》）

三年之丧是儒家所宣扬的丧葬之法，其直接来源在周礼。从墨子的批评看，这种丧葬制度在当时似乎确有广泛的实行。墨子分析说，厚葬久丧至少有三个方面的弊端：一是使人“耳目不聪明，手足不劲强，不可用”。二是使百姓“冬不仞寒，夏不仞暑，作疾病死者不可胜计”。三是“败男女之交”。墨子指出，想用这种方法增加人口，简直就如让人伏在剑上而求长寿一样不可能。

第三，蓄私之过：

> 虽上世至圣必蓄私，不以伤行，故民无怨。宫无拘女，故天下无寡夫。内无拘女，外无寡夫，故天下之民众。当今之君，其蓄私也，大国拘女累千，小国累百，是以天下之男多寡无妻，女多拘无夫。男女失时，故民少。(《辞过》)

“蓄私”即蓄养宫女姬妾。墨子并不反对蓄私，他认为古代的圣王也有纳妾的先例，他所反对的只是蓄私过多。墨子指出，当今的君主，蓄私多的动辄数千，少的也有数百，结果造成天下的男人多娶不到妻子，女人多被禁在宫中嫁不到丈夫。这样，男女失时，人口自然减少。

既然苛税、徭役、战争、厚葬久丧、蓄私之过等都是导致人口死亡和减少的原因，那么要想使人口增加，就必须减轻赋税和徭役，制止攻战和厚葬久丧，节制蓄私的人数。关于攻战问题，墨子专门提出了非攻论，以反对侵略战争。关于丧葬制度，墨子制订了简单的“节葬之法”，以对抗儒家的厚葬久丧论。关于赋税和徭役问题，墨子主张实行“常征”“常役”，宗旨是不违背百姓的正常生活和生产。关于蓄私问题，墨子则要求君主们有所节制。节葬、非攻、常征、常役等成了墨子用来消除各种“寡人之道”的基本方法。

墨子认为，如果能够确实推行早婚制度，并且有效地消灭各种“寡人之道”，那么也就不愁人口不成倍增长了。

二、节　用　论

“节用”是墨子经济思想的核心。“节葬”和“非乐”则是“节用”的延伸。三者合起来，共同代表了墨子的消费原则。“节用”的基本要求是节约一切生活开支，以满足人的生理需要为准。为此，墨子制定了一系列的“节用之法”。这些方法主要针对统治者，但对普通百姓同样有效。

1. 节用和富国的关系

前面我们曾提到，富国主要有两种途径，一是增加生产，一是节约消费。在这两种途径之间，墨子显然更重视后者。他曾告诫弟子说：“国家贫，则语之节用节葬。”意思是说，到了一个贫穷的国家，首先要以节用节葬为教。这里，墨子并未提到增加生产的问题。在下面一段话中，墨子说得更明白：

> 圣人为政一国，一国可倍也。大之为政天下，天下可倍也。其倍之，非外取地也，因其国家，去其无用，足以倍之。(《节用上》)

圣人治理一个国家，一个国家的财富可以成倍增加，治理天下，天下的财富可以成倍增加。这种成倍增加并不是靠向外掠夺土地等手段达到的，而是通过去除“无用之费”实现的。

这种说法并不符合经济学的常识。通过节约能否使社会财富得到增长，关键要看节余的财富如何使用。如果把节余的财富用于积累以便扩大再生产，那么节约确实能够促进社会财富的增长。但是，如果把节余的财富用于简单再生产，那么节约至多只能使社会财富保持在原有的水平之上。墨子主张通过去除“无用之费”来达到倍财的目的，实质上无非是想把用于生产奢侈品的劳动转移到生产生活必需品而已。正如经济史家所指出的：“把生产贵族消费的部分奢侈品的劳动转用于生产必需品，这意味着产品分配状况发生了改变，而不意味着社会财富的增长”“把生产奢侈品的劳动转用于生产必需品，这会引起社会消费结构的变化：生活必需品比重增长而奢侈品的比重下降，而不会带来社会财富的增长。墨翟把生活必需品的增长说成是社会财富的增长，显然是由于他只把生活必需品看作财富，而把奢侈品排除在财富之外，这说明他关于财富的概念也是不正确的。”①

尽管如此，墨子的说法仍然不能说没有意义。他之所以提倡节用倍财，目的无非是想限制统治者的过分奢侈，以便维护劳动者简单再生产的正常进行。这在当时实不失为一种明智的选择。因为战国时期的生产力水平还相当低下，不管怎样发挥劳动力的效率，人们也最多只能勉强维持在温饱的生活水平。在这种情况下，如果用于无用之举如战争、丧葬、礼乐等方面的多了，自然会使一部分人失去生活必需的基本资料。而一旦没有了基本的生活资料，那么人的生存就面临严重的问题，也就更不用说生产的正常进行了。

2. 节用的方法

墨子讲节用，批评的矛头主要指向君主、王公大人这些统治者：

> 当今之主，其为宫室则与此异矣。必厚作敛于百姓，暴夺民衣食之财，以为宫室台榭曲直之望，青黄刻镂之饰。为宫室若此，故左右皆法象之，是以其财不足以待凶饥，振孤寡，故国贫而民难治也。（《辞过》）
>
> 今则不然，厚作敛百姓，以为美食刍豢，蒸炙鱼鳖，大国累百器，小国累十器，前方丈，目不能遍视，手不能遍操，口不能遍味……人君为饮食如此，故左右象之，是以富贵者奢侈，孤寡者冻馁，虽欲无乱，不可得也。（同上）

“当今之主”为了修筑宫室，不惜“厚作敛于百姓，暴夺民衣食之财”。“人君”每次吃饭必食前方丈，以至于目不能尽视、口不能尽味。这种做法被左右效法后，逐渐弥漫到整个社会，以至于有钱有地位的人变得越来越奢侈，那些孤寡无靠的人却常常因此而衣食无着，饥寒而死。墨子认为，社会风气之所以败坏，归根到底，是由在上者的生活奢靡无度所

---

① 赵靖：《中国古代经济思想史讲话》，人民出版社 1986 年版，第 82 页。

造成的。他有时候也批评“淫僻之民”，如《辞过》说“夫以奢侈之君，御好淫僻之民，欲用无乱，不可得也”，但即使在这些地方，墨子仍不忘指出民之“淫僻”实由君之“奢侈”所引发。这些足以说明墨子的节用论主要是针对统治者而发的。

为了限制或制止统治者的奢侈浪费行径，墨子制定了一系列的“节用之法”。其中，带有总纲性质的说法为：“凡足以奉给民用则止，诸加费不加于民利者弗为。”（《节用中》）意思是说，一切用度，只要能够满足民众的基本生活需要就行了，如果超过这个限度而不利于民众，那就决不能做。从这句话看，墨子所说的节用标准似乎限制在生理需要的范围。这一点从墨子所制定的具体的节用措施中可以看得更清楚。

墨子所制定的“节用之法”涉及衣、食、住、行等，基本上涵盖了日常生活的各主要方面。

第一，衣服之法：

> 古者圣王制为衣服之法曰：“冬服绀緅之衣轻且暖，夏服絺绤之衣轻且清，则止诸。”加费不加于民利者，圣王弗为。（《节用中》）

意思是说，冬天穿轻便暖和的玄青色衣服，夏天穿轻便凉快的葛衣，就可以了。超过这个限度，不利于老百姓，圣王是不会做的。

第二，饮食之法：

> 古者圣王制为饮食之法曰：“足以充虚继气，强股肱，使耳目聪明，则止。”不极五味之调，芬香之和，不致远国珍怪异物。（《节用中》）

意思是说，饮食只要能够补充体力、强健体魄即可。并不需要芬香五味的调和，更不需要吃什么山珍海味。

第三，宫室之法：

> 然则为宫室之法将奈何哉？子墨子曰：其旁可以围风寒，上可以围雪霜雨露，其中蠲洁，可以祭祀，宫墙足以为男女之别，则止诸。（《节用中》）

意思是说，房子的四周可以御风寒，屋顶足以御风雪雨露，里面比较干净能够祭祀，墙壁的高度足以使男女有别，这样就够了。

第四，舟车之法：

> 其为舟车也，完固轻利，可以任重致远。其为用财少，而为利多。（《辞过》）

舟车的标准更简单，只要“完固轻利”（结实、轻便），能够“任重致远”，就行了。

第五，节葬之法：

> 古者圣王制为节葬之法曰：“衣三领，足以朽肉，棺三寸，足以朽骸。堀穴深不通于泉，流不发泄，则止。死者既葬，生者毋久丧用哀。”（《节用中》）

意思是说，三层衣裳，足够使死者的尸体朽烂在里面；三寸厚的棺材，足够使死者的骸骨朽烂在里面。挖掘墓穴，深不可通到泉，以免污染地下水源；也不能太浅，以免尸体的臭味发泄出来。把死者埋葬完毕，不需要长期服丧和哀悼，而应当赶紧去劳作。

墨子所提出的“节用之法”还有一些，这里就不一一罗列了。从以上五例足可看出，墨子所制定的节用标准仅仅局限于人们的生理需要及其他一些实用的方面，一旦超出了这个限度，全都属于被否定之列。由于对实用的目的强调太过，墨子根本无法理解人的文化和艺术活动。这也正是他坚决反对丧葬礼义和音乐活动的原因所在。

3. 节葬与非乐

节葬和非乐是墨子十大主张中的两条。从内容上讲，它们和节用并无本质的差别，目的都是想限制统治者的挥霍和浪费，以便把更多的时间和精力投入到“衣食之财”的生产中去。墨子之所以特别提出这两点，可能有两个原因，一是与现实有关，因为当时统治者的奢靡在丧葬和礼乐两方面表现得最严重；二是与学派之争有关，“厚葬久丧”“繁饰礼乐”刚好是儒家所宣传的教条。

墨子所制定的丧葬之法前面已经介绍过。这里再简单谈一下他对“厚葬久丧”的批判。在墨子看来，“厚葬久丧”至少有五大弊端。

第一，不可以“富国家”。按照厚葬久丧的要求，王公大人遇到丧葬之事，棺椁要重，葬埋的地方要深，随葬的衣衾要多，起造的坟茔要大。普通老百姓死了，也须倾家荡产。天下诸侯死了，还要杀人殉葬。处丧期间，丧主还需自我摧残、久不从事。这样做的结果是，一方面把人们辛辛苦苦创造的财富埋到了地下，另一方面也限制了人们的积极劳作。再加上长期的自我折磨，身体受到损害，人们根本无法做好自己的“分事”。劳作既被禁止，已有的财富又被浪费，国家自然也就不可能变得富裕。

第二，不可以“众人民”。厚葬久丧有一定的制度，如君、父母死要服丧三年，伯、叔、兄弟死要服丧一年，守丧期间还必须节制欲望。节制欲望使人们的身体变得非常虚弱，经常会生病而死；长期的守制更是“败男女之交”，不利于人口的繁殖。

第三，不可以“治刑政”。一般来说，刑政之治建立在国富民足的基础之上。如果国家很贫穷，人民衣食没有着落，那么刑政肯定会大乱。具体到厚葬久丧来说，它既不能富国家，又不能众人民，只会导致国家贫、人民少，那它自然也就不利于“治刑政”了。

第四，不可以“止攻国”。一个国家要想不被侵略，必须具备积委多、城郭修、上下调和等几个条件。要想积委多，必须国家富；要想城郭修，必须人口众；要想上下调和，必须治刑政。可厚葬久丧的结果却是国家贫、人口少、刑政乱。这一点注定了厚葬久丧必导致国与国相攻的结局。

第五，不可以“事鬼神”。鬼神需要祭祀，祭祀要有洁净的祭品、固定的时间和众多的人民参加。对此，厚葬久丧一项也不能满足。因为厚葬久丧的结果是国家贫，人民寡，刑政乱。国家贫，用于祭祀的粢盛酒醴就不可能洁净。人口少，侍奉上帝鬼神的人数也必定少。刑政乱，祭祀就不可能定期举行。这样，一定会得罪鬼神，并受到鬼神的惩罚。

有此五大弊端，厚葬久丧自然也就属于被否定之列了。墨子总结说：

> 是故求以富国家，甚得贫焉；欲以众人民，甚得寡焉；欲以治刑政，甚得乱焉；求以禁止大国之攻小国也，而既已不可矣，欲以干上帝鬼神之福，又得祸焉。上稽之尧舜禹汤文武之道，而政逆之，下稽之桀纣幽厉之事，犹合节也。若以此观，由厚葬久丧，其非圣王之道

也。(《节葬下》)

再看非乐。墨子对非乐主张的论证同样站在功利主义的角度，他认为音乐之所以应该被取消，是因为它“亏夺民衣食之财”。其具体表现在以下几个方面。

第一，在制造乐器时，王公大人必“厚措敛乎万民”：

> 今王公大人虽无造为乐器，以为事乎国家，非直掊潦水、折坏垣而为之也，将必厚措敛乎万民，以为大钟鸣鼓、琴瑟竽笙之声。(《非乐上》)。

墨子指出，乐器的制造并不是像掊潦水、拆坏垣一样容易，而是要花费大量钱财的。这些钱财只有靠向老百姓征收重税才能获得。

第二，在演奏音乐时，王公大人必占用强壮的劳动力，影响百姓的正常生产：

> 今王公大人……将必使当年，因其耳目之聪明，股肱之毕强，声之和调，明之转朴。使丈夫为之，废丈夫耕稼树艺之时；使妇人为之，废妇人纺绩织纴之事。今王公大人惟毋为乐，亏夺民衣食之时以拊乐，如此多也。(《非乐上》)

王公大人为了使音乐听起来更动听，一定会选择那些年轻力壮、耳目聪明、音调和谐的人来演奏。但这样一来，强壮的劳力就没有办法从事劳作，最终会影响到衣食之财的生产。

第三，在欣赏音乐时，王公大人必与人同听，因而会影响到君子的听治和百姓的从事：

> 今大钟鸣鼓、琴瑟竽笙之声，既已具矣，大人锈然奏而独听之，将何乐得焉哉？其说将必与人。不与君子听之，废君子听治；与贱人听之，废贱人从事。今王公大人惟毋为乐，亏夺民衣食之财以拊乐，如此多也。(《非乐上》)

王公大人担心独自欣赏音乐太索然无味，所以必定找人一起欣赏。如果和士君子一同欣赏，就会影响士君子的听狱治政；如果和老百姓一起欣赏，就会影响老百姓的生产劳作。所以无论是和什么人一起欣赏，最终的结果都是亏夺人民的衣食之财。

正因为音乐有这么多的危害，所以墨子主张干脆把它取消好了："今天下士君子，请将欲求兴天下之利，除天下之害，当在乐之为物，将不可不禁而止也。"（《非乐上》）

对于墨子的非乐论，过去一直存在着不同的评价。一种意见认为，墨子的非乐只是一时的权宜之计，他所反对的只是过分享乐的东西，而不是反对所有的音乐。此种意见的根据在《非乐上》篇的首段："是故子墨子之所以非乐者，非以大钟鸣鼓琴瑟竽笙之声以为不乐也，非以刻镂华文章之色以为不美也，非以刍豢煎炙之味以为不甘也，非以高台厚榭邃野之居以为不安也。虽身知其安也，口知其甘也，目知其美也，耳知其乐也，然上考之不中圣王之事，下度之不中万民之利，是故子墨子曰：为乐非也。"另一种意见认为，墨子反对所有的音乐和艺术。此种意见有《庄子·天下》篇的"今墨子独生不歌、死无服"可据。另外，《非乐》篇也明明说"圣王不为乐"。两种意见很难断定谁是谁非，前一种说法的可靠性似乎大一点。因为，非乐并非墨子立说的根本目的，而是不得已而为之的手段。考虑到他"兴天下之利，除天下之害"的宏愿，假若真的实现了天下之治，墨子在音乐问题上恐怕也就不会这么极端了。但无论如何，把音乐同"亏夺民衣食之财"相提并论都是一种偏狭的说法，人毕竟不只是工具，他还有情感、爱好等，如果把这些全都排除掉了，生活就会变得极端枯燥无味。

三、墨子经济思想的贡献与不足

以上我们简单介绍了墨子经济思想的主要内容。尽管这些内容尚不具备一个思想体系的形式，但其中的一些观点却在历史上起着承前启后的作用，构成了先秦经济思想发展史的一个重要环节。

墨子之前，以思想家的身份对经济问题发表广泛评论的是孔子。尽管

孔子不太重视“利”的问题，但他既生活在春秋后期那个社会经济急剧变动的时代，就免不了对当时的一些重要经济问题发表意见。按照经济史家的看法，孔子对后世经济思想有积极影响的几点意见是：①富民；②轻徭薄赋；③重视民食。[①] 关于富民，孔子曾教导弟子说，治理一个国家的首要任务就是庶之、富之，然后才是教之。他自己也承认：“富而可求也，虽执鞭之士，吾亦为之。”（《论语·述而》）孔子之前，政治家管仲也曾提到过富民问题，所谓“仓廪实而知礼节，衣食足而知荣辱”，就是管仲的名言。管仲和孔子成了中国古代经济思想中富民传统的先驱人物。关于轻徭薄赋，孔子曾提出“敛从其薄”（《左传·鲁哀公十一年》）和“使民以时”（《论语·学而》）等说法，主张税收从轻、徭役不误农时。轻徭薄赋也是经孔子的宣扬才成为后世思想家所广泛认可的一种经济思想。关于重视民食，《论语·尧曰》载：“子之所重：民食、丧、祭。”在回答子贡问政时，孔子也说“足食，足兵，民信之矣。”（《论语·颜渊》）民食被孔子放到了很重要的地位，后世思想家们关怀百姓衣食的良好传统亦可追溯到孔子这里。

墨子继承了孔子经济思想中的优良传统，对经济问题进行了更全面的探讨。在许多问题上，墨子的说法都比孔子更深入、更系统。而且，对于孔子经济思想中的消极因素，墨子也进行了针锋相对的批评。尽管墨家学派在秦汉以后衰微了，但墨子的许多观点通过战国中后期一些思想家的发挥还是对后世产生了一定的影响。墨子本人也成为中国古代经济思想史中继孔子之后的另一位代表人物。

第一，在富国问题上，墨子探讨了富国的意义和方法等，为后世的思想家们进一步解决富国与富民的关系奠定了基础。

孔子虽然提出了要富民，但他并没有讨论富国问题。管仲强调富国强兵，可那只是政治家的实际政策。只有到了墨子，才对富国问题进行广泛的讨论。墨子认为，富国就是使一个国家的财富总量成倍增长，其中，既包括国家财政收入的增长，也包括百姓个人收入的增长。判断一个国家是否强大，主要看的就是它的富裕程度。富国的方法是努力生产和节约用度，而不是向百姓征收重税，所以必须轻徭薄赋，以使百姓的衣食之财丰盈。这样，富民实际上成了富国的基础。墨子之后，富国问题成为诸子争

---

① 参见赵靖《中国经济思想通史》第1卷，北京大学出版社1991年版，第107－111页。

论的一个焦点。法家是富国论的积极支持者，他们大谈耕战，意图便在使国家变得富强。但法家的“富国”概念与墨子的含义不同，它主要是指通过税收使一个国家的财政收入得到增加，因此，富国未必一定和富民相连。如商鞅就认为，国可富，但民不可太富：“治国能令贫者富，富者贫，则国多力，多力者王。”（《商君书·去强》）这样做的理由是，民过富就会变得懒散，不愿努力劳作。孟子反对法家的“富国论”，认为替君主“辟土地，充府库”无异于“富桀”的“民贼”（《孟子·告子下》）。他从仁政的角度出发，只讲富民，不提富国。荀子则赞成富国，他的富国概念与墨子差不多，主要是指“上下俱富”“兼足天下”（《荀子·王制》）。这些说法实际上把国家的财政收入（“上富”）和老百姓的个人收入（“下富”）一起包含在了“富国”概念之中。但是，在富国的途径上，荀、墨两人的看法却有比较大的区别：荀子认为富国的主要方法是社会生产，墨子则强调只有依靠节约才能达到一国可倍的目的。

第二，在生产方面，墨子强调劳动的重要性，把农业作为国家的根本，并提出了一系列增加农业生产的方法，从而成为中国历史上影响深远的“以农为本”论的先驱人物。

对于中国这样一个内陆国家来说，农业是国民经济的命脉。所以，重农的倾向出现得很早。春秋时期的一些政治家已经意识到季节和水利灌溉对农业生产的重要性，如管仲提出要“无夺民时，则百姓富”（《国语·齐语》），子产更是特意“作封洫”，以修整田界和水渠。但是，他们并没有对农业的重要性进行过论述。孔子轻视劳动，把为稼为圃看成是小人之事，所以他对农业生产根本不屑一顾。在中国思想史上，真正认识到生产劳动的重要性、真正把农业看成是国家之根本的，还是从墨子开始。墨子不但把生产劳动看成是人和动物的本质区别，而且还特别讨论了增加农业生产的途径问题，他所提出的强力从事、以时生财、增加人口和分工协作等方法对后世均产生了积极的影响。墨子死后，经过各诸侯国的变法活动，农业的重要地位进一步得到加强，重农思想也得到更加广泛的传播，成为诸子的共识。农家（如许行）把重农作为自己学派的宗旨自不必说，其他像法家、儒家无不强调农业生产的重要性。随着儒、法在政治生活中地位的确立，“强本去末”“重本抑末”“重农抑商”也成了中国历代王朝的最基本的经济政策。

第三，在消费方面，墨子提倡节俭，反对浪费，有力地批判了统治者生活的奢侈腐化，同时也有助于培养中华民族崇俭节约的美德。

先秦诸子无不尚俭，如孔子云："礼，与其奢也，宁俭。丧，与其易也，宁戚。"（《论语·八佾》）《老子》云："见素抱朴，少私寡欲。"（第19章）又云："我有三宝，持而宝之。一曰慈，二曰俭，三曰不敢为天下先。"（第67章）《管子·八观》篇云："国侈则用费，用费则民贫，民贫则奸智生，奸智生则邪巧作。故奸邪之所生，生于匮不足。匮不足之所生，生于侈。"荀子云："强本而节用，则天不能贫。"（《荀子·天论》）但是，像墨子这样把崇俭节用作为自己思想的中心，并从多方面予以分析论证的还不多见。儒家尚俭有一个原则，就是不能违礼。换句话说，只有在周礼允许的范围内才可节俭。在有些情况下，如葬埋自己的父母是决不可从俭的。这就是儒家为什么一面讲节约，一面又要厚葬久丧、繁饰礼乐的原因所在。道家尚俭主要出于对一种原始质朴生活的向往及对世俗社会的抗议。法家尚俭则出于富国强兵的目的。唯有墨子的尚俭是从保护普通百姓的利益出发的。墨子认为天下之所以大乱，百姓之所以缺衣少食，一个重要原因是统治者的生活太奢侈、太腐化了。所以，他制定了一系列的"节用之法"，以约束王公大人、士君子这些统治者。尽管这些方法有许多不切实际的成分，但它们却反映了墨子对奢侈、浪费行为的极端厌恶。除了少数人之外，后来的思想家们对墨子的这种节俭主张大多持肯定态度。司马谈所谓"墨者俭而难遵，是以其事不可遍循，然其强本节用，不可废也""要曰强本节用，则人给家足之道也。此墨子之所长，虽百家弗能废也"（《论六家要旨》），正可代表大多数论者的意见。

不过，墨子的经济思想也有一些不足之处。首先，在增加生产的问题上，墨子并没有认识到技术改进和生产方式变革的促进作用，他所提供的方法只是增加劳动强度、延长劳动时间或者增加劳动力而已。其次，他把节用看成了"富国"的主要途径，过分夸大了节约的作用。墨子所谓"节用"主要是指把生产奢侈品的劳动转移到生产生活必需品上去，这只会改变消费的结构，并不能增加财富的总量。事实上，如果节约的财富没有被用于扩大再生产的话，节用至多只能有助于维持简单再生产而已。最后，没有认识到文化和艺术在人类生活中的作用。尽管他对儒家丧葬制度的批评非常有力，可进一步把音乐也彻底否定，就未免太过偏狭了。人毕竟不是动物，除了生理需要之外，还有情感和意义等问题，这些仅从实用的角度是根本无法回答的。

第五章 墨子的天人观

到目前为止，我们讨论了墨子十大主张中的七条。这七条涉及伦理、政治和经济等领域，代表了墨子具体的社会政治理想。余下的三条为“天志”“明鬼”和“非命”。其中，“天志”和“明鬼”主要论证天、鬼的实有以及它们对现世生活的干预，意在借助民间信仰，通过改造传统的天命观，为人的行为制订一个外在的标准；“非命”则极力反对命定论，目的是高扬人的主观能动性。三者合起来，旨在从内外两个方面为墨子的社会政治理想寻求某种更可靠的保障。

一、天 志 论

在中国思想史中，“天”的含义相当复杂。冯友兰曾把它概括为五种：“在中国文字中，所谓天有五义：曰物质之天，即与地相对之天；曰主宰之天，即所谓皇天上帝，有人格的天、帝；曰运命之天，及指人生中吾人所无可奈何者，如孟子所谓‘若夫成功则天也’之天是也；曰自然之天，乃指自然之运行，如《荀子·天论篇》所说之天是也；曰义理之天，乃谓宇宙之最高原理，如《中庸》所谓‘天命之谓性’之天是也。”① “天”的这五种含义必须通过具体的语境才能辨别出来。

墨子所谓“天”主要是指“主宰之天”。从文化史的角度来看，“天”的主宰含义最原始、出现得也最早，命运、自然和义理等含义要到人类的文化和智力发展到一定程度时才会出现。墨子生活的时代，“天”的主宰意味已经逐步淡化，传统的天命观正面临着一场变革。在这种情况下，墨

① 冯友兰：《中国哲学史》下卷，中华书局1961年版，第31页。

子重新抬出“主宰之天”显得有点不合时宜。但另一方面，墨子对“天志”的内容进行了改造，使得“天”变成了论证自己思想的工具，这又和当时天命论中以民意代天意的整个趋势相一致。

1. 天志的作用

就形式而言，墨子所谓“天志”和传统的天命论并没有什么实质的区别。

首先，“天”有意志、有欲恶，为万事万物的主宰。《天志上》篇云：“然则天亦何欲何恶？天欲义而恶不义。”既然“天”喜欢义而厌恶不义，就说明“天”有自己的好恶。《天志中》篇又云：

> 吾所以知天之贵且知于天子者，有矣。曰：天子为善，天能赏之。天子为暴，天能罚之。天子有疾病祸祟，必斋戒沐浴，洁为酒醴粢盛，以祭祀天鬼，则天能除去之。然吾未知天之祈福于天子也，此吾所以知天之贵且知于天子也。

天子是天下穷贵穷富之人，三公诸侯以下均得服从于他。可是，与“天”比起来，天子之“贵”与“知”就算不得什么了：因为天子行善，有天赏之；天子行恶，有天罚之；在发生疾病祸祟时，天子还得行祭向“天”祈福。这些均说明只有“天”才是天下万物的最高主宰。

其次，“天”全知全能，无所不在。《天志下》篇云：“今人皆处天下而事天，得罪于天，将无所避逃之者矣。”由于整个天下都是“天”掌管的范围，所以如果得罪了“天”，那就再也无处藏身了。墨子举例说：

> 若处家得罪于家长，犹有邻家所避逃之。然且亲戚兄弟所知识，共相儆戒，皆曰：“不可不戒矣，不可不慎矣，恶有处家而得罪于家长而可为也？”非独处家者为然，虽处国亦然。处国得罪于国君，犹有邻国所避逃之。然且亲戚兄弟所知识，共相儆戒，皆曰：“不可不戒矣，不可不慎矣，谁亦有处国得罪于国君而可为也？”此有所避逃之者也，相儆戒犹若此其厚。况无所避逃之者，相儆戒岂不愈厚然后可哉。且语言有之曰：“焉而晏日，焉而得罪，将恶避逃之？”曰：无所避逃之。夫天不可为林谷幽间无人，明必见之。”（《天志上》）

一个人得罪了家长，还可以逃到别的家里去躲避；得罪了国君，也可以逃到别的国家去躲避；但是，如果得罪了“天”，他又该逃到哪里去呢？当然是无处可逃，普天之下都是“天”管辖的范围，即便是林谷幽间无人之处，也仍然处在“天”的监督之下。

最后，天对人的行为能够进行赏赐和惩罚。《尚同中》篇云：

> 天下既尚同乎天子，而未尚同乎天者，则天灾将犹未止也。故当若天降寒热不节，雪霜雨露不时，五谷不熟，六畜不遂，疾灾戾疫，飘风苦雨，荐臻而至者，此天之降罚也，将以罚下人之不尚同乎天者也。

这是“天”对人的惩罚。《天志中》篇云：

> 故古者圣王明知天鬼之所福，而辟天鬼之所憎，以求兴天下之利，而除天下之害。是以天之为寒热也节，四时调，阴阳雨露也时，五谷孰，六畜遂，疾灾戾疫凶饥则不至。

这是“天”对人的赏赐。天之赏罚完全看人是否服从了它的意愿。如果顺从了天的意愿，那么就会得赏，如果违背了天意，那么惩罚就会接踵而至。

由于“天”全知全能，有意志有欲求，拥有赏善罚暴的力量，为万物的最高主宰，所以，人的行为必须效法“天”：

> 然则奚以为治法而可？当皆法其父母奚若？天下之为父母者众，而仁者寡，若皆法其父母，此法不仁也。法不仁，不可以为法。当皆法其学奚若？天下之为学者众，而仁者寡，若皆法其学，此法不仁也。法不仁，不可以为法。当皆法其君奚若？天下之为君者众，而仁者寡，若皆法其君，此法不仁也。法不仁，不可以为法。故父母、学、君三者莫可以为治法。然则奚以为治法而可？故曰：莫若法天。天之行广而无私，其施厚而不德，其明久而不衰，故圣王法之。既以天为法，动作有为，必度于天，天之所欲则为之，天所不欲则止。（《法仪》）

父母、老师和国君都不可以为法，因为，天下做父母、老师和国君的人很多，但真正仁者却很少。如果一切均听父母、老师和国君的话，那么就有法不仁者的可能。效法“天”就不同了。“天”行广无私、施厚不德、明久不衰，永远是至善至真、纯粹无欺的，以“天”为法绝不会出现“法不仁”的危险。

相应地，“天”也就成了判断是非善恶的最高标准。《天志中》篇云：

> 观其行，顺天之意，谓之善意行，反天之意，谓之不善意行。观其言谈，顺天之意，谓之善言谈，反天之意，谓之不善言谈。观其刑政，顺天之意，谓之善刑政，反天之意，谓之不善刑政。

举凡人言论的是非、行为的善恶、国家政治的好坏统统都由“天意”来决定，合乎天意的即为善，不合乎天意的即为恶。

对此，墨子本人说得非常明白：

> 我有天志，譬若轮人之有规，匠人之有矩。(《天志上》)

他的弟子们进一步解释说：

> 是故子墨子之有天志，辟之无以异乎轮人之有规，匠人之有矩也。今夫轮人操其规，将以量度天下之圆与不圆也。曰：“中吾规者谓之圆，不中吾规者谓之不圆。”是故圆与不圆，皆可得而知也。此其故何？则圆法明也……故子墨子之有天之意也，上将以度天下之王公大人之为刑政也，下将以量天下之万民为文学、出言谈也。(《天志中》)

天志只不过像轮匠的规矩一样，是墨子判定王公大人及万民百姓言行的一个标准和仪法，符合这个标准或仪法的即为善，不符合这个标准或仪法的即为恶。天志一旦变成个人手中的判断善恶是非的工具，它的神秘性也就几乎不复存在了。

2. 天志的内涵

那么，天意的内容究竟是什么呢？在这个问题上，墨子的说法是：

> 顺天意者，兼相爱，交相利，必得赏。反天意者，别相恶，交相贼，必得罚。（《天志上》）
>
> 天之意，不欲大国之攻小国也，大家之乱小家也。强之劫弱，众之暴寡，诈之谋愚，贵之傲贱，此天之所不欲也。不止此而已，欲人之有力相营，有道相教，有财相分也。又欲上之强听治也，下之强从事也。上强听治，则国家治矣。下强从事，则财用足矣。（《天志中》）
>
> 虽天亦不辩贫富贵贱、远迩亲疏，贤者举而尚之，不肖者抑而废之。（《尚贤中》）

原来，天意实际上也就是墨子之意！具体点说，就是他所反复宣传的兼爱、非攻、尚贤、尚同等主张。

墨子把自己之意说成是天意，这就转换了传统天命论的内容，从而把“天志”变成了神道设教的工具。墨子之所以这样做，一个很重要的原因是试图为自己的政治主张寻求某种更高的保障。正如侯外庐所指出的：“墨子的新上帝，叫作‘圆法’或‘方法’，好像工匠的一把尺度。这把尺度是平等的，可以量度王公大人，也可以量度百姓庶民，这已经不是西周的‘绝天地通’的贵族专有物了。尺度在人类社会，是尚贤、兼爱的，但墨子唯恐人们把这原则认成他一个人的私见，于是他把它还原到天上而上帝化，那便成了公意了。”[①] 在“尚同论”中，我们记得墨子一开始就把标准不一看成是社会大乱之源，如果把兼爱、非攻、尚贤等仅仅当作他个人的私见，那就刚好落入标准不一的境地。这是墨子所极不愿意看到的现象。所以，为了使自己的言论获得更大的说服力，他不但要把兼爱、非攻、尚贤等理想都说成是圣王之道，而且还要进一步把它们抬高到“天意”的高度。由于“天”至高无上，是人和万物的主宰，所以“天意”也就是唯一的、绝对的，没有任何个人的意志可以和它相比。人类社会如

---

① 侯外庐：《中国思想通史》第1卷，人民出版社1957年版，第219页。

果都认真地贯彻了“天意”，那么也就绝不会出现一人一义或标准不一的现象。这样，国家自然会得到治理，人民自然会安居乐业。把兼爱、非攻等提升为“天意”，这就使自己的主张获得了一种既公正又神圣的色彩。

墨子的这种做法，借用近世流行的术语，可以叫作“旧瓶装新酒”。“旧瓶”是传统的天命论，“新酒”是墨子自家的主张，把自家的政治主张装入到传统的天命论中，本身也属于对天命论的改造和发展。这一点恰好和春秋战国之交天命论中以民意代天意的演进趋向相吻合。

二、明 鬼 论

除了尊天之外，墨子还承认鬼神的存在。鬼神和天的关系如何，墨子并未明言。但从鬼神赏善罚暴的作用来看，两者共同担负监督人的责任。日本汉学家宇野哲人推测说：“鬼神在己之范围内，则行独得之权；若遇大事，则奉天命而行。例如一国之大臣，大事必奉敕命而行之，小事循例而行可也。”[①] 这可能离实情不远。

1. 鬼神存在的证明

墨子对鬼神存在的证明主要借助于经验主义的方法，他所提出的所有证据都离不开感觉经验。大体上说，这些证据可分为三个方面。

第一，众人耳目之实。《明鬼下》篇云：

> 子墨子曰：是与天下之所以察知有与无之道者，必以众之耳目之实知有与亡为仪者也。请惑闻之见之，则必以为有。莫闻莫见，则必以为无。若是何不入一乡一里而问之，自古及今，生民以来者，亦有尝见鬼神之物，闻鬼神之声，则鬼神何谓无乎？若莫闻莫见，则鬼神可谓有乎？

墨子认为，判断一种事物存在与否的最重要根据在于众人的直接经

① 韦政通：《中国哲学辞典大全》，世界图书出版公司1989年版，第788页。

验，如果众人确实曾听到过或见到过，那么该事物就肯定存在，如果众人从来都没有听过见过，那么该事物就必定不存在。鬼神亦然。要想证明鬼神是否存在，最好的办法就是到乡里去打听，看看普通百姓是否见到过鬼神或者听到过鬼神的声音。如果大家都没有看见过鬼神的样子，或者没有听到过鬼神的声音，那么鬼神当然是不存在的；但是，如果很多人都曾亲眼见过鬼神的模样，听过鬼神的声音，那么有鬼神存在就是不容置疑的。

这里，墨子的说法显然是有问题的。直接经验是认识的基础，但并不是认识的标准。我们获得关于事物的知识虽然必须从经验出发，但并不能仅靠经验来验证知识的可靠性。许多东西都是我们的经验所无法直接感知的，必须借助于理智来推求。墨子显然并不了解这一点，他以直接经验来判断事物存在与否，结果只会导致传说与事实不分、真实与虚幻无别。他在论证鬼神存在时所举的许多例子都犯有这种错误，例如：

> 今执无鬼者言曰："夫天下之为闻见鬼神之物者，不可胜计也。亦孰为闻见鬼神有无之物哉?"子墨子言曰："若以众之所同见，与众之所同闻，则若昔者杜伯是也。周宣王杀其臣杜伯而不辜，杜伯曰：'吾君杀我而不辜，若以死者为无知，则止矣。若死而有知，不出三年，必使吾君知之。'其三年，周宣王合诸侯而田于圃田，车数百乘，从数千，人满野。日中，杜伯乘白马素车，朱衣冠，执朱弓，挟朱矢，追周宣王，射之车上，中心折脊，殪车中，伏弢而死。当是之时，周人从者莫不见，远者莫不闻，著在周之《春秋》。"（《明鬼下》）

杜伯是周宣王的大臣，因为无罪而被杀，临死前曾发誓做鬼也要报仇。三年之后，周宣王会合诸侯进行田猎，杜伯果然出现了，他乘着素车白马，穿着红色的衣服，一箭把周宣王射死在车中。当时，随从宣王打猎的有数千人，这些人都目睹了事情的经过。墨子认为，既然有这么多人同闻同见，那就足以说明确实有鬼神的存在。至于说这则故事的可靠性如何，墨子并没有兴趣做进一步的追问。

第二，古代圣王之事。墨子认为，如果有人怀疑众人耳目之实不足以证明鬼神存在的话，我们还可以给他举出古代圣王之事来证明：

> 若苟昔者三代圣王足以为法，然则姑尝上观圣王之事。昔者武王之攻殷诛纣也，使诸侯分其祭，曰："使亲者受内祀，疏者受外祀。"故武王必以鬼神为有，是故攻殷诛纣，使诸侯分其祭。若鬼神无有，则武王何祭分哉。非惟武王之事为然也，故圣王，其赏也必于祖，其僇也必于社。赏于祖者何也？告分之均也。僇于社者何也？告听之中也。(《明鬼下》)

当周武王攻殷杀纣之后，曾经让诸侯分别进行祭祀，其规定是同姓诸侯立祖庙以祭，异姓诸侯祭祀山川四望之属。墨子指出，这种规定足以说明武王相信有鬼神的存在，假若武王不相信有鬼神的话，他又何必区分内祀和外祀呢？另外，古代圣王颁赏的时候恒在祖主面前，行罚的时候恒在社主的面前。这样做的目的是向祖主和庙主报告赏罚公允。假若没有祖主和庙主这些鬼神存在的话，圣王又何必在祖社之中进行赏罚呢？墨子相信，这同样可以证明鬼神是确实存在的。

第三，先王之书的记载。除了众人耳目之实和古者圣王之事外，墨子认为，先王之书的记载亦可证明有鬼神的存在。他举的例子有《周书》《商书》《夏书》，其中《周书》的记载是这样的：

> 《大雅》曰："文王在上，于昭于天。周虽旧邦，其命维新。有周不显，帝命不时。文王陟降，在帝左右。穆穆文王，令问不已。"若鬼神无有，则文王既死，彼岂能在帝之左右哉。此吾所以知《周书》之鬼也。(《明鬼下》)

《周书·大雅》中的几句话是用来歌颂文王的，意思是说文王德行高尚，上达天听，从而使周这个商朝的旧邦获得了天命的眷顾。当他死后，还能经常伴随在上帝的身边。墨子以此推论说，假若不存在鬼神的话，那么文王既然已经死了，他怎么还能够出现在上帝的身边呢？所以只能得出一个结论，那就是鬼神确实存在。

从这后两条论据可以看出，墨子思想中有一个混乱之处，那就是没有能够把事实与个人的信念、历史的记载区别开来。他所列举的古代圣王可能的确相信有鬼神存在，先王之书中也可能确实有关于鬼神的记载，但这些并不能作为证明鬼神存在的依据。因为，圣王毕竟生活在遥远的上古，他们的认识能力还受制于许多条件，先王之书也只能反映出当时的认识水平。对后人来讲，必须批判地对待古人的观念，才可能获致更正确的认识。墨子生活的时代本来是一个民智日开、观念变革的时代，墨子本人却还对古人古书抱着盲从的信念，这就不能不说是相当落后的行为了。

2. 鬼神的作用

按照墨子的说法，鬼神有三类："古之今之为鬼，非他也，有天鬼，亦有山水鬼神者，亦有人死而为鬼者。"（《明鬼下》）这些鬼神的特征、作用与"天"大致相同：

> 鬼神之明智于圣人也，犹聪耳明目之与聋瞽也。（《耕柱》）
>
> 鬼神之明，不可为幽间广泽、山林深谷，鬼神之明必知之。鬼神之罚，不可为富贵众强、勇力强武、坚甲利兵，鬼神之罚必胜之。（《明鬼下》）

鬼神和天一样，有意欲有目的，全知全能且可以赏善罚暴。如果说它们和天有什么不同的话，那就是天乃最高主宰，鬼神则是天的辅佐，天、鬼一起承担劝善惩恶的角色。

不过，由于天、鬼只是判定人们行为善恶的标准和仪法，所以在有的时候，墨子对天、鬼的存在似乎并不那么确信无疑。《耕柱》篇记载说：

> 季孙绍与孟伯常治鲁国之政，不能相信，而视于丛社，曰："苟使我和。"是犹弇其目，而视于丛社也，曰："苟使人皆视。"岂不缪哉。

季孙绍和孟伯常二人不能互相信任，却希望鬼神使其和睦，在墨子看来，这正像遮着自己的眼睛而求鬼神使之视物一样荒谬。这里，墨子强调的是人的主观能动性。在一条佚文里，还有这样的记载："禽子问天与地孰仁？墨子曰：翟以地为仁。"① 这却直接与墨子的尊天之旨相乖违。更有甚者，当无鬼论者提出祭祀费财而不利于父母、有害于做孝子的疑问

① 孙诒让：《墨子间诂》，中华书局1986年版，第607页。

时，墨子却回答说：

> 今絜为酒醴粢盛，以敬慎祭祀。若使鬼神请有，是得其父母姒兄而饮食之也，岂非厚利哉。若使鬼神请亡，是乃费其所为酒醴粢盛之财耳。自夫费之，非特注之污壑而弃之也，内者宗族，外者乡里，皆得如具饮食之。虽使鬼神请亡，此犹可以合欢聚众，取亲于乡里。(《明鬼下》)

一向尊天信鬼的墨子在这里已经退却到了鬼神只是一种假定的地步。他可以容忍没有鬼神的存在而去祭祀，原因是可以收到“合欢聚众，取亲于乡里”的好处，这已与儒家执无鬼而学祭礼没有任何实质的差别。所以，确切地说，墨子对自己的有鬼论实际上并不那么确信。

正因为墨子本人的信仰不坚定，所以他的弟子们对鬼神之存在也颇持怀疑态度。《公孟》篇记载说：

> 子墨子有疾，跌鼻进而问曰：“先生以鬼神为明，能为祸福，为善者赏之，为不善者罚之。今先生，圣人也，何故有疾？意者，先生之言有不善乎？鬼神不明知乎？”子墨子曰：“虽使我有病，何遽不明？人之所得于病者多方，有得之寒暑，有得之劳苦，百门而闭一门焉，则盗何遽无从入哉。”

撇开墨子的回答不论，单看跌鼻之问，就足可明了墨者们对鬼神的态度了。如果说疾病祸祟都是鬼神对人的惩罚，那么比圣人还明智的鬼神何以偏偏赏暴而罚善呢？像墨子本人强聒不舍，为兴利除害而四处奔波，到头来却仍然会患病，这是因为他的主张有不善之处，还是由于鬼神并不明智？显然，跌鼻这里对鬼神的存在和灵验已充满怀疑。另外，墨子的回答也并不能解决跌鼻的疑问，所谓“得于病者多方，有得之寒暑，有得之劳苦”的说法已经是一种自然主义的解释，它刚好与鬼神的全知全能相乖违。用“百门而闭一门”的比喻来形容鬼神对人的赏罚，实际上已把鬼神的作用降到了一个无关轻重的地位。

过去，由于墨子大讲天志明鬼，有些学者就得出结论说墨子是一位“宗教家”“典型的宗教教主”。这种说法值得重新考虑。根据前面的分析，墨子讲天鬼并不是出于虔诚的信仰，而只是为人的行为制定一个外在的标准，所以他的眼光始终停留在现世之中，墨子没有来世的观念，也没有彼岸世界的幻想。的确，墨子曾把天、鬼的作用说得活灵活现，可一到关键时刻，他却常常表现得极不坚定，不是支吾其词，就是有意回避论题，所有这些均与宗教家的特征不符。因此，严格来说，墨子根本就没有资格被称为一位宗教教主。詹剑峰曾说："墨学不是宗教，墨子绝不是创教的教主。因为墨子既没有老子那样全性葆真、超出物外之想，也没有后世道教炼丹修道、白日飞升之术；既没有耶稣那样自命为救世主，宣传天国近了，也没有佛陀那样逃避现实，遁之空门，以求极乐世界。""他的思想和活动是入世的，不是出世的，是此岸的，不是彼岸的。"[①] 这种说法是正确的。

三、非　命　论

墨子在提倡尊天明鬼的同时，还反对有"命"的存在。传统上，一般认为天志明鬼和非命尚力构成了墨子思想中的一对矛盾。这种说法很值得怀疑。因为，墨子讲天鬼是为了替人的行为制定一个外在的标准，反对"命"则是为了高扬人的主观能动性，两个正好收相辅相成之功。另外，墨子反对"命"同时也是为了替天鬼的权威廓清道路。

1. 天命与定命

有"命"论是墨子生活的时代广泛盛行的一种世界观。从内容上讲，这种世界观又可分为两类：一类是"天命论"，一类是"定命论"。"天命论"是说天有赏善罚暴的能力，它根据统治者行为的善恶来决定具体的赏罚，所以统治者必须修德以配天命，这是西周以来所形成的天命思想。"定命论"是说在人力之外还有一种不可抗拒的神秘的必然性，人的吉凶祸福、寿夭贵贱，社会的安危治乱均由这种外在必然性所决定，这是春秋晚期新出现的命运说，其中，尤以儒家的主张最力。儒家虽不反对传统的

① 詹剑峰：《墨子的哲学与科学》，人民出版社 1981 年版，第 73 页。

天命思想，但他们却赋予了传统天命思想以新的内容，使得“天命论”开始向“定命论”转化。像孔子所谓“道之将行也与，命也；道之将废也与，命也”“不知命，无以为君子也”，子夏所谓“死生有命，富贵在天”均属于“定命论”的范围。从一个方面讲，这种转化具有某种进步意义，它使人们从传统的天命观中解放出来并意识到自然界具有某种必然性；但另一方面，到了儒学末流手中，“定命论”就会变成消极和逃避的遁词。

在“天命论”和“定命论”之中，墨子并不反对“天命论”。他讲“天志”，声称天有意志：“天子为善，天能赏之；天子为暴，天能罚之。”（《天志中》）这正是肯认天有赏善罚暴的绝对权威。就此而言，墨子的“天志”和传统的天命论并无实质的差别。但是，墨子对定命论却非常厌恶，因而对之进行了猛烈的攻击：

> 执有命者不仁。（《非命上》）
> 执有命者，此天下之厚害也。（《非命中》）
> 今用执有命者之言，是覆天下之义。（《非命下》）

他并且分析“定命论”产生的根源为“暴王所作，穷人所术”：

> 昔三代暴王桀纣幽厉，贵为天子，富有天下。于此乎不而矫其耳目之欲，而从其心意之辟。外之驱聘田猎毕弋，内湛于酒乐，而不顾其国家百姓之政。繁为无用，暴逆百姓，遂失其宗庙。其言不曰：“吾罢不肖，吾听治不强。”必曰：“吾命固将失之。”虽昔也三代罢不肖之民，亦犹此也。不能善事亲戚君长，甚恶恭俭，而好简易，贪饮食而惰从事，衣食之财不足，是以身有陷于饥寒冻馁之忧。其言不曰：“吾罢不肖，吾从事不强。”必曰：“吾命固将穷。”昔三代伪民，亦犹此也。（《非命下》）

这里，墨子在观念上显然有一个模糊之处，那就是把三代暴王的“命”和春秋战国之交的“命”混而为一。其实，三代暴王时所流行的“命”是天命，春秋战国时所流行的“命”为定命。墨子主要想反对的是春秋战国以来所流行的“定命论”，他把三代“暴王”和“罢不肖之民”一起拉来批评，只不过是为了借古讽今而已。

大体上讲，墨子反对定命论，主要有两个原因：第一，有命说使人相信命运而不强力从事，因而使赏罚失去作用，人伦遭到破坏，社会出现混乱。在《非命上》篇，墨子说：

> 执有命者之言曰："命富则富，命贫则贫，命众则众，命寡则寡，命治则治，命乱则乱，命寿则寿，命夭则夭。命，虽强劲，何益哉。"上以说王公大人，下以驵百姓之从事。故执有命者不仁。
>
> 今用执有命者之言，则上不听治，下不从事。上不听治，则刑政乱；下不从事，则财用不足。上无以供粢盛酒醴，祭祀上帝鬼神；外无以应待诸侯之宾客，降绥天下贤可之士；内无以食饥衣寒，将养老弱。故命上不利于天，中不利于鬼，下不利于人。

按照有命者的说法，富贵贫贱、安危寿夭均由命运决定，人的强力从事根本没有任何作用，这样在上者不必认真听治，在下者亦不必努力从事。上下均不从事生产劳作，那么饥寒冻馁灾荒自然会随之而来，社会出现混乱、伦常遭到破坏亦成为势所必然的了。

第二，有命说宣传天鬼之外还有另一必然性，这与天鬼的绝对权威相矛盾。按照墨子的理论，天鬼是宇宙的主宰，他们有人格有意志，可以赏善罚暴。其赏善罚暴的根据在人的行为：行善者得赏，作恶者受罚。由于人的行为可以改变，所以天意也可以跟着变动。但"命"就不同了，"命"是一种不依人的意志为转移的客观必然性的东西，所以无论人是行善或作恶，其最终命运都是无法改变的。先天注定是贵的即贵，是贱的即贱，是寿的即寿，是夭的即夭。这样，一旦承认有"命"，那么不但人力无法发挥作用，就连天鬼的权威也受到动摇。人力无法发挥作用，自然会使人陷于消极怠惰。天鬼的权威受到动摇，则将会使墨子失去推行自己主张的一种重要手段。所以，仅从推行自己学说的角度考虑，墨子亦不得不反对有"命"说了。

2. "非命"的根据

墨子反对"定命论"的主要根据在"三表法"。"三表法"是墨子所提出的衡量言论是非的基本标准，其内容主要体现在下面这段话里：

何谓三表？子墨子言曰：有本之者，有原之者，有用之者。于何本之？上本之于古者圣王之事。于何原之？下原察百姓耳目之实。于何用之？废以为刑政，观其中国家百姓人民之利。此所谓言有三表也。(《非命上》)

“本之”是以古代圣王的行事为准，属于间接经验。“原之”依据百姓耳目之实，当属直接经验。“用之”是要具体应用到实际政治中去，有点接近于通常所说的实践。三者都没有超出经验的范围。这一点或多或少影响到了墨子的论证效果。

墨子对自己十大主张的论证，基本上都采用了三表法。只不过，有时仅用一表或两表，有时则三表共用。“非命”论即属于三表共用的情况。其中，墨子对第一表和第三表的应用相当机智。在《非命下》篇中，墨子说：

昔桀之所乱，汤治之；纣之所乱，武王治之。当此之时，世不渝而民不易，上变政而民改俗。存乎桀纣而天下乱，存乎汤武而天下治。天下之治也，汤武之力也；天下之乱也，桀纣之罪也。若以此观之，夫安危治乱，存乎上之为政也，则夫岂可谓有命哉。

这是对第一表的应用。汤武是古代的圣王，桀纣则是有名的暴君，桀纣把国家搞得大乱，汤武则代之而起，把国家治理得井井有条。社会并没有改换，人民也还是那些人民，只不过是换了一位统治者而已，国家就一治一乱，这难道可以说是有“命”存在吗？显然，国家的安危治乱完全系于统治者如何为政，而与“命”无关。

在《非命下》篇，墨子继续论证道：

今也王公大人之所以蚤朝晏退，听狱治政，终朝均分而不敢怠倦者，何也？曰：彼以为强必治，不强必乱，强必宁，不强必危，故不敢怠倦……今虽毋在乎王公大人，蒉若信有命而致行之，则必怠乎听狱治政矣。卿大夫必怠乎治官府矣。农夫必怠乎耕稼树艺矣。妇人必怠乎纺绩织纴矣。王公大人怠乎听狱治政，卿大夫怠乎治官府，则我以为天下必乱矣。农夫怠乎耕稼树艺，妇人怠乎纺绩织纴，则我以为天下衣食之财将必不足矣。

这是对第三表的应用。王公大人之所以早朝晏退、听狱治政，农夫农妇之所以努力耕稼树艺、纺绩织纴，是因为他们都明白只有强力从事才能实现国家富强、衣食无缺的道理。如果把有“命”论应用到实际的政治和社会生活中去，那么人人相信一切由命中注定，王公大人必然怠于听狱治政，农夫农妇必然怠于耕稼树艺、纺绩织纴，如此国家定会大乱，人民的衣食也就不会有着落。这些足以证明“定命论”无益于国家之治，并不符合百姓万民之利。

但是，当墨子应用第二表来论证“命”不存在时，他的经验主义的不足就充分暴露了出来：

然胡不尝考之百姓之情？自古以及今，生民以来者，亦尝有见命之物，闻命之声者乎？则未尝有也。若以百姓为愚不肖，耳目之情不足因而为法。然则胡不尝考之诸侯之传言流语乎？自古以及今，生民以来者，亦尝有闻命之声，见命之体者乎？则未尝有也。（《非命中》）

按照定命论的意见，命是一种不依人意为转移的客观必然性，略相当于近世所谓“神秘的自然规律”。而必然性和规律性的东西属于抽象的范畴，必须由理智来把握。墨子仅从人的日常生活经验，以没有人闻命之声、见命之体来否定命的存在，这显然用错了对象。从《墨子》书看，墨子并不缺乏理智的观念，在与别人辩论时，他曾反复强调要“察类”“明故”。其中，类和故都是由理智抽象的产物。可是，当墨子具体批评“命”这种同属抽象观念的东西时，却依然求助于人的直接经验，这只能说明墨子太囿于经验主义的束缚，而没有充分意识到理性的作用。

尽管如此，从思想史的角度看，墨子的非命论仍然值得我们大书特书，它第一次把人的主体性以系统的理论形式表达了出来。虽然还有天意的笼罩，可决定最终命运的是人自身，贤愚依靠个人的努力，祸福由于自召，人们只要努力从事，最终就能获得富足、安宁和幸福。这充分反映了墨家积极向上、乐观进取的人生态度。

在墨学研究中，有一种意见认为，墨子的非命并不具有正面意义。如郭沫若就声称墨子的非命说其实也就是宗教的皈依，“在骨子里则尽力打击必然性，为鬼神张目”①。从某种意义上说，这种说法可以成立，墨子之非命的确有维护天鬼权威的一面，但是从另一方面讲，墨子宣扬非命还是为了高扬人力的作用。相比之下，这方面更重要更根本。在墨子看来，天人各有自己的职责和义务。天志明鬼讲的是天的一方，非命讲的是人的一面。郭沫若正因为没有充分体会墨子在天人关系上的这种分合，才会对墨子之非命论持彻底否定的态度。

四、墨子天人观的得失

前面我们介绍了墨子在天人关系问题上的基本观点，这里再简单分析一下其利弊得失。一个非常明显的事实是，墨子的天人观带有明显的功利主义色彩。他之所以重新条理天人关系，只是为了替自己的政治主张寻求更坚实的基础。他一方面大讲非命论，目的是鼓励人们充分发挥自己的主观能动性，积极地从事劳作；另一方面又致力于论证天、鬼的实有，意在改造传统的天命观，为自己的兼爱、非攻、尚贤、尚同等主张提供一个超越的根据。尽管他曾花费很大气力论证天、鬼的实有，但建立一种信仰体系却并不是他的目的，即便讲天、鬼时他念念不忘的仍然是如何推行自己的政治理想。这一点决定了墨子的思想性格始终带有现世的特征。

从形式上讲，墨子的尊天明鬼论是对商周以来原始宗教信仰的继承和复归。一般来说，殷商时期，宗教信仰还保留相当多的自然崇拜和祖先崇拜的特征。殷人所信奉的鬼神实际上就是这两种因素的混合物。在神和人的关系上，殷人重神而轻人。《礼记·表记》云：“殷人尊神，率民以事神，先鬼而后礼。”之所以如此，是因为在殷人的观念中，鬼神是一种盲目的异己的力量，高居于人之上，并对人进行随意的惩罚。在这种神秘的力量面前，个人的努力是无济于事的，因而只好匍匐在鬼神的淫威面前。殷人凡事必卜正是这种观念的产物。

到了西周时期，情况就不同了。周人虽然同样敬奉鬼神，但鬼神的性

① 郭沫若：《十批判书》，载《郭沫若全集》历史编第二卷，人民出版社 1982 年版，第 124 页。

质已发生了重大的变化。它们不再是与人相对立的盲目力量，而是与人有亲缘关系、对人世的生活充满关怀的善良的主宰。尽管鬼神的意志仍不可违背，但它的内容却是可以凭理性去了解的。所谓“天惟时求民主”（《尚书·多方》）、“皇天无亲，惟德是辅”（《尚书·蔡仲之命》）讲的都是天神的意愿。这就为人事的努力留下了一些余地。也就是说，人可以运用自己的理性做好自己分内之事，如敬德保民等，以便顺从天神的意志，取得天神的信任，从而获得天命的眷顾。《礼记·表记》云：“周人尊礼尚施，事鬼敬神而远之，近人而忠焉。”说的正是周人在神人关系上更重人事的特点。

墨子对天、鬼性质的描述跟周人的说法比较接近。天、鬼都是有意志、有目的、本性善良的人格神，与人类有着密切的亲缘关系，它们是人类社会政治和道德的立法者和监督者，能够根据人的行为进行相应的赏罚。在神人关系上，墨子则吸收了殷、周两代的经验，既重鬼神又不废人事。当他说“故古圣王治天下也，故必先鬼神而后人者，此也”（《明鬼下》）时，他明显地把鬼神放到了比人更重要的地位。当他说“强必治，不强必乱。强必宁，不强必危”（《非命下》）、“上强听治，则国家治矣。下强从事，则财用足矣”（《天志中》）时，他又把国家的安危治乱完全归结于人事的努力与否。表面上看，两者似乎有冲突的嫌疑，听命于天、鬼就不必强力从事，既强力从事则不需要天、鬼的干预。但是，当把天、鬼的意愿解释得和人类社会的道德法则完全一致时，这种表面上的矛盾也就自然化解了。过去，有一种意见认为，墨子尊天右鬼主要继承的是殷人的习俗，这种说法是不准确的。毋宁说，墨子的天、鬼论是对商周以来所盛行的宗教信仰的一种综合。

不过，需要注意的是，墨子的天、鬼论在战国前期并不具备什么积极的意义。经过春秋以来的人文主义的觉醒，传统的天命鬼神观发生了很大的变化。按照任继愈的分析，这种变化至少表现在三个方面：一是天命的解释权下移，一些大国诸侯纷纷把自己说成是天神的代理人；二是逐渐从天神观念的束缚下摆脱出来，天和天命常被用来表示社会政治伦理方面的某种不可抗拒的必然性；三是用天和天命来表示社会政治伦理方面的最高依据和根本原理。[①] 其中，第一个方面表明传统的天命观已经受到怀疑，

---

① 参见任继愈《中国哲学发展史》（先秦卷），人民出版社 1983 年版，第 123 – 126 页。

逐步蜕变为诸侯实现自己目的的工具，后两个方面则说明天的命运和义理含义开始出现。其结果便是天的人格神色彩越来越淡化，人们对待天的态度也越来越理性化，如老子就用“道”作为世界的本源和事物变化的规则，以便代替“天”的主宰地位，天道并提只不过表示自然界的法则而已，孔子也说：“天何言哉？四时行焉，百物生焉。天何言哉？”（《论语·阳货》）在神人关系上，神的地位逐步下降，人的独立性越来越增强。如史嚚云：“吾闻之，国将兴，听于民；国将亡，听于神。神，聪明正直而壹者也，依人而行。”（《左传·庄公三十二年》）子产说：“天道远，人道迩，非所及也，何以知之？”（《左传·昭公十八年》）老子甚至认为：“以道莅天下，其鬼不神。”（《道德经》第66章）孔子更是对鬼神的存在存而不论，所谓“子不语怪、力、乱、神”（《论语·述而》）、“未能事人，焉能事鬼”（《论语·先进》）、“祭如在，祭神如神在”（《论语·八佾》）、“务民之义，敬鬼神而远之，可谓知矣”（《论语·雍也》）等，都充分表现了孔子对鬼神的怀疑态度，他之所以特别强调祭祀，只不过是为了发挥其教化的意义。在这种情况下，墨子还把天、鬼描绘得活灵活现，有意欲有人格，显然是不合时宜的。尽管这种做法可能会迎合普通民众的经验和需要，但却无法经受理性的考验。随着民智的逐渐开启，天、鬼的存在会受到越来越多的怀疑，墨子想以此来推行自己的政治主张，恐怕不但不能达到自己的目的，反而会引来一些批评的口实。所以，到了后期墨家，墨子的天、鬼论就被彻底地抛弃了。《大取》篇曰：“为暴人语天之，为是也；而惟为暴人歌天之，为非也。”又曰：“暴人为：‘我为天之。’以人非为是也。而惟不可正而正之。”前一句话的意思是说，为暴人解说天志，使人兼爱非攻等，这是对的。但如果通过天志为暴人歌功颂德，那就不对了。后一句话的意思是说，暴人尽管干一些人们所反对的事，但却经常以行天意相标榜，墨者的责任就是把这种不正的人改正过来。从这两条引文来看，后期墨家虽然没有完全否认天志的作用，可从天志变成了替暴人歌功颂德的工具以及暴人自我辩护的借口来看，后期墨家显然已经意识到了这种主张的局限性。明鬼的问题大致相同，《墨经》4篇没有一处提到鬼神，《大取》和《小取》也只有一两处提及。《大取》篇曰：“治人有为鬼焉。”《小取》篇云：“祭人之鬼，非祭人也。祭兄之鬼，祭兄也。”前者是说明鬼是为了治人，后者提到鬼字只是作为推理的实例。所以，从《墨辩》的整体倾向看，我们完全可以得出结论说，后期墨家实际上已经抛弃了墨子的天、鬼论。

但是，从另一方面来看，墨子改造和转换传统天命观内容的做法却和当时流行的整个趋势并无太大的不同。西周统治者在天命观上的最大贡献是提出了天命可以转移的理论，他们把天命转移的根据理解为是否敬德保民、是否适合作为万民之主，这就为后人重新解释天命的内容奠定了基础。所以，到了春秋时期，许多士大夫均予天意以合乎自己需要的解释。例如，晋大夫原轸说："秦违蹇叔而以贪勤民，天奉我也。奉不可失，敌不可纵。纵敌患生，违天不祥。必伐秦师。"（《左传·僖公三十三年》）这是用天意替伐秦作辩护。郑大夫裨谌说："善之代不善，天命也，其焉辟子产？……天祸郑久矣，其必使子产息之，乃犹可以戾。不然，将亡矣。"（《左传·襄公二十九年》）这又是用天意替子产执政做辩护。即便是孔子，在当时的背景下，亦不免对传统天命观要做些变革和改造。他虽然对天始终尊崇有加，可到底还得承认有不以人意、甚至不以天意为转移的命的存在："道之将行也与，命也；道之将废也与，命也。"（《论语·宪问》）天、命的分离使后儒大多走向了命定论的路子。墨子把自己的政治主张上升为天意，和原轸、裨谌等人的做法并没有什么实质的不同，都是想借助天的权威来替自己的主张做辩护。只不过，墨子作为一位思想家，其论证更系统，说明更详尽而已。另外值得提及的是，墨子的天志还极大地拓展了天命论的内涵。过去，禀受天命的人只能是天子及王公大人，现在，连普通百姓亦可享受天意的恩赐，这刚好和当时用民意来代替天意的发展趋向相吻合。

在反对"命"的问题上，墨子批判的矛头主要指向儒家。他认为有命论是儒道足以丧天下的四政之一："又以命为有，贫富寿夭、治乱安危有极矣，不可损益也。为上者行之，必不听治矣；为下者行之，必不从事矣，此足以丧天下。"（《公孟》）墨子主要担心的是承认"命"将会使人怠于从事，这和孔子所谓"命"并不一致。孔子所谓"命"有一个前提，就是必须尽人事，人事已尽，仍无结果，那才可以归结为"命"。这也就是"尽人事以待天命"的意思。不过，墨子的批评也并非无的放矢，在儒家后学那里，确实存在着消极顺命的现象。《公孟》篇曾记载公孟子的话说："贫富寿夭，错然在天，不可损益。"这是说贫富寿夭不可改变。荀子在《非十二子》篇中也批评儒家末流说："偷儒惮事，无廉耻而耆饮食，必曰君子固不用力，是子游氏之贱儒也。"更是儒家后学信命怠事的明证。

就此而言，墨子的批评相当有力。另外，从思想史的角度看，墨子非命尚力还有一个重大的意义就是高扬了人的主观能动性，从而成功地展示了人自身的力量。但是，墨子反对“命”的根据却存在着严重的缺陷，把“命”完全归结为“暴王所作、穷人所述”，似乎没有体会到人类早期社会认识上的局限性。而用没有人“闻命之声”“见命之体”来否定“命”的存在，从根本上用错了对象。作为一种理智的对象，“命”不是通过直接经验所能感觉得到的。墨子试图用日常经验来否定“命”，只能证明他自己极端经验主义立场的偏狭。

第六章 墨子的育人之道

墨子不仅是一位伟大的思想家，而且还是一位杰出的教育家。他所开创的学派素以实力强大而著称，他的学生人数之多几与孔子相媲美。在具体的教学实践中，墨子积累了丰富的经验，提出了一些独特的教学理论，从而为中国古代教育学的发展做出了一定的贡献。

一、教育的目的和内容

墨家是一个带有一定政治倾向的学术团体。作为该学派的领袖和导师，墨子的教育活动除了培养人才之外，同时还服务于其政治理想。教育成了实现其政治主张的一种基本手段。甚至，墨子培养人才的努力也是他救世活动的一部分。他的教学内容完全围绕着实用目的而设计。

1. 有道者劝以教人

墨子认为，教育是一种“为义”的活动。“为义”可有多种方式，如有力者疾以助人、有财者勉以分人、有道者劝以教人等。但是，相比之下，“有道者劝以教人”比另外两种显得更重要。这是因为，教育可以使更多的人认识到行义的重要性。而一旦大家都认识到行义比不行义更能给自己带来实际的好处，那么人们也就会乐于从事行义的活动了。墨子举例说：

> 翟虑耕而食天下之人矣，盛，然后当一农之耕，分诸天下，不能人得一升粟。籍而以为得一升粟，其不能饱天下之饥者，既可睹矣。翟虑织而衣天下之人矣，盛，然后当一妇人之织，分诸天下，不能人

> 得尺布。籍而以为得尺布，其不能煖天下之寒者，既可睹矣。翟虑被坚执锐救诸侯之患，盛，然后当一夫之战。一夫之战，其不御三军，既可睹矣。翟以为不若诵先王之道而求其说，通圣人之言而察其辞，上说王公大人，次说匹夫徒步之士。王公大人用吾言，国必治；匹夫徒步之士用吾言，行必修。故翟以为虽不耕而食饥，不织而衣寒，功贤于耕而食之、织而衣之者也。故翟以为不耕织乎，而功贤于耕织也。（《鲁问》）

墨子的意思是说，如果仅靠自己一个人的力量去耕种田地，最多只能相当于一个农夫的作用。即使幸而有所收获，把它全部拿来分给天下之人，天下之人也不能人均一升粮食，因此并不能使天下的饥者得饱。同样的道理，仅靠自己一人之力去织布，并不能使天下的寒者都有衣穿；仅靠自己一人之力去打仗，并不能抵御敌人三军的进攻。但是，用先王之道、圣人之言进行上说下教就不同了。王公大人采纳了自己的意见，那么国家必治；普通老百姓听从了自己的教导，那么举止就会变得有修养。所以，从实际效果来说，“有道教人”比“有力助人”“有财分人”的作用大得多。

墨子认为，大多数人对“义”实际上并不了解，这是教育如此重要的原因所在。《鲁问》篇记载说：

> 吴虑谓子墨子曰：“义耳义耳，焉用言之哉。”子墨子曰：“籍设而天下不知耕，教人耕与不教人耕而独耕者，其功孰多？”吴虑曰：“教人耕者其功多。”子墨子曰：“籍设而攻不义之国，鼓而使众进战，与不鼓而使众进战而独进战者，其功孰多？”吴虑曰：“鼓而进众者，其功多。”子墨子曰：“天下匹夫徒步之士少知义，而教天下以义者功亦多，何故弗言也？若得鼓而进于义，则吾义岂不益进哉。”

吴虑大概是一位隐士，他对墨子四处宣传自己的“义”很不以为然，认为只要做就行了，何必老是挂在口头上呢。墨子则给他打比方说，假如天下的人都不知道耕作的方法，那么是教人耕作作用大，还是不教人耕作的方法而自己独自去耕作作用大？又如打仗，是击鼓发令让大家一齐去作战作用大，还是不击鼓发令而只是自己一人向前作战作用大呢？答案自然都是前者。墨子以此类推说，现在的情况是天下匹夫徒步之士都还很少了解义，所以教人行义的作用比不教人行义而只自己一人行义的作用也就大得多。

墨子相信，人是可以通过教育而改造的。从《墨子》书来看，墨子对人性本质问题没有讨论。《所染》篇曾记载，墨子见染丝者而叹说："染于苍则苍，染于黄则黄，所入者变，其色亦变。"这似乎暗示说，人的品性可以受后天的习染而改变。《所染》的下文紧接着说："非独国有染也，士亦有染。其友皆好仁义，淳谨畏令，则家日益、身日安、名日荣，处官得其理矣，则段干木、禽子、傅说之徒是也。其友皆好矜奋，创作比周，则家日损、身日危、名日辱，处官失其理矣，则子西、易牙、竖刀之徒是也。"这段话虽然不一定是墨子所说，但它的精神实质与墨子的主张完全一致。也就是说，人会受到周围环境很大的影响，从一个人所交之友就可以大致看出他这个人的品性。由墨子反复强调"有道者劝以教人"是仁者之事、"隐匿良道而不以相教"是不仁不义之事来看，他显然相信人是可以通过学习来增进知识、提升品德的。这也是他反复劝说别人去学习的原因所在。

《公孟》篇记载了几条墨子劝人向学的例子。其中一条这样写道：

> 有游于子墨子之门者，身体强良，思虑徇通，欲使随而学。子墨子曰："姑学乎，吾将仕子。"劝于善言而学，其年，而责仕于子墨子。子墨子曰："不仕子……今子为义，我亦为义，岂独我义也哉。子不学，则人将笑子，故劝子于学。"

意思是说，有一个游于墨子之门的人，智力很好，身体也不错，墨子很想让他跟随自己学习，于是就以出仕为条件，来劝导他。一年后，该人要求墨子推荐他出仕，却遭到了墨子的拒绝。墨子的理由是：你的学习是为义，我教你学也是为义。你不去学，人家会笑话你，所以我才去劝你学。从墨子的回答看，他显然是想说明"为义"和"学"是每个人都应承担的责任，不能附加任何条件。可是，他的行为却似乎有违言行一致的要求。为了劝人学，墨子竟不惜承担言而无信的恶名，是亦足可看出墨子对教育的重视程度了。

2. 谈辩、说书与从事

教育是“为义”的活动，其目的是培养治国之才。按照墨子的意见，一个良好的国家必须由“贤良之士”来管理。“贤良之士”的标准是厚乎德行、辩乎言谈、博乎道术。“厚乎德行”是说个人的品德要好，“辩乎言谈”是说必须对修辞或论辩的艺术有良好的素养，“博乎道术”大概是说需掌握一定的知识和技能。这三者基本上包括了品德和才能两个方面。

教育内容主要就是围绕着这些标准来制订的。《耕柱》篇云：

> 治徒娱、县子硕问于子墨子曰：“为义孰为大务?”子墨子曰：“譬若筑墙然，能筑者筑，能实壤者实壤，能欣者欣，然后墙成也。为义犹是也，能谈辩者谈辩，能说书者说书，能从事者从事，然后义事成也。”

治徒娱、县子硕是墨子的弟子。他们有一次问墨子什么是行义的当务之急，墨子问答说，这就好像筑墙。能够修筑的修筑，能够填土的填土，能够测量的测量，然后墙可以筑成。做义事也一样，能够谈辩的就谈辩，能够说书的就说书，能够从事的就从事，然后义事就可实现了。这里，墨子区分了三种活动，即谈辩、说书和从事，这三者大概也是墨子教学的主要内容。

关于“谈辩”，《墨子》书有《墨辩》6 篇专门研究辩论的技巧。这些虽可看作是后期墨家的作品，但与墨子本人也并非没有关联。墨子对辩论的方法相当重视，他所提出的察类明故原则以及三表法，都为后期墨家进一步研究逻辑和辩论的规则准备了基础。非常有可能的是，墨子曾专门设立了谈辩一科来教育弟子，《墨辩》6 篇的作者大概就属于这种能谈辩的墨者。

关于“说书”的含义，墨子本人并未给予解释。其大概的意思是指，对古代流传下来的文化典籍进行研究。墨子重视《诗》《书》，我们早已知道。在论证自己观点时，墨子经常引用古代文化典籍来替自己辩护，三表法中第一表为“上本之古者圣王之事”，而“古者圣王之事”主要就是通过书籍留传给我们的。所以，“说书”对于墨子的教学来说自是必不可少的内容。

“从事”的确切含义也不大清楚。大体上说，“从事”是指掌握一些具体知识和技能，以参与实际的工作或事务。墨家经常会面临到制械、守城等任务，所以需要具备相应的专门知识和技术。《墨子》书中《备城门》以下各篇讲的就是一些防守技巧，它们和墨子本人的关系尚无定论，但至少说明了墨家团体内部有些人曾经在这一方面努力过。联系到墨子重视实际的特点，“从事”很可能也是他教学中的一科。

谈辩、说书和从事三者合起来，涉及语言、知识、技术及人文传统等许多方面，说明墨子的教学内容相当广泛。这十分有利于人才的全面培养。

二、教育的方法

在实际教学工作中，墨子积累了很多优秀的教育方法，如强学强教、因材施教和学以致用等。这些方法丰富了中国传统的教育思想。

1. 强学强教

墨子认为，既然学是为义，教也是为义，那么做学生的就必须强学，做教师的就必须强教。“强学强教”成了墨子对教、学两个方面所提的最基本要求。

关于劝人“强学”的例子，《公孟》篇有一段记载：

> 有游于子墨子之门者，子墨子曰：“盍学乎?”对曰：“吾族人无学者。”子墨子曰：“不然，夫好美者，岂曰吾族人莫之好，故不好哉。夫欲富贵者，岂曰吾族人莫之欲，故不欲哉。好美欲富贵者，不视人犹强为之。夫义，天下之大器也，何以视人？必强为之!”

墨子曾劝他的一位门人去学，这位门人以“吾族人无学者”为由来搪塞。墨子批评道：“你这种说法是不对的。一个人爱美，他并不会因为自己的族人都不爱美而放弃自己对美的追求。一个人想望富贵，他也不会因为自己的族人都不想富贵而放弃自己对富贵的追求。更何况‘学’是一件义事，属天下最贵重的东西，因此，你应当努力去学习才对，又何必去管别人怎么做！”

《耕柱》篇也有一段类似的记载：

子墨子怒耕柱子，耕柱子曰：“我毋俞于人乎？”子墨子曰：“我将上大行，驾骥与羊，我将谁驱？”耕柱子曰：“将驱骥也。”子墨子曰：“何故驱骥也？”耕柱子曰：“骥足以责。”子墨子曰：“我亦以子为足以责。”

耕柱本是墨子欣赏并寄予厚望的弟子，他自觉做得已经比别人好。墨子对耕柱的这种态度十分不满，因为他没有按照墨家的“强学”宗旨去做。墨子告诫耕柱说，我之所以对你发怒，是因为相信你将来可以担当重任，你怎么能够如此自满呢？从墨子的态度来看，他显然把坚持不懈、强力向学作为要求学生的一个标准。这大概也是墨子对禽滑厘特别满意的一个原因，《备梯》篇称：“禽滑厘事子墨子三年，手足胼胝，面目黧黑，给身役使，不敢问欲。”

关于“强教”的问题，墨子讲得更多。他本人就是“强教”的一个绝好榜样。《公孟》篇记载说：

公孟子谓子墨子曰：“实为善人，孰不知？譬若良玉，处而不出，有余精。譬若美女，处而不出，人争求之。行而自炫，人莫之取也。今子遍从人而说之，何其劳也？”子墨子曰：“今夫乱世，求美女者众，美女虽不出，人多求之。今求善者寡，不强说人，人莫之知也……仁义钧，行说人者，其功善亦多，何故不行说人也？”

公孟子是一位儒者。他认为真正的善人即便不去大肆宣传，人家也会知道的。这正如良玉美女，虽然处而不出，余精也不会被遮蔽，人们照样争而求之。他批评墨子道：“今子遍从人而说之，何其劳也”，意思是说，墨子的强聒不舍的做法纯属多余之举。对此，墨子则辩护说，他之所以要遍从人而说之，是因为追求善的人太少，不强说人，人就不会了解善，更不会去照着善的道理去做。就仁义而言，“行说人”和“不行说人”也许是相同的，但从功用的角度看，“行说人”却比“不行说人”的作用大得多，这是为什么要“行说人”的原因所在。

由于公孟子相信“实为善人，孰不知”，所以他把自己的教学态度概括为“君子共己以待，问焉则言，不问焉则止。譬若钟然，扣则鸣，不扣则不鸣”（《公孟》），这其实也是儒家的一贯立场。墨子则从“行说人者，其功善亦多”的角度，批评公孟子的这种说法是一种极端不负责任的态度。他指出，在有些情况下，如当权者正要“举不义之异行”“欲攻伐无罪之国有之也”，知情者就不能不主动地去制止他。墨子称这种做法为“虽不扣，必鸣者也”。“不扣必鸣”成了墨家在教学方法上区别于儒家的基本特征。

《墨子》书中记载有许多墨子主动施教的例子，如：当他听说鲁国南部有一位名叫吴虑的隐者，冬陶夏耕，自比于舜，就马上前去见他，与之辩论；当他发现自己的门下有材质优秀、有培养前途的对象时，就主动地劝他去学习；当他听说骆滑厘这个人喜欢勇时，就亲自找上门告诉他什么是真正的勇；自然，最令人敬佩的是，当他一听说楚国即将攻打宋国时，就马上从千里之外动身，去到公输般和楚王面前演说其兼爱非攻的大道理。从施教的对象来看，墨子之所谓“教”已远远超出了后世所谓教育的范畴。若想准确归类的话，恐怕只有“教化”二字才足以涵盖墨子所谓“教”的含义。

对于强学强教的意义，墨子在《贵义》篇曾说过一段比较概括的话：“嘿则思，言则诲，动则事。使三者代御，必为圣人。”“嘿则思”属学，“言则诲”属教。整句话的意思是，沉默的时候就自己思考，讲话时候就教诲别人，行动时一定符合义。做到了这三点，就可以成为圣人了。这是墨子强学强教的心得，也是他自觉遵循的行为准则。

2. 因材施教

墨子教学，讲究分科进行。谈辩、说书和从事就是其中最主要的三科。墨子之所以实行分科教学，大概是因为教学内容太广泛。这一点从《墨子》本书即可看出。现存墨书中，既有讨论辩论技巧的，又有论述治国之道的，既有关于科学技术原理的说明，又有关于守城方法的描述。各部分的差别非常大，由此足可看出墨者们当时所从事的工作之繁重和复杂。

由于分科的缘故，墨子在教学中不得不采取因材施教的方法。所谓

“能谈辩者谈辩、能说书者说书、能从事者从事”，讲的正是这个道理。墨子本人分科教学的详情不得而知，但从他的一些谈话可以看出，墨子对弟子们的性格、特长有相当的了解。《贵义》篇记载说：

> 子墨子南游使卫，关中载书甚多。弦唐子见而怪之，曰：“吾夫子教公尚过曰：‘揣曲直而已。’今夫子载书甚多，何有也?”子墨子曰：“昔者周公旦朝读书百篇，夕见漆十士。故周公旦佐相天子，其修至于今。翟上无君上之事，下无耕农之难，吾安敢废此？翟闻之，同归之物，信有误者，然而民听不钧，是以书多也。今若过之心者，数逆于精微，同归之物既已知其要矣，是以不教以书也。”

公尚过是墨子比较重视的弟子之一。据说，墨子曾告诉过他，在处理问题时只要揣揣是非曲直就可以了。有一次，墨子到卫国出游，行囊中带了很多书，这引起弦唐子的奇怪，问他为什么教人只需揣曲直，而自己却要带那么多书。墨子解释说，书籍多的原因是人们对道理的理解不一致，但道理本身却可以是一个。如果能够一开始就把握着道理的关键，那么也就不必事事都求之以书了。在这一点上，公尚过做得很好，他能够多次体会到道理的精微之处，所以已超越了“以书为教”的阶段，这是不教之以书的原因所在。从墨子的解释看，他对弟子的能力显然是心中有数的，相应地，对他们的教育也就有所区别对待。对于那些不能“数逆于精微”者，墨子会授之以书本上的道理，对于那些已明白道理之精微者，他只要求其凭长期锻炼所培养得来的直觉揣揣曲直就行了。

墨子重学习，主张强学，但他并不要求一个人在每一方面都有所成就。《修身》篇说：“事无终始，无务多业。举物而暗，无务博闻。”这话虽未必是墨子所讲，但它肯定会得到墨子的肯认。《公孟》篇记载过一段对话，可以印证这个说法：

> 二三子有复于子墨子学射者，子墨子曰：“不可，夫知者必量亓力所能至而从事焉。国士战且扶人，犹不可及也。今子非国士也，岂能成学又成射哉。”

有几位弟子想从墨子学射，墨子告诉他们说，这是不行的。因为真正的智者必须懂得量力从事的道理，不能好高骛远。学射是国士们的事情，国士在战场上尚且不能既作战又搀扶人，更何况你们不是国士，又怎么能够在射和学两个方面都能有所成就呢？从墨子的回答看，他显然不主张贪多骛广。所谓“量力从事”，实际上就是学贵专精的同义语。墨子此言大概是希望弟子们能够根据自己的能力而专精一科，而专精一科与因材施教，说到底，也不过是一体的两面而已。墨子能够认识到弟子们的材质有不同并实施相应之教，这是他长期从事教育活动的结果。

3. 学以致用

墨子是一位很重视实效的思想家，所以在教育上，他特别强调学以致用。《修身》篇说：“士虽有学，而行为本焉。”意思是说，学必须体现为行动或实践，没有体现为行动或实践的学是不值得珍视的。墨子说：“用而不可，虽我亦将非之。且焉有善而不可用者？”（《兼爱下》）意思是说，凡是善的东西都是可用的。由于“学”是为义，是善行，所以“学”必可“用”，只有“用”才是“学”的最终目的。

墨子不仅是这样说的，而且也是这样做的。他曾把自己的弟子们推荐到各诸侯国出仕，以便用其所学，推行墨家的政治理想。《墨子》书中曾这样记载道：

> 子墨子游耕柱子于楚。（《耕柱》）
> 子墨子使管黔敖游高石子于卫。（《耕柱》）
> 子墨子仕人于卫。（《贵义》）
> 子墨子游公尚过于越。（《鲁问》）
> 子墨子出曹公子于宋。（《鲁问》）
> 子墨子使胜绰事项子牛。（《鲁问》）

虽然“学”原则上是一种为义之事，但每个人从事“学”的目的可有不同。有的是为了行义，有的是为了干禄，有的却是为了获得别人的好感。所以，即便是在“学”这种神圣的为义之事中，也难免会出现鱼龙混杂的现象。对此，墨子主张，要把志功结合起来来考察一个人行为。《鲁问》篇记载说：

鲁君谓子墨子曰："我有二子，一人者好学，一人者好分人财，孰以为太子而可？"子墨子曰："未可知也，或所为赏与为是也。钓者之恭，非为鱼赐也，饵鼠以虫，非爱之也。吾愿主君之合其志功而观焉。"

鲁君有两个儿子，一人喜欢学，一人喜欢分人以财。鲁君无法判别究竟应该立谁为太子，因而征求墨子的意见，墨子劝鲁君要"合其志功而观焉"，意思是说要把他们的动机和效果合在一起来考察。

这一点也是墨子品评自己弟子的一个主要标准。胜绰是由墨子推荐给齐将项子牛的，可他却违背墨家非攻的宗旨，帮助项子牛三侵鲁地，墨子对他的评价是："言义而弗行，是明犯也。绰非弗之知也，禄胜义也。"曹公子也是墨子推荐给宋国的，可他一旦做了官，就只顾聚敛财富，而忘掉了墨家多财分贫的理想。墨子指出他至少有两不祥："今子处高爵禄而不以让贤，一不祥也。多财而不以分贫，二不祥也。"这是两个反面例子。正面的例子则有高石子。高石子在墨子的推荐下到卫国做了官，可卫国的国君并无意于听取他的意见，于是，高石子很快就辞职不干了。墨子对高石子的这种行为欣赏有加，感叹地说："夫倍义而乡禄，我常闻之矣。倍禄而向义者，于高石子焉见之也。"（《耕柱》）

从这两种相反的情况，墨子总结出一条重要的教育原则，那就是言行必须一致："口言之，身必行之。"（《公孟》）如果言行不一致，那就叫"荡口"或"明犯"。《贵义》记载子墨子的话说："言足以迁行者常之，不足以迁行者勿常。不足以迁行而常之，是荡口也。"言行一致、言出必行成了墨子教育弟子时的一项重要内容，同时也成了墨者们所共同信守的一条行为规范。

三、墨子对中国教育学的独特贡献

墨子是中国古代继孔子之后，又一位从事大规模私人讲学的教育家。通过长期的教学实践，墨子提出了一些独特的教育理论，丰富了中国古代教育思想。

一般认为，私人讲学之风由孔子开始。这件事对中国古代教育的发展影响很大，它打破了过去学在官府的局面，扭转了学术发展的方向，使得平民有机会接受教育，从而为后来的百家争鸣奠定了基础。除此之外，孔子还提出了一系列的教育方法，形成了一套系统的教育理论，深刻地影响了中国历史的发展。顾立雅曾经这样评价孔子："教师的人数可谓不可胜数。但是，改变人类历史进程的教师的数目却的确是很小的。事实是，孔子以他对他的教学方法和内容的特殊兴趣而做到了这一点。"①

孔子的教育思想非常丰富。如在教学内容上，主张以道德教育为主，辅以礼乐射御书数等六艺。在教学对象上，主张有教无类，将教育普及到平民百姓中去。特别是在教学方法上，孔子的心得更多，所谓"学而不厌，诲人不倦""学而时习之""温故而知新""不耻下问""学而不思则罔，思而不学则殆""不愤不启，不悱不发""知之为知之，不知为不知"等名言都是由他首先提出，并且后来成为教书育人之基本准则的。

墨子在教育史上的地位虽然没有孔子这样显赫，但也提出了一些足资后人借鉴的理论和方法。其中，有些观点是对孔子思想的直接继承和发挥，有些则属于墨子本人的独创。

由于墨子早年学过儒者之业，受过孔子之术，所以他对孔子的教育理论非常熟悉。当他后来自创学派、亲自授徒时，借鉴孔子的一些教育方法自是理所当然之事。墨子对孔子教育思想的继承，大体表现在以下几个方面。

第一，强调教育的重要性。作为中国古代私人讲学的开创者，孔子充分认识到教育的重要性，他把教育看成是改造社会、增进道德的最基本方法。正是由孔子率先提出了"有教无类"的主张，宣称"自行束修以上，吾未尝无诲焉"，从而为学术下移提供了一个范例。对于"学"，孔子看得更神圣，他把"好学"解释为："君子食无求饱，居无求安，敏于事而慎于言，就有道而正焉，可谓好学也已。"（《论语·学而》）所以，孔子从不轻易许人好学，反而老是担心人们"学之不讲"："德之不修，学之不讲，闻义不能徙，不善不能改，是吾忧也。"（《论语·述而》）墨子在孔子理论的基础上，进一步把教育看成为义的大事。他指出，一个人分人以财、劳人以力虽然也是善事，但和教人以道相比，它们的作用就微不足

① 顾立雅：《孔子与中国之道》，山西人民出版社 1992 年版，第 107 页。

道了。因此，只有通过“有道相教”，才能使天下更多的人积极地行义。为了教人，墨子常常四处奔波，逢人便讲，从而把施教的范围极大地扩展，举凡王公大人、士君子、农夫农妇、匹夫徒步之士，甚至指于乡曲的暴者，都成了他施教的对象。这对教育的进一步下移和普及起到了一定的作用。

第二，主张学以致用。孔子赞成学必有所用，学而无用，等于不学。他说：“诵《诗》三百，授之以政，不达；使于四方，不能专对，虽多，亦奚以为?”（《论语·子路》）对于那些学有所成的弟子，孔子便把他们推荐给各国的统治者，担任一些具体的工作。在这一点上，墨子同样继承了孔子的做法。他曾说：“士虽有学，而行为本焉”，因此“行”才是“学”的最终目的。为此，墨子经常把弟子推荐到各国出仕，借以推行自己的政治理想。高石子、耕柱子、公尚过甚至胜绰、曹公子等都是在他的推荐下才到了宋楚越卫等国担任官职。甚至，墨子还把出仕作为招徕有才能的年轻人从学的一种手段，《公孟》篇记载说：“有游于子墨子之门者，身体强良，思虑徇通，欲使随而学。子墨子曰：‘姑学乎，吾将仕子。’”

第三，提倡因材施教。“因材施教”是孔子从实践中总结出来的一种优秀的教学方法，这种方法建立在教师对弟子材质和能力的充分了解之上。《论语·先进》篇记载过一段对话最足以体现孔子因材施教的精神：“子路问：‘闻斯行诸?’子曰：‘有父兄在，如之何其闻斯行之?’冉有问：‘闻斯行诸?’子曰：‘闻斯行之。’公西华曰：‘由也问，闻斯行诸?子曰有父兄在；求也问，闻斯行诸?子曰闻斯之。赤也惑，敢问。’子曰：‘求也退，故进之；由也兼人，故退之。’”子路和冉求问的是同一个问题，可孔子的回答却截然不同，这引来了公西华的疑问。孔子解释说，冉求这个人胆小退缩，所以要鼓励他勇于前进；子路这个人好勇过人，所以要警告他不要冒进。没有对冉求和子路两人的性格的充分了解，孔子是不可能说出这番话来的。由此看来，《论语》中对“仁”“孝”等范畴的种种说法，大概也都是孔子因材施教的结果。孔子的这种做法同样为墨子所继承。墨子称公尚过“数逆于精微”因而在行动中只需“揣曲直而已”，称耕柱子“足以责”，显然都是建立在对弟子们才能的充分了解基础之上。墨子曾告诫弟子说，“能谈辩者谈辩、能说书者说书、能从事者从事”，其意思也正是肯定弟子们材质有不同，因而可以按照各自的特长接受教育并朝相应的方面发展。

除了对孔子思想的这种继承和发挥外，墨子在教育史上还做出了一些他自己的独特贡献。

第一，主张采取积极主动的教学态度。

孔子提倡“有教无类”，自称“诲人不倦”，但有一个前提，即求学者是主动上门的。孔子还说过，“中人以上，可以语上也；中人以下，不可以语上也”（《论语·雍也》）、“可与言而不与之言，失人；不可与言而与言，失言”（《论语·卫灵公》）、“举一隅不以三隅反，则不复也”（《论语·述而》）。这表明在孔子的观念中，尚有“不可以语上”者、“不可与言”者以及不值得再教者。孔子的这种立场后来被概括为“只闻来学，不闻往教”，从而成为儒家的一贯立场。

墨子的观点与孔子不同。墨子的教学态度是“强说人”“遍从人而说之”，即便别人不乐意听，墨子也要强聒不舍、主动去劝导。这样的例子很多，像与吴虑的辩论、与程繁的辩论、与骆滑厘的对话等都属于这种情况。巫马子曾批评墨子的为义是“有狂疾”，正可从反面说明墨子施教态度的积极主动。墨子对施教对象没有限制，从而极大地扩展了教育的范围，无论是王公大人还是贩夫走卒都是他劝说的对象。墨子所抱的态度是，只要多一人行义，义事成功的可能性就多一分。行义的人越多，义事成功的可能性就越大。即便是对告子这种对墨子进行人身攻击的人，墨子也以宽容的态度原谅了他，因为告子毕竟“称我言以毁我行，愈于亡”（《公孟》）。在与公孟子的辩论中，墨子曾提出正确的施教态度应当是“不扣必鸣”。“不扣必鸣”也正是墨子本人教学态度的真实写照，它为后世的教师们从事积极主动的教学树立了榜样。

第二，实行分科教学。

通常认为，分科教学是从孔子开始的。其根据主要在《论语·先进》篇的一条记载：“德行：颜渊、闵子骞、冉伯牛、仲弓。言语：宰我、子贡。政事：冉有、季路。文学：子游、子夏。”可是，细按这段话，它不过是列举孔子几位高弟个人最突出的长处而已，并没有迹象显示孔子曾按照德行、言语、政事和文学四科进行授徒。再说，德行也不当与言语、政事、文学并立，成为单独的一科。孔子授徒以品德为主，德行应该是所有弟子都要修持的内容。所以，仅从《论语》的这段话，还不能得出孔子已分科授徒的结论。

相反，墨子实行分科教学则有充分的证据。墨子曾明确要求弟子们根据自己的能力来选择合适的科目学习，这些科目分别是谈辩、说书和从事。谈辩学习辩论的技巧，说书主要研究古代的文化典籍，从事则掌握一些具体的知识和技能。墨家弟子后来也确实朝这三个方向发展，人们甚至认为这三个方向刚好构成了后期墨家的三派。现存《墨子》书之所以明显地分成几个相对独立的部分，可能正因为它们是由不同派别的墨者们所作。这从一个侧面也可以证明墨子当时曾经从事过分科教学。分科教学的好处是，可以让学生们专精一科，从而为社会培养许多专门人才。墨家后学出现许多掌握军械制造和手工工艺的专家正是分科教学之好处的一种例证。

第三，把科学纳入教育的范畴。

孔子的教学以六艺为主，目的在提高学生的品德。《论语·述而》载："子以四教：文、行、忠、信。"其中，"文"还是行有余力的结果："弟子入则孝，出则弟，谨而信，泛爱众而亲仁，行有余力，则以学文。"（《论语·学而》）所以，孔子的教育最终落到了道德的培养和人文知识的传授方面。对于自然现象和生产技能方面的问题，孔子非常轻视。樊迟问学稼，孔子毫不客气地骂之为"小人"，是为明证。

墨子则道德与知识并重，在培养学生品德的同时，第一次把科学纳入教学的内容之中。墨子教学所设的科目之中，除了"说书"是专门研究古代流传下来的文化典籍之外，"从事"和"谈辩"都与自然科学、逻辑、生产和军事技能相关。这一点从《墨辩》及《墨子》书中城守各篇即可看出。墨子素来重视能力的作用，他认为，判断贤良之士的标准除"厚乎德行"之外，还要加上"辩乎言谈"和"博乎道术"。如果说"厚乎德行"属德，那么"辩乎言谈"和"博乎道术"就是属于智的问题了。把道德和知识结合起来使墨子的教学内容显得相当全面。

德智并重是现代教育的基本要求，墨子在两千多年前就能认识到它的重要性，并把它应用到自己的教学之中，这在他那个时代，应当说是一个十分了不起的成就。

第七章

墨辩与中国古代逻辑学

墨家首开先秦学派间辩诘之风。为了在辩论中战胜对方，墨子认真研究了辩论的技巧和方法，提出了“察类”“明故”以及“言必立仪”等原则，并用来教育弟子。在墨家的刺激和感召下，其他各家各派亦竞相探讨逻辑和方法问题。后期墨家在此基础上建立了一初步的逻辑学体系，代表了中国古典逻辑学的最高成就。

一、墨子对方法的自觉

在先秦诸子中，墨子是较早意识到方法作用的人之一。在他之前，有邓析好“刑名之学”“操两可之说”。不过，由于邓析之书不传，他的“刑名之学”和“两可之说”的内容究竟如何，我们并不清楚。据《吕氏春秋·离谓》篇记载，邓析曾“与民之有狱者约，大狱一衣，小狱襦裤。民之献衣襦裤而学讼者，不可胜数”，说明邓析是一位很有名的讼师，他的“刑名之学”或与法律条文的解释有关。该篇还记载说：“洧水甚大，郑之富人有溺者。人得其死者，富人请赎之。其人求金甚多，以告邓析。邓析曰：‘安之，人必莫之卖矣。’得死者患之，以告邓析。邓析又答之曰：‘安之，此必无所更买矣。’”这可能就是邓析所操的“两可之说”的一个具体例子。就邓析提供的解决方法来看，他肯定已经认识到事物具有两面性，站在不同的方面就会获得不同的结论。但是，邓析并未把思维内容和思维形式明确分开，他的“两可之说”只是在诉讼实践中所应用的具体手段，还不具备独立的方法或逻辑意义。

与邓析同时，孔子提出了“正名”主张。“正名”较邓析的“两可之说”已前进了一大步，它注意到概念、语词（名）和事物（实）的关系

以及概念、语词的确定性。孔子云："名不正，则言不顺；言不顺，则事不成；事不成，则礼乐不兴；礼乐不兴，则刑罚不中；刑罚不中，则民无所措手足。故君子名之必可言也，言之必可行也。君子于其言，无所苟而已矣。"（《论语·子路》）意思是说，名号不正确，说出话来就不顺畅；说出话来不顺畅，事情就办不成；事情办不成，礼乐就兴不起来；礼乐兴不起来，刑罚就不能得当；刑罚不能得当，人民就会连手足都不知道安放在哪里。所以君子定出了一个名号，一定是可以说出来的，说出的话一定是可以做得通的。君子讲出话来不能有一点苟且。不过，孔子的"正名"主张依然和实际问题纠缠不清，名正的最终结果是为了兴礼乐、刑罚得当，把概念、语词弄清楚只是为了更好地解决现实的争执和伦理问题。一直到了墨子这里，方法才作为一种论辩的手段得到自觉和系统的论述，这使得墨子成了中国思想史上明确建立系统方法论的第一人。

墨子之所以特重方法，这大概与他的好辩有关。孔子恶佞口，认为"刚毅木讷近仁"（《论语·子路》）；墨子则恰恰相反，把谈辩作为教育弟子的基本课程。墨子曾告诫弟子"能谈辩者谈辩"，因而专设"谈辩"一科以教育弟子。一般来讲，谈辩的目的是为阐明己说并说服对方，而要想做到这一点，就必须深入地研究为辩论双方所共同接受的技巧和规律。探求辩论的技巧和规律当是墨子关注方法的最初契机。在墨子的教育下，他的弟子和后学们都很重视方法问题，后期墨家不用说了，他们在《墨辩》中建立了系统的逻辑学说，就连前期墨家，他们也大多能够熟练地运用辩论的技巧，由这些人所记述及发挥的《尚贤》以下诸篇即是用辩论文体写成。谈辩成了墨子和他的弟子们宣传自己主张、干预现实政治的基本手段。由于墨家的影响，战国中晚期的各家各派莫不竞相研究辩论的技巧和思维的方法，从而形成了思想史上盛极一时的名辩热潮。

粗略地讲，墨子的方法论原则大致有两条：一为"三表法"，一为"察类明故法"。三表法比较偏重于经验的证实或证伪，察类明故法则比较偏重于理性的分析和推导，它们合起来，共同体现了墨子在经验和理性两个方面为建立系统方法论所做的努力。

1. 三表法

三表法是墨子正面论证自己观点的基本方法。其内容，《非命上》篇有一个解释：

何谓三表？子墨子言曰："有本之者，有原之者，有用之者。于何本之？上本之古者圣王之事。于何原之？下原察百姓耳目之实。于何用之？废以为刑政，观其中国家百姓人民之利。此所谓言有三表也。"

从其他篇章看，"表"有时又叫"法""仪"和"仪法"，含义相同，都是指标准和方法。墨子认为，言谈必须设定一个标准和仪法，如果言谈失去了标准的话，那么是非利害就无法明确分辨，这就像在转动的圆盘上，无法立竿测影以定朝夕一样。且不说这个标准的具体内容是什么，单是提出要为言谈建立一个标准，就已经是一个不小的进步了。它表明墨子开始意识到思维本身亦有一定的规则，遵守这些规则才能够获致正确的结论，否则就会得出虚假的结论。这实际上已经替墨辩逻辑学的出现准备好了基础。

按照墨子的观点，"三表法"中的第一表为"本之者"。过去有学者认为，所谓"本之"就是要寻求立论的根据，所以略相当于近世所说的演绎法。但从墨家自己的解释看，"本之"主要是列举古代的记载或传说以证明某种结论。譬如，为了证明鬼神之有，墨书中就举了周宣王、郑穆公和燕简公等白日见鬼的故事。其中，周宣王的故事是这样：

周宣王杀其臣杜伯而不辜，杜伯曰："吾君杀我而不辜，若以死者为无知则止矣。若死而有知，不出三年，必使吾君知之。"其三年，周宣王合诸侯而田于圃田，车数百乘，从数千，人满野。日中，杜伯乘白马素车，朱衣冠，执朱弓，挟朱矢，追周宣王，射之车上，中心折脊，殪车中，伏弢而死。当是之时，周人从者莫不见，远者莫不闻，著在周之《春秋》。(《明鬼下》)

杜伯是周宣王的大臣，因无罪而被杀，所以临死时曾发誓做鬼也要报复。三年之后，当周宣王会合诸侯打猎时，杜伯果然在中午出现，并当众射杀宣王，这件事记载在周的史书《春秋》里。郑穆公和燕简公的故事与此类似，都有许多人亲见亲闻，并记载在当时的史书里。墨子认为这就足以证明鬼神的存在。又如，为了证明"命"为暴王所做，墨书中就举了"夏王桀之执有命也""纣王之执有命也"等例子。所以，确切地讲，所

谓“本之者”与演绎法根本无关，它至多只能算是一种简单枚举归纳法。

三表法中的第二表为“原之者”。所谓“原之者”，就是“诉诸百姓耳目之实”，也就是说，从普通群众的感觉经验中寻求立论的根据。所以，这种“原之”仍然属于归纳法的范围。它和“本之”的不同只在于，一属于直接经验，一属于间接经验。不过，墨子对此似乎并未有自觉的意识，他把历史上的传说和记载全都看作真实可靠的东西，这样，间接经验和直接经验也就没有什么实质的差别了。另外，墨子也未免太过于相信直接经验了，以至于他根本没有区分直接经验中的真实感觉和错觉、幻觉等，所以，在论证鬼神的实有和“命”的不存在时他才会一律以眼见耳听为准。这不能不说是墨子狭隘经验主义的局限性。

“三表法”中的第三表为“用之者”。所谓“用之”，是将言论应用于实际政治，看其是否符合国家百姓人民的利益，符合者即为真，可以接受，不符合即为假，必须抛弃。这一表略相当于现在所说的实验方法，其中有一点实践是检验真理标准的意思。

总之，三表中既有作为直接经验的百姓耳目之实，又有作为间接经验的历史传说或故事，还有作为实验效果的万民利益，三者合起来，大致涵盖了日常生活经验中的各主要领域。就此而言，三表法是一个相当彻底的经验主义方法论系统。尽管这个系统相对忽视了理性的作用，可是作为一种方法，它在论证许多问题上依然是有效的。

在墨书中，对三表法的应用比比皆是。《尚贤》以下诸篇几乎每篇都曾称引古代圣王尧舜禹汤文武的事迹，这是对第一表的应用。各篇还都从“兴天下之利、除天下之害”方面立论，这又是对第三表的应用。《非命》《明鬼》诸篇凭借百姓的耳闻目见来证明鬼神的实有和“命”的不存在，这是对第二表的应用。应用三表法有效地增强了墨家论证的效果，特别是第三表，以实践实效作为评判言论的标准使得许多似是而非之论丧失了藏身之地。如果我们撇开错误应用不说，那么，墨子单是提出三表法就已经是对中国思想史的杰出贡献了。

2. “察类”与“明故”

“三表法”代表了墨子方法论中的经验主义一面。在墨子的思想中，还有另外一面值得注意，即理性主义倾向。体现这种倾向的典型说法为“察类”和“明故”二说。

根据一些学者的考证，“类”字在《论语》中仅一见（“有教无类”），其意义为“族”，所以并无方法的意义。只是到了墨子，“类”才成为一个方法论的概念。例如：

“子未察吾言之类。”（《非攻下》）

“义不杀少而杀众，不可为知类。”（《公输》）

所谓“察类”和“知类”，就是说在论战中要注意概念内涵外延的确定性，保持意义的一贯，从而避免出现把表面相似而实质不同的事物混为一谈。根据这种“察类”和“知类”原则，墨子曾对许多对概念进行了严格的分辨，如“攻”与“诛”、“毁”与“告”、“好”与“恶”等，这使得墨子的思想呈现出相当犀利的论辩锋芒。

按照《非攻下》篇的记载，当时的“好攻伐之君”针对墨子“以攻伐为不义”曾提出责难说：“昔者禹征有苗，汤伐桀，武王伐纣，此皆立为圣王，是何故也?”墨子的回答是：“子未察吾言之类，未明其故也。彼非所谓攻，所谓诛也”。“攻”是一种不正义的侵略战争，“诛”则是一种正义的讨伐战争。以正义去讨伐不正义者是可以允许的，但以不正义去侵犯正义者则是不正当的。禹汤武王的征讨都属于正义战争，所以说“若以此三圣王者观之，则非所谓攻也，所谓诛也。”也就是说，他们所进行的战争均是“诛”而不是“攻”。把“攻”和“诛”明确地划归两类，这就有效地反驳了批评者的责难。

《公孟》篇亦记有一则类似的例子。墨子曾对程繁历数儒家的四种教义足以丧天下：“儒以天为不明，以鬼为不神，天鬼不说，此足以丧天下。又厚葬久丧，重为棺椁，多为衣衾，送死若徙，三年哭泣，扶后起，杖后行，耳无闻，目无见，此足以丧天下。又弦歌鼓舞，习为声乐，此足以丧天下。又以命为有，贫富寿夭，治乱安危有极矣，不可损益也，为上者行之，必不听治矣，为下者行之，必不从事矣，此足以丧天下。”程繁的反应是：“甚矣，先生之毁儒也。”意为墨子攻击和诋毁儒家太过分了。对此，墨子回答说：“儒固无此若四政者，而我言之，则是毁也。今儒固有此四政者，而我言之，则非毁也，告闻也。”“毁”是故意捏造事实以丑诋别人，“告”则是把实际有的现象表露出来而已，“毁”和“告”分属两个不同的类。尽管从道义上讲，“毁”是不正当的，可墨之批儒只不过是把儒家学说的实际后果摆出来而已（“告”），因而根本没有什么过分不过分的问题。

其他类似的例子还有许多，如《公输》篇对“义”与“不义”的分辨、《耕柱》篇中对“好勇”和“恶勇”的区别等，这里就不再详述了。它们都充分反映了墨子对察类原则运用的娴熟。墨子和他的弟子们在辩论中常常能够立于不败之地，原因就在于此。

除了“察类”之外，墨子还进一步提出了“明故”原则。所谓“故”，即原因。“明故”就是追问一个为什么，以便探寻所论问题的原因、根据和理由等。“察类”是为了“明故”，“明故”则是获得正确认识的必要前提。

根据一些学者的统计，“故”字在《论语》中仅出现了10余次。其中，有的做“旧”讲，有的做“故意”讲，有的做“是以”讲，主要起一种文法上的功能，因此逻辑或方法意味并不强。但到了墨子这里，情况就不同了。据统计，属于前期墨家的材料中“故”字就出现了300余次，做“旧”讲的仅1次，做“故意”讲的根本没有，其他则全是做“是以”“原因”和“理由”讲。“故”成了墨子方法论中的一个极重要的概念，遇到什么问题，墨子总喜欢追问出一个所以然来。据《公孟》篇记载：

子墨子问于儒者曰：“何故为乐？”曰：“乐以为乐也。”子墨子曰：“子未我应也。今我问曰何故为室，曰冬避寒焉，夏避暑焉，室以为男女之别也，则子告我为室之故矣。今我问曰何故为乐，曰乐以为乐也，是犹曰何故为室，曰室以为室也。”

儒家停留于现象领域，只讲所然，不问所以然；墨子则深入到现象背后，进一步追问出一个所以然来。这个所以然就是《耕柱》篇中所说的“所以为之若之何”：

叶公子高问政于仲尼，曰：“善为政者，若之何？”仲尼对曰：“善为政者，远者近之，而旧者新之。”子墨子闻之，曰：“叶公子高未得其问也，仲尼未得其所以对也。叶公子高岂不知善为政者之远者近之，而旧者新之哉，问所以为之若之何也。”

叶公子高想问的是如何才能善于治政，孔子的回答是对于远方的人要亲近，对于故旧要不厌弃。但“远者近之而旧者新之”是“善为政”的实际后果，并非“善为政”的方法或途径，所以墨子认为孔子这里实际上答非所问，回避了问题。在墨子看来，对这个问题，关键是要给出一个“所以为之若之何”来，也就是说，要给出一个切实有效的实施方法来。喜欢进一步追问出一个“所以为之若之何”是墨子区别于其他诸子的典型特征。

在“察类”“明故”基础上，墨子也初步触及了推理问题。《鲁问》篇记载说：“彭轻生子曰：‘往者可知，来者不可知。’子墨子曰：‘籍设而亲在百里之外，则遇难焉。期以一日也，及之则生，不及则死。今有固车良马于此，又有双马四隅之轮于此，使子择焉，子将何乘？’对曰：‘乘良马固车，可以速至。’子墨子曰：‘焉在不知来？’”这是墨子承认预见及推理重要性的典型例子。《非攻中》篇把这种推理的过程概括为“谋而不得，则以往知来，以见知隐”。

总之，“察类”“明故”“以见知隐”大致代表了墨子在理性分析和推导方面的基本主张。它们既是墨子及其弟子们同其他各家辩论的基本方法，同时也是后期墨家建构逻辑系统的必要前提。《大取》篇中明确提出了类、故、理三物，可以看作对墨子“察类明故”论的进一步发挥和完善。

不过，需要注意的是，在墨子的方法论系统中，“三表法”和“察类明故”论并未实现有机的结合，经验和理性的矛盾依然存在。在反驳别人的意见时，墨子应用“察类明故”理论极为机智，足以从逻辑上摧毁对方的论据；可是当墨子利用“三表法”论证自己的正面主张时，结果就不那么理想了，经验主义的狭隘性使他无法分辨真正的感觉和幻觉错觉，所以无论是有鬼还是非命，其论证均没有十分的说服力。在这个时候，理性的分析和推导似乎并未能起到作用，这是让人相当遗憾的事情。随着研究的深入，到后期墨家那里，墨子方法论中的这种矛盾就基本上被消除了。后期墨家既重视亲知的作用，又能认真探求辩论的规则和方法，两方面相互结合，使他们获得了包括逻辑学在内的多方面成就。

二、《墨辩》中的逻辑学

在第一章我们已经指出，《墨子》书中的《经上》《经下》《经说上》《经说下》《大取》《小取》6篇是后期墨家的著作。其中，《经》《说》4篇的成书大致与惠施、庄周同时，《大取》《小取》的成书则与公孙龙、荀况的年代相接近。本节讨论后期墨家的逻辑学，就以这6篇文字为依据。

从体例上看，《经》《说》4篇在先秦典籍中是比较特别的。《经上》由大约100条定义、界说或较简单的论题构成，《经下》则由80余条比较复杂的论题或原理构成。由于经文太简略晦涩，墨者们又给每条经文作了注解（少数几条除外），这些注解单独成篇，是为《经说》。和《经上》对应的为《经说上》，和《经下》对应的为《经说下》。又因为《经》和《经说》分别成篇，各条之间的对应关系不易分辨，所以有人就在《经说》两篇每条的开头牒举它所解释的经文首一字或两字以为标志。譬如：

> 故，所得而后成也。(《经上》)
>
> 故：小故，有之不必然，无之必不然，体也，若尺有端①。大故，有之必然，无之必无然②，若见之成见也。(《经说上》)

其中，《经说》上的第一个“故”字就是牒举的标题字，它跟后面的内容没有任何关联。墨学史上把《经说》的这种独特做法称为“牒经公例”。正是靠了这条公例，《经说》两篇的句读才得以大致正确地标出。

《经说》而外，《经》上下两篇也有一点特别之处，那就是，由于经文简短（字数一般不超过20），为节省篇幅起见，它们被分成上下两排书写，先上排后下排，每排再按自右向左的顺序写下去。这种做法，墨学史上也有一个名称，即叫“旁行句读”。可惜的是，有一个时期抄写或刊印

---

① “若尽有端”原作“若有端”，从伍非百校增。

② “有之必然，无之必无然”原作“有之无然”，从孙诒让校增。

墨书的人并不重视《经上》《经下》的这种体例，他们不加考虑地把上下两排相应的文字改写成一行直下，这样就使经文前后失去联系，《经》与《经说》各条之间无法对应。再加上长期传抄带来的讹、脱、倒、乱之误，这两篇文字就成了无人能懂的天书。直到清人毕沅根据《经上》最后一句“读此书旁行”，才重新发现了经文的这个独特体例。后人在他的基础上继续努力，终于恢复了这两篇奇文的原貌。至于说“旁行句读”是原本如此还是后人擅改，经文错乱始于何时等问题，墨学家们歧见很多，迄今仍无定论。

和《经》《说》四篇相比，《大取》《小取》的体例倒没有什么特别之处，它们都属于普通所说的论证题材。只是，《大取》篇脱落太多，内容已不连贯，有些文字已经无法索解。而《小取》就顺畅多了。在六篇之中，《小取》最完整最易懂，它实际上是一篇系统的逻辑论文，可以看作这六篇文字的基本纲领。另外，在《大取》篇中，有一段错落之文说：“三物必具然后辞足以生，夫辞以故生，以理长，以类行者也。”《小取》篇把辩的程序和规则描述为：“以名举实，以辞抒意，以说出故，以类取，以类予。”两文均把“故”和“类”特别提了出来。而《经上》《经下》两篇的首条恰好也分别讲“故”和“类”，这恐怕并不纯粹属于偶然现象。合理的推测是，6篇之文在某个时期曾被做过一些修整，以便能够呈现出某种系统来。所以，根据这一点，我们也就有理由把6篇文字放在一起，作为一个系统来讨论。

至于这6篇文字应当给定一个什么名称，历来都存在着分歧：有人主张称之为《墨经》，有人主张称之为《墨辩》。两种说法在历史上都能找到根据：“墨经”一词最早见之于《庄子·天下》篇，“墨辩”之称则始于晋人鲁胜。只不过，《天下》篇的作者并未明言“墨经”一词究竟何所指，鲁胜所说的“墨辩”也只限于《经》《说》4篇，《大取》《小取》则不与焉。由于《大取》《小取》从内容和性质上讲与《经》《说》4篇大体一致，所以近人多倾向于把6篇合一起，或称之《墨经》，或称之《墨辩》。

说到《墨辩》的特征，顾名思义，就是极为重视辩。高亨曾经指出：“在墨经里时时看到墨家反驳当时各家的说法，其中论点，大部分是‘有的放矢’，但是因为晚周古书多有残亡，诸子遗说有些堙没，墨家反驳的对象，有的可以明确指出，有的不能明确指出了。无论如何，我们细谈墨

经，便可以认识到墨经是墨家与其他各家辩论的根据，是墨家在学术上与其他各家斗争的武器。”① 高亨的这种说法已经得到了初步的证实，根据一些学者的考证，《墨辩》之中可以大致断定为同其他各家辩论的条目就有60多条，其他无法确断的肯定还有不少。这些都足以证明《墨经》各篇实际上是后期墨家的辩论手册。唯其如此，我们才可以理解《墨经》之中何以包含如此丰富的内容。

按照通常的说法，《墨辩》是中国古代的“百科全书”，里面包含有逻辑学、知识论、几何学、光学、力学、语言学、教育学、经济学、心理学、政治学和伦理学等极其广泛的内容。尽管这种说法太过夸张，但不可否认的是，《墨辩》中的逻辑学、几何学和光学部分确实达到了相当深刻和先进的地步。后期墨家之所以能够涉及如此广泛的领域并取得相当大的成就，一部分原因是他们重视谈辩并在谈辩中着力研究自然、社会和语言现象。一般来说，合理的谈辩必须具备两个方面的条件：一是洞悉谈辩的规则和方法，二是掌握具体科学及其他知识。前者主要用来保证论证形式的正确性，后者则为谈辩提供知识基础，两者之中少了任何一个，都会使谈辩陷入错误的推导或名言的诡辩之中。后期墨家显然已经意识到了这一点，所以在《墨辩》中，他们才会对这两个方面同时进行细密而精深的研究。关于《墨辩》中科学方面的内容，我们后面再讨论。本节先介绍一下后期墨家的逻辑学。

1. 辩的性质与作用

墨辩逻辑学是后期墨家重视谈辩的产物。在《墨经》中，后期墨家给“辩”下了一个定义：

> 辩，争彼也。辩胜，当也。(《经上》)
>
> 辩：或谓之牛，或谓之非牛，是争彼也。是不俱当。不俱当，必或不当。不当，若犬。(《经说上》)

所谓“辩”，就是“争彼”。那么，什么是“彼”呢？《墨经》中也有一个定义：

① 高亨：《墨经校诠》自序，中华书局1962年版。

彼[1]，不两可两不可也[2]。(《经上》)

彼：凡牛，枢非牛，两也，无以非也。(《经说上》)

把《经》和《经说》中的这两条合起来，就可以看出，后期墨家所谓“彼”实际上是指一对矛盾命题。“争彼”就是围绕一对矛盾命题的论争。譬如，有人说这是牛，有人说这不是牛，两人争论的对象是同一个，两人的结论却恰好相反，这才是“争彼”，才是真正的辩。如果争论的对象不同，那么，即使两个命题的形式刚好相反，也不构成辩。如有人说凡是牛（“凡牛”），有人说枢不是牛（“枢非牛”），这实际上是两个互不相关的命题，所以根本构不成辩论。对于一对矛盾命题来说，一方面，必有一真，不能够同时假，也就是说，“不可两不可”；另一方面，也必有一假，不能同时真，此即所谓“不两可”，亦即“不俱当。不俱当，必或不当”。辩的目的就是判定辩论双方究竟谁的命题和事实相符（当），谁的命题和事实不符（不当）。辩必然有胜有败，和事实相符的（当），就属于辩论中胜的一方，不符的（不当），就属于败的一方：

谓辩无胜，必不当，说在辩。(《经下》)

谓：所谓非同也，则异也。同则或谓之狗，其或谓之犬也。异则或谓之牛，其或谓之马也。俱无胜，是不辩也。辩也者，或谓之是，或谓之非，当者胜也。(《经说下》)

稍早于后期墨家的庄子在《齐物论》中曾对“辩无胜”做了经典的表述：“即使我与若辩矣，若胜我，我不若胜，若果是也，我果非也邪？我胜若，若不吾胜，我果是也，而果非也邪？其或是也，其或非也邪？其俱是也，其俱非也邪？我与若不能相知也，则人固受其黮闇，吾谁使正之？使同乎若者正之，既与若同矣，恶能正之？使同乎我者正之，既与我同矣，恶能正之？使异乎我与若者正之，既异乎我与若矣，恶能正之？使同乎我与若者正之，既同乎我与若矣，恶能正之？”按照庄子的说法，辩论是没有评判标准的。辩论双方都不能自己作为自己是非的评判标准，而

---

① “彼”原作“攸”，依《经说》改。

② “不两可”原作“不可”，从沈有鼎校增。

第三者或与你同，或与我同，或与我们都同都异，他又有什么资格作为我们双方的评判标准呢？所以从根本上讲辩论永远没有什么胜负和是非可言。但站在后期墨家的立场来看，庄子这种说法无非是思想混乱的产物。辩论的胜负标准是当不当，亦即是否与事实相符，与评判者个人的立场根本无关。辩论总是在一对矛盾命题之间展开，而一对矛盾命题其中必有一真一假，所以真正的辩论必然有是有非，有胜有负。比如，有人指着狗说这是狗，有人指着狗说这是犬，因狗犬异名同实，属重同，故两人的说法同时真；如果有人指着狗说这是马，有人指着狗说这是牛，两人的说法虽异，但都与事实不符，故同时假；这两种同真同假的情况并未构成辩，真正的辩必须是：有人说这是狗，有人说这不是狗。所以，从辩的定义看，庄子所谓“辩无胜”根本就没有构成真正的辩。

由于认为辩永无胜败可言，庄子进一步主张不谴是非，以与世俗处：“与其誉尧而非桀也，不如两忘。”（《庄子·大宗师》）桀是有名的暴君，庄子不欲非之，其意在泯灭是非的界限。后期墨家对此也进行了针锋相对的批评：

> 非诽者悖，说在弗非。（《经下》）
>
> 不：诽非，己之诽也。不非诽，非可非也，不可非也，是不非诽也。（《经说下》）

后期墨家依据其鲜明的明辨是非立场，认为诽是明恶，恶者可诽，所以诽并不可少。他们批评庄子说，你既然主张不非诽，可又在批评人家之诽为非，这实际上也是一种诽。从庄子的例子看，连反对诽的人亦不得不“诽”了，这表明，诽或批评仍然是不可少的。

辩的性质既明，现在再来看看辩的作用。《小取》篇一开头就对辩的作用进行了说明：

> 夫辩者，将以明是非之分，审治乱之纪，别同异之处，察名实之理，处利害，决嫌疑。

这里，后期墨家把辩的作用和目的概括成了六点：

（1）明是非。在后期墨家看来，所谓辩，就是判定争论双方真假对错的过程。既然有争论，就难免会有各执己见的事情发生。而相互冲突的见解（矛盾命题）不可能都正确，所以只有通过辩才能发现谁的说法与事实相符，谁的说法与事实不符。与事实相符的即为真，与事实不符的即为假。

（2）别同异。“同异”和“是非”不同。“是非”是就认识方面而言，“同异”则讲的是对象本身的关系。但是，是非不分的根据常常在于同异无别，如庄周的“齐物论”即为其例。所以，要想明辨是非，就必须先区分开事物的同异关系。“别同异”是“明是非”的必要前提。

（3）察名实。名即概念名称，实即概念名称所反映的事物，名实关系也就是指概念名称和它所反映的事物之间的关系。战国中后期，由于社会形势的急剧变迁，“名实不符”“名实相怨”的现象极其严重，因而亟须重新订正名实之间的关系。而在后期墨家看来，要想解决这一重大问题，就必须借助于辩的作用，因为只有弄清楚为什么此名只能反映此实而不能反映彼实，此实只能有此名描画而不能由彼名描画（《经说下》“名若画虎也”），然后才可以谈得上名实相符问题。

（4）处利害。“处”即判断和权衡，“处利害”意为具体衡量一件事物的好处和害处。后期墨家继承了墨子的功利主义思想，反对把辩只当作单纯的区分是非同异的理论活动，而认为还有比这更重要的作用，那就是能给人带来实际的好处。“处利害”就是其中之一，因为在好坏利害没有截然两分的情况下，通过比较和权衡，就能够在利之中选取最大的，在害之中选取最小的，从而达到一种比较理想的结果。

（5）决嫌疑。“决”指判决，“嫌疑”指疑惑不明的事理，“决嫌疑”即是对疑惑不明的事理做出正确的判断。在后期墨家看来，事物之间均有确定的区别，如果把这些区别看成疑似之物，那就无法从根本上分清是非和利害，所以，他们主张消除疑惑亦是辩的一项重要作用。

（6）审治乱。和“处利害、决嫌疑”相比，“审治乱”是辩的更重要作用。前两者只是局限于个别的具体的问题，而后者则把范围扩展到了整个社会的治乱存亡。其结果，辩不但是处理个别问题的途径，而且成了治理国家的工具。这样，后期墨家所发展的逻辑技巧最终仍被落实到了实际的社会和政治问题之中。

2. 以名举实

紧接着辩的六种作用和目的之后，《小取》篇又继续说：

> 焉（乃）摹略万物之然，论求群言之比。以名举实，以辞抒意，以说出故。

“焉摹略万物之然，论求群言之比”讲的是辩的性质，也就是说，辩是一种反映事物真相，探求名、辞、说等思维形式之间关系的活动。“以名举实，以辞抒意，以说出故”讲的则是辩的程序和步骤。在后期墨家看来，整个辩的过程通常不外乎由一系列的论证（说）组成，而每一论证都是由表达判断的语句（辞）构成，每一语句又由表达概念的词项（名）构成，因此辩的程序实际上就是形成概念，进而判断，进而推理的过程。这个过程在《小取》篇中就被概括为“以名举实”“以辞抒意”和“以说出故”三个逐次递进的步骤。先看“以名举实”。

（1）名与实。

名实关系是名辩思潮中争论最激烈的问题之一。“名”可指语词，也可指概念，“实”则是客观存在的事物或对象。名实关系即是语词、概念和它所命名、反映的事物或对象的关系。孔子最早提出正名的主张，要求以“名”正“实”，即先界定、理清“名”的意义，然后再用以规范人的行为。墨子则相反，主张以名取实，也就是说要根据“实”来判定“名”的恰当、正确与否。譬如说盲人也可以知道皑是白色，黔是黑色，但是一旦把白黑两者放在一起，他就不能分辨了。所以真正的“知”还是靠“实”而不是“名”来决定。后期墨家继承了墨子的观点，给名实问题以进一步的论证。

首先，有“实”才有“名”，无“实”则无“名”。《大取》云：“名，实名；实不必名。”《经说上》云：“有之实也，而后谓之；无之实也，则无谓也。”“实”不是依“名”而存在的，有了某种“实”，然后才有相应的“名”，没有某种“实”，就没有相应的“名”。即使过去的“实”现在已不复存在，但仍可用“名”去描述。例如：“尧之义也，是声也于今，所义之实处于古。”（《经说下》）意思是说，尧之义的“实”是远古发生过的事，尽管现在不存在了，但我们仍然可以用“义”之名去反映它。

其次，用名以举实。所谓“举”，《经上》有一个解释：

> 举，拟实也。(《经上》)
> 举：告以文名，举彼实故也。(《经说上》)

“拟”是模拟、反映，“举”即对“实”的模拟和反映。换句话说，“名”是用来模拟“实”的。但值得注意的是，后期墨家并未停留在简单的模拟说上，而是认为“名”是对“实”的本质的反映。“举彼实故”中的“实故”指的就是“实”的本质、根据，也就是说，“名”对“实”的反映是对其本质或规律的反映。这是一种抽象的思维过程，而不是简单的感性活动。在《墨辩》中，这种更简单的感性活动是用“指”来表达的：

> 或以名示人，或以实示人。举友“富商也”，是以名示人也。指是“霍”也，是以实示人也。(《经说下》)

思想交流可以通过两种方式进行，一种是告诉对方对象的名字，一种是直接指着对象给对方看。列举我的朋友某某是富商，这是用“以名示人”，我的朋友可以不在眼前；指着眼前的动物说“这是霍”，则是“以实示人”。

但是，“指”的功能是有限的，有些情况是无法用“指”来传达的：

> 所知而弗能指。说在春也、逃臣、狗犬、遗者。(《经下》)
> 春也其死，固不可指也，逃臣不智其处，狗犬不智其名也，遗者巧弗能两也。(《经说下》)

春是一个人的名字，该人死后当然就不能指着他说；逃亡的奴仆，因为不知道藏在何处，所以无法指着他说；如果一个人不知道狗、犬的名称，单是用手指，同样无法让此人区分开这两个名称。遗失的东西也不能指着说，因为能工巧匠也不能制造出两个完全一样的东西。春、逃臣、狗犬、遗者还是一些具体的人和物，尚且不能用“指”来传达，那些抽象的概念、范畴说更不用说了。它们必须通过“名”这种概念来模拟和反映。

再次，“名”必须符合“实”。后期墨家认为，既然名是用以举实的，那么“名”就必须符“实”。只有“名”符其“实”，我们才能获得真正的知识：

> 知其所知不知，说在以名取。（《经下》）
>
> 知：杂所智与所不智而问之，则必曰“是所智也，是所不智也”。取去俱能之，是两智之也。（《经说下》）

知不知的区别正在于“名”是否符合“实”，符合者即能以名举实的，是谓知，不符合者即不能以名举实的，就是不知。

最后，“名”必须随着“实”变。后期墨家认为，名是人所命的，亦即是由人约定俗成的。随着“实”的变化，约定俗成的“名”就必须随着“实”来变。《大取》篇云：“诸以居运命者，苟入于其中者皆是也；去之，因非也。诸以居运命者，若乡里齐荆者。”这就是说，以居住地而命的名，必须随着地域的变迁而变化。一个地方早先属齐，那里住的人便叫齐人，一旦该地划归楚国，则那里的人就应该叫楚人了。如果“实”已经变了而“名”还没有变，那么这就叫“过名”：

> 或，过名也，说在实。（《经下》）
>
> 或：知是之非此也，有知是之不在此也，然而谓此南方，过而以已为然。始也谓此南方，故今也谓此南方。（《经说下》）

“过名”即是不符实际的“名”。譬如，过去认为某地是“南方”，而实为东南方，如果现在仍然称该地为“南方”，即就成为“过名”了。避免出现“过名”的主要方法就是“名”随“实”变，“名”及时准确地反映“实”。

（2）概念与语词。

在《墨辩》中，“名”既可指概念，亦可指语词。概念是一种思想，它反映的是事物的本质或属性；语词则是一种符号，它是由人们约定而成。对此，后期墨家有明确的认识：

言，出举也。(《经上》)

言也者，诸口能之出名者也[1]。名若画虎也。言也谓，言由名致也[2]。(《经说上》)

这里的“举”就是“以名举实”的“举”，“出举”之“言”就是把人们所反映的内容用语词说出来，换句话说，言语就是把名说出来的口部动作，言语表现为一连串的语词（名）之组合。而“名”从举实的角度讲，是为概念；从出举的角度讲，是为语词。作为概念，名是对对象性质的反映。如画虎，画出来的虎并不是某个具体的虎，而是虎这类事物共有属性的形象说明。作为语词，名则是我们约定俗成的符号。一开始怎么约定并不重要，重要的是一旦约定，就不能随意更改：

离吾谓[3]，非名也，则不可，说在反[4]。(《经下》)

离：谓是霍可，而谓之非霍也，谓彼是是也，不可。谓者毋离乎其谓。彼谓离乎其谓，则吾谓不行。彼若不离乎其谓，则无不行也[5]。(《经说下》)

“吾谓”是约定俗成之名，“离吾谓”的意思是说离开约定俗成之名，而自己随意命名，这是不行的。譬如，大家已经约定“霍”指一种鸟，那么你称这种鸟中的任何一只叫“霍”都是可以的，但你把另外一种鸟也叫作“霍”就不行了。所以，为了保持语词的确定性，必须做到“谓者毋离乎其谓”。

对于概念与语词的关系，后期墨家认为，概念需要通过语词表示，但并不是所有的语词都表示概念。譬如，我们可以把狗这种动物命名为“狗”或“犬”，亦可以指着该种动物说“这是狗”“这是犬”，但是如果有狗于此，叱而呼之说“狗!”这里的“狗”就既不是语词，也不是概念，而只是一种情感的表达。

---

① “名”原“民”，从孙诒让校改。

② “名”原作“石”，从孙诒让校改。

③ “离”原作“惟”，从高亨校改。

④ “反”原作“仮”，异体字。

⑤ “则无不行也”原作“则不行也”，从高亨校改。

在后期墨家看来，概念和语词之间关系的完整说法应该是：一方面，一个概念可以通过不同的语词来表达。如：

> 同，二名一实，重同也。(《经说上》)
> 知狗而自谓不知犬，过也，说在重。(《经下》)

异名同实，《墨辩》中叫作“重同”。“重同”的意思是说，对于同一个对象（实），可以用不同的语词来指称，这些不同的语词（异名）表达的实际上是同一个概念。如“狗”和“犬”是二名，但所指的都是狗这种动物，所以说“狗”就是说“犬”，说“犬”也就是说“狗”；知“狗”就是知“犬”，知“犬”也就是知“狗”。狗和犬实际上是同义词。对于同义词，只承认知道一个而不知道另一个是错误的。

另一方面，一个语词也可以表达不同的概念。如：

> 且，言然也。(《经上》)
> 且：自前曰且，自后曰且，方然曰且。(《经说上》)

“且”这个语词是用来说明事物状态的。它有三种含义：①指将要发生的事。如“且出门，非出门”，意思是将要出门，但还没有出门。又如“北山愚公者，年且九十”，“年且九十”意思是说年龄将要九十了。②指已经发生的事。如“病且不起”，意思是说病后不能起床。③指两件事同时发生。如“且战且走”“且哭且诉”等都是。同一个“且”字，表达的思想却包含了时间的过去、现在和将来。在辩论中，如果忽视了这种一词多义的现象，就会出现答非所问的情形。所以，后期墨家提出了“通意后对”的原则，要求辩论时首先弄清楚对方语词、概念或命题的所指，然后再来回答。

(3) 名的种类。

“名”是对客观事物的模拟，客观事物的性质、数量纷繁复杂，相应地，作为概念之“名”的数量也就无限地多。为了便于对客观事物的认识，我们必须对名进行分辨、归类。后期墨家认为，分类需要遵循一定的准则：

牛与马惟异，以牛有齿，马有尾，说牛之非马也，不可。是俱有，不偏有偏无有。曰："牛与马不类[①]，用牛有角、马无角，是类不同也。"若举牛有角、马无角，以是为类之不同也，是狂举也。犹牛有齿，马有尾。(《经说下》)

牛和马是不同的类，但是以"牛有齿、马有尾"作为划分两类的根据则不可，因为牛和马都既有齿又有尾，因此作为分类的准则之一，必须是一方偏有、一方偏无，不能两方共有。后期墨家把这种准则概括为"偏有偏无有"。但是仅有"偏有偏无有"仍然是不够的，如牛有角、马无角，如果据此而说牛类不同于马类，这同样是狂举。按照《墨辩》的说法，"类同"的根据在"有以同"，亦即构成一类事物的本质属性相同；同样地，"类异"的根据在"不有同"，亦即没有共同的本质属性。有角无角并不是牛类区别于马类的本质特征，因此不能作为划分这两类的标准。所以，作为分类的准则之二是，必须以事物之本质属性的有无为根据。

依据这两条准则，后期墨家对"名"进行了详细的划分。首先，依据外延的大小把"名"分为达、类、私三类：

名：达、类、私。(《经上》)

物，达也，有实必待之名也命之[②]。马，类也，若实也者必以是名也命之。臧，私也，是名也止于是实也。(《经说上》)

"达名"是外延最大的概念，包括客观存在的一切事物。如"物"，凡是存在的东西都可以用它来表示。"类名"外延次于达名，大于私名，是包举一类对象的概念。如"马"，凡是具备马的本质属性的动物都可以叫作马。"私名"是外延最小的概念，它所指称的仅是一个特定的个体。如"臧"，作为奴隶的名字，它指的只是单独一个人。达、类、私三名正好相当于普通逻辑学中所说范畴、普遍概念和单独概念。

其次，依据整体与部分的关系把"名"区分为"兼名"和"非兼名"(即别名)：

① "牛"原作"之"，从吴毓江校改。

② "之名"原作"文多"，从孙诒让校改。

牛马之非牛，与可之同。说在兼。(《经下》)

牛:“或不非牛而‘非牛也’可。则或非牛或牛而‘牛也’可。故曰‘牛马非牛也’未可。‘牛马牛也’未可。”则或可或不可，而曰“牛马牛也未可”亦不可。且牛不二、马不二，而牛马二。则牛不非牛，马不非马，而牛马非牛非马，无难。

“牛马”是两个类相加的整体，所以叫“兼名”；“牛”和“马”则分别是“牛马”的一部分，所以是非“兼名”即别名。“牛马”，作为整体，其性质并不等于各个部分的性质，所以，“牛马”既不等于牛，也不等于马（牛不非牛，马不非马，而牛马非牛非马）。当时有辩者认为牛马一部分是牛，一部分是非牛，既然你墨家所认为正确的“牛马非牛”是就牛马的一部分说的，我也可以就牛马的另一部分说“牛马是牛”。对此，后期墨家依据名的兼别之分给予有力的反驳，那就是“牛不二、马不二，而牛马二”。牛是一个构成部分（不二），马也是一个构成部分，但牛马却是由两部分构成的整体（牛马二）。整体不能混同于部分，所以牛马也不等于牛。

再次，依据对象的性质把“名”区分为“形貌之名”与“非形貌之名”：

以形貌命者，必知是之某也，焉知某也。不可以形貌命者，唯不知是之某也，知某可也。

诸以形貌命者，若山、丘、室、庙者皆是也。(《大取》)

所谓“以形貌命者”，就是根据事物的形态、面貌命名的概念，如山、丘、室、庙都是。它相当于普通逻辑学中的具体概念。对于这类概念，必须知道它所反映的对象是哪一种，然后才能认识它。“不可以形貌命者”，即是不能够指出具体对象及其形态、面貌的概念，略相当于普通逻辑学中的抽象概念。对于这类概念，虽然不知道它所反映的对象是怎么样的，但仍然可以了解它。

最后，专门提出了“居运之名”和“量数之名”：

诸以居运命者，苟入于其中者皆是也，去之因非也。诸以居运命者，若乡里齐荆者皆是。

苟是石也白，败是石也，尽与白同。诸非以举量数命者，败之尽是也。是石也虽大，不与大同，是有使谓焉也。

所谓“居运之名”，就是反映事物时空位置的概念。如乡、里、齐、荆皆是。这类概念随时空位置的改变而改变。一个人生来在齐国居住，他就是齐人；一旦离开齐国，迁居到楚国，他就变成了楚国人。所谓“量数之名”，是反映事物数量关系的概念，这类概念的特征是随事物数量大小的改变而改变。如大石，被击碎后就不再是大石，而成了小石。它和性质概念不同。性质不随数量的改变而改变。如白石，把它击成碎块，每一块仍然是白的。后期墨家提出“居运之名”和“量数之名”，说明他们对事物的时空关系和量数关系已有明确认识，对于深入了解概念的类别有参考作用。

（4）定义。

定义是使概念获得确定性的最有效方法。后期墨家虽然没有提出专门的定义理论，但《墨经》诸篇广泛使用了定义的形式，使墨家成为中国思想史上最着重概念确定性的学派。《墨经》一共大约180条，其中定义占了一半左右。这些定义有的属于自然科学，有的属于哲学，有的属于逻辑学。定义的方法主要有两种形式，一是内涵定义，一是外延定义。

按照普通逻辑，定义的基本方法是“属加种差”。但后期墨家在下定义时基本上把“属”作为自明的东西省略掉，只指明概念的内涵或种差。这样的例子很多，如《经上》以下各条：

故，所得而后成也。
体，分于兼也。
仁，体爱也。
法，所若而然也。
力，刑之所以奋也。
圆，一中同长也。
梦，卧而以为然也。

这些都是内涵定义的例子。而且，后期墨家还善于把内涵定义与划分

结合起来下定义，如："久，弥异时也。"（《经上》）"久：古、今、旦、暮。"（《经说上》）"弥异时"讲的是"久"的内涵，"古今旦暮"指的是"久"的外延。内涵与外延相结合，使概念变得相当明确。

不过，和内涵定义相比，后期墨家更重视外延定义。外延定义是将一个属概念划分成若干个种概念，以揭示出该属概念的外延。后期墨家显然已经意识到划分标准的差异直接决定着分类的结果，所以一个属概念可以依据同一标准被划为若干个种概念，也可以依据不同的标准对之进行不同的划分：

故：小故，大故。

久：古、今、旦、暮。

宇：东、西、家、南、北。

穷：有穷，无穷。

名：达、类、私。

名：以形貌命者，非以形貌命者。

名：以量数命者，非以量数命者。

同：重、体、合、类。

同：重同、具同、连同、同类之同、同名之同、丘同、鲋同、是之同、然之同、同根之同。

其中，"故""久""宇""穷"都是依据同一标准被划为若干种，"名"和"同"则是依据不同的标准进行划分。"达、类、私"是根据名之外延大小来划分的，"以形貌命者和非以形貌命者"是根据对象之性质来划分的，而"以量数命者和非以量数命者"则是根据对象有无数量关系来划分的。后期墨家从不同的角度对概念进行划分，有助于揭示概念复杂的关系和性质。

3. 以辞抒意

"以名举实"为辩提供了基本的素材和坚实的基础，但这还不能说构成了知识。因为仅有名，还不足以表达思想，只有把名结合在一起构成命题或判断，然后才能把所要表达的意义表述出来。所以，后期墨家认为，辩的第二个步骤是"以辞抒意"。

（1）辞与意。

所谓“辞”，是由几个不同的名按一定规则联结起来的语句或命题。它和名有一些显著的不同：名所对应的是特定的事物（实），而辞所对应的则是事实；名和实之间只有恰当或合适与否的关系，辞和事实之间则有真假对错之别；名无固宜，是人们约定俗成的结果，辞则有一定的结构和形式，它必须遵循某些规则。

从结构方面讲，“辞”表现为语句或命题；从内容方面讲，“辞”则表现为判断。命题属思维形式，判断则是对命题有所断定的思想。判断所表达的思想就是“意”。在后期墨家看来，判断（意）总是通过命题（辞）来表达：“以辞抒意。”（《小取》）而命题（辞）之所以能够表达判断（意），则主要借助于心的察辩作用：

> 闻，耳之聪也。循所闻而得其意，心之察也。（《经上》）
>
> 言，口之利也。执所言而意得见，心之辩也。（《经上》）

闻、言是口耳这两种感觉器官的功能，把言诉诸文字就形成“辞”，但要想明白言辞背后的思想，还必须通过心灵的理性察辩。不过，和先秦名辩各家一样，《墨辩》的作者也没有能够把命题和判断的区别贯彻到底，《小取》篇中说“夫辞以故生，以理长，以类行”，其中的“辞”就不仅指命题，而且还指表达意的判断。

判断是对事实的断定。和事实相符的即为真，和事实不符的即为假。判断的真假后期墨家用“当”与“不当”来表示：

> 或谓之牛，或谓之非牛，是争彼也。是不俱当。不俱当，必或不当。（《经说上》）
>
> 辩也者，或谓之是，或谓之非，当者胜也。（《经说下》）

有人说这是牛，有人说这是非牛，两者必有一假。那个和事实不符的即不当。事实是确定判断真假的最终标准。

除了判断与事实的关系外，后期墨家还注意判断与命题亦即意与言的关系：

信，言合于意。(《经上》)

信：不以其言之当也，使人视城得金。(《经说上》)

"言"（即命题或语句）合于判断的就叫作"信"，换句话说，"信"就是语句把判断忠实地表达了出来。如果语句没有忠实地把判断表达出来，那就是说谎。这样"言""意""实"之间的关系就有四种情况：①言合于意，意合于实，那么言就既信又当；②言合于意，意不合于实，那么言虽信而不当；③言不合于意，意不合于实，那么言既不信又不当；④言不合于意，意却合于实，那么言虽当而不信。前三种情况均为常见的情形，第四种则属偶然现象，如有人故意骗人说"城门内有金"，受骗者到城门一看，果然找到了金。对于骗人者来说是言不合于意，最后的结果却是意合于实。后期墨家对言、意、实三者的分辨有助于正确地了解命题、判断和事实的关系。

（2）辞的种类及其对当关系。

关于辞（命题）的种类，《墨辩》6篇提供了一个初步的说明。其中，比较明确的有："尽""或""假""必""且"等，涉及了普通逻辑学中的全称命题、特称命题、选言命题、假言命题、必然命题和或然命题等。对于各命题之间的对当关系，后期墨家也有所论及。

1）"尽"。所谓"尽"，就是全部、所有的意思。后期墨家以"尽"表示全称命题：

尽，莫不然也。(《经上》)

尽：俱止动①。(《经说上》)

"莫不然"就是没有例外的意思。"俱"的意思也是全部。后期墨家用"俱"和"莫不然"来说明"尽"，表明"尽"是对命题主项全体的一种断定。

2）"或"。"或"与"尽"相对，《小取》说："或也者，不尽也。""不尽"即不是全部的意思，它和全称命题的"莫不然"正好相反。所以"或"在后期墨家那里是一个特称量词，"或"式命题即特称命题。如

① "俱"原作"但"，从孙诒让校改。

“马或白”，意思是说有些马是白的。

在《墨辩》中，“或”还有另外一种用法：“时或有久，或无久”“或谓之牛，或谓之非牛”。这里的“或”主要起一种联结两个选言支的作用。所以，“或”有时又指选言命题。

3）“假”。《小取》篇说：“假也者，今不然也。”“假”即假言命题，是与当前情况不符的一种假定，它揭示的是尚未成为事实的条件关系。在《墨辩》中，表示假言关系的词还有“使”“苟”“籍设”等，如“使”：

> 使：谓、故。（《经上》）
>
> 使：令，谓也，不必成。湿，故也，必待所为之成也。（《经说上》）

“使”可以分为两种，一种是“谓使”，一种是“故使”。“谓使”是我们所设定的情况，该情况不必成为事实。“故使”是对事实中已经存在的因果关系的假定，如：“假若天下雨，地便会湿。”这种假定的意义在揭示命题前后件之间的条件关系，而不在于对事实的断定。所以，“使”和“假”一样都是指假言命题。

假言命题前后件之间的条件关系，后期墨家称之为“故”：

> 故，所得而后成也。（《经上》）
>
> 故：小故，有之不必然，无之必不然。体也，若尺有端。大故，有之必然，无之必不然，若见之成见也。（《经说上》）

在《墨辩》中，“故”有时指推理的前提，有时指命题前后件之间的条件关系。在本条中，“故”的含义是后者，指产生某种结果的原因（“所得而后成”）。后期墨家把“故”分为小故和大故两种。“小故”的定义是：“有之不必然，无之必不然。”意思是说，有某种原因不必产生某种结果，但没有该原因就一定不会产生该结果。如端（点）之于尺（线），有端不必有尺，但有尺一定有端。这正相当于假言命题中的必要条件。“大故”的定义是：“有之必然，无之必不然。”意思是说，有某种原因就一定会产生某种结果，没有该原因就一定不会产生该结果，该原因是产生该结果的全部条件。如看东西，必须具备视力、光线、合适的距离和对象，然后才能看见对象。这相当于假言命题中的充要条件。

4）“必”。在《墨辩》中，模态词“必”表示必然命题：

必，不已也。(《经上》)

必：谓台执者也，若弟兄。一然者一不然者必“不必”也，是非必也。(《经说》上)

“必”是一直下去、永不改变的意思。像弟兄，有弟必有兄，有兄必有弟，这种关系是无法改变的。如果既可以这样，又可以那样，那就是“不必”，即不是必然命题了：

无说而惧，说在弗必。(《经下》)

无：子在军，不必其死生；闻战，亦不必其死生，前也不惧，今也惧。(《经说下》)

儿子在军中，不能说他是必死或必生；听到作战了，亦不能说他是必死或必生。前一种情况父母就不担心，在后一种情况下，作父母的就紧张了。后期墨家认为，这是没道理的，因为无论在军中还是在战时，都不能下一个必然命题说某人必死。这里所说的“不必”“非必”或“弗必”均相当于或然命题。

5）“且”。按照《经上》篇，“且”有将要、将然、方然等意思。当“且”作“将然”“将要”解时，它表示一种或然的模态命题：

夫且读书，非读书也。好读书，好书也。且斗鸡，非鸡也。好斗鸡，好鸡也。且入井，非入井也。止且入井，止入井也。且出门，非出门也。止且出门，止出门也。

将要读书，还不就是读书；爱好读书则是爱好书。将要跳井，还不就是跳井，阻止将要跳井，就是阻止跳井。这里所有的“且”都是将要进行而没有进行的意思。因此，它既不同于“已经如此”的实然命题，也不同于“一定如此”的必然命题，而只是“可能如此”的或然命题。

除了上面所列的命题形式外，后期墨家还注意到了命题与命题之间的关系问题。在普通逻辑学中，这种关系被称为对当关系。它主要包括矛盾、反对和差等三种类型。后期墨家的重点在揭示命题之间的矛盾关系：

1）单称肯定与单称否定之间是矛盾关系。《经说上》云："或谓之牛，或谓之非牛，是争彼也。是不俱当，不俱当，必或不当""凡，牛；枢，非牛。两也，无以非也。""这是牛"是一个单称肯定命题，"这不是牛"是一个单称否定命题，两者不能同真，必有一假，因而属矛盾关系。如果说凡是牛，枢不是牛，讨论的对象不同，无法构成争辩。辩必须在一对矛盾命题之间展开。

2）全称肯定与特称否定之间是矛盾关系。《经说上》云："彼举然者，以为此其然也，则举不然者而问之。"意思是说，对方举出某物是这样，然后就认为这一类所有的事物都是这样；那么我就举出不是这样的例子来反驳他。显然，"此其然"是全称肯定命题，"举不然者"是特称否定命题。"举不然者"真，"此其然"必假；同样，"此其然"真，"举不然者"必假。

3）全称否定与特称肯定之间是矛盾关系。《经说下》云："彼以此其然也，说是其然也，我以此其不然也，疑是其然也。"这句话的意思是：对方根据一类事物都是这样，推得某物也是这样；那么我就根据这一类事物都不是这样的前提，来否定某物是这样的结论。此处，"此其然"是全称肯定命题，"此其不然"是全称否定，"是其然"是特称肯定。后期墨家显然认识到，全称否定（"此其不然"）真，特称肯定（"是其然"）必假；全称否定（"此其不然"）假，特称肯定（"是其然"）必真。

后期墨家对命题的差等关系亦有所涉及。前段引文中的"彼以此其然也，说是其然也"，说的正是全称肯定真，特称肯定亦真。而《经说上》的"彼举然者，以为此其然也，则举不然者而问之"，则指出由特称肯定不能推出全称肯定，如果对方真的这样做了，那么我们只要给他举出一些反例就可以推翻它。两者结合起来，全称真，特称亦真；特称真，全称真假不定，这刚好是差等关系的两个性质。

后期墨家对命题之间关系的认识在名辩思潮中是最深刻的。他们以此为根据对其他各家的一些主张进行了有力的批判。如：

> 以言为尽悖，悖。说在其言。（《经下》）
>
> 以：悖，不可也。之人之言可，是不悖，则是有可也。之人之言

不可，以审，必不当。（《经说下》）

“言尽悖”是道家的主张，认为所有的言论都是错误的。这是一个全称肯定命题，根据全称肯定与特称否定的矛盾关系，只要举出有些言论是正确的就足以驳倒这种主张。后期墨家指出，我们只要看看“言尽悖”这句话本身就行了：如果它是正确的，那么就至少有一种言论是不悖的；如果它是不正确的，那么这就说明“言尽悖”这句话肯定是不恰当的。这实际上已指出了道家“言尽悖”命题的悖论性质。

（3）一周而一不周。

命题的词项周延性问题是传统逻辑的一个重要问题，它关系到推理的有效性。后期墨家在两千多年前已对这个问题进行了深入的研究，从而发现肯定命题的谓项是不周延的、否定命题的谓项是周延的这一重要规则。这是值得我们特别称道的。

命题主项的周延问题比较简单。全称命题的主项都是周延的，特称命题的主项都是不周延的。后期墨家分别用“尽”和“或”来表示。《经上》说：“尽，莫不然也。”“尽”是全部都是的意思，它自然包含了主项的全部，所以该主项是周延的。《小取》说：“或也者，不尽也。”“不尽”是说不是全部、有的不是的意思，它没有包含主项的全部，所以该主项是不周延的。

命题谓项的周延问题比较复杂。《小取》篇说：

乘马，不待周乘马然后为乘马也；有乘于马，因为乘马矣。逮至不乘马，待周不乘马而后为不乘马。此一周而一不周也。

这段话的意思是说，乘马，不必乘上所有马才算是乘马，只要乘上一匹马，自然就可以说乘马了。至于不乘马，却一定要不乘所有马才算不乘马。这就叫“一周一不周”。“乘马”是一个省略了主项的肯定命题。后期墨家认识到，肯定命题的谓项是不必周延的，所以只要乘上了一匹马就算是乘马了。“不乘马”是一个省略了主项的否定命题，而否定命题的谓项是必须周延的，所以必须不乘所有的马才算是不乘马。前者是“一周”，后者是“一不周”，合起来就叫“一周一不周”。

值得注意的是，后期墨家在《小取》中进一步指出，“一周一不周”

并不是一个可以随意套用的原则：

> 是故辟、侔、援、推之辞，行而异，转而危，远而失，流而离本。则不可不审也，不可常用也。故言，多方、殊类、异故，则不可偏观也。夫物或乃是而然，或是而不然，或一周而一不周，或一是而一不是也。（《小取》）

意思是说，辟、侔、援、推之辞运用起来会发生差异，能转成诡辩，会离开本意太远而发生错误，以至脱离本来的事物，是不能不小心谨慎的。因此，言辞可有多种方式，事物可有不同的类，原因可以有各种各样，不能主观地执持某一个方面。而“一是而一不是”正是其中的一个具体的例子。后期墨家举例说：

> 爱人待周爱人而后为爱人。不爱人不待周不爱人；不周爱，因为不爱人矣。（《小取》）

从形式上看，“爱人”和“乘马”完全相同，但结果却是“一周而一不周”。其根本原因正在言辞“多方、殊类、异故”：在汉语中，“爱人”既可作命题看待，也可作语词或概念看待。作为省略主项的命题，“爱人”自然必须遵守“肯定命题的谓项是不周延的”这一规则，即不必爱所有人才算作爱人；“不爱人”亦必须遵守“否定命题的谓项是周延的”这一规则，即必须不爱任何人才叫作不爱人。但是，作为语词或概念，使用者可以赋予它以特殊的含义。后期墨家正是这样，他们所谓“爱人”就是“兼爱”，“不爱人”就是“别爱”。“兼爱”必须爱所有的人，按照墨家的伦理观，只要有一人不被爱，就不叫“兼爱”；“别爱”则只爱一部分人，而且是有差等地爱。上引的一段话其实是对墨家“兼爱”这种视人如己、天下一家的社会理想的精确表达。由于“爱人”即“兼爱”，“兼爱”这个词本身就要求爱所有的人，所以后期墨家认为它是周延的（“一周”）的。后期墨家正是以此来提醒人们，在辩论中必须注意事物的类别、语词或概念的含义等，然后才能立于不败之地。

4. 以说出故

“以名举实”讨论的是名实关系。“以辞抒意”讨论的是名名结合，形成命题或判断，以表达意义。“以说出故”则是指，把命题联结起来，形成推理或论证，以表达某种思想。逻辑研究的主要对象是推理规则与方法，所以“以说出故”是墨辩逻辑学的最重要部分。

（1）什么是“说”。

所谓“说”，按照后期墨家，即论证或推理：

> 说，所以明也。（《经上》）
>
> 知：传授之，闻也。方不瘴，说也。身观焉，亲也。（《经说上》）
>
> 闻：在外者，所知也。在室者，所不知也。或曰：“在室者之色若是其色。”是所不知若所知也。犹白与黑也，谁当？是若其色也，若白者必白。今也知其色之若白也，故知其白也。夫名以所明正所不知，以所不知拟所明。若以尺度所不知长。外，亲知也；室中，说知也。（《经说下》）

对论证而言，“说”就是把一个论题得以成立的理由（即论据）揭示出来的活动（“所以明”）；对推理而言，“说”则是把前提中所蕴含的结论推导出来的过程。论证和推理的不同在于：论证的论题和论据都必须是真实的，它们对事实均有所断定；推理则不必断定前提的真实性，它只断定前提与结论之间的逻辑关系。但论证必然表现为推理，一个论证同时就是一个推理。对后期墨家而言，这两者基本上混为一体的。所以，在下文中，我们对推理和论证也就不再做严格的分辨。

后期墨家用“方不瘴”来定义“说”。“方”意为比方、推测，“瘴”通“彰”，“不彰”就是不明显、隐藏起来的东西。“方不瘴”合起来就是把隐藏起来的东西揭示出来。从这个定义可以看出，“说”就是一种由已知到未知的推理活动。譬如，我们不知道室内的颜色是什么，但我们有两个已知的前提：第一，我们亲眼看到室外的颜色是白色的；第二，我们听到别人说“室内之色和室外之色相同”。那么，根据这两个前提我们便可以下一个判断说“室内之色是白的”。“室外之色是白的”，这是亲知；

“室内之色和室外之色相同”，这是“闻知”；“室内之色是白的”，便是说知。“亲知”是借助于感官获得的直接知识，“闻知”是从他人那里获得的间接知识，“说知”便是由已知的前提推出来的新知。

“以说出故”就是通过推理或论证，把一个结论或论题所得以产生的前提或论据揭示出来。《墨辩》中的《经下》和《经说下》两篇的结构便是这种“说”式推理（论证）应用的具体例子：

> 偏去莫加少，说在故。（《经下》）
> 偏：俱一无变。（《经说下》）
> 影不徙，说在改为。（《经下》）
> 影：光至影亡，若在，尽古息。（《经说下》）
> …………

《经下》的每条均先列一论题，然后标以“说在某某”的字样，把该论题成立的理由列举出来，《经说下》则给予这些理由以解释或说明。这种做法足以说明后期墨家对“说”的重视程度。

（2）故、理、类。

为了说明“说”的性质，后期墨家进一步提出了推论三范畴：

> 夫辞以故生，以理长，以类行者也。立辞而不明于其故所生，妄也。今人非道无所行，虽有强股肱而不明于道，其困也可立而待也。夫辞以类行者也。立辞而不明于其类，则必困矣。（《大取》）

意思是说，在论证中，一个论题的成立（立辞）必须具备“故”“理”“类”三者。如果不知道论题所以能成立的论据和理由（故），那必然会得出虚妄的结论。如果不遵循论证的规律（理），那就像一个人虽有强壮的身体，可不知道该选择什么样的道路行走一样，马上就会陷入困境。如果不明白事物类的同异就想树立一个论题，那更是行不通的。

1）“故”。在上一节中，我们已经指出，“故”主要指假言命题前后件之间的条件关系。它可以分为两种：“大故”和“小故”。“大故”指充要条件，其含义为“有之必然，无之必不然”；“小故”指必要条件，其含义为“有之不必然，无之必不然”。这是从命题论的角度说“故”。

从推理论的角度讲，“故”有时泛指推论的一切前提，有时又特指假言推理的条件。“以说出故”中的“故”是泛指，整句话的意思是说，通过推理把一个命题得以成立的一切前提揭示出来。“大故”“小故”中的“故”是特指，特指假言推理中的充要条件式和必要条件式。在后期墨家那里，“大故”似更重要。因为，“辞以故生”，不具备充要条件，就不能保证所立之辞的正确性。

在《墨辩》中，“故”还有另外一种含义，那就是产生某种现象的原因和条件。从逻辑的角度讲，结论依赖于前提，前提的真假直接决定了结论的真假。但从事实的角度看，前提的真假决定于自然界的客观规律。逻辑研究的对象是思维形式，思维形式之外的内容则是各门具体科学研究的对象。后期墨家把这两种“故”分别叫作“所以然”和“所以知之”：

> 物之所以然、与所以知之、与所以使人知之，不必同。说在病。（《经下》）
>
> 物：或伤之，然也。见之，知也。告之，使知也。（《经说下》）

“所以然”之故即产生一事物的原因，属事实上的理由；“所以知之”之故是对产生该事物的原因的推测和判断，属逻辑上的理由。这两者是不同的。如一个人病了，这是实际发生的情况，故为“所以然”；人们看见后，对其病情进行观察、分析、推理，这是思维的活动，故为“所以知之”。

2）“理”。“理”在《墨辩》中出现的次数不多，其含义至今有争议，有认为指逻辑形式的，有认为指逻辑规律的，也有认为指普遍规律（作为推理大前提）的。我们且把《墨辩》中别处出现的“理”字引证在下面：

> 观“为穷知而悬于欲”之理，食脯而非痴也，饮鸩而非愚也。（《经说上》）
>
> 论诽之可不可，以理。理之可诽，虽多诽，其诽是也。其理之不可诽，虽少诽，非也。（《经说下》）
>
> 夫辩者，将以明是非之名，审治乱之纪，明同异之处，察名实之理，外利害，决嫌疑。（《小取》）

前两段话中的“理”字意思均为道理。据高亨的说法，《经说上》的“为”字借为“譌”，即指错误。这句话意思是说，观察“一个人犯错误是由于穷于知而牵于欲”之理，就可以知道，食脯不是由于痴，饮鸩也不是由于愚。很明显，这里“理”指的是道理。第二段引文是后期墨家为了反对“非诽”论的，意思是说，批评对不对，不在于批评的话多少，而在于是否有道理。而有否道理主要是看它是否符合客观事实。第三段则进一步把“理”字引申为原理，“察名实之理”的意思就是考察名实关系的原理。

但是，“道理”和“原理”都不能准确地解释语经中的“理”字，我们必须回到《大取》篇本身。《大取》解释“以理长”说：“今人非道无所行，虽有强股肱而不明于道，其困也可立而待也。”意为无论人的体力如何，只要离开“道”就无法行动。“道”在汉语中意思是道路，引申为规律、规则等。后期墨家把“理”与“道”互训，认为推论离开“理”正像人离开“道”一样，马上就会陷入困境，说明“理”也有规律、规则的意思。这样，“辞以理长”的意思便是立辞（推论）必须遵循一定的规律或规则。以“推论的规律或规则”训“理”可能最符合后期墨家的本义。

在《墨辩》中，和“理”相近的词还有“法”：

法，所若而然也。（《经上》）
法：意、规、圆三也俱，可以为法。（《经说上》）

“法”即法则、准则和规范，它是人们照着做的标准。如画圆，必须要有圆的概念（意）、画圆的工具（规）和圆的样式（圆），三者具备了，就可以画出实际的圆来。具体到逻辑来讲，“法”就是推理的规则和标准：

法同则观其同，巧转则求其故。（《经上》）
法：法取同，观巧转。（《经说上》）

如果两个推论所依照的标准（法）相同，形式一致，那就要看它是如何“同”的。要是出现了“巧转”的现象，就需注意是否偷换了概念。所以，“法同”是保证推理合乎逻辑的基本条件。

3）“类”。“故”是推论的前提，“理”是推论的规律或规则，“类”则是推论的基础。整个逻辑学不外是建立在类的同异及其关系的基础之上，概念反映的是事物的类本质，命题揭示的是概念的类同或类异，推理同样得依据类的同异对命题与命题之间关系进行推导。也许正因为如此，后期墨家非常重视“类”的范畴。所谓“辞以类行”，意思即是说推理要从类出发，以类为前提。

按照《墨辩》，“类同”是事物本质的同，“类异”是事物本质之异。《经说上》曾把“同”分为四种：重同、体同、合同和类同。二名一实是“重同”，不外于兼是“体同”，俱处于室是“合同”，有以同是“类同”。相应地，“异”也有四种：二、不体、不合、不类。二必异为“二”，不连属是“不体”，不同所是“不合”，不有同则是“不类”。《小取》篇讲辩的功能之一为“明同异之处”，所明的“同异”主要就是“类同”和“不类之异”。在后期墨家看来，“立辞”如果不明于其类的同异，马上就会陷入困境，因此，类推过程中必须遵循一些准则。

首先，异类不比：

> 异类不比。说在量。（《经下》）
>
> 异：木与夜孰长？智与粟孰多？爵、亲、行、贾四者孰贵？（《经说下》）

类推必须在同类之中进行，不同的类是不能相互比较的。如空间的长短（木之长）和时间的长短（夜之长）无法比较，智慧与粮食也无法一较多少，爵位、亲属、操行、物价更不能比较谁更贵重。

其次，狂举不可以知异：

> 狂举不可以知异。说在有不可。（《经下》）
>
> 狂：牛与马惟异，以牛有齿、马有尾，说牛之非马也不可。是俱有，不偏有偏无有。曰：“牛与马不类，用牛有角、马无角，是类不同也。”若举牛有角，以是为类之不同也，是狂举。犹牛有齿、马有尾。（《经说下》）

类异必须是事物本质之异，以非本质属性作为类异的根据，是为“狂举”。如说牛和马是不同的类，因为牛有齿、马有尾，这就是狂举。因为，齿和尾是牛马都有的特性，而不是一类全有一类全没有。但能不能用“牛有角、马无角”作为牛马不同类的根据呢？后期墨家认为，不能，这依然是狂举。因为有角无角虽能满足“偏有偏无”的准则，但它并不是区别牛和马的本质特征。用非本质的特征来区分不同的类只会导致混乱。

上面我们分别介绍了“故”“理”“类”三范畴。从中可以看出，后期墨家对推论的前提、规律和基础均进行了相当深入的研究，使墨辩具备了一初步的逻辑系统。这是后期墨家对中国古代逻辑学的杰出贡献。

（3）“说”的方式。

关于推理的方式，《小取》篇一共列举了七种：或、假、效、辟、侔、援和推。下面我们分别加以说明。

1）“或”：“或也者，不尽也。”（《小取》）

在《墨辩》中，“或”字有多种用法：从量的角度讲，指特称命题（“不尽”）；从连接词的角度讲，指选言命题（如“时或有久或无久”）；从推理的角度讲，则指选言推理。如：

> 损，偏去也。（《经上》）
>
> 损：偏去也者兼之体也。其体或去或存，谓其存者损。（《经说上》）

“损”是偏去。“偏去”是从全体中去除掉一部分。这样，“其体或去或存”，全体就被分成了两部分即去者和存者，我们会说那部分存者被损。

另外，后期墨家所说的“或”式推论主要限于不相容的选言关系，因此，选言命题的两个选言支必然一是而一非：“或谓之牛，或谓之非牛，是争彼也。是不俱当，不俱当，必或不当。”有说这是牛，有说这不是牛，这才构成一个争辩。根据两个不相容选言支必有一真一假的规则，这两个命题既不能同真也不能同假，只能有一个是真的，那个和事实相符的即为真。

2）“假”：“假者，今不然也。”（《小取》）

在《墨辩》中，“假”也有两种用法：一是假言命题，一是假言推理。从逻辑的角度讲，假言推理也就是用假言命题作前提而进行的推理，所以两者的关系密不可分。《小取》篇把“假”和其他六种推理方式相提，说明“假”也是被作为一种推理方法来看待的。

“假”指假设，是和现实相反的一种假定，经常用于事实无法证明的情况。且看下面的例子：

> 无穷不害兼。说在盈否。(《经下》)
>
> 无：“南方有穷则可尽，无穷则不可尽。有穷无穷未可知，则可尽不可尽未可知，人之盈之否未可知，而人之可尽不可尽亦未可知，而必人之可尽爱也，悖。”人若不盈无穷，则人有穷也，尽有穷无难。盈无穷，则无穷尽也，尽无穷无难。(《经说下》)

兼爱是墨家的主张，有人提出一种反对的理由，即认为南方有穷还是无穷是我们所不知道的，那么人能否充满南方也是不知道的。你们墨家一定说人可尽爱，这是矛盾的。后期墨家则用假言推理反驳：假定南方是无穷的，如果人不能充满无穷的南方，那么说明人是有穷的，尽爱有穷之人无难；如果人能够充满无穷的南方，那么南方可以穷尽，就不是真正的无穷，尽爱无穷之人亦不难。南方无穷还是有穷是战国时期尚未解决的地理学问题，对方用这个问题来批评墨家，墨家自然无法从事实上给以驳斥。于是，《墨辩》的作者诉诸假言推理，首先假定南方是无穷的，再来假定人能够充盈南方和不能够充盈南方两种情况，看人是否可以尽爱，其结果正如我们看到的，该反驳表现为一个由双重假定组成的二难推理。尽管墨家的结论有点强词夺理，但它足以说明假言推理在论证中的重要作用。

上一节我们曾经提到，假言命题的前后件之间关系被后期墨家称之为“故”，“故”又可分为“大故”和“小故”两种，“大故”指充要条件，“小故”指必要条件。从推理的角度看，“故”也可以指假言推理的前后件。相应地，充要条件假言推理（大故）的规则是：前件真后件亦真，前件假后件亦假（“有之必然，无之必不然”）。必要条件假言推理（小故）的规则是：否认前件就否认后件，承认后件就承认前件（“有之不必然，无之必不然”）。这和普通逻辑对假言推理前后件关系的规定基本一致。

3）“效”：“效者，为之法也。所效者，所以为之法也。故中效，则是也；不中效，则非也。此效也。”（《小取》）

“效”即“法”，标准的意思。从推理的角度讲，“效”是立辞时所提供的一个标准。凡是符合这个标准的，就叫“中效”，就能推出“是”的结论；凡是不符合这个标准的，就叫“不中效”，因此推出的是“非”的结论。“效”相当于演绎推理中的直言式。

后期墨家的“效”直接继承了墨子“言必立仪”的思想：

> 言必立仪。言而无仪，譬犹运钧之上而立朝夕者也，是非利害之辨，不可得而明知也，故言有三表。(《非命上》)
>
> 子墨子言曰，我有天志，譬若轮人之有规，匠人之有矩，轮匠执其规矩，以度天下之方圆，曰中者是也，不中者非也。(《天志上》)

“仪”有时又叫作“法”“仪法”“表”，都是标准的意思。在墨子看来，言谈必须设立一个标准。如果言谈没有标准，就好像要在运转着的圆盘上立竿测影以定朝夕一样不可靠。他认为自己的“天志”主张就是这样的一个标准。正像轮匠的规矩可以量度天下的方圆一样，他可以拿“天志”量度天下的一切言论，凡是合乎天志的即为是，凡是不符合天志的即为非。后期墨家进一步把墨子的“法”或“仪”发展为“效”式推论，成为推理的主要方法之一。

《墨辩》中这种“效”式推理很多，如：

> 狂举不可以知异。(《经下》)
>
> 若举牛有角、马无角，以是为类之不同也，是狂举也。(《经说下》)

“狂举不可以知异”是一个普遍原则，也是本推论的“法”或“效”；以有角无角来区别牛马没有反映牛马的本质特征，属狂举；所以用“牛有角、马无角”不能够区别开牛马这两类。这是“中效”式推理的例子。

又如：

> 彼，不两可两不可也。(《经上》)
>
> 彼：凡牛，枢非牛，两也，无以非也。(《经说上》)

“彼，不两可两不可也”是后期墨家对一对矛盾命题（“彼”）的规定，意思是说：凡矛盾命题，既不能同真，也不能同假。这也是本推论的

“效”。《经说》举了两个命题“凡是牛”和“枢不是牛”，由于“凡”和“枢”不是同一种动物，所以这两个命题构不成矛盾。以“效”来判断，“凡牛”和“枢非牛”不是“彼”即不构成矛盾命题。这是“不中效”推理的例子。

在同其他各家辩论时，后期墨家大量使用了“效”式推理，这对于有效地捍卫他们自己的主张起了相当重要的作用。

4）“辟”：“辟也者，举他物而以明之也。”（《小取》）

“辟”，即譬，比喻、类比的意思。“举他物以明之”就是说列举另外一事物来说明这一事物。因此，“辟”式推理主要从个别到个别的类推方法。这是先秦各家广泛使用的一种推论方式。如《说苑·善说》篇记载说：

> 客谓梁王曰：“惠子之言事也善譬。王使无譬，则不能言矣。”王曰：“诺。”明日见，谓惠子曰：“愿先生言事，则直言耳，无譬也。”惠子曰：“今有人于此，而不知弹者，曰：‘弹之状何若？’应曰：‘弹之状如弹。’喻乎？”王曰：“未喻也。”“于是更应曰：‘弹之状如弓而以竹为弦。’则知乎？”王曰：“可知矣。”惠子曰：“夫说者固以其所知，喻其所不知，而使人知之。今王曰无譬则不可矣。”王曰：“善。”

惠施善“譬”，当梁王要求他言事时不要老是用“譬”时，惠施辩称“譬”是用已知比喻未知而使人获得新知的最好办法。这足可说明惠施对“譬”式方法的重视。

在墨家的著作中，“辟”式推理更是比比皆是：

> 治徒娱、县子硕问于子墨子曰：“为义孰为大务？”子墨子曰：“譬若筑墙然，能筑者筑，能实壤者实壤，能欣者欣，然后墙成也。为义犹是也：能谈辩者谈辩，能说书者说书，能从事者从事，然后义事成也。”（《耕柱》）
>
> 执无鬼而学祭祀，是犹无客而学客礼也，是犹无鱼而为鱼罟也。（《公孟》）
>
> 然则众贤之术将奈何哉？子墨子曰：“譬若欲众其国之善射御之

士者，必将富之贵之，敬之誉之，然后国之善射御之士将可得而众也。况又有贤良之士，厚乎德行，辩乎言谈，博乎道术者乎，此固国家之珍，而社稷之佐也。亦必且富之贵之，敬之誉之，然后国家之良士亦将可得而众也。”（《尚贤上》）

以“筑墙”比喻“为义”，说明两者都需要众人分工合作。就“分工合作”而言，这两件事是同类的。后两段引文与此类似。“执无鬼而学祭祀”是儒家的主张，墨家用“无客而学客礼”“无鱼而为鱼罟”比喻“执无鬼而学祭祀”，说明两者都是自相矛盾的。因此，“自相矛盾”是这两者之类同。以“众善射御之士之术”来比喻“众贤之术”，说明两者都需要“富之贵之、敬之誉之”。就共同需要“富之贵之、敬之誉之”而言，这两者亦是同一类。

值得注意的是，按照墨家“异类不比”的原则，进行类比的两事物必须是同类的。如：

然而今天下之士君子曰：“然，乃若兼则善矣。虽然，不可行之物也，譬若挈太山，越河济也。”（《兼爱中》）

反对墨家主张的人最后承认，兼爱尽管善，但却不可行。想推行兼爱正如想挟着泰山越过河济一样不可能。墨子则根据类比的规则反驳说，挟泰山以越过河济是从来没有人能做到的，兼爱则有古代圣王确实实行过。一为根本不可行，一为可行而没有行而已。两者根本不是同类，没有可比性。因此，反对者的“譬”是无效的。

从墨子对批评者的反驳可以看出，前期墨家对比喻的方法及规则早已有了深入的认识，后期墨家正是在前期墨家的基础上，总结出了“辟”式推论，作为他们立辩的基本方法之一。

5）“侔”：“侔也者，比辞而俱行也。”（《小取》）

《小取》篇所列举的第五种立辞方法是“侔”。“侔”即齐等、相等的意思。“比辞而俱行”意为两辞相比而俱行，也就是说，在原来的命题之主谓项上分别附加相等的辞而构成一新的命题。如，“狗，犬也。杀狗，杀犬也”便是一个“侔”式推理。

表面上看，“侔”式推理类似于普通逻辑中的附性法，两者都是在主谓项上附加相等的成分。但附性法要求附加的成分是属性概念，因而其推理过程是由一个性质命题到另一个性质命题；“侔”式推理所附加的成分则常常是关系概念，其推理过程则表现为由一个性质命题到关系命题。因此，“侔”式推理比附性法更复杂，相当于普通逻辑中的复杂概念推理。

作为一种复杂概念推理，“侔”式推理附加上关系概念之后有时会改变主谓项原有的含义，有时会改变主谓项的类属关系，有时甚至会改变命题的结构。由于汉语语词的多义性，形式上相同的语词在不同的语境中可作不同的解释，所以，对“侔”式推理而言，一定不能停留在语词的表面形式上，必须进行仔细的语义分析。

“侔”式推理的正确形式为“是而然”。“是而然”的意思是，在一肯定命题的主谓项上附加同一成分，仍然得出一个肯定命题。

> 白马，马也；乘白马，乘马也。骊马，马也；乘骊马，乘马也。获，人也；爱获，爱人也。臧，人也；爱臧，爱人也。此乃是而然者也。（《小取》）

“白马是马”是一个肯定命题，在“白马”和“马”前分别加上一个“乘”字，就推出一个新的肯定命题：“乘白马是乘马。”附加上新的成分之后，原来的“白马”和“马”的含义和类属关系并未改变。因此，这是一个正确的“侔”式推理。其余的三个推理和第一个形式完全相同，均为正确的“侔”式推理。

6）“援”：“援也者，曰：‘子然，我奚独不可以然也？’”（《小取》）

“援”是援引对方已经承认的命题，通过类比，以证明自己的命题也应该承认。它和“辟”的不同在于，“辟”的前提是众所周知的事实，“援”的前提则是对方肯定的命题。

“援”并不能保证结论一定正确，它所肯定的只是论辩双方的命题在结构上类同，因此，结论的可靠性依赖于对方命题（即前提）的可靠性。

《公孙龙子·迹府》篇中有一段话是这种“援”式推理的典型例子：

> 龙闻楚王张繁弱之弓，载忘归之矢，以射蛟兕于云梦之圃，而丧其弓。左右请求之。王曰：“止！楚人遗弓，楚人得之，又何求乎？”仲尼闻之曰：“楚王仁义而未遂也。亦曰人亡弓，人得之而已，何必

> 楚?”若此，仲尼异楚人于所谓人。夫是仲尼异楚人于所谓人，而非龙异白马于所谓马，悖。

这是公孙龙反驳孔穿的一段话。按照公孙龙的意见，他异“白马”于所谓“马”，正如孔子异“楚人”于所谓“人”，两个命题在结构上完全相同。根据“援”式推理，既然世人可以接受孔子异“楚人”于所谓“人”，那么也就应该接受他的异“白马”于所谓“马”。否则，就是自相矛盾。

在《墨辩》中，同样也有对“援”式推理的应用：

> 盗人，人也；多盗，非多人也。奚以明之？恶多盗，非恶多人也；欲无盗，非欲无人也。世相与共是之。若若是，则虽盗人，人也；爱盗，非爱人也；不爱盗，非不爱人也；杀盗人，非杀人也，无难矣。此与彼同类。世有彼而不自非也，墨者有此而非之，无他故焉，所谓内胶外闭与！(《小取》)

“盗人，人也；多盗，非多人也；恶多盗，非恶多人也；欲无盗，非欲无人也。”这是世人共同接受的命题。“盗人，人也；爱盗，非爱人也；不爱盗，非不爱人也；杀盗人，非杀人也。”这是墨家独有的主张。从形式看，两者似乎一样，所以墨者说“此与彼同类”。根据“援”式推理，接受前者，就必须接受后者。否则就是内胶外闭，固执己见。

“杀盗人非杀人”是后期墨家颇有争议的一个命题。在这一“援”式推理中它果真得到证明了吗？看来情况并非如此。按照《墨辩》，“援”式推理的结论（己方命题）与前提（对方命题）必须完全一致，也就是说必须满足类同、属性同、结构同等条件。在本例中，前提“盗人，人也；多盗，非多人也。恶多盗，非恶多人也；欲无盗，非欲无人也”是“侔”式推理的变种（“是而不然”），附加成分“多”“无”改变了主谓项的数量关系，因而事实上取消了前提和结论之间的推导关系，只是一种语义分析。结论“盗人，人也；爱盗，非爱人也；不爱盗，非不爱人也；杀盗人，非杀人也”形式上也是“侔”式推理的一个变种（“是而不然”），但附加成分“爱”“杀”是动词，它们本来可以附加到“盗人”和“人”前面而不改变命题的真值：“盗人，人也；爱盗，爱人也；杀盗，杀人也。”给一个正确的“侔”式推理（“是而然”）的谓项上另外加上否定词，这是不符合“侔”式推理的要求的。所以，本例中的前提和结论表面上的一致并不能掩盖其实质的不同，即附加成分一个是量词，一个是动词；命题形式一个是语义分析，一个是错误的“侔”式推理。这显然不能满足“援”式推理的要求。

7）“推”：“推也者，以其所不取之同于其所取者予之也。‘是犹谓’也者，同也。‘吾岂谓’也者，异也。”（《小取》）

“推”是归谬式的类比推理，主要用于反驳对方的场合。“其所取”即对方赞同的论题，“其所不取”是对方不赞同的论题。为了反驳对方的“所取”，就以之为前提，类推出一个荒谬的结论，连对方也不能接受。这样就把对方的“所取”驳倒了。

“推”通常有两种表示方式：一用“是犹谓”作连接词，一用“吾岂谓”作连接词。表示两句话本质相同时用“是犹谓”，表示两句话本质不同时用“吾岂谓”。“是犹谓”通常用于批评别人，“吾岂谓”则通常用于对对方反驳的回答。

在同其他各家辩论时，墨家经常使用“推”式方法。如：

> 公孟子曰：“贫富寿夭，错然在天，不可损益。”又曰：“君子必学。”子墨子曰：“教人学而执有命，是犹命人葆而去其冠也。”（《公孟》）
>
> 公孟子曰：“无鬼神。”又曰：“君子必学祭祀。”子墨子曰：“执无鬼而学祭祀，是犹无客而学客礼也，是犹无鱼而为鱼罟也。”（《公孟》）

“命人葆而去其冠”“无鱼而为鱼罟”和“无客而学客礼”是公孟子也不取的命题，墨子通过类推的方法，指出“教人学而执有命”“执无鬼而学祭祀”其实和它们是同类的性质，迫使对方承认自己所执为谬论。后期墨家正是在前期墨家与其他各派辩论的实践基础上，总结出了“推”式推理。

《小取》篇所列的七种推论方法，大体如此。在《墨辩》中，后期墨家还讨论了另外一种推论方式，即“止”。我们也简单介绍一下：

止，因以别道。(《经上》)

止：彼举然者，以为此其然也，则举不然者而问之。若圣人有非而不非。(《经说上》)

止，类以行之。说在同。(《经下》)

止：彼以此其然也，说是其然也；我以此其不然也，疑是其然也。(《经说下》)

《经上》和《经下》分别给“止”做了一个说明。《经上》以“因以别道”说“止”。从《经说上》的解释看，“因以别道”的意思就是，对普遍性的命题或结论做出一定的限制，从而得出一些正确的道理。这讲的是“止”的作用。《经下》以“类以行之”说“止”，意思是说“止”是类的推演，要遵循同类相推的原则。这讲的是“止”的规则。

《经说上》和《经说下》则分别说明了“止”式推理的两种形式。先看《经说上》：“彼举然者，以为此其然也”，意思是说，仅举出一个或多个正面的例子，就推出此类事物都是如此的结论。这是一种由个别或特殊（“举然者”）推出全称肯定命题（“此其然”）的简单归纳方法。针对这种情况，我们只要找到一个或一些例外就可以驳倒它（“举不然者而问之”）。这种由特称否定来反驳全称肯定的推理方法，就是“止”的一种形式。

再看《经说下》：“彼以此其然也，说是其然也”，意思是说，由一类中所有的事物都是如此，推出该类中某个事物也是如此的结论。这是一种由全称肯定命题（“此其然也”）推出单称肯定命题（“是其然也”）的正确的演绎方法。对于这种情况，后期墨家认为，需要“以此其不然也，疑是其然也”，意即由该类事物皆非如此来推出某物不是如此的结论。这是一种由全称否定来反驳单称肯定的推理方法，它是“止”的另一种形式。

由“止”的这两种形式可以看出，“止”式推理主要用于反驳中。其基础在于命题的矛盾关系。全称肯定和特称否定、全称否定和单称肯定均属矛盾命题。按照《墨辩》，一对矛盾命题必有一真必有一假。那么，在推论中，就可以用真的特称否定命题来反驳全称肯定命题，也可以就真的全称否定命题来反驳单称肯定命题。这正是“止”式推论的两种形式。

除了介绍以上八种推论的方法之外，后期墨家还研究了推论中可能出现的谬误。他们发现，类比推理总是有限度的，辟、侔、援、推之辞都有

自己的局限性：

> 夫物有以同而不率遂同。辞之侔也，有所止而正。其然也，有所以然也；其然也同，其所以然也不必同。其取之也，有所以取之。其取之也同，其所以取之不必同。（《小取》）

这段话可以从以下四个方面理解：

首先，“夫物有以同而不率遂同”是针对“辟”式推理而言。“辟”即比喻、类比，举他物以明此物。两物相“辟”的根据在类同，《经下》云：“异类不比。”“类同”的定义是“有以同”，即要求事物的本质属性相同。但是，第一，“类同”不等于全同（“不率遂同”），事物除本质属性外，还有许多非本质属性。“辟”式推理只要求事物类同就够了，不要求相比的事物在一切方面都完全相同。第二，事物的本质属性常常不止一个，从一个角度看是本质属性的，从另一个角度看可能就是非本质属性，所以在进行“辟”式推理时，只依据事物相关的本质属性即可，不必要求所有的本质属性都一样。如“为义”与“筑墙”，两者仅在都需要分工合作这一点上是类同的，所以“辟”也只能在这一点上进行：“辟若筑墙然，能筑者筑，能实壤者实壤，能欣者欣，然后墙成也。为义犹是也，能谈辩者谈辩，能说书者说书，能从事者从事，然后义事成也。”（《耕柱》）至于两者是否还有其他属性相同、它们各自还有些什么本质及非本质属性，那就与“辟”式推理无关了。如果越过了这个限制，可能就会出现错误的“辟”式推理。

其次，“辞之侔也，有所止而正”是针对“侔”式推理而言。这句话意思是说，对“侔”式推理，必须有所限制，使附加上关系词之后命题主谓项的类属、词义等不变，这样才能推出正确的结论。如“白马，马也；乘白马，乘马也”就是一个正确的“侔”式推理。如果附加上关系词之后命题主谓项的类属或词义发生了变化，结论就会变得不再可靠。如“船，木也；入船，入木也”就是一个错误的“侔”式推理。

再次，“其然也，有所以然也；其然也同，其所以然也不必同”是针对“援”式推理的。“援”式推理的形式是：“子然，我奚独不可以然也？”也就是说，首先援引对方已经承认的命题，通过类比，以证明自己的命题也应该承认。“援”无关乎命题的具体内容，其根据只在于论辩双方命题在结构上的一致或相同。这也就是“其然也同，其所以然也不必同”的意思。我们还以上引公孙龙的一段话为例：

> 龙闻楚王张繁弱之弓，载忘归之矢，以射蛟兕于云梦之圃，而丧其弓。左右请求之。王曰：“止！楚人遗弓，楚人得之，又何求乎?”仲尼闻之曰：“楚王仁义而未遂也。亦曰人亡弓，人得之而已，何必楚?”若此，仲尼异楚人于所谓人。夫是仲尼异楚人于所谓人，而非龙异白马于所谓马，悖。(《公孙龙子·迹府》)

在这个著名的“援”式推理中，前提和结论的共同之处（“其然”）是其语言形式：“楚人”异于“人”和“白马”异于“马”从形式上看完全是等值的，因此，承认一个，就必须承认另一个，否定一个，也就必须否定另一个。至于说为什么“楚人”异于“人”（“其所以然”）、为什么“白马”异于“马”（“其所以然”），孔子和公孙龙各有各的理由：孔子是从仁义的角度出发，公孙龙则是从辩名的角度立论。“其所以然”同还是不同都与“援”式推理无关。如果一定要求“其然”和“其所以然”都同，那么，“援”式推理就可能无法进行了。

最后，“其取之也，有所以取之；其取之也同，其所以取之不必同”是针对“推”式推理的。“推”的定义是“以其所不取之同于其所取者予之也”。其中，“其所取”即对方赞同的论题，“其所不取”是对方不赞同的论题。“推”就是通过证明对方不赞成的命题和赞成的命题是同一类，来迫使对方承认自己所执为谬论。因此，“推”式推理只要求“其所不取”与“其所取”真值相同即可，并不要求进一步追问“其所以取”和“其所以不取”是否相同。例如，墨子批评儒家“执无鬼而学祭祀，是犹无客而学客礼也，是犹无鱼而为鱼罟也”。“无客而学客礼”和“无鱼而为鱼罟”是儒家也不取的命题，墨子通过类推的方法，指出“执无鬼而学祭祀”其实和它们是同类性质的例题，不赞成“无客而学客礼”“无鱼而鱼罟”，同样也得不赞成“执无鬼而学祭祀”。至于儒家为什么赞成“执无鬼而学祭祀”，为什么不赞成“无客而学客礼”，是与“推”式推理无关的东西。

正因为辟、侔、援、推都有自己的限制，《小取》篇才接着警告说：

> 是故辟、侔、援、推之辞，行而异，转而危，远而失，流而离本。则不可不审也，不可常用也。故言多方、殊类、异故，则不可偏观也。(《小取》)

这句话意思是说，辟、侔、援、推这些推论方法运用起来会发生差异，转为诡辩，会离开事实太远而产生错误，以至脱离了本来的意义。因此，在应用这些推论方法时，就不能不慎重，也不可到处使用它们。后期墨家发现，引起推论出现错误的原因归结起来不外乎三种：“多方”“殊类”和“异故”。“多方”指立辞的多种方式。由于立辞多样性而引起的逻辑错误，在推理和论证中比比皆是。“殊类”指不同的类。类的同异是整个推论的基础，分不清同类异类，就会导致思想和逻辑上的混乱。“异类不比”就是后期墨家树立的推类规则之一。“异故”指不同的故。“故”是推论的根据，任何一种结论的获得都有其前提和根据，这些前提和根据便构成该现象的“故”。前提不止一种，根据也各种各样，所以结论也就会有所不同。因此，在推论中，必须充分认识到情况的复杂性，真正做到察故、明理、知类，然后才能避免出现谬误。

在《小取》篇的最后，后期墨家专门讨论了推论中容易引起谬误的几种情况：

> 夫物或乃是而然，或是而不然，或不是而然，或一周而一不周，或一是而一非也。

大体上讲，前三者属“侔”式推理的问题，后二者则与辟、援、推均有关系。

A.“是而然”：在一肯定命题的主谓项前附加同一关系概念，仍然得出一个肯定命题。这是“侔”式推理的正确形式，在上文我们已经讨论过。这里，为了和下文对照起见，我把原文抄在下面：

> 白马，马也；乘白马，乘马也。骊马，马也；乘骊马，乘马也。获，人也；爱获，爱人也。臧，人也；爱臧，爱人也。此乃是而然者也。(《小取》)

B. “是而不然”：在一肯定命题的主谓项前附加同一成分，得出一个否定命题。

> 获之亲，人也；获事其亲，非事人也。其弟，美人也；爱弟，非爱美人也。车，木也；乘车，非乘木也。船，木也；入船，非入木也。盗人，人也；多盗，非多人也。无盗，非无人也。(《小取》)

“获之亲是人”是一个肯定命题，在“获之亲”和“人”之前分别加一个动词“事”，则构成一新的命题：“获事其亲是事人。”这是一个错误的“侔”式推理。因为，在“人”之前加一个“事”字，改变了“人”的含义。在前提里，“人”指包括获之亲在内的所有人；在结论里，“事人”则有奴仆的意思，所事之“人”特指获之亲之外的人。“人”的含义既然已经改变，那就不能再按“是而然”的形式来推导。所以，正确的形式应当是：“获之亲，人也；获事其亲，非事人也。”后期墨家称之为“是而不然”。但这样一来，也就把两个命题之间的推理关系取消了。

同样，“其弟，美人也；爱弟，爱美人也”也是一个错误的“侔”式推理。“其弟，美人也”是说其弟是一个长相漂亮的人（这里的“弟”作妹解），但在“弟”和“美人”之前所加的“爱”字却具有不同的含义：“爱弟”的“爱”是血亲之爱、伦常之爱，“爱美人”之爱是情欲之爱或者审美之爱。“爱弟”不是因为她漂亮，而是因为她是自己的亲人。所以，正确的形式应当是：“其弟，美人也；爱弟，非爱美人也。”和上一条的错误（附加成分改变了谓项的含义）相比，本条的错误之处在于：附加成分形式相同，但含义有别。

第三例错误的“侔”式推理是：“车，木也；乘车，乘木也。”本条的错误在于，增添附加成分之后，主谓项的类属关系已经改变。车是由木制成的，但车被制成后，便属于交通工具一类了。对交通工具，可以说“乘”；对木材，就不能同样说乘了。因此，正确的形式为：“车，木也；乘车，非乘木也。”

最后一例错误的“侔”式推理为：“盗，人也；多盗，多人也；无盗，无人也。”本例的错误在于附加成分改变了主谓项的量词。盗是人的一部分，有盗即有人，但有人并不一定有盗。所以，盗的多少并不能决定人的多少，盗的有无也并不等于人的有无。所以，正确的形式是：“盗，

人也；多盗，非多人也；无盗，非无人也。”不过，经过这样的更正，本条和前三例一样，都把两个命题之间的推理关系取消了。

总结以上几例，可以得出如下的结论：对于前提为肯定命题的“侔”式推理来说，如果附加之辞改变了原来主谓项的词义，或者改变了主谓项的类属关系，或者改变了主谓项的量词，或者附加之辞有歧义，那么，该推理就不再是有效的“侔”式推理。“是而不然”所进行的只是语义分析，因而实际上已取消了命题之间的推理关系。

C. “不是而然”：在一个否定命题的主谓项上附加同一成分，得出一个肯定命题。

> 且读书，非读书；好读书，好书也。且斗鸡，非斗鸡也；好斗鸡，好鸡也。且入井，非入井也；止且入井，止入井也。且出门，非出门也；止且出门，止出门也。若若是，“且夭，非夭也；寿且夭，寿夭也。有命，非命也；非执有命，非命也。”无难矣。此与彼同类，世有彼而不自非也，墨者有此而罪非之，无他故焉，所谓内胶外闭与？心无空乎！内胶而不解也。此乃不是而然者也。（《小取》）

“且”是将要的意思。将要读书不就是读书，但好读书却是好书。将要斗鸡不就是斗鸡，但好斗鸡却是好鸡。将要跳井不就是跳井，阻止人将跳井，是阻止跳井。将要出门不就是出门，阻止人将出门就是阻止出门。将要夭折不就是夭折，但延长将要夭折者的性命却是使夭折变成长寿。主张有命不就是命，但反对有命的主张却是反对命。这六例形式上基本相同，即前提是正确的否定命题，结论是正确的肯定命题。所以，后期墨家叫它们为“不是而然”。

但严格地讲，它们和“是而不然”一样，并不是真正的“侔”式推理形式，因为“侔”式推理要求在主谓项上附加相同的成分。如本条中的“且入井，非入井也”，这是一个否定命题，给它的主谓项同时附加上一个动词“止”，得出的命题应该是“止且入井，非止入井也”。但在汉语的习惯中，“止”与“且”相连使“且”的含义取消，“止且”即等于“止”。因此，“止且入井”与“止入井”变成了同义词。这就违背了“侔”式推理的附加成分不能改变主谓项类属的基本规定，推出的命题“止且入井，非止入井”实际上是一个错误的命题。后期墨家把它的否定词去掉，改换成正确的形式“止且入井，止入井也”。但这样一来，又一次把命题间的推理关系取消了，“不是而然”最终成了一种语义分析的形式。

D. “一周而一不周”：命题中的谓项有的是周延的，有的是不周延的。

> 爱人，待周爱人而后为爱人。不爱人，不待周不爱人。不周爱，因为不爱人矣。乘马，不待周乘马，然后为乘马也。有乘于马，因为乘马矣。逮至不乘马，待周不乘马，而后为不乘马。此一周而一不周者也。(《小取》)

“乘马”是一个省略了主项的肯定命题。后期墨家认识到，肯定命题的谓项是不周延的，所以只要乘上一匹马就算是乘马了（“有乘于马，因为乘马矣”）。“不乘马”是一个省略了主项的否定命题，而否定命题的谓项是必须周延的，所以必须不乘所有的马才叫作不乘马（“待周不乘马，而后为不乘马”）。前者叫“一周”，后者叫“一不周”，两者合起来就叫“一周而一不周”。

但是，如果把“乘马”换成“爱人”，把“不乘马”换成“不爱人”，情况就不同了。墨家所谓“爱”是兼爱，所以“爱人”等于“爱所有的人”，“不爱人”等于“不爱所有的人”。尽管从形式上看，“爱人”和“乘马”、“不爱人”和“不乘马”完全相同，但在墨家的特殊规定下，“爱人”和“不爱人”变成了具有特殊含义的概念，不能遵守命题词项周延性的规定。恰恰相反，“爱人”需周爱人才叫“爱人”，“不爱人”不需要周不爱人才叫“不爱人”。“爱人”和“乘马”、“不爱人”和“不乘马”也是“一周而一不周”。

《小取》篇特别提出“一周而一不周”，意在提醒人们在推论过程中，不能仅仅停留在形式的表面相似上，而必须仔细地辨别语词或概念的含义、事物的类别等，这样才可免除侔、辟、援、推等立辞方法所可能引起的误用。

E. “一是而一非”：肯定的前提真，否定的结论假；或者，否定的前提真，肯定的结论假。

居于国则为居国；有一宅于国，而不为有国。桃之实，桃也；棘之实，非棘也。问人之病，问人也；恶人之病，非恶人也。人之鬼，非人也；兄之鬼，兄也。祭人之鬼，非祭人也；祭兄之鬼，乃祭兄也。之马之目眇，则为之马眇；之马之目大，而不谓之马大。之牛之毛黄，则谓之牛黄；之牛之毛众，则不谓之牛众。一马，马也；二马，马也；马四足者，一马而四足也，非两马而四足也。一马，马也；二马，马也；马或白者，二马而或白也，非一马而或白。此乃一是而一非者也。（《小取》）

本条讲的主要是语言习惯在推理过程中造成的影响。日常语言中的许多语词都有其约定俗成的含义，特别是形式相近而内涵各别、内涵相同而形式不同等情况，需要仔细分辨才能弄清其间的差别。再加上古汉语非常简洁，更增加了问题的复杂性。在推论中，如果忽视了这些情况，就会造成错误的推导。如习惯上把“居住在一个国家里”叫“居国”，但是“有一所住宅在一个国家里”就不能叫“有国”，“有国”是拥有一个国家。如果根据命题“居于国则为居国”，类推出一个形式上相似的命题“有一宅于国则为有国”，那就违背了日常语言的习惯。同样，桃的果实习惯上叫桃，棘的果实则不叫棘；祭人之鬼叫祭鬼，祭自己的兄长则习惯上叫祭兄；马的眼睛瞎了习惯上叫瞎马，但马的眼睛大却不叫大马；牛的毛是黄的习惯上就叫黄牛，但牛的毛虽多也不能叫多牛。这都是日常生活中早已约定的说法，在推理中如果不遵守这些习惯，从肯定的前提类推出一个肯定的结论，或从否定的前提类推出一个否定的结论，都会陷入谬误。后期墨家依据语言习惯均进行了更正，称之为“一是而一非”。经过更正后，前提和结论的推导关系被取消，“一是而一非”成了和“不是而然”“是而不然”“一周而一不周”同样性质的语义分析。

三、墨家在中国逻辑史上的地位

前两节我们分别介绍了墨子的方法论和《墨辩》中的逻辑学，本节讨论一下墨家在中国逻辑史上的地位。

一般认为，中国、印度和古希腊是形式逻辑的三大发源地。代表印度的是因明学，代表古希腊的是逻辑，代表中国的则是名辩之学。这三者出现的时间大体相同，即都出现在公元前6世纪到公元前3世纪之间。这一时期，按照雅斯贝尔斯的说法，是世界文明史上的“轴心时代”，几大文明几乎同时出现思想活跃、学术繁荣的局面。当时，由于流派繁多，观点各异，谈辩之风在这几个地区都很盛行。而形式逻辑便是在这种谈辩热潮中产生的。

印度因明由足目所创立，但据学者的考证，归于他名下的《正理论》实际上并非一人一时之作，足目很可能只是根据辩论情况对前人积累下来的逻辑知识进行整理的人。① 古希腊逻辑的正式创立者是亚里士多德，但早在亚里士多德之前，古希腊的哲学家们已经开始了对有效推理规则的探讨。这些情况都说明，形式逻辑不可能由某位思想家一朝一夕所独创，而需要依靠集体的力量，经过长期的辩论实践及对思维形式、推理规则的深入探讨，方可构造出某种体系来。中国的名辩之学自不例外。先秦名辩思潮从孔墨开始，一直持续到战国晚期，前后大约有300年之久，儒、道、墨、法、名诸家均积极地参与了这场大辩论，名辩之学便是从这场大辩论中产生的。

诸家之中，以墨家对名辩之学的贡献为最大。墨子首开谈辩之风，第一个明确地把思维形式与思维内容分开，是中国古代逻辑学的真正创立者。后期墨家在他开创的基础上，进一步研究了名、辞、说等思维形式及其规则，建立了一个初步的逻辑系统，代表了中国古代逻辑学的最高成就。

对后期墨家在中国逻辑史上的地位，论者大都没有异词，都承认《墨辩》代表了中国古代逻辑学的高峰。对于墨子在中国逻辑史上的地位，争议就比较多。许多人认为孔子或邓析才是中国古代逻辑的创立者，墨子只是中国古代逻辑的奠基者。这种说法值得讨论。

以邓析为中国古代逻辑创立者的论据非常脆弱。邓析是春秋末年郑国的一位讼师，史称他“好刑名之学”“操两可之说”。但是由于邓析之书不传，其两可之说的内容我们不得而知，他所好的“刑名之学”大概与法律条文的解释有关，因而关涉的只是实际问题，和思维形式并无太多的关

① 参见沈剑英《因明学研究》，东方出版中心1996年版，第10页。

联。荀子《非十二子》篇把他列为名家的代表，和惠施并提，说他“好治怪说，玩琦辞，甚察而不惠，辩而无用，多事而寡功，不可以为治纲纪”，目的也只是批评他喜欢诡辩罢了。根据现有的材料，我们并不能看出邓析对逻辑学的贡献何在。

说孔子是中国逻辑学的创立者，根据相对充分一点。因为，“正名”论就是由孔子最先提出的，此后的各家各派无不讨论名实关系问题，所以名辩思潮似乎可以一直追溯到孔子。在教学活动中，孔子主张学思并重，好像已经认识到思维的重要性。他所提出的能近取譬、告往知来、举一反三等原则，也与逻辑学中的类推方法比较接近。但是，这里需要注意的是：第一，“名辩”与“名实”不同。“名辩”即辩名，主要讨论的是名和名之间的关系；“名实”讲的名和对象之间的关系。名与名之间的关系是逻辑学研究的对象，名与对象之间的关系则属知识论研究的范围。后者至多只是前者的基础。孔子讲“正名”，“正”的只是名实之间的关系。第二，孔子的“正名”属政治伦理的范畴，其最终目的是使个人的行为有所依从，它的内容就是“君君、臣臣、父父、子子”。正名论中并未有把思维本身作为研究对象的迹象。第三，孔子虽讲学思并重，但其所谓“思”并不是思维本身，而是对对象的思考。孔子所谓“学”指的是读书，所以他所说的“思”实际上是对所读内容的“思”。我们不能一见到“思”字，就联想到逻辑学。“能近取譬”“举一反三”的确与逻辑学中的类推方法接近，但思维符合某种推理规则是一回事，意识到这种规则并专门研究它又是一回事。孔子虽然承认他的高弟能够做到“举一反三”，可他并未给出从一类推到另一类的规则来。另外，孔子对“类”的范畴还没有充分的自觉，整部《论语》中“类”字仅一见（“有教无类”），且不具有逻辑意味，而推理实际上正是建立在“类”的同异之上的，这决定了孔子不可能有明确的推理思想。第四，孔子对辩论非常反感。史称孔子恶佞口，认为刚毅木讷近仁。反对辩论，自然也就不会去研究辩论的方法和规则，这等于是切断了逻辑产生之路。综合以上各条来看，说孔子为中国古代逻辑的创始人似乎有失武断。

相反，把墨子作为中国逻辑学的创始人，根据就相当充分。

第一，墨子首先提出了“辩”的思想。所谓“辩”，即区别、辨别的意思，进一步引申为辩论、争辩。如《非攻上》篇云：“今有人于此，少见黑曰黑，多见黑曰白，则以此人为不知白黑之辩矣；少尝苦曰苦，多尝苦曰甘，则必以此人为不知甘苦之辩矣。今小为非，则知而非之，大为非攻国，则不知非，从而誉之谓之义，此可谓知义与不义之辩乎？是以知天下之君子，辩义与不义之乱也。”这里所谓白黑之辩、甘苦之辩、义与不义之辩，指的就是白黑、甘苦、义与不义之间的区别。又如《尚贤上》云：“况又有贤良之士，厚乎德行，辩乎言谈，博乎道术者乎，此固国家之珍，而社稷之佐也。”这里所谓“辩乎言谈”，就是善于辩论，善于用语言表达或论证自己的思想。墨子认为，“辩”是区分同异、分清是非利害的基本方法，善辩与否是判断贤良之士的一个标准。所以，在教育弟子时，他专门设立了“谈辩”一科，传授谈辩的技巧和方法。墨子的重辩彻底改变了谈辩者的形象。由于他的提倡，战国中期以后各家各派莫不竞相研究谈辩的技巧和方法，从而形成了盛极一时的名辩热潮。

第二，墨子提出了“类”和“故”两个逻辑范畴。“类”是推理的前提，不明类就无法区别事物的同异，也就不能进行正确的推论。把“类”作为一个逻辑范畴看待，是从墨子开始的。墨子主张，言谈或辩论中必须做到“察类”“知类”，否则就会混淆事物或概念之间的差别。如“攻”是一种不正义的侵略战争，“诛”是一种正义的讨伐战争，如果把两者不加区别，就会混淆正义和不正义两种战争，也就不能正确地理解墨家非攻主张的含义。

所谓“故”即理由、原因，指的是事物所以然的原因或根据。“故”是“类”的根据，“察类”必先“明故”。不明白事物所以如此的原因，也就不能把不同类的事物区分开来。所以，墨子常常把“类”和“故”连在一起并提，如《非攻下》云：“子未察吾言之类，未明其故者也。”“类”“故”相连使“类”成了一个比较科学的范畴，从而为推理规则的研究奠定了基础。

第三，墨子提出了推论的基本原则和方法。墨子认为，要树立或论证一种观点，必须依据某种统一的标准，否则就无法明辨是非利害：“必立仪。言而毋仪，譬犹运钧之上，而立朝夕者也。是非利害之辩，不可得而明知也。”（《非命上》）这里的“仪”即指标准，有时又叫作“法”或“仪法”。“三表法”就是墨子所提出的立论的标准。所谓“本之”“原之”“用之”，都是论证一个论题所必须依据的前提。

第四，墨子在实践中充分应用了一些辩论的方法和技巧。比较一下《论语》和《墨子》中的《尚贤》以下各篇就会发现，《论语》属于对话

体，只是记录了一些孔子和弟子的谈话，《尚贤》等篇则是标准的论说体，每一篇都是围绕着一个主题而进行的系统论证。在批评别人的观点时，墨子经常以“类”和“故”作武器，指责对方“不知类”“不明故”，在正面论证自己主张时，墨子则更多地借助“三表法”。“三表法”和“察类明故法”成了墨子进行论证和辩诘的基本方法。

从以上几点足以看出，墨子对思维形式和思维内容的区别已经有了充分的自觉，他对“类”“故”范畴以及推论原则和方法的研究开创了名辩之学的新方向，因此，只有墨子才可以算得上是中国古代逻辑学的真正创始人。

由于墨子的提倡，同时也由于学术争鸣的需要，战国中后期的一些思想家都纷纷地加入名辩热潮之中。其中，比较著名的代表人物就有儒家的孟子、荀子，道家的庄子，名家的惠施、公孙龙和后期墨家等。这对于推动中国古代逻辑学的发展无疑增添了不小的助力。

孟子“好辩”。为了捍卫孔子的思想，孟子以极富挑战性的姿态攻击杨墨两派。对于自己的好辩，孟子曾解释说：“我亦欲正人心，息邪说，距诐行，放淫辞，以承三圣者。岂好辩哉，予不得已也。”（《孟子·滕文公下》）意思是说，他与别人辩论的目的是要端正人心、消灭邪说，以继承古代圣人的事业，并不是他这个人喜欢辩论，这实在是不得已的事情。孟子自认为他的特长是善于分析别人的言论：“诐辞知其所蔽，淫辞知其所陷，邪辞知其所离，遁辞知其所穷。”（《孟子·公孙丑上》）也就是说，对于那些不全面的言辞知道其片面性所在，对于过分的言辞知道其失足所在，对于不合正道的言辞知道其与正道分歧所在，对于躲闪的言辞知道其理屈所在。所有这些均说明孟子对辩论的技巧和方法曾做过深入的研究。正如晋鲁胜所说：“孟子非墨子，其辩言正辞，则与墨同。”（《墨辩注序》）孟子在政治主张上尽管与墨家水火不容，但在辩论的技巧和方法上，却和墨家有许多相同之处。如墨子重视“类”范畴，主张“察类”“知类”，孟子也同样重视“类”范畴。孟子曾说过：“故凡同类者，举相似也。”（《孟子·告子上》）又如，墨子善譬，喜欢用比喻来说明自己的观点。孟子也同样善譬，《告子上》篇记载有孟子的一句话：“故理义之悦我心，犹刍豢之悦我口。”这与墨子的许多比喻形式完全一致。考虑到墨孟之间的学术前后关系，可以相信，在辩论方法上，孟子曾经受到过墨家的影响，他的类推方法可能就是直接来源于墨子的思想。

庄子与孟子不同。庄子反对辩，他认为，通过谈辩永远无法获得真理。因为，“辩”总是各有所执，有所执就必有所不见。既然双方有所见，亦有所不见，那么辩论就不会有一个公共的标准，因此也就永无胜负可言。庄子反对辩，还有其更深的哲学背景。因为按照道家形而上学，作为万物本原的道是无始无终、超言绝象的，从道的角度看，物我、死生、大小、美丑之分全是相对的，是非只是人之成心的结果，所以围绕是非所进行的辩论都是没有意义的。庄子由于根本否定了辩的意义，他也就没有兴趣进一步探讨辩的规则和方法之类。

孟子与庄子都是以哲学家的身份参加到名辩思潮中去的，尽管他们对“辩”也都发表了意见，但在思维形式和推论规则等方面并未做出什么特殊的贡献，所以从名辩之学的角度看，他们只是这场运动的配角。直到名家的代表惠施、公孙龙和后期墨家的出现，名辩思潮的主角才算正式登场。

惠施大致与庄子同时，是名家“合同异”一派的代表。据说惠施“以善辩为名”，是战国中期一位很有名的辩者。《庄子·天下》篇曾批评他“以反人为实，而欲以胜人为名”，说明他的观点与常识有很大的距离。由于惠施之书不传，我们无法完整地了解他的思想内容。从现存的一些资料看，惠施对中国古代逻辑学的贡献主要表现在以下几点：

第一，从比喻中揭示了类推的原理和方法。惠施和墨子、孟子一样以善譬著称，据刘向《说苑·善说》记载：

> 客谓梁王曰：“惠子之言事也善譬。王使无譬，则不能言矣。”王曰：“诺。”明日见，谓惠子曰：“愿先生言事，则直言耳，无譬也。”惠子曰：“今有人于此，而不知弹者，曰：‘弹之状何若?’应曰：‘弹之状如弹。’谕乎?”王曰：“未谕也。”“于是更应曰：‘弹之状如弓而以竹为弦。’则知乎?”王曰：“可知矣。”惠子曰：“夫说者固以其所知，谕其所不知，而使人知之。今王曰无譬则不可矣。”王曰：“善。”

梁王要求惠施论事时不要用譬，惠施则以“弹之状”作譬来说明“譬”之不可少。如果说弹之状如弹，等于是同语反复，并不能增加人的知识，若说弹之状像弓并以竹为弦，那么人们通过弓和弦的形状就可以推得弹的

形状。这里，惠施提出了“譬”的基本原则和作用，那就是“以其所知谕其所不知而使人知之”。“弓和弦”是其所知，“弹之状”是其所不知，以弓和弦来譬喻弹之状就会达到“使人知之”的结果。很显然，惠施已经认识到“譬”是一种类推方法，其作用是由已知推出未知。

第二，运用定义方法揭示概念的内涵和外延。《庄子·天下》篇曾保留下惠施“历物之意”的十个命题，其中第一个命题就是采用的定义法：“至大无外，谓之大一。至小无内，谓之小一。”“大一”指无限大，惠施的定义是没有任何东西在其外面；“小一”指无限小，其定义是没有任何东西在它里面。用“至大无外”和“至小无内”来定义“大一”和“小一”，既揭示了“大一”“小一”的内涵，同时也反映了它们的外延，从而使这两个概念获得相当明确的确定性。

第三，讨论了事物和概念的同异关系。同异是推类的基础，惠施在“历物之意”里讨论到这个问题。其第五个命题说：“大同而与小同异，此之谓小同异。万物毕同毕异，此之谓大同异。”在惠施看来，同异可分为“大同异”和“小同异”两种。“大同异”是说万物毕同毕异，也就是说，从天地一体来看万物只是一物，此之谓毕同；从万物分开来看，万物各是一物，此之谓毕异；毕同毕异意为万物莫不相同又莫不相异。“小同异”是说大同中有小异，大异中有小同。从大同的角度看，万物之间的异只是小异，从大异的角度看，万物之间的同又是小同。这种同异关系叫小同异。就惠施本身而言，他区分大同异和小同异的目的可能是想说明事物之间的同异关系是相对的，但从逻辑的角度看，他所提出的同中有异，异中有同，有助于正确地辨别同异之间的复杂关系。后期墨家区分四种同、四种异并专门讨论同异交得的现象，可能就曾受过惠施的启发和刺激。

公孙龙比惠施稍晚，是战国末期名家中“离坚白”一派的代表。从逻辑学的角度看，公孙龙的贡献远较惠施为大。惠施重“合”，重视事物或概念之间的辩证关系，他常常把两种相反的性质结合在同一个主项的后面，如“日方中方睨，物方生方死”“南方无穷而有穷”，这样做也许极富辩证精神，但从形式逻辑的角度看，却是思维混乱的产物。因为，按照形式逻辑的要求，思维必须具有确定性，甲既是甲就不能再是非甲，南方既是无穷就不能再是有穷。公孙龙不同。公孙龙主“离”，主张事物的性质都是分离的、独立自藏的，因此描述事物性质的概念或语词也必须是固定的，此名只能专指此实，彼名只能专指彼实。这刚好可以满足形式逻辑对思维确定性的要求。公孙龙对形式逻辑的贡献大体上表现在以下两个方面。

第一，揭示了概念间的种属关系。公孙龙最著名的命题是“白马非马”，他自认该命题是他的立言宗旨所在。长期以来，该命题一直被作为诡辩对待。但从公孙龙的论证来看，他提出这一命题的目的是想从外延和内涵两个方面对概念的种属关系做出区分。公孙龙说：“求马，黄、黑马皆可致；求白马，黄、黑马不可致。使白马乃马也，是所求一也。”（《公孙龙子·白马论》）这是从外延上区分白马和马。马的外延包含黄马、黑马，白马的外延则不包含黄马、黑马，这说明白马和马两个概念的外延是不同的，白马是种概念，马则是属概念，种概念不等于属概念，所以白马不等于马。公孙龙又说：“马者，所以命形也；白者，所以命色也。命色者非命形也。故曰，白马非马。”这是从内涵上区分白马和马。马的内涵是“命形”，白的内涵是“命色”，一讲形体，一讲颜色。白马是颜色（“命色”）和形体（“命形”）的结合，它和专讲形体的“马”自然是不同的。由于汉语的不确定性，有些语词极易引起歧义。“白马非马”中的“非”字即为一例。古汉语中，“非”既可作为不是讲，亦可作不同、不等于讲。从公孙龙的论证看，他的用法当是后者，他所要说明的是，在谈辩或推论中必须注意概念之间的种属区别，但表现出来却是一个和常识相乖违的命题形式，这是容易引人误会的主要原因。

第二，初步接触到了形式逻辑的同一律。《公孙龙子·名实论》中有一段和《墨辩》很接近的话：“其名正，则唯乎其彼此焉。谓彼而彼不唯乎彼，则彼谓不行；谓此而此不唯乎此，则此谓不行。其以当，不当也；不当而当，乱也。故彼彼当乎彼，则唯乎彼，其谓行彼；此此当乎此，则唯乎此，其谓行此。其以当而当也；以当而当，正也。故彼彼止于彼，此此止于此，可。彼此而彼且此，此彼而此且彼，不可。”这段话的意思是说，正名就是要名实相符，称呼彼实的名必须相应于彼实，称呼此实的名必须相应于此实。如果用彼名称呼彼实，但却与彼实不适当，那么彼名就是行不通的。此名也一样，如果与此实不适当，那么此名亦行不通。所以，除了相应之外，彼名还必须专限于彼实，此名还必须专限于此实。公孙龙的这段话和《墨辩》的关系，究竟是谁袭取了谁的，学术界一直有争议。由于年代久远，书阙有间，已经很难做出确断，我们这里姑置不论。只是从这段话本身来看，公孙龙显然已经意识到了正名必须遵守思维的同

一性，彼就是彼，此就是此，不能既彼且此。他所谓“彼彼止于彼，此此止于此”已经接近于形式逻辑的同一律。

惠施和公孙龙作为名家两派的代表，分别抓住了问题的一个方面。惠施讲“合”，公孙龙讲“离”。惠施认识到事物的相对性，公孙龙则坚执于思维的确定性。在一定的限度内，可以说两人均有所见。但随着谈辩的白热化，两人均走向了极端，把自己执持的道理推到极致，结果都自觉或不自觉地流入到诡辩者之列。当时就有人评论说：“桓团、公孙龙，辩者之徒，饰人之心，易人之意，能胜人之口，不能服人之心，辩者之囿也……（惠施）以反人为实，而欲以胜人为名，是以与众不适也。”（《庄子·天下》）

在名辩思潮中，真正能以比较清醒的头脑对思维形式和规律进行探讨的是后期墨家。后期墨家是战国中后期的一批墨者，他们遵照墨子“能谈辩者谈辩”的教导，积极投入到了名辩热潮之中，一方面充分继承墨子的逻辑思想，另一方面认真总结同其他各家谈辩的经验和教训，从而提出了一个包括名、辞、说等思维形式在内的比较完整的逻辑系统。这一系统通常被称作“墨辩逻辑学”，它标志着中国古代逻辑学体系的正式形成。同时，由于秦汉以后名辩之学的中绝，该系统还代表着中国古代逻辑学的最高成就。

从上一节我们已经知道，《墨辩》涉及了辩的性质和作用，名、辞、说等思维形式，类、故、理等逻辑范畴以及逻辑悖论等十分广泛的内容。为了对后期墨家的贡献有一个更明确的印象，我们把《墨辩》中最突出的成就再列举如下。

第一，《墨辩》给“辩”下了一个准确的定义。从墨子开始，中经孟子、庄子和名家学派的努力，“辩”已成了一个使用非常广泛的概念。但究竟什么是辩，各家各派并未给出一个准确的答案。后期墨家从逻辑的角度，指出“辩”是关于一对矛盾命题的是非之争，这就既明确了“辩”的性质，又清除了许多对于“辩”的似是而非的批评，如庄子的“辩无胜”之类。

第二，《墨辩》对概念（“名”）进行了分类，并提出概念的分类原则。概念论是逻辑学的基础，中国名辩之学素来重视“正名”。但经过墨子的引导，“正名”从“正名实”开始转向察类、明故、辨别同异，思维形式开始与思维内容分离。名家的“合”“离”两派对此有特别的贡献。

后期墨家在前人工作的基础上，进一步对概念进行了划分，并提出了两条关于概念的分类原则。关于概念的划分，后期墨家最有代表性的做法是，依据外延大小，把概念划分为“达”“类”“私”三种。关于概念的分类原则，后期墨家的提法是：异类必须一方偏有，一方偏无；同类必须本质属性相同。

第三，《墨辩》区分了命题（“辞”）的多种形式，注意到了命题与命题之间的对当关系，提出了命题的词项周延性理论。关于命题的种类，《墨辩》提到的有“尽”（全称命题）、“或”（特称命题）、“假”（假言命题）及“必”“且”（模态命题）等。关于命题的对当关系，后期墨家注意到的主要是单称肯定和单称否定、全称肯定和特称否定、全称否定和特称肯定之间的矛盾关系。关于命题的词项周延性，后期墨家发现肯定命题的谓项是不周延的，否定命题的谓项是周延的这一重要规则。

第四，《墨辩》提出了立辞三范畴，研究了推理（“说”）的规则，列举了推理的八种方式。后期墨家认为，立辞必须具备“故”“类”“理”三范畴。“故”是论题成立的根据和前提，“类”是推理的基础，“理”是推理的规则或规律，三者缺一不可。关于推理的规则，后期墨家曾概括为“以类取，以类予。有诸己不非诸人，无诸己不求诸人”等几条。关于推理的方法，后期墨家提到的有“或”“假”“效”“辟”“侔”“援”“推”“止”八种论式。这些论式分别涉及演绎、归纳和类推等多种推理方法，显示出后期墨家对推理问题的重视。值得称道的是，后期墨家还分析了谬误产生的根源，讨论了推理形式的局限性。

总之，形式逻辑的各主要部分，如概念论、判断论、推理论等，后期墨家都已经讨论到了。在一些问题的处理上，后期墨家甚至达到了很深刻的地步。从这个意义上，我们说《墨辩》的出现标志着中国古代逻辑学的正式形成。人们常说中国是世界上形式逻辑的三大发源地之一，并喜欢与印度因明和古希腊逻辑相比较，但中国与别人足资相比的也只有《墨辩》而已。

墨辩逻辑的产生可能有两方面的因素，其一是与谈辩有关。墨家重辩我们已有体会，这里不必再述。其二是与墨家重视科学有关。墨家的成员多来自社会下层如手工作坊，技术的需要使他们积累下许多科学知识。另外，墨家是一个半军事化的团体，它经常需要组织起来帮人守城或作战。在修筑城墙、制造军械时也常常会用到一些数学和力学科学知识。现存

《墨辩》中就包含许多科学方面的内容。科学与逻辑紧密相关，两者都需要理智的态度和求知的精神，两者都建立在经验的基础之上，两者都追求确定性和规范。后期墨家之所以能在名辩思潮中一直保持冷静的立场，之所以能够深入到推理的规则和方式，大概与他们所受的科学训练有关。但是，墨家毕竟是一个有理想、有目标的政治团体，与社会实践的紧密相连使他们没有能够把逻辑与实用的目的完全分开。《小取》篇曾把辩的作用概括为“明是非”“别同异”“察名实”“处利害”“决嫌疑”和“审治乱”六条，其中“处利害”和“审治乱”讲的就是辩的政治作用。结果，后期墨家所发展的逻辑技巧最终仍被落实到了实际的社会和政治问题之中。墨辩逻辑与印度因明、亚里士多德逻辑相比，形式化不够，当与后期墨家的这种取向有关。

《墨辩》之后，对中国古代逻辑学做出贡献的思想家还有荀子。荀子和孟子一样，在学术立场上家法甚严，攻击墨家可谓不遗余力，但在辩论方法上，却深受墨家的影响。在名实关系上，荀子主张“制名以指实”“名定而实辨”，这和墨家“以名取实”基本相同。关于名的分类，荀子依外延的大小，把名分成“共名”“大共名”“别名”“大别名”，和后期墨家把名分为“达”“类”“私”也大体无别，“大别名”就相当于“类名”，“大共名”相当于“达名”。关于思维形式，荀子和墨家一样，也分为名、辞、说三种：“名也者，所以期累实也。辞也者，兼异实之名以论一意也。辨说也者，不异实名，以喻动静之道也。”甚至由后期墨家所提出的立辞三范畴，荀子也毫无保留地接受了下来：“辩则尽故”“言必当理”“推类而不悖”。可以说，没有墨家对思维形式和推理规则的探讨，也就不会有荀子的逻辑学。

荀子在逻辑上的贡献主要集中在正名论，他提出了一些制名的原则，如“同则同之，异则异之”“名无固宜，约之以命”等。对于推理规则及其方法，荀子没有进行深入的研究。在《儒效》篇，荀子曾经说过：“若夫充虚之相施易也，坚白同异之分隔也，是聪耳之所不能听也，明目之所不能见也，辩士之所不能言也，虽有圣人之知，未能偻指也。不知，无害为君子，知之，无损为小人。工匠不知，无害为巧，君子不知，无害为治。”这似乎足以说明其中的因由。既然坚白同异之辩只是辩士们的臆语，不知道也不会影响到君子之名，知道了不会改变是小人的事实，那么研究推论的方法又有什么意义呢？当荀子最后总结说制名的目的是“上以明贵贱，下以辨同异”（《正名》）时，历史终于又回到了它的起点，那就是孔子的“正名”论。名辩思潮到荀子也就基本上画上了句号，由墨子所开创、后期墨家所完成的逻辑学体系随着墨家的中绝而衰微了。尽管此后的中国历史上不断有人重提“正名”的老话题，但那已与中国逻辑史不相干了。

第八章

后期墨家的科学贡献

《墨经》主要包含两方面的内容，一是逻辑，一是科学。关于逻辑部分，上章已经讨论过。本章接着讨论科学部分。

《墨经》的科学内容涉及数学、光学和力学等学科。其中，对几何概念的定义、对光的直线传播的认识、对镜像的分析以及对杠杆原理的解释等，是其比较突出的贡献。

后期墨家之所以能在这些领域取得显著成绩，大概有以下几个方面的原因：第一，墨者大多来自社会下层特别是手工业者，有从事具体技术活动的经验。第二，墨家是一个半军事化的学术团体，有时需要替弱小国家执行守城任务，而防守城池需要掌握一些筑城和制械的技术，这同样有助于科学理论的发现。第三，谈辩的需要。墨家是一个非常重视辩论的学派。前期墨家辩论的对象主要是儒家，所以辩论的内容局限于政治伦理；但到后期墨家那里，辩论的对象转向了名家和道家，争辩的内容以逻辑和科学居多。名家的一些代表人物如惠施本来就比较偏重于对自然现象的研究，所以后期墨家要想在辩论中战胜对方，同样需要掌握大量的自然科学知识。第四，墨辩逻辑也为后期墨家研究科学提供了一套系统的方法。逻辑是科学的基础，没有一定的推理知识和抽象思维能力，就不可能对大量的经验材料进行理论概括，更不可能建立起系统的科学理论。后期墨家对思维形式和推理规则的研究，为他们的科学研究提供了思维武器。

下面我们首先介绍一下《墨经》中的科学内容，然后再把它和中国传统科学的整体特征做一个比较，最后则简单谈谈墨学衰微对中国古代科学发展的影响。

一、《墨经》中的科学内容

按照谭戒甫的分析，《墨经》所涉及的学科门类很多，有辩学、哲学、光学、力学、数理学、几何学、经济学、政法学、教育学、伦理学等。[①]本章讨论后期墨家在自然科学方面的贡献，所以我们的论述将限制在《墨经》中的几何学、光学和力学三方面。这三个方面也是后期墨家贡献较大的三科。

1. 几何学

《墨经》涉及几何学的条目有十几条。这些条目集中在《经上》和《经说上》两篇，主要是一些几何学概念的定义或界说，如"体""兼""端""尺""方""圆""中""间""撄""仳""次"等。表面上看，这些定义都很简单，但它们涉及几何学中整体与部分、有穷无穷、点线面以及形体的相交相切相比等重要问题。

（1）点的定义。

> 端，体之无厚而最前者也[②]。（《经上》）
> 端：是无间也[③]。（《经说上》）

《墨经》中，"端"有两种含义，既可指物理学上的质点或原子，又可指几何学上的点。李约瑟曾把这两种含义结合起来，称之为"几何原子"。本条经文中的"端"大概是指几何学上的点。整句话的意思是说，任何一个几何体都可以分成很多部分，其中那些没有厚度（"无厚"）、不能再分（"无间"）并且位于几何体最前边的部分就叫作"端"。严格地说，"端"在事实上并不存在，它只是几何学上的假定。后期墨家用"无

---

① 参见谭戒甫《墨辩发微》序，中华书局1964年版。
② "厚"原作"序"，从王念孙校改。
③ "间"原作"同"，从梁启超校改。

厚”“无间”来定义“端”，说明他们对几何学意义上的点已有充分的认识。

对于“端”的物理学意义，后期墨家也曾有所论述：

> 非半弗新则不动，说在端。（《经下》）
>
> 非：新半，进前取也，前则中无为半，犹端也。前后取，则端中也。新必半，毋与非半，不可新也。（《经说下》）

本条主要是反驳辩者“一尺之捶，日取其半，万世不竭”命题的。按照辩者，一根一尺长的棍子，每天取去一半，永远都达不到终点。后期墨家不同意这种观点。他们认为，一根有限长的棍子按照“取半”的方法一直分割下去，总有一天会到了不能再分的时候，这个时候就只剩下了一个“非半”的质点。不管是从棍子的一头分起，还是从棍子的两头同时分起，结果都是一样的，只不过最后的质点所处的位置不同而已。

（2）整体与部分。

> 体，分于兼也。（《经上》）
>
> 体：若二之一、尺之端也。（《经说上》）

《墨经》中的“体”通常指部分，“兼”指整体。“体分于兼”的意思是说，部分是由整体分出的。《经说上》进一步举了两个例子予以说明。其中，“一”和“二”的关系比较清楚，“二”相对于“一”来说是整体，“一”则是“二”的部分。“尺”与“端”则需要做些解释。在《墨经》中，“尺”相当于几何学上的线，“端”相当于点，所以“尺”和“端”的关系实际上就是几何学中线与点的关系。按照后期墨家的观点，“尺”和“端”之间是整体和部分的关系，其意思是说，线是点的集合，点积累起来就是线。

（3）有穷与无穷。

> 穷，或有前不容尺也。（《经上》）
>
> 穷：或不容尺，有穷。莫不容尺，无穷也。（《经说上》）

“或”即“域”字，指区域。“尺”指“线”。本条的意思是说，一个区域前面再也不能容下一条线了，就叫有穷。反之，如果该区域向前延展，永远都达不到边际，永远都能够容得下一条线，那就叫无穷了。有穷和无穷是现代数学中的一对重要概念，后期墨家用寥寥数语就把其含义表述了出来。

（4）方与圆。

> 方，柱隅四讙也。（《经上》）
> 方：矩写交也。（《经说上》）
> 圆，一中同长也。（《经上》）
> 圆：规写交也。（《经说下》）

这几条是讲几何图形中“方”“圆”的定义。其中，“柱”指边，“隅”指角，“讙”同“权”，意为相等。《经》的意思是说，“方”是四条边、四个角相等，“圆”是从一个中心到周围的距离处处相等。《经说》则借助绘图工具“矩”和“规”来解释方圆的性质。矩是画方的仪器，规是画圆的仪器，用矩画四条线相交即成方形，用规画一条封闭的相交曲线即成圆形。

另外，为了准确地说明“圆”的含义，后期墨家还预先给“同长”和“中”分别下了定义：

> 同长，以正相尽也。（《经上》）
> 同：捷与杠之同长也①。（《经说上》）
> 中：同长也。（《经上》）
> 中：心自是往相若也。（《经说上》）

“同长”的意思是两个东西长度相等，如门楗和门框，把一个叠合到另一个上面，两者正好相尽。“中”指“圆心”，“圆心”相对于圆周而言，从圆心到圆周的半径相等，所以“中”即“同长”。《墨经》用“同长”来定义“中”，再用“同长”和“中”来定义“圆”，一层层地推

① “杠”原作“狂”，从范耕研校改。

进，充分显示出后期墨家思维的缜密。

（5）形与形的相离。

有间，中也。（《经上》）

有间：谓夹之者也。（《经说上》）

间：不及旁也。（《经上》）

间：谓夹者也。尺前于区穴而后于端，不夹于端与区内。及，及非齐之及也。（《经说上》）

纑，间虚也。（《经上》）

纑：间虚也者，两木之间，谓其无木者也。（《经说上》）

《经上》的这相邻三条讲的都是形体间的相离关系。“有间”指中间留有空隙，可以容纳另一形体；而“间”指的则是这个空隙之处。前者是“夹之者”，后者则是“夹者”。因此，“间”并不包括两旁的边界，这叫作“不及旁”。“纑”与“间”不同。“间”可以有形体在内，也可无形体在内。无形体在内的“间”（“间虚”）才叫“纑”。《经说上》举例说，如并立的两木，中间空处无木，这无木之处就叫“纑”。

值得注意的是，为了说明“间”是不及旁，后期墨家进一步讨论了点、线、面之间的关系。人们通常把点线面并提，好像线是夹在点和面之间似的（“尺前于区穴而后于端”），有人因此而把线和点、面看成是“间”和“有间”的关系。后期墨家认为这是错误的，因为点含于线中，点和线必须相及；线含于面中，线和面也必须相及。点线面之间不是“夹之者”和“夹者”的关系。后期墨家对点、线、面关系的分析有助于人们深入认识几何图形的性质。

（6）相交、相比和相切。

撄，相得也。（《经上》）

撄：尺与尺俱不尽，端与端俱尽，尺与端或尽或不尽，坚白之撄相尽，体撄不相尽。（《经说上》）

仳：有以相撄，有不相撄也。（《经上》）

仳：两有端而后可。（《经说上》）

次：无间而不相撄也。（《经上》）

次：无厚而后可。（《经说上》）

《经上》这相邻的三条讲的是几何学中形体之间的相交、相比、相切关系。其中，“撄”即相交、相遇的意思。后期墨家认为，相交可分为两种，一为全部重合，一为部分重合。《经说上》举例说，线与线就是不全部重合的相交例子（“尺与尺俱不尽”），而点与点则全部重合（“端与端俱尽”），线和点之间相交，点重合而线不能重合。坚白是事物的属性，可以同处于事物如石头之中，所以坚白之间的相交是全部重合的（“坚白之撄相尽”）。物体是相互独立的，所以它们的相交是不能完全重合的。

“仳”是相互比较的意思。按照后期墨家的理论，几何学中两线相比，可以有两种方法，一为两线相交（“有以相撄”），一为两线不相交（“有不相撄”）。这两种方法都必须有一个固定点，然后才能进行比较。

“次”是相切的意思。后期墨家认为，两个几何图形的相切必须是中间既没有空隙（“无间”），又不能相交（“不相撄”）。他们不承认体和体之间如两个球状物可以相切，只承认线和面、面和面可以相切，这就叫“无厚而后可”。

《墨经》中关于几何学方面的内容大体如此。从上面的介绍可以看出，后期墨家不仅给点、方、圆、有穷、无穷等几何概念下了精确定义，而且还讨论了形体之间的相切、相交、相比、相离等关系。从几何学的演绎系统来说，这无疑还是极其初步的工作，但它至少说明了中国古代有些学者曾经致力于这方面的工作。正如李约瑟所说：“无论如何，《墨经》这些残存的资料和中国古代和中古代的许多其他证据都完全排除了任何一种认为中国古代缺乏几何思想的猜测——尽管中国几何学是一种对于事实的认识，而不是逻辑推理，并且代数的思潮以及它自己的逻辑推理形式在中国一直占有支配地位。”①

2. 光学

《墨经》中专门讲光学的一共有 8 条。这 8 条全部出现在《经下》篇，并按照由简到繁的顺序，依次解释了投影、针孔成像、反射、镜像等方面的光学现象。对于这 8 条所取得的成就，科学史家推崇备至，如钱临

---

① 李约瑟：《中国科学技术史》第三卷，中华书局香港分局 1980 年版，第 212 页。

照说："这样有条理的完整的记录，文虽前后仅八条，寥寥数百字，确乎可称为二千年前世界上伟大光学著作。"[①] 由于这几条文字艰深，错漏很多，我们这里只能撮其大意，略做介绍。

（1）投影。

> 景不徙，说在改为。（《经下》）
> 景：光至，景亡；若在，尽古息。（《经说下》）

本条说明光和影的关系。"景"即影。按照常识，运动物体的投影是随着物体一起移动的。但后期墨家经过仔细观察，发现投影并不跟随物体而移动（"景不徙"），我们之所以会感觉到影子在移动，那实际上是由于新影不断生成，旧影不断消亡的缘故，只不过这个过程太迅速，人们容易产生一种视觉错误而已。《经说下》进一步解释说，光照射到的地方，投影马上就会消失。如果光源不动，物体也不动，那么投影将会永远地停留在原处。

《庄子·天下》篇记述辩者之言，有"飞鸟之景未尝动也"一条，与《墨经》的说法正相符合。这说明辩者和后期墨家都已经认识到了投影生成的真正原因。

（2）重影。

> 景二，说在重。（《经下》）
> 景：二光夹一光，一光者景也。（《经说下》）

本条说明重影现象及其原理。经文的意思是，一个物体有两种投影，是由于此物体受到了两个光源的重复照射。在合适的条件下，这两种投影会有一部分交叉重叠，形成一个更暗的阴影。该阴影就是重影。重影又叫本影，本影之外没有交叉重叠的两部分投影就是半影。由两个光源所形成的两个半影夹着一个本影，这就是《经说下》所说的"二光夹一光"。"一光者景也"指的则是"本影"。后期墨家对本影与半影的解释与现代物理学的解释是一致的。

---

① 转引自方孝博《墨经中的数学和物理学》，中国社会科学出版社1983年版，第76页。

（3）针孔成像。

> 景到，在午有端与景长，说在端。（《经下》）
> 景：光之入照若射，下者之入也高，高者之入也下①。足敝下光，故成景于上。首敝上光，故成景于下。在远近有端与于光，故景库内也。（《经说下》）

本条是后期墨家对小孔成像原理的解释。“午”的意思是交午，指光线的交叉。“端”即点，指屏中一小孔。经文的意思是说，影的倒立在于光线交叉处（“午”）有一小孔（“端”），这个小孔与光体的距离，关系到影的大小。《经说下》则进一步解释说，光线的传播是直线进行的，所以它照入小孔就如箭一样。从人体下面射入小孔的光线就会照到壁的上方，从人体上面射入小孔的光线就会照到壁的下方。人足在下，蔽着下光，所以足影成于上。人首在上，蔽着上光，故首影在下。这样，人影所成之像自然就是倒立的。

后期墨家在本条中正确地说明了光的直线传播原理，在科学史上是一项伟大成就。钱临照曾这样称赞道：“这条《经》虽是一个极简单的光学实验的叙述，而他所说明的却是光学上最基本最重要的一个原理，这就是光是直线进行的原理了。近代光学书上要说明光是直线进行的性质，就是用针孔照相匣的实验来说明的，而我们祖先却在二千年前已经发现这个光的基本性质，而加详细地描述了。”②

（4）反射。

> 景迎日，说在转。（《经下》）
> 景：日之光反烛人，则景在日与人之间。（《经说下》）

本条说明光的反射现象。通常人站在阳光下，影子是背着日光的。现在的情况刚好相反，影子却迎着日光。后期墨家解释说，这是由于日光被某物反射，照在人身上，所以影子才会出现在人和太阳之间。把本条和上

---

① “照”原作“煦”，“入”原作“人”，从范耕研校改。
② 转引自方孝博《墨经中的数学和物理学》，中国社会科学出版社1983年版，第83页。

一条联系起来看，后期墨家在光学问题上似乎已经不再局限于被动的观察，他们很可能根据不同的条件有意设计过各种光学试验。

（5）物影变化。

景之大小，说在斜正远近。（《经下》）

景：木斜，景短大；木正，景长小。光小于木，则景大于木。非独小也，远近。（《经说下》）

本条说明物体阴影变化的规律。经文的意思是说，物体的影子之所以有时大有时小，是由于物体摆放的位置有斜有正，和光源的距离有近有远。《经说下》则以一根木杆为例予以补充说明：当木杆斜放时，其影子就短而粗；当木杆正放时，其影子就长而细。当光体小于木杆时，木杆的影子就比木杆本身大。除了大小之外，光体与木杆的距离远近也会影响到杆影之间的关系。当光体离木杆远时，所成之影就比较小，当光体离木杆近时，所成之影就比较大。后期墨家通过对木杆与其影子的各种情况分析，来说明物影变化的规律，充分显示出他们观察的细致程度。

（6）球面镜成像原理。

临鉴而立，景到，多而若少，说在寡区。（《经下》）

临：正鉴，景多寡、貌态、白黑、远近、斜正异于光。鉴景当俱，就去亦当俱，俱用北。鉴者之容于鉴无所不鉴。景之容无数，而必过正。故同处，其体俱，然鉴分。（《经说下》）

本条是对球面镜成像特点的总论。[①]《经下》的意思是说，当一个人正立于球面镜之前时（“临鉴而立”），将会出现两种情况：一种情况是所成之像是倒立的（“景到”），这是凹面镜成像的特点；一种情况是所成之像比原物小（“多而若少”），这是指凸面镜成像的特点。后期墨家短短几个字就把球面镜成像的特征说了出来。至于球面镜为什么会成倒像和缩小之像，后期墨家的解释是，因为镜面与人体比较起来小，因而无法把整个

① 也有人认为本条讲的是平面镜成像的原理。本书接受方孝博的意见，认为它讲的不是平面镜而是球面镜。下面的说明取自方孝博的解释。

人体都收进去（“说在寡区”）。这种解释是不正确的，它并没有把球面镜成像原理说明清楚。

《经说下》对球面镜所成之像的特点做进一步的解释。“正鉴，景多寡、貌态、白黑、远近、斜正异于光”，意思是说球面镜所成之像的范围大小、状貌形态、色彩明暗、距离远近和位置倒正都和物体本身不同。“鉴景当俱，就去亦当俱，俱用北”，意思是凡在镜前之物都一定会在镜内成一个像，镜与像同时存在。而且，物体在镜面前进行离开和接近的移动，像也会跟着进行移动。不过，物体和像的移动方向刚好相反：当物体逐渐接近镜面时，像总是逐渐离开镜面；当物体逐渐离开镜面时，像则是逐渐接近镜面。“鉴者之容于鉴无所不鉴。景之容无数，而必过正”，大概是说人的容貌在镜中都会有所反映，镜中所成之像的容貌是多种多样的，但与人的真实容貌总有差别。最后一句“故同处，其体俱，然鉴分”的意思可能是，如果磨得不好的镜面，其不同部分会有不同的曲率，一个物体在镜中会形成几个不同的像。把本段合起来，可以看出，后期墨家从经文到说文已经有所进步，《经下》中对球面镜成像原理的解释还很模糊而不准确，《经说下》对物体和镜像关系的说明就清楚准确多了。

（7）凹面镜成像原理。

> 鉴洼[1]，景一小而易，一大而正，说在中之外内。（《经下》）
>
> 鉴：中之内，鉴者近中，则所鉴大，景亦大；远中，则所鉴小，景亦小，而必正，起于中燧，正而长其直也。中之外：鉴者近中，则所鉴大，景亦大；远中，则所鉴小，景亦小，而必易。合于中而长其值也。（《经说下》）

本条说明凹面镜成像的原理。“洼”即低、深的意思，“鉴洼”就是指凹面镜。按照《经下》文，凹面镜成像有两种，一种是缩小而倒立的（“一小而易”），一种是放大而正立的。其根据在两者分别形成于物体的球心之外、内（“说在中之外、内”）。科学史家已经指出后期墨家这种说法不准确，因为他们没有明确区分球心和焦点，只是笼统地说中之外内，所以对凹面镜成像的第三种情况即物体在球心和焦点之间所成之像没有明

① “洼”原作“位”，从邓高镜校改。

确论述。

不过，到了《经说下》就不同了。《经说下》明确提出了“中燧”的概念，以区别于球心。这说明后期墨家对焦点和球心的区别已有所认识。[1]《经说》的解释同样分为两种情况，一种是物体在球心之内时：物体离球心近些（“近中”），则物体照起来也大些（“所鉴大”），因此所形成的像也大些（“景亦大”）；物体离球心远些（“远中”），则物体照起来也小些（“所鉴小”），因此所形成的像也小些（“景亦小”）。在这种情况下，像必定是正立的，物体也是从焦点开始（“起于中燧”），正立着往镜面方向挪动其位置的。显然《经说》的作者已经认识到放大正立的像是物体位于焦点以内时所形成的。

另一种情况是物体在球心之外时：物体离球心近些，则物体照起来要大些，所形成的像也要大些；物体离球心远些，则物体照起来要小些，所形成的像也要小些。在这种情况下，像必定是倒立的，物体也是在球心同自己的像重合之后，再背着镜面而挪动其位置的。

把本条和上一条联系起来，可以看出，《经说下》对《经下》似乎并不限于单纯的注解或例释，而是有所补充和修正。这从一个侧面再次说明了《墨经》诸篇非出于一人之手。

（8）凸面镜成像原理。

> 鉴团，景一。（《经下》）
>
> 鉴：鉴者近，则所鉴大，景亦大；其远，所鉴小，景亦小，而必正。景过正故招。（《经说下》）

本条说明凸面镜成像的原理。“团”即圆，指球体。“鉴团”说的就是凸面镜。经文的意思是说，物体无论放在凸面镜前的什么位置，都只能形成一种像。《经说下》则给予比较详细的解释：当物体距镜面近时，则物体照起来也要大些，所形成的像也要大些；当物体离球心远时，则物体照起来也要小些，所形成的像也要小些。而且，物体无论在何处，所形成的像总是正立的。

---

① 参见徐克明《墨家的物理学研究》，载《科技史文集》第12集，上海科技出版社1984年版，第61页。

值得注意的是，后期墨家还注意到了凸面镜所成之像为虚像。《经说下》中所谓“招”，即招摇、恍惚不定的意思。但他们对凸面镜成虚像原因的解释却是不正确的。后期墨家认为，如果物体与镜面的距离逐渐加远到极大时，像可以从正立转变为倒立（“过正”），进而变得模糊不清。这种结论大概是他们从凹面镜成像原理推测而来。

《墨经》中关于光学的内容主要就这八条。尽管这八条还有这样那样的不准确甚至错误之处，但并不影响它们在科学史上的崇高地位。可以这么说，《墨经》是世界上现存最早的光学著作，后期墨家大概也是科学史上较早试图解释和研究光学问题的一批学者。

3. 力学

《墨经》中关于力学的条目大概也有十几条，内容涉及时空观念、力的定义、杠杆原理、滑轮和斜面的作用等方面。其中，对时空和运动的关系，后期墨家的认识比较深刻。对杠杆原理的发现，后期墨家也早于西方。后期墨家之所以在力学方面取得一些成就，大概与他们从事筑城制械等军事活动有关。

（1）时间和空间。

> 久，弥异时也。(《经上》)
> 久：古今旦莫。(《经说上》)
> 宇，弥异所也。(《经上》)
> 宇：东西家南北。(《经说上》)

力学是研究机械运动的，机械运动与时间、空间紧密相连。后期墨家对时空问题相当重视，他们首先给时间和空间分别下了一个内涵定义：时间（“久”）是不同时段的总和，空间（“宇”）是不同场所的总和。《经说》则从外延方面予以进一步的说明：时间包括过去、现在、白天、晚上，空间包括东、西、中（“家”）、南、北。

这两个定义，看似简单，但含义却非常深刻。首先，它们揭示了时空的无限性。在时间和空间的内涵定义中，后期墨家都用了一个“弥”字。“弥”是一个全称概念，有周遍、包含一切的意思。后期墨家用“弥”字来定义时空，无疑把时空的共性即无限性揭示了出来。其次，它们说明了

时空是有限和无限的统一。尽管时间可以无始无终，空间可以无边无际，但要把这无限的时空体现出来，却必须借助于有限的时段和具体的场所。换句话说，只有从不同的时刻和时段（“异时”）才能体验时间，只有从不同的场所（“异所”）才能体验空间。后期墨家用“古今旦莫”来定义时间、用“东西家南北”来定义空间，说明他们已经认识到时空观念是从具体的感性经验中抽象出来的。

对于空间的有限和无限问题，后期墨家有过一个说法：“穷，或有前不容尺也”，“或不容尺，有穷；莫不容尺，无穷。”意思是说，当一个区域前面再也不能容下一条线的距离时，该区域就叫有穷的空间；当一个区域的前面永远都能容得下一条线的距离时，该区域就叫无穷的空间。对于时间的有限和无限问题，后期墨家也有一个说法：“久：有穷，无穷。”（《经下》）可惜他们并没有予以进一步解释，这是比较令人遗憾的。

（2）瞬时的定义。

> 始，当时也。（《经上》）
> 始：时，或有久，或无久，始当无久。（《经说上》）

瞬时是力学中的一个重要概念。要考察物体的运动，就必须把时间概念区分为两种，一种是有时隔的时段，一种是无时隔的瞬间。后期墨家称瞬间为“始”，有时隔的时间为“有久”，无时隔的时间为“无久”。由于“始”的含义是“当时”，即当下的一刹那，所以“始”就等同于无时隔的瞬间。把本条和上一条联系起来看，后期墨家的意思就很明显了，那就是，作为世界的整体在时间上是无始无终的，从具体事物来说，可以有一个开端，从研究具体事物的运动变化来说，则必要设定有一个时间值趋近于零的瞬间。后期墨家对“始”的定义为他们进一步研究物体的运动奠定了基础。

（3）运动与时空。

> 宇或徙，说在长宇久。（《经下》）
> 长：宇徙而有处。宇南北，在旦又在莫①。宇徙久。（《经说下》）

---

① “旦”原作“且”，从王引之校改。

行修以久，说在先后。（《经下》）

行：行者必先近而后远。远近，修也。先后，久也。民行修必以久也。（《经说下》）

这两条讨论运动和时间、空间的关系。第一条的《经说》以“长”作为标题的牒字，不合《墨经》的惯例，说明本条曾有窜乱。其大概意思是说，物体在空间的位置移动（“宇或徙”），实际上就是它在空间随时间的持续而自近而远（“说在长宇久”）。物体在空间的移动随时都有其所处的空间。如物体在空间自北向南，相应地时间就从早晨到晚上。这说明物体在空间移动是需要时间的（“宇徙久”）。[①] 第二条的意思是说，物体行经一定的距离，相应地就需要一定的时间，因为该物体行经各处有先有后。如人走路必须先近而后远，先后是时间，远近是距离，行走一定距离必须用一定的时间。两条合起来，可以看出后期墨家对运动和时空关系的基本看法，那就是时空是物质存在的形式，物质的运动是在时空中的运动。时间和空间紧密相连，物质在空间的运动需要相应的时间。这种看法大体上符合现代科学的观点。

（4）力的定义。

力，刑之所以奋也。（《经上》）

力：重之谓。下与重，奋也。（《经说上》）

“力”是力学中最重要的概念，后期墨家以“刑之所以奋”释“力”。其中，“刑”通“形”，指有形的物体。“奋”在古汉语中既有运动的含义，又有改变运动速度的含义。所以整句话的意思是说，“力”是使物体由静而动、动而愈速的原因。《经说》进一步举例说，物体的重量就是力的一种表现，像下坠和上举都是基于重量的作用，因而也是用力的具体例子。

---

① 本条的解释取自徐克明《墨家的物理学研究》，载《科技史文集》第12集，上海科技出版社1984年版，第61页。

（5）杠杆原理。

负而不挠[1]，说在胜。（《经下》）

负：衡木加重焉而不挠[2]，极胜重也。右校交绳，无加焉而挠，极不胜重也。（《经说下》）

衡而必正，说在得。（《经下》）

衡：加重于其一旁棰，权重相若也。相衡，则本短标长。两加焉，重相若，则标必下，标得权也。（《经说下》）

后期墨家对杠杆原理的说明主要借助于桔槔和衡来进行。桔槔和衡是中国古代社会生活中广泛使用的两种工具，桔槔的作用是从井中汲水或提取重物，衡则主要是用来称量物品重量的。经文中的第一条讲桔槔的原理和功能，第二条讲衡的原理和作用。下面我们分别予以解释。

先看第一条。桔槔的构造，按照方孝博的推测，大概是先立一根直木于地，然后再以一根横木用绳交结于直木的上端。这根横木就叫作桔槔的“衡”。“衡”的两端一边用来连接重物，一边则用来悬挂砝码。这样，衡和直木就构成了一个杠杆，其交结处即为杠杆的支点。支点靠重物一边的杆长被称作“本”，靠砝码一边的杆长被称作“标”。按照杠杆原理，“标”（力臂）与砝码的作用之和等于“本”（重臂）与重物的作用之和，所以桔槔要达到起重省力的效果，就必须制成“本短标长”的不等臂杠杆。本短故轻，标长故重。重则下垂，轻则上挠（即翘）。当衡木的标端与砝码的合力胜过本端加重后的合力时（“衡木加重焉而不挠”），那么标端下垂，本端上挠，这就叫作“极胜重”。如果支端的位置没有摆好，太接近于衡木的中部（“右校交绳”），那么本端所受的重力力矩可能大于标端所受的重力力矩，即使还没有加重，本端就已下垂，标端就已上挠，这就叫“极不胜重”。所以，如果桔槔的本端加重（“负”）之后，却不会上挠，那么其原因就在于这个“胜”的问题。这就是经文“负而不挠，说在胜”的意思。

再看第二条。“衡”即秤，它和桔槔一样，是利用不等臂杠杆原理制

① “负”原作“贞”，从孙诒让校改。

② “加”原作“如”，从毕沅校改。

作的一种实用工具。只不过，在功能上，“衡”的要求是永远使横木水平，标端不得下垂；桔槔则相反，必须使标端永远下垂，才能达到起重的目的。桔槔的标端也可能使用固定的砝码（“权”），但衡的“权”必须能够沿秤杆任意滑动，才能实现本和标的重力力矩大小相等。使用衡来称量物体重量的方法是借“权”在秤杆上位置的调整，来使秤杆达到平衡状态，这就叫作“衡而必正”。衡达到平衡后，如果加重于其中任一边，则这一边必定下垂，这是因为破坏了权重之间的比例。当权重之间成正比时，才能保持两边平衡，这时必然是本短标长。假若再在两边加上相等的重量，那么标这一端必定下垂，这就叫作“标得权”。

后期墨家关于杠杆原理的说明和应用大体如此。尽管他们还没有能够把杠杆原理表述为精确的公式，但从他们的阐述中，可以看出他们对该原理的精神已有深刻的理解。这是后期墨家对力学的一大贡献。

（6）滑轮的作用。

> 挈与收仮[①]，说在权[②]。（《经下》）
>
> 挈：挈，有力也。引，无力也。不必所挈之止于斜也。绳制挈之也。若以锥刺之。挈，长重者下，短轻者上。上者愈得，下者愈亡。绳直，权重相若，则止矣[③]。收，上者愈丧，下者愈得。上者权重尽，则遂挈。（《经说下》）

本条说明滑轮类简单机械的作用原理。“挈”是提的意思，指用力把重物向上提升。“收”是取的意思，指利用重力作用使被悬物体自动下落。“挈”和“收”两种动作刚好相反，所以经文说“挈与收仮”。《经说下》继续分析道，“挈”这种动作不一定只限于斜面上，还可以利用滑轮进行。“绳制挈之”的意思就是利用绳子穿过一定滑轮的办法来提升重物。如果我们把绳子的两端分别系上物体和权时，根据物体和权的重量关系，整个定滑轮系统将会出现以下三种情况：第一，当权比物体重时，权向下做加速运动，其悬绳越来越长；物体随之向上提升，其悬绳则越来越短（“挈，

---

① “挈与收仮”原作“契与枝板”，从张惠言、孙诒让校改。

② “权”原作“薄”，从孙诒让校改。

③ “止”原作“心”，从王运校改。

长重者下，短轻者上。上者愈得，下者愈亡”）。第二，当权和物体重量相等时，系统所受合力为零，保持静止牵引状态（“绳直，权重相若，则止矣”）。第三，当权比物体轻时，物体开始下降，权则随之上升，一旦权升到顶端，就可以重新开始提升物体（“收，上者愈丧，下者愈得。上者权重尽，则遂挈”）。

滑轮的主要作用是节省力气，后期墨家对权重受力几种情况的分析符合滑轮作用原理，可以说是他们对自己实践经验的一种科学总结。

（7）车梯的构造和作用。

> 倚者不可正，说在梯。（《经下》）
>
> 倚：两轮高，两轮为輲，车梯也。重其前，弦其前，载弦其胡，而悬重于其前。是梯，挈且挈则行。凡重，上弗挈，下弗收，旁弗劫，则下直。斜，或害之也，流梯者不得下直也。今也废石于平地，重，不下，无旁也。若夫绳之引胡也，是犹自舟中引横也。倚：背、拒、牵、射，倚焉则不正。（《经说下》）

本条以车梯这种简单机械为例，论述物体在斜面上运动的性质。“倚”指倾斜，“正”指垂直，“倚者不可正”的意思是物体在斜面上的运动不同于其在垂直方向的运动。

车梯的构造是：后边两轮高，前边两轮低，上铺木板构成一斜面。由于车梯重心偏前，必须在车的前端系一重物以使车保持平衡（“重其前，弦其前，载弦其胡，而悬重于其前”）。当使用车梯时，就把前面悬着的重物取掉，用力拉车前行（“是梯，挈且挈则行”）。

紧接着，《经说下》进一步分析物体在斜面上的运动规律：凡重物，如果上边不提拉，下边不牵引，旁边不推动，它就只受重力的作用，垂直下落。如果它的下降方向是斜的，一定是由于它的运动被限制在斜面上或受到了某一非垂直方向力的作用。如果把一块石头放在地上，它虽很重，也不会下落，那是由于除重力和地面的支撑力外没有其他力作用于它。对于车梯而言，人牵着绳子拉车行走，就跟用绳子牵着船前面的横木前进一样。

后期墨家认识到，有些运动必须利用斜面原理才可达到省力方便的目的。如，负重时人的背必须倾斜才能站得稳，支撑将倒的物体时木头与地面必须倾斜才能得力，用绳牵引物体前行时，绳和水平面所成斜角越小牵引力越大，投射物体时，倾斜投出才能抛得更远。

《墨经》中关于力学的条目还有一些，这里就不再逐条详述了。由于这一部分内容错漏较多，再加上许多专门术语的含义模糊不清，解释起来也就特别困难。我们的介绍参考了一些当代科学史家的分析，这是首先应当说明的。从这些介绍，大体可以看出，后期墨家在力学上的成就丝毫不亚于他们在几何、光学方面的成就，他们所达到的理论和技术水平远较人们所想象或愿意承认的程度为高。《墨经》仍然是中国科学史上有待进一步挖掘的宝库。

二、后期墨家与中国传统科学

上节我们粗略介绍了后期墨家的科学成就，本节再简单讨论一下后期墨家与中国传统科学的关系。尽管我们有充分的理由把后期墨家看作是战国时期科学发展的一个高峰，但从基本精神和发展方向来看，后期墨家同中国传统科学的整体特征都存在着显著的差异。研究这种差异不但有助于我们了解后期墨家的科学思想何以会长期湮没不彰，而且还有助于我们认识中国传统科学的内在缺陷。

1. 中国传统科学的特点

中国古代科学技术曾经在很长一段时间内居于世界前列，但到16世纪西方近代自然科学产生之后，这一古老传统开始明显落后于时代。与西方近代自然科学相比，中国的传统科学有如下几个特点。

第一，实用化。一般来讲，科学的发展主要基于两大动力，一是对知识的爱好，这种爱好纯粹是为了理解本身，不带有任何功利的目的；二是实践的需要，即主要是为了满足指导经验的实际目的。中国传统科学发展的动力基本上都属于后一种情况，即都是为了解决某些实际的问题，纯粹对理论或知识的追求非常少见。结果，中国传统科学的形态大多停留在经验的层面，缺少严密的理论体系。

中国古代比较发达的科学有天文学和数学。天文学是一门建立在经验

观测基础上的应用学科。在中国，它之所以备受重视，主要有两方面的原因。一是天象观测直接关系到王朝政治。这与天人感应说的流行有关，因为古人很早就认为地上王权是由上天安排的，所以观测天象是对上天意志的一种把握。另一个原因是农业生产的需要。中国是一个以自然经济为主的国家，农业在社会生活中的地位举足轻重。由于农业的季节性很强，政府需要根据天象观测制定历法，公布于众，指导人们生产。结果，天文学就被局限于设置历法、确定季节、预测吉凶这些小范围内，人们研究天象并不是出于对天体运行的规律感到惊奇，而在于观测的结果给地上王权所带来的实际后果。一旦超出了这个范围，政府不但不会采取任何措施加以鼓励，而且还常常用各种手段进行压制。

数学的情况与天文学大体相同。中国古代数学相当发达，在圆周率、高次方程近似解等方面都达到了非常精确的程度，出现了刘徽、祖冲之、秦九韶等一批杰出的数学家。但是，数学在古代中国地位并不高，它只是一种“术”，一种解决具体问题的技术。人们研究它，是因为历法、土地丈量、谷仓容积、税收等需要精确的计算。如《九章算术》，其内容共分方田、粟米、衰分、少广、商功、均输、盈不足、方程、勾股共九章，合计246道应用题。其中，方田是关于田亩面积的计算，粟米讲的是比例问题，衰分是依等级分配物资和摊派税收的比例分配问题，少广讲的是开方方法，目的是从已知面积或体积反求边长，商功是有关城、垣、沟、渠、仓、窑等各种工程体积的计算，均输是计算如何按人口、物价、距离等条件摊派税收和劳力等问题。所有这些都是为了解决实际生活中的计算问题，换句话说，《九章算术》实际上是一部应用数学习题集。中国古代数学著作大多与《九章算术》同一体例，这决定了中国代数学的发达和计算能力的高超。至于更高层次的数学理论研究，由于与实际问题的关联不大，常常被有意无意地忽略了，导致计算一旦达到极致，就会因为缺乏公理化的演绎系统而被迫中断发展。

第二，伦理化。古代科学的发展通常与哲学密切相关，古希腊如此，中国同样如此。在古希腊，哲学首先发端于对自然的探索，哲学家通常也是当时著名的科学家。中国却刚好相反，除了极个别人之外，最初从事理论研究的基本上都是人文学者，因此，社会的治乱、道德的善恶以及生存的意义等才是他们最关心的内容。特别是后来儒学独尊地位的确立更是强化了这种倾向，使得中国哲学始终为伦理主义所笼罩。这一点影响到科学上，使传统科学带上了浓厚的伦理化特征，人们之所以研究自然现象，大多是出于某种道德的目的。正如有论者指出的，“在这种思想支配下，人们很难把自然界当作科学的客观对象来研究。理气之争与善恶相随，天地日月之论与君臣等级相伴，世界是万物交感的世界，学问家的任务在于建立起包括自然现象在内的给出伦理说明的理论体系。在封建宗法制的中国社会里，政治和伦理是紧密结合成一体的，科学理论伦理化的倾向，就使得科学理论的争论和政治斗争纠缠不清，大一统政权愈是强大巩固，科学理论的发展愈是受到政治的控制，一旦它不能满足统治阶级的政治需要，前进的道路就有可能被阻塞”①。

第三，思辨化。中国哲学素以辩证思维发达而著称，李约瑟曾经指出：“有趣的是，在逻辑学方面似乎曾出现过相反的过程，当希腊人和印度人很早就仔细地考虑形式逻辑的时候，中国人则一向倾向于发展辩证思维。”由于这种辩证思维并没有经过精确的形式化，没有建立在形式逻辑的基础上，所以常常带有思辨和模糊的色彩。影响到科学上，就是导致许多结论似是而非，不可求证。譬如阴阳学说，就是如此。在中国历史上，阴阳是很早就形成的一对范畴，主要用来说明事物发展演化的规律。阴代表柔弱、消极等特性，阳代表刚健、积极等特性，两种特性既互相对抗又互相依赖，从而共同促进事物的发展和变化。这种学说的影响极大，不但构成了中国哲学的最重要的思想方法，支配了中国哲学的发展方向，而且还成了科学家们解释自然现象的基本理论。举凡清楚的、不清楚的，都可以拿阴阳来解释。如电是阴阳相激的结果，地震是“阳伏而不能出，阴迫而不能蒸”，火药的爆炸是“硝性至阴，硫性至阳，阴阳两神物相遇于无隙可容之中”，磁石吸铁是“阴阳相感”，生病发热属“阴阳失调”，甚至方圆也可用阴阳来解释：“方象法地，故静而有质，可以象数求之。圆象法天，动而无形，故不可以象数求之。方体本静，而中斜者乃动而生阳者也。圆体本动，而中心之径乃静而根阴者也。天外阳而内阴，地外阴而内阳。阴阳交错而万物化生，其机正在于奇零不齐之处，上智不能测，巧历不能尽者也。”② 阴阳成了万能的工具，可以用来解释一切自然现象。按

---

① 中国科学院《自然辩证法通讯》杂志社：《科学传统与文化》，陕西科学技术出版社1983年版，第30页。

② 顾应祥：《静虚斋惜阴录》卷六，明刻本。

照当代科学哲学的研究，如果一个理论能够解释一切现象，那么它肯定言之无物，什么也解释不了。所以，用阴阳来解释电、地震、火药爆炸、磁石吸铁、疾病等现象，是根本无法把它们的原理解释清楚的。

除了无法正确解释自然现象之外，思辨化还有一个弊端是影响科学研究向深层发展。辩证思维的结果常常显得非常圆通，使人们易于迷惑在已知的结论之中，从而无法拓展研究的深度和广度。有时，它甚至成了人们消极和逃避的遁词。清代大学者阮元曾这样评价中国古代的天文学："古推步家齐七政之运行，于日躔曰盈缩，于月离曰迟疾，于五星曰顺留伏逆，而不言其所以盈缩、迟疾、顺留逆伏之故。良以天道渊微，非人力所能窥测，故但言其所当然，而不复强求其所以然，此古人立言之慎也。"[①]一个"天道渊微，非人力所能窥测"，就把问题轻轻带过。在阮元看来，只要停留在经验表象的层面也就够了，不必再进一步追问所以然。这种态度恐怕也是中国古代大多数知识分子的态度。以这种态度来解释自然现象，又如何能够提出比较科学的理论系统出来呢？

中国传统科学的特征可能还有很多，但以上几点似乎是最明显最突出之处。它们决定了中国传统科学的基本模式，那就是轻理论而重技术、轻分析而重综合、轻实验而重联想、轻逻辑而重思辨。自然现象和自然规律基本上没有被当作一种客观对象来研究，科学永远都是政治、伦理和实际需要的附属物。

2. 墨学衰微对中国传统科学的影响

和中国传统科学的总体特征相比，后期墨家在科学研究方面有一些独到之处。除了具体科学上的贡献之外，后期墨家还为科学活动贯注了一种比较独特的精神和方法，预示着科学研究的另一种可能途径。可惜的是，随着墨学的衰微，后期墨家所代表的新方向、新精神也随之消失了。

从《墨经》中的几何和光学内容来看，后期墨家实际上是一个理性和经验并重的学派，他们已经大大超出墨子狭隘的经验主义立场。这也许是他们能够同时在数理科学和经验科学两方面做出成绩的原因所在。就几何学而言，尽管后期墨家所提供的只是一些定义和界说，但这些定义和界说的准确程度在很多情况下同现代科学并无二致。光学领域又是另一种景

---

① 阮元等撰、冯立升等校注：《畴人传合编校注》，中州古籍出版社2012年版，第419页。

象，这里虽没有定义、推演，但却充满观察和实验的气息。《墨经》中的八条光学内容几乎就可以看作后期墨家的实验记录。有了切实的实验，他们的结论才能够建立在比较可靠的基础之上。把《墨经》中的几何学、光学和力学内容结合起来考虑，可以发现，后期墨家实际上应用和发展了一套比较系统的科学方法，这套方法即使现在看来也不失其参考价值。

（1）定义。科学与技术不同，它必须表现为一种理论体系。建立理论系统的首要前提就是定义。定义是使概念或术语获得确切意义的主要方法。只有在定义的基础上，才能够建立起科学理论的大厦。在中国古代思想史和科学史中，最早重视下定义的学派恐怕就是后期墨家了。《墨经》四篇中的《经上》篇由将近一百条定义构成，其中涉及几何学的就有“体”“端”“方”“圆”“中”“间”“纑”“撄”“仳”“次”等十几个，这十几个定义分别涉及几何学中整体与部分的关系、有穷无穷问题、点线面及图形之间的关系等。而且，有些定义之间还蕴藏着密切的逻辑联系。如后期墨家首先给“圆”下了一个定义：“圆，一中同长也。”然后又为“中”和“同长”下定义：“中，同长也。”“同长，以正相尽也。”这样环环相扣，使得概念的含义变得明白晓畅。

（2）分类。一些科学史家曾经指出，分类是科学得以发展的第一步。因为，只有分类，然后我们才能区分不同的事物，并进行分门别类的研究。在中国古代科学史中，后期墨家也已经充分意识到了这一点。从《墨经》中我们可以看到，后期墨家特重概念的分辨，他们对一些范畴常常一分再分。如，“知”有闻、说、亲，其中“闻”有亲闻和传闻；“知”有名、实、合、为，“名”又有达、类、私，“合”又有正、宜、必，“为”则有存、亡、易、荡、治、化；“已”可分为成、亡，“使”可分为谓、故，“谓”又可分为移、举、加等。科学方面的例子也不少，“穷”可以分为“有穷”“无穷”，“宇”可以分为东、西、家、南、北，“久”可以分为“古、今、旦、暮”，形体之间的关系可以分“间”（相离）、“撄”（相交）、“次”（相切）、“仳”（相比）等，球面镜也可分为“鉴团”“鉴洼”两种。在《经下》篇，后期墨家还专门为分类制订了一条原理，那就是“异类不比”，其根据在量的不同，像“木与夜孰长，智与粟孰多”这样的说法都是不知类的结果。后期墨家之所以能在科学上取得一些成就，很大程度上归因于他们对分类的重视。

（3）观察和实验。就现有史料看，后期墨家可能是先秦诸子中唯一重视并从事观察和实验的学派。从科学史的角度看，观察和实验也是近代科学最典型最重要的方法。它的前提是直接面对事实，而不是依靠理性、权威和上帝。特别是实验，它是由人主动地提问题，然后让自然作答，因此最足以发挥人的能动性。就此而论，后期墨家与现代科学有某种共同之处。从光学部分可能看出，后期墨家实际上已经不仅仅停留在被动观察的阶段，他们有意识地设计一些光学试验，如反射、针孔成像等，这为他们获得正确的结论奠定了基础。

爱因斯坦在谈在近代科学的起源时曾经说："西方科学的发展是以两个伟大的成就为基础，那就是说，希腊哲学家发明形式逻辑体系（在欧几里得的几何学中），以及通过系统的实验发现有可能找出因果关系（在文艺复兴时期）。"①　他并且进一步推测说，中国之所以没有产生出近代科学来，是因为中国古代并没有迈出这两步。如果从中国传统科学的整体特征来看，爱因斯坦的观察无疑是对的。中国古代确实逻辑观念极不发达，从名、墨的沉沦和因明学的昙花一现就足可说明问题。但是，承认这一点并不意味着说中国古代完全没有人朝着逻辑和实验的方向努力。像后期墨家，一方面深入研究辩论的技巧、推理的规则和方法，另一方面又积极从事具体的科学实验，就是重视逻辑和实验的典型例子。他们所揭示的科学方法，在偏重分析精神、确定性的追求和经验事实的验证等方面，与西方近代科学精神有许多近似之处。如果按照后期墨家的路子发展下去，中国古代科学可能会是另一种图景。遗憾的是，随着墨学的衰亡，后期墨家所发展的这些科学方法及其精神也随之消失了。

---

①　爱因斯坦：《爱因斯坦文集》第1卷，商务印书馆1976年版，第574页。

第九章

墨家与先秦诸子

战国是一个“百家争鸣”的时代。由于社会的急剧变动、政治气氛的相对宽松以及游说养士之风的形成，思想界呈现出空前繁荣的局面。一大批来自不同阶层、不同地区的知识分子竞相立言创教，议论时政，为治国安民出谋划策，结果形成了许许多多大小不等的学派。为了推行自己的政治主张和社会理想，这些学派的领袖们不但聚众讲学，而且经常带领着弟子徒属外出游历，从事上说下教的活动。在游历的过程中，他们之间还时常发生相互批评、辩难甚至攻击的事情。正是通过这种争鸣和辩论，各家各派既相互了解，又相互影响，从而推动了思想和学术的不断发展。

墨家是战国时期思想界最活跃的学派之一。它在争鸣中产生，同时又参与塑造了这种争鸣的气氛。前期墨家争鸣的主要对象是儒家，后期墨家批判的矛头则从儒家逐渐转移到了名家和道家。墨家和儒、道、名三家的争论一方面深化了墨家自身的理论，另一方面则使儒、道、名三家的主张不同程度上打上了墨家的烙印。研究墨家和儒、道、名三家之间的争论将有助于我们认清它们之间的异同分合。

一、儒墨之争

按照《淮南子·要略》篇的说法，墨家是从儒家分化出来的：“墨子学儒者之业，受孔子之术，以为其礼繁扰而不悦，厚葬靡财而贫民，（久）服伤生而害事，故背周道而用夏政。”也许正因为如此，墨家的主张才处处和儒家相反。墨子本人曾与一些儒者进行过面对面的辩论，同时对孔子的言行也提出了激烈的批评。稍后，孟子和荀子则站在儒家的立场上对墨子进行了更为猛烈的反击。儒墨之争构成战国时期思想界争论的焦点

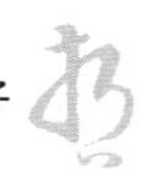

之一。

1. 儒墨异同

在诸子百家中，儒墨是对立比较严重的两个学派。就关注的问题而言，两家大体相同，即都在寻求如何通过伦理的改造以达到变革社会、实现天下之治的目的，但两家选定的解决途径却截然相反：儒家希望在宗法制的基础上逐渐恢复旧有的伦常规则，墨家则主张彻底打破血缘宗法制的束缚并进而重建社会伦理。在这个基点之上，两家各自演绎出一套思想系统。这两个系统几乎在每一个重要方面都是不同的。

第一，儒家亲亲，墨家兼爱。

所谓“亲亲”，就是指根据血缘关系的远近来实施不同程度的爱。《礼记·丧服小记》对“亲亲”有一个解释：“亲亲，以三为五，以五为九，上杀，下杀，旁杀，而亲毕矣。”“杀”的意思是减。“上杀”，是由父到祖父，到曾祖父，再到高祖父，共四世而穷，血缘的关系一层远于一层，彼此的情感也一层疏于一层，表现在服制上也是一层轻于一层。“下杀”，是由子到孙，到曾孙，再到玄孙，也四世而穷。“旁杀”，是由亲父到亲兄弟，由亲祖父到亲从父兄弟，由亲曾祖父到亲从祖父兄弟，由亲高祖父到再亲从族昆弟，也四世而穷，相应地，其血缘的关系也就越来越远，彼此的情感也就越来越疏，其服制也就越来越轻。[①]“亲亲”是宗法伦理的主要内容之一。儒家拥护宗法制度，相应地也就赞成宗法伦理。孔子所谓“仁”、孟子所谓“推己及人”实际上都是“亲亲”原则的另一个说法而已。

墨家反对宗法制，主张打破血缘上的远近亲疏之别，同等程度地施爱。墨子称有差等的爱为“别爱”，无差等的爱为“兼爱”。在处理人际关系时，墨子主张用“兼爱”来代替“别爱”，把别人的国看成是自己的国，把别人的家当作自己的家，把别人的身体当作自己的身体，这样就不会出现“强之劫弱，众之暴寡，诈之谋愚，贵之敖贱”的现象。兼爱的含义可以恰当地用四个字来表达，那就是“视人如己”。“视人如己”和“推己及人”正好可以把儒墨两家所讲的爱的差别清楚地区别开来。

第二，儒家尊尊，墨家尚贤。

① 金景芳：《古史论集》，齐鲁书社 1982 年版，第 135 页。

宗法制体现在伦理上是一种差等之爱，体现在政治上则为一种贵族政治。所谓“尊尊”，有时亦叫“尊贤”“贵贵”，意思是说，凡是居于低位者，都应该尊敬居于高位者。《礼记·丧服四制》云：“贵贵、尊尊，义之大者也。”《中庸》云：“义者宜也，尊贤为大。亲亲之杀，尊贤之等，礼所生也。”均说明“尊尊”是宗法伦理的另一个重要内容。儒家赞成宗法制的结果便是在政治上主张“尊尊”。孔子严格分辨君子和小人，孟子区别劳心者与劳力者都是比较明显的例子。所以，尽管孔子也主张任用贤才，但他所谓“贤”只能限制在宗法伦理的前提之内，只能在贵族中挑选。

墨家反对建立在血缘关系基础之上的等级制度，提出了“尚贤事能”的口号。按照墨子的说法，尚贤的要求是“虽在农与工肆之人，有能则举之，高予之爵，重予之禄，任之以事，断予之令”（《尚贤上》）、“不党父兄，不偏富贵，不嬖颜色。贤者举而上之，富而贵之，以为官长。不肖者抑而废之，贫而贱之，以为徒役”（《尚贤下》），这样“贤”的范围得到了极大的扩展，无论是农夫，还是百工、商人，只要德才兼备，就都有机会成为官长。

第三，儒家繁饰礼乐，墨家非礼非乐。

对于儒家来说，礼乐是标志身份等级、敦化世道人心的手段。孔子云：“克己复礼为仁。一日克己复礼，天下归仁焉。”（《论语·颜渊》）又云：“上好礼，则民易使也。”“文之以礼乐，亦可以为成人矣。”（《论语·宪问》）荀子说得更露骨：“有天有地，而上下有差。明王始立，而处国有制。夫两贵之不能相事，两贱之不能相使，是天数也。故制礼义以分之，使有贫富贵贱之等，足以相兼临者，是天下之本也。”（《荀子·王制》）“天数”本来就有贵有贱，圣人之所以制定礼义，就是为了确保这种有贵有贱的等级制度的有效实施。

对于墨家来说，由于从根本上反对世袭的等级制度，所以礼乐就成了旷时费日、劳精耗神、徒费钱财的“无用之举”，属于彻底否弃的行列：“民有三患，饥者不得食，寒者不得衣，劳者不得息，三者民之巨患也。然即当为之撞巨钟，击鸣鼓，弹琴瑟，吹竽笙，而扬干戚，民衣食之财将安可得乎？”因此，“今天下士君子，请将欲求兴天下之利，除天下之害，当在乐之为物，将不可不禁而止也”。（《非乐上》）

第四，儒家主张厚葬久丧，墨家主张薄葬短丧。

丧葬是礼的一个重要方面。由于丧葬活动既可以起到慎终追远的目的，又可以体现等级的差别，所以儒家特别强调要厚葬久丧。孔子主张三年之丧："子生三年，然后免于父母之怀。夫三年之丧，天下之通丧也。"（《论语·阳货》）孟子认为只有厚葬才能尽心："古者棺椁无度，中古棺七寸，椁称之。自天子达于庶人，非直为观美也，然后尽于人心……吾闻之也，君子不以天下俭其亲。"（《孟子·公孙丑下》）

墨家反对厚葬。认为厚葬既费财，又败男女之交，不利于人口的增长。墨子提出节葬的主张："故衣食者，人之生利也，然用犹尚有节；葬埋者，人之死利也，夫何独无节于此乎。"（《节葬下》）为此，他制定了一个"葬埋之法"："棺三寸，足以朽骨，衣三领，足以朽肉，掘地之深，下无菹漏，气无发泄于上，垄足以期其所，则止矣。"（同上）所有人一律都用三寸桐棺，这样，除了节俭之外，等级的差别也就无从体现在丧葬活动中了。

第五，儒家耻言功利，墨家爱利并举。

儒家讲仁讲爱均发自亲情和内心，所以只求施予，不言回报。孟子云："今人乍见孺子将入于井，皆有怵惕恻隐之心，非所以内交于孺子之父母也，非所以要誉于乡党朋友也，非恶其声而然也。"（《孟子·公孙丑上》）这里的"恻隐之心"指的就是一种同情心，它没有任何功利的目的，孟子认为只要把这种恻隐之心充分扩充出去就是仁。由于儒家只问应当，不讲效果，所以在义利问题上，重义轻利。孔子云："君子喻于义，小人喻于利。"（《论语·里仁》）孟子云："王何必曰利？亦有仁义而已矣。"（《孟子·梁惠王上》）

墨家讲仁讲爱则从功利和效果的角度考虑，对人有利的方可称为仁为爱，对人无利的就不能称为仁称为爱："仁人之事者，必务求兴天下之利，除天下之害。"（《兼爱下》）"兴天下之利，除天下之害"成为判定一个人是否"仁人"的标准。墨子讲"兼相爱"，常与"交相利"并提，如"兼相爱，交相利""爱人利人""爱利万民"等。

第六，儒家敬天远鬼，不言祸福；墨家尊天明鬼，专言赏罚。

由于儒家宣扬的是一种动机论，所以道德行为的根据只在于人的内心，而与天、鬼的意志无关，祸福全由自召。孟子云："祸福无不自己求之者。《诗》云：'永言配命，自求多福。'《太甲》曰：'天作孽，犹可违。自作孽，不可活。'此之谓也。"（《孟子·公孙丑上》）儒家重人事，对天、鬼多存而不论。子贡云："夫子之言性与天道，不可得而闻也。"孔子云："未能事人，焉能事鬼。"（《论语·先进》）又云："敬鬼神而远之，可谓知矣。"（《论语·雍也》）

墨家宣扬的是一种效果论，所以道德行为的根据在于外在的标准，故必求助于天、鬼的赏罚。墨子把天、鬼描写得活灵活现："夫天不可为林谷幽间无人，明必见之"（《天志上》）、"今人皆处天下而事天，得罪于天，将无所避逃之者矣"（《天志下》）。如果统治者顺从天、鬼的意志，就会得到天、鬼的赏赐，否则就会得到天、鬼的惩罚："顺天意者，兼相爱，交相利，必得赏；反天意者，别相恶，交相贼，必得罚。"（《天志上》）

第七，儒家主有命，墨家则非命。

命是一种客观的、不依人的意志为转移的东西。儒家基于其等差观念，承认有命的存在。孔子云："唯上智与下愚不移。"（《论语·阳货》）子夏云："死生有命，富贵在天。"（《论语·颜渊》）讲的都是人之贤愚、死生、贫富非由人力所决定。所以儒家要求安命、立命和顺命，即主张尽人事以待天命。孔子云："不知命，无以为君子也。"（《论语·尧曰》）孟子云："莫非命也，顺受其正。是故知命者不立乎岩墙之下。"（《孟子·尽心上》）

墨家则相反。墨家基于其平等的主张，坚决反对有命的存在："执有命者，此天下之厚害也。"（《非命中》）墨子担心，承认有命会使人只相信命运而不强力从事，因而使赏罚失去作用："执有命者之言曰：命富则富，命贫则贫，命众则众，命寡则寡，命治则治，命乱则乱，命寿则寿，命夭则夭，虽强劲何益哉？上以说王公大人，下以驵百姓之从事，故执有命者不仁。"（《非命上》）

儒墨之间的区别还有许多，我们这里就不再一一列举了。从以上七条，已经足可看出两家思想的差别之大。考虑到墨家的后起以及墨子早年曾受过儒家的教育，两家之间的这些区别极有可能是墨子有意立异的结果。这为后来儒墨之间进一步交恶埋下了伏笔。

2. 墨子之"非儒"

由于基本观点截然相反，再加上活动地点同在邹鲁，儒墨之间发生相互批评和相互指责的事情也就不可避免了。早期儒家的著作虽然并未发现有直接批评墨家的言论，但墨家的著作中却保留下了许多墨子与儒者辩论以及墨家后学批评儒家的事例。从这些事例，我们可以大体看出战国前期儒墨相争的情况。

《墨子》书中，记载儒墨相互辩难情况的主要有《非儒下》《耕柱》《公孟》等篇。其中，《非儒下》比较特别。从该篇的题目就可以看出，它是专门批评儒家的。不过，该篇的内容却明显分成了两个部分。前半部分所讲，多就事立论，其内容与《公孟》等篇大体相同。例如：

> 儒者曰："亲亲有术，尊贤有等。"言亲疏尊卑之异也。其礼曰："丧，父母三年；妻，后子三年；伯父、叔父、弟兄、庶子其；戚族人五月。"若以亲疏为岁月之数，则亲者多而疏者少矣，是妻、后子与父同也。若以尊卑为岁月数，则是尊其妻子与父母同，而亲伯父、宗兄而卑子也。逆孰大焉？

这是墨者对儒家"亲亲""尊尊"原则的批评。按照儒家的说法，亲疏远近不同，服丧亦有时间上的长短之别，如父母三年，妻、后子三年，伯父、叔父、兄弟、庶子一年等。但在墨家看来，儒家丧礼的这些规定恰恰违反了差等原则，陷入了自相矛盾之中。因为，无论是从亲疏来说，还是就尊卑而论，父母与妻、后子均不应同等对待。儒家把父母、妻、后子的服丧日期都定成三年，显然是一种自相乖违的规定。

又如：

> 其亲死，列尸弗敛。登屋窥井，挑鼠穴，探涤器，而求其人焉。以为实在，则赣愚甚矣。如其亡也，必求焉，伪亦大矣。

这是墨者对儒家招魂行为的批评。这些招魂举动不见于现存儒家典籍，很可能是战国时期从事襄礼的儒家末流所为。在墨者看来，儒家既然不相信有鬼魂的存在，就不应该有招魂的举动。儒者在亲人死的时候，停尸不埋，到井里、屋中甚至鼠穴涤器里面去寻找死者的灵魂，这种行为不是由于愚蠢，就是出于虚伪。

又如：

> 且夫繁饰礼乐以淫人，久丧伪哀以谩亲，立命缓贫而高浩居，倍本弃事而安怠彻。贪于饮食，惰于作务，陷于饥寒，危于冻馁，无以违之，是苦人气，鼸鼠藏，而羝羊视，贲彘起。君子笑之，怒曰："散人，焉知良儒！"夫夏乞麦禾，五谷既收，大丧是随，子姓皆从，得厌饮食，毕治数丧，足以至矣。因人之家以为翠，恃人之野以为尊，富人有丧，乃大说喜，曰："此衣食之端也。"

这是墨者对儒家末流卑琐形象的一种嘲讽。儒最初是一种职业，主要任务是襄礼，即在丧葬等活动中帮助人家行礼。从《论语》和《礼记》中我们可以看到，孔子的许多弟子实际上都是这种从事襄礼的儒。对于孔子及其高弟来讲，礼当然有其深刻的伦理、政治及教化意义，但到儒家末流那里，礼就变成了一种单纯的形式，一种谋生的手段而已。墨者正是抓着这一点对儒家进行了辛辣的讽刺。在墨者看来，儒家繁饰礼乐的目的是迷惑世人，坚持久丧是为了假装悲哀欺骗双亲，主张有命是为了让人安于贫困。儒者平时好吃懒做，仰人之食，与乞丐无异。当看到别人的食物时，儒者的目光贪馋得就像公羊的瞪视，动作匆忙得像公猪的跃起。如果有人因此而嘲笑他们，他们就会发怒说："庸人怎么会知道良儒！"到了夏天，儒者只好向人家借粮吃。收获的季节一过，当人们开始操办丧事的时候，这些儒者就忙乎起来了，他们全家也都跟着去饱餐一番。如果是富人家死了人，儒者便会欣喜若狂地说，又有饭吃了。

《非儒下》篇前半部分的内容大体如此。其批评的对象主要是儒家关于丧葬等方面的主张以及儒者在襄礼等活动中的不光彩行为。事实上，这一部分并未直接针对某个具体的人物，它所讽刺的只是儒者们的群体形象。

到了后半部分，情况就不同了。《非儒下》篇的后半部分专门丑诋和攻击孔子的言行，根据近人的考证，许多记载都与史实不符。如：

> 孔丘之荆，知白公之谋，而奉之以石乞，君身几灭，而白公僇……今孔丘深虑同谋以奉贼，劳思尽知以行邪，劝下乱上，教臣杀君，非贤人之行也。

这段话的意思是说孔子亲自参与了白公之乱。其理由是孔子到楚国时，已经知道白公要叛乱，他还是把石乞推荐给了白公，弄得后来楚国国君差点死掉。墨者因此得出结论说，孔子这种与贼同谋、教唆叛乱的行为根本不是贤人所为。按照《史记·孔子世家》的记载，孔子之楚在楚昭王二十七年（公元前489年），当时白公正在国外流亡，孔子不可能把石乞推荐给他。当白公之乱发生时，孔子已经死了几个月之久，更不可能亲自参与白公的叛乱。《非儒下》的这段话显然是伪造的。

又如：

> 孔丘与其门弟子闲坐，曰："夫舜见瞽叟就然，此时天下圾乎！周公旦非其人也邪？何为舍亓家室而托寓也？"孔丘所行，心术所至也。其徒属弟子皆效孔丘，子贡、季路辅孔悝乱乎卫，阳虎乱乎齐，佛肸以中牟叛，桼雕刑残，莫大焉。

这段话是指责孔子心术不正。其根据是，一贯推崇舜和周公的孔子，有一次和弟子闲坐聊天却说，舜一看见瞽叟就面有蹙容，周公舍其家室而住在外面，所以不能算作仁人。由于孔子的影响，他的许多弟子徒属也都有心术不正的嫌疑，如子贡、子路两人曾帮助孔悝在卫国作乱，阳货和佛肸分别在齐国和中牟作乱，桼雕则做了很多残暴的事。墨者转述孔子的这段话不见于儒家的典籍，从《论语》的记载看，孔子对舜和周公均极尽赞美之能事，如说"巍巍乎！舜禹之有天下也，而不与焉"（《论语·泰伯》）、"甚矣吾衰也！久矣吾不复梦见周公"（《论语·述而》），似乎孔子不可能私下里攻击舜和周公的为人。另外，阳虎、佛肸根本不是孔子的弟子，子路之死也不是由于参与孔悝的叛乱。整段话显然也是墨者有意伪造的。

由于《非儒下》后半部分的记载严重失实，学者们多倾向于把它看成墨家后学所作。栾调甫曾分析道："疑其人习闻墨子非儒之旨，又亲见儒者辟墨之辞，不觉奋起愤怨之私，采摭野语横致诽难，而不暇顾其为说之若何也。"[①] 从思想史的角度看，《非儒下》篇的意义在于反映了墨子身后儒墨两家相争的激烈程度。

---

① 栾调甫：《墨子研究论文集》，人民出版社1957年版，第115页。

《非儒下》之外，《公孟》和《耕柱》篇所记载的墨子和儒者的对话倒很可靠，可以作为信史看待。由这两篇看，与墨子辩论的儒者主要有程繁、子夏之徒、巫马子和公孟子等人，所争论的问题涉及丧葬、鬼神、礼义、祸福、述作、言服、兼爱、有命无命、立身行事的原则以及对孔子的评价等十分广泛的内容。从这两篇文字来看，我们大体可以了解墨子生前儒墨两家互相辩难的真实情况。

首先看墨子和程繁的辩论：

> 子墨子谓程子曰："儒之道足以丧天下者，四政焉。儒以天为不明，以鬼为不神，天鬼不说，此足以丧天下。又厚葬久丧，重为棺椁，多为衣衾，送死若徙，三年哭泣，扶后起，杖后行，耳无闻，目无见，此足以丧天下。又弦歌鼓舞，习为声乐，此足以丧天下。又以命为有，贫富寿夭，此足以丧天下。"程子曰："甚矣，先生之毁儒也。"子墨子曰："儒固无此若四政者，而我言之，则是毁也。今儒固有此四政者，而我言之，则非毁也，告闻也。"（《公孟》）
>
> 子墨子与程子辩，称于孔子。程子曰："非儒，何故称于孔子也?"子墨子曰："是亦当而不可易也。今鸟闻热旱之忧则高，鱼闻热旱之忧则下，当此，虽禹汤为之谋，必不能易矣。鸟鱼可谓愚矣，禹汤犹云因焉。今翟曾无称于孔子乎?"（《公孟》）

按照孙诒让的意见，程繁可能是一位兼治儒墨的学者。在《三辩》篇里，程繁已经与墨子讨论过音乐的问题。墨子主张非乐，程繁则认为音乐是调节情绪和放松精神的一种手段，完全否定音乐不是有血气者所能忍受的。此处则从总体上讨论儒学的弊端。墨子认为儒家学说至少有四点足以使天下灭亡：第一，儒家认为天不明察，鬼不灵验，天鬼会不高兴；第二，儒家主张厚葬久丧，伤生损寿；第三，儒家繁饰礼乐，劳民伤财；第四，儒家主张有命，使人不再强力从事。程繁认为墨子对儒家的攻击太过分了，对此，墨子辩护说，他所讲的是"告"而不是"毁"，"毁"是捏造，"告"则讲的事实。这种辩护说明墨子自信之坚，他对"四政"的分析基本上代表了墨家对儒学价值的最终评判。

另外，墨子与程繁也讨论到了对孔子的评价问题。程繁不能理解的是，墨子既然反对儒家，何以还会称赞孔子。墨子的解释是，孔子的主张也有正当而不可改变的地方，这正像鸟遇到热旱就会高飞、鱼遇到热旱就会下潜一样，即使圣人也不能改变。这种立场较之于《非儒下》篇对孔子人身的肆意攻击，可以说光明磊落多了。

其次看墨子和子夏之徒的辩论。《耕柱》篇云：

> 子夏之徒问于子墨子曰："君子有斗乎？"子墨子曰："君子无斗。"子夏之徒曰："狗豨犹有斗，恶有士而无斗矣？"子墨子曰："伤矣哉！言则称于汤文，行则譬于狗豨，伤矣哉！"

本条没有多大的理论价值，主要讨论的是君子该不该斗的问题。墨子基于其非攻的立场，主张君子无斗。子夏之徒却赞成士而有斗，他们举的理由是猪狗犹有斗。这种非类相比令墨子非常痛心，所以他反复叹息说："伤矣哉！言则称于汤文，行则譬于狗豨，伤矣哉！"

再次看墨子和巫马子的辩论。《耕柱》篇中记载的墨子和巫马子的辩论有好几处，真正有理论意味的是下面这一条：

> 巫马子谓子墨子曰："我与子异，我不能兼爱。我爱邹人于越人，爱鲁人于邹人，爱我乡人于鲁人，爱我家人于乡人，爱我亲于我家人，爱我身于吾亲，以为近我也。击我则疾，击彼则不疾于我。我何故疾者之不拂，而不疾者之拂？故有我，有杀彼以利我，无杀我以利彼。"子墨子曰："子之义将匿邪？意将以告人乎？"巫马子曰："我何故匿我义？吾将以告人。"子墨子曰："然则一人说子，一人欲杀子以利己；十人说子，十人欲杀子以利己；天下说子，天下欲杀子以利己。一人不说子，一人欲杀子，以子为施不祥言者也；十人不说子，十人欲杀子，以子为施不祥言者也；天下不说子，天下欲杀子，以子为施不祥言者也。说子亦欲杀子，不说子亦欲杀子，是所谓经者口也，杀常之身者也。"

这是关于儒家"亲亲"原则的争辩。巫马子显为儒者，他严格遵循差等原则去施爱，先是我亲，然后依次推出去为家人、乡人、鲁人、邹人、越人。关系越近，爱的程度就越深；关系越远，爱的程度就越浅。把这种差等关系推到极致，就是认为我身最重要，只能够为我的利益而杀别人，不能够为别人的利益而杀我。墨子则从巫马子的前提出发，根据两难推理，得出结论说巫马子必因此而招致杀身之祸。因为，那些喜欢其原则的人会为了自己的利益而杀他，那些不喜欢其原则的人也会由于其散布不祥之言而杀他。从《论语》等典籍看，儒家大师们其实并未有像巫马子所说的“爱我身于吾亲”这种极端之言，但巫马子的这段话却无意中揭示了这样一个事实，即儒家建立在血缘关系之上的“亲亲”原则的前提正是肯认自私自利的合理性，所以儒者们所高扬的“泛爱博施”只是“行有余力”的结果，在那些胸怀开阔、以天下为己任的圣人那里，众生自然可以普受恩泽，但若遇到规模狭窄目光短浅之辈，就很难保证不会发生为一己私利而损人损国的事了。墨子的批评虽然指出了“亲亲”原则的矛盾之处，但他的论证仍然是以爱己为前提的。这是无法让巫马子信服的。

最后再看墨子和公孟子的辩论。据吴毓江的推测，公孟子即曾子弟子公明仪，生活在七十子之后、孟子之前，为儒家大师之一。墨子和公孟子的辩论比较激烈，涉及面也比较广，两人的争辩当是战国前期儒墨之间的一次最重要的正面交锋。由于这些争辩保留在墨家的典籍里，所以墨子在辩论中总是占据上风。

第一，关于丧葬。

> 公孟子曰：“三年之丧，学吾之慕父母。”子墨子曰：“夫婴儿子之知，独慕父母而已。父母不可得也，然号而不止，此亓故何也？即愚之至也。然则儒者之知，岂有以贤于婴儿子哉。”（《公孟》）
>
> 公孟子谓子墨子曰：“子以三年之丧为非，子之三日之丧亦非也。”子墨子曰：“子以三年之丧非三日之丧，是犹倮者谓撅者不恭。”（《公孟》）
>
> 子墨子谓公孟子曰：“丧礼，君与父母、妻、后子死，三年丧服。伯父、叔父、兄弟期，族人五月，姑姊、舅甥皆有数月之丧。或以不丧之间诵诗三百，弦诗三百，歌诗三百，舞诗三百。若用子之言，则君子何日以听治？庶人何日以从事？”（《公孟》）

公孟子根据儒家厚葬久丧的原则，主张实施三年之丧。其理由是“学吾之慕父母”，即寄托子女对父母的依恋之情。这与孔子所谓“子生三年，然后免于父母之怀”的解释基本一致。墨子出于功利的目的，认为久丧是

对人力的无谓消耗，会使统治者没有时间从事治国，普通百姓没有时间从事劳作。针对公孟子用亲情来解释久丧之必要性的做法，墨子斥之为愚者之至，连小孩子的智慧都不如。公孟子反驳道，如果三年之丧不对的话，那么你墨家主张三日之丧也是不对的。对此，墨子的解释是：用三年之丧来批评三日之丧，就好像完全裸体的人说半裸体者不恭敬一样。

第二，关于礼乐。

> 公孟子曰："国乱则治之，国治则为礼乐。国贫则从事，国富则为礼乐。"子墨子曰："国之治也，治之，故治也。治之废，则国之治亦废。国之富也，从事，故富也。从事废，则国之富亦废。故虽治国，劝之无厌，然后可也。今子曰'国治则为礼乐，乱则治之'，是譬犹噎而穿井也，死而求医也。"（《公孟》）

儒家重视礼乐的教化作用，在墨子的质疑下，公孟子退让一步，承认在国家不稳定时可以先从事治理工作，当国家太平时再从事礼乐活动；当国家贫穷时可以先从事生产，当国家富裕时再从事礼乐。墨子仍然不能接受公孟的这种让步，他指出，国家的安定是治理的结果，一旦停止治理，安定就不能保持；国家的富裕同样是努力生产的结果，一旦停止生产，富裕也就不再继续。所以，治国是不能够有一刻可以稍懈的，相应地，也就根本不可能抽出一段专门的时间留给制礼作乐的活动。

第三，关于鬼神祸福。

> 公孟子曰："无鬼神。"又曰："君子必学祭礼。"子墨子曰："执无鬼而学祭礼，是犹无客而学客礼也，是犹无鱼而为鱼罟也。"（《公孟》）
>
> 公孟子谓子墨子曰："有义不义，无祥不祥。"子墨子曰："古者圣王皆以鬼神为神明，而为祸福，执有祥不祥，是以政治而国安也。自桀纣以下，皆以鬼神为不神明，不能为祸福，执无祥不祥，是以政乱而国危也。"（《公孟》）

儒家自孔子起即对鬼神持怀疑态度，到了公孟子那里，则直截了当地宣布说"无鬼神"。这标志着儒家向无神论立场的迈进。由于鬼神根本就不存在，所以人的行为不会受到什么外在力量的赏罚，更不会有什么祸福（“祥不祥”）的问题，判断一个人行为的最终标准只是应当和不应当（“义不义”）。墨子不同。墨子认为天、鬼才是判定一个人行为正当与否的最高标准，它起着赏善罚暴的作用，任何祸福都是天意的一种体现。在这个问题上，墨子远比儒家落后，他用圣王和暴君的例子来反驳公孟子的说法也缺乏足够的说服力。

第四，关于有命无命。

> 公孟子曰：“贫富寿夭，错然在天，不可损益。”又曰：“君子必学。”子墨子曰：“教人学而执有命，是犹命人葆而去亓冠也。”（《公孟》）

儒家反对有鬼神，所以主张有命。它把人力所无法控制的外在必然性或偶然的东西都归结为命，这就是公孟子所说的“贫富寿夭，错然在天，不可损益”。墨子则坚决反对有命的存在，他从功利主义的角度出发，认为如果承认有命，就会使人安于现状，影响人的主观能动性的发挥。墨子曾称“命”这个东西是“暴王所作，穷人术之”，足可看出他对命定论的厌恶。对于公孟子，墨子机智地指出，他一方面教人学，另一方面又认为有命的存在，实际上陷入了自相矛盾之境。

第五，关于言服。

> 公孟子义章甫、搢忽、儒服，而以见子墨子，曰：“君子服然后行乎？其行然后服乎？”子墨子曰：“行不在服。”
>
> 公孟子曰：“君子必古言服，然后仁。”子墨子曰：“昔者商王纣卿士费仲为天下之暴人，箕子、微子为天下之圣人，此同言而或仁或不仁也。周公旦为天下之圣人，关叔为天下之暴人，此同服或仁或不仁。然则不在古服与古言矣。且子法周，而未法夏也，子之古非古也。”（《公孟》）

在等级社会，服饰的华素、语言的文野都是身份的一种标志。《左传·宣公十二年》中记载了随武子的一句话：“君子小人，物有服章，贵有常尊，贱有等威。”意思是说君子小人因为贵贱不同，所穿的衣服也应该不一样。儒家赞成等级制度，所以对服饰、语言都很讲究，这一点从《论语·乡党》篇可以看得很清楚："孔子于乡党，恂恂如也，似不能言者。其在宗庙朝廷，便便言，唯谨尔。"意思是说，孔子在乡党时表现出老实谦逊的样子，在宗庙朝廷里则表现得能言善辩。按照朱熹的解释，这主要是因为场合不同，乡党是父兄宗族所在地，辞气表现得柔顺是为了显示自己不比先人更贤知，宗庙朝廷则是礼法、政事所从出，言语必须明辨，人们才能知所依从。这是孔子重视言语的例子。《乡党》篇中还有一些很烦琐的服饰方面的规定，如私居的时候不能穿红紫色的衣服，吉月的时候必须穿上朝服上朝等，这又是孔子重视服饰的例子。公孟子对言服的强调实际上正是对孔子言行的一种继承。墨家则不同。墨子认为，衣服的作用只不过是"适身体，和肌肤"，它与人的行为根本无关。所以，针对公孟子"君子必古言服，然后仁"的说法，墨子用费仲和箕子同操一种语言、关叔和周公同穿一种服饰却一为善人一为暴人为例，来予以驳斥，使得公孟子最后亦不得不承认自己的说法站不住脚。

第六，关于述作。

> 公孟子曰："君子不作，术而已。"子墨子曰："不然，人之其不君子者，古之善者不术，今也善者不作。其次不君子者，古之善者不遂，己有善则作之，欲善之自己出也。今术而不作，是无所异于不好遂而作者矣。吾以为古之善者则术之，今之善者则作之，欲善之益多也。"（《耕柱》）

孔子曾经自称"述而不作，信而好古"（《论语·述而》）。这一点为儒家后学所继承，公孟子所谓"君子不作，术而已"便是对孔子观点的一种转述。墨子反对这种消极的立场，他分析道，有两种人不是真正的君子，一种人是对古代好的东西不继承，自己又不去做好事；另一种人是对古代好的东西不继承，却把现今好的东西全归功到自己头上。儒家主张"述而不作"，尽管表面上与这两种人有所不同，即承认要继承古代好的东西，但没有了"作"，又何来"述"？所以，归根到底，儒家这种做法仍然不能称之为君子之行。墨子认为，正确的立场应该是"述而且作"，即一方面对于古代好的东西要继承，另一方面则要努力创作，使得善越来越多。在述作关系问题上，墨子强调"述而且作"，反映了墨家积极进取的人生态度。

第七，关于对孔子的评价。

> 公孟子谓子墨子曰："昔者圣王之列也，上圣立为天子，其次立为卿大夫。今孔子博于《诗》《书》，察于礼乐，详于万物，若使孔子当圣王，则岂不以孔子为天子哉。"子墨子曰："夫知者，必尊天事鬼，爱人节用，合焉为知矣。今子曰孔子博于《诗》《书》，察于礼乐，详于万物，而曰可以为天子，是数人之齿而以为富也。"（公孟）

在与程繁的辩论中，墨子曾经称孔子"亦有当而不可易者"，本条又一次讨论到对孔子的评价问题。公孟子认为，孔子博于《诗》《书》、察于礼乐、详于万物，所以根据上圣的标准，孔子有足够的资格成为天子。但墨子认为，仅凭博于《诗》《书》、察于礼乐、详于万物这几点就想当然地说孔子可以为天子，这简直和数人之齿而以为富一样不切实际。真正的智者必须做到尊天事鬼，爱人节用，孔子连这点都无法做到，他又如何能够成为天子呢？把本条与前面和程繁的讨论联系起来看，可以看出，墨子尽管承认孔子也有正确之处，但从总体上对孔子的评价甚低。这一点对后来的影响极大，正如我们在《非儒下》篇中看到的，到了墨家后学那里，不但对儒家的主张进行了猛烈批评，而且进一步发展到了攻击孔子之人格。

在《公孟》篇里，墨子和儒者的争辩还有一些，我们这里不再一一详述。从上面这些例子可以看出，墨子的学说实际上是在辩论中产生，又在辩论中发展、完善的。尽管由于学派的冲突，双方未能完全避免一些成见的影响，但大体上讲，争论还是沿着理性的路子进行，这对于儒墨两家思想的完善实际上起到了积极的作用。

不过，到了后期墨家那里，儒墨之争似乎已有所缓和。《墨辩》6 篇是后期墨家与其他各家辩论的手册，但里面同儒家直接辩难的条目却极少。尽管《墨辩》中也有部分条目讲政治、伦理问题，但这些条目更多的是对前期墨家政治、伦理主张的辩护和发挥，与他家辩难的痕迹并不明显。之所以如此，大概有两个原因：第一，后期墨家批评的对象已经转向了名家和道家；第二，后期墨家的组织中心已迁移到了鲁国之外，儒墨两家直接面对的机会减少了，墨者批儒的热情也就无形中减退了。但是，这个时候，儒家批墨的势头却有增无减，孟子和荀子这两位大儒都曾猛烈地抨击过墨家。由于他们在儒学中的特殊地位，其批评甚至直接影响到了墨家后来的命运。

3. 孟、荀对墨家的批判

孟子以私淑孔子自任，他对孔子所捍卫的宗法伦理情有独钟。所谓“亲亲而仁民，仁民而爱物”（《孟子·尽心上》）、“老吾老以及人之老，幼吾幼以及人之幼”（《孟子·梁惠王上》）、“推己及人”这些典型的差等之爱论都是通过他而广泛流传的。从儒学发展史看，孟子的一个杰出贡献是替儒家的“亲亲”原则建立了一个人性基础——性善论。依据这个人性基础，孟子推演了一套系统的政治、经济主张。由于这些主张最终均能追溯到“亲亲”原则上，所以孟子对墨家泯灭远近亲疏之别的兼爱说极为厌恶。批判兼爱说成了他给自己规定的主要任务之一。

孟子生活的时代是战国中期，其时墨家和道家的势力正盛，对儒家构成了很大的威胁。这从孟子本人的一段话中就可以看出：“圣王不作，诸侯放恣，处士横议。杨朱、墨翟之言盈天下。天下之言，不归杨，则归墨。”（《孟子·滕文公下》）对此，孟子深感问题之严重。他说：“杨、墨之道不息，孔子之道不著，是邪说诬民，充塞仁义也。仁义充塞，则率兽食人，人将相食。”（同上）为了捍卫孔子的学说，孟子一方面高呼“能言距杨墨者，圣人之徒也”（同上），一方面开始从理论上分析杨、墨之学的弊端。孟子希望能够因此而把杨、墨之徒重新吸引回来，以便重振儒家的声威：“逃墨必归于杨，逃杨必归于儒。归，斯受之而已矣。今之与杨、墨辩者，如追放豚，既入其苙，又从而招之。”（《孟子·尽心下》）意思是说，离开墨家一派的，一定会回到杨朱这一派；离开杨朱这一派的，一定会回到儒家来。如果这些人从杨墨之学中逃回来的话，我们接受他们就算了。今天之所以与杨、墨辩论，就好像追逐走失的猪一样，不仅把它送回猪圈，还要把它的脚拴着。

孟子对杨、墨之学弊端的分析主要体现在下面一段话中：

> 杨氏为我，是无君也。墨氏兼爱，是无父也。无父无君，是禽兽也。（《孟子·滕文公下》）

杨朱是道家早期的一位代表人物。史称“阳生贵己”“全性、葆真、不以物累形，杨子之所立”，孟子也说杨朱“拔一毛而利天下不为也”，说明杨朱重视个人生命，不愿意拿外在的东西来牵累自己的形体。孟子认为，杨朱的这种行为纯粹是一种自私自利的行为，如果人人“为我”，谁也不愿受制于别人，那么五伦中的君臣一伦就不能成立了。这就是“杨氏为我，是无君也”的意思。墨子主张兼爱，要平等地、不分轻重厚薄地爱一切人，这在孟子看来刚好又走向了另一个极端，同等地施爱将会使自己的父亲和别人的父亲没有分别，因而会危及五伦中的父子一伦。在宗法社会，五伦中君臣、父子是最重要的两伦，君是政治上的领袖，父是家庭中的家长，现在没有了君，没有了父，那人类社会岂不就和动物界没什么分别了吗？孟子这里倒并不就是骂道家和墨者为禽兽，而是说把杨、墨两家的学说推到极致将会使人类社会像动物界一样。但不管怎样，他这种激烈的言辞都很容易给人留下辱骂的印象，所以当孟子的著作在汉代重新走红以后，人们都很担心墨子落得个“无父禽兽”之名，多不敢或不愿言及墨子。孟子之批评也就成了墨学在很长的一段时期内不能复兴的一个重要因素。

《孟子·滕文公上》还记载了一段孟子和墨者夷之辩论的故事，这是战国中期儒墨两家正面交锋的一条宝贵材料。由于这个故事保留在《孟子》书里，争辩的结果当然对儒家有利。从孟子的描述看，夷之的行为已经有点背离墨子的精神：“吾闻夷之墨者，墨之治丧也，以薄为其道也；夷子思以易天下，岂以为非是而不贵也；然而夷子葬其亲厚，则是以所贱事亲也。”墨家之治丧一贯强调以薄、俭为本，夷之埋葬自己的父母却相当丰厚，这殊失墨子言行一致之旨，难怪孟子会说他是“以所贱事亲”了。夷之的辩护是：“爱无差等，施由亲始。”也就是说，爱是没有亲疏厚薄的，只是实行起来从父母开始罢了。但是，从墨家的立场看，这种说法仍然很成问题。墨子云：“爱人者人必从而爱之，利人者人必从而利之”（《兼爱中》）、“即必吾先从事乎爱利人之亲，然后人报我以爱利吾亲也。”（《兼爱下》）意为要想让别人同样爱利我的父母，那么我必先去爱利别人的父母。这和夷之的说法刚好相反。

孟子对夷之的“施由亲始”未加评论，他把批评的重点放在了“爱无差等”上：

孟子曰："夫夷子信以为人之亲其兄之子为若亲其邻之赤子乎？彼有取尔也。赤子匍匐将入井，非赤子之罪也。且天之生物也，使之一本，而夷子二本故也。"（《孟子·滕文公上》）

孟子认为，人爱其兄之子自然会比爱邻居之子为甚，爱自己的父母自然会比爱别人的父母为甚，这是人的亲情使然。但是承认这一点并不意味着说，人不会去救一个即将落井的小孩，因为每个人先天都有一种恻隐之心。所以救一个与自己无干的小孩并不是像墨家所说的是爱无差等的缘故。天生万物，都本于自己的父母，这叫"一本"。而爱就是从这"一本"中产生，推而及人，爱自然有等差之别。可夷之却把别人的父母看成和自己的父母完全一样的，这就有两个根本（"二本"）了。在下文中，孟子又回到了丧葬问题上，孟子推测说，大概上古的时候曾有人不埋葬父母，只是把尸体弃置在山沟中，后来一旦经过那里，看到腐烂的尸体，额上禁不住流出悔恨的汗。这种流汗不是给人看的，实际上是内心忏悔的一种流露。孟子从亲情的角度来解释丧葬活动，较之于墨家从功利的角度来说明丧葬，自然更接近人情，更容易为人所接受。夷之听了孟子的解释后曾"怃然为间"，也就是说，茫然若失了好一阵子。这从一个侧面反映出墨家的薄葬短丧太过严苛，很难为人所普遍接受。

孟子之外，大儒荀子对墨家也进行了猛烈的批判。和孟子相比，荀子的批判显得更理智、更系统。近人吴虞曾指出："荀子的观察明了，实远出孟子之上，他虽攻击墨子，墨子学说的精义却反借荀子传出来。"[①] 这种评论是相当准确的。

不过，这里需要首先说明的是，荀子虽然攻击墨家很卖力，但他的思想受墨家的影响也最深。荀子的批墨之所以深刻而有理据，很大程度上归因于他受墨家思想方法的影响。孟子之批墨可以一下子从兼爱跳到禽兽，但到荀子这里，这种非类比附、不合逻辑的推论就不存在了。和墨家一样，荀子重视感觉，重视经验，重视实效，重视类的同异和思维的确定性，这些都使他的学说和墨家一样充满实证和分析精神，而缺乏儒、道著作通常有的玄学色彩。在墨家的影响下，荀子也非常重视谈辩及其技巧。他宣称："君子必辩。"（《荀子·非相》）这和孔子的"恶佞口"、孟子所

① 吴虞：《墨子的劳农主义》，载《国故学讨论集》第四集，上海书店1991年版，第84页。

谓“余岂好辩也哉，余不得已也”的声明已有实质的差别。在这种必辩精神指导下，荀子建立起了自己的“谈辩之术”，其中许多原则和墨家的主张实际上都大同小异。如，在名实关系上，荀子主张“制名以指实”“名定而实辩”，这和墨家“取实予名”的说法基本相同。又如，关于名的分类，荀子依外延的大小，把名分成“共名”“大共名”“别名”“大别名”，这与后期墨家把名分为“达”“类”“私”也大体无别。对思维形式，荀子也和墨家一样，区分为名、辞、说三种：“名也者，所以期累实也。辞也者，兼异实之名以论一意也；辩说也者，不异实名，以喻动静之道也。”（《荀子・正名》）甚至由后期墨家所提出的立辞三范畴“类”“故”“理”，荀子也毫无保留地接受了下来：“推类而不悖”（同上）、“言必当理”（《荀子・儒效》）、“辩则尽故”（《荀子・正名》）。更加有趣的是，荀子在对后期墨家的一些命题进行批判时，其使用的方法恰恰正是来自墨家。

后期墨家重视思维形式及其规则，但在具体的谈辩过程中，他们也没有能够完全避免提出一些诡辩命题，如“杀盗非杀人”便是其中一例。荀子根据他自己的“谈辩之术”，对包括墨家在内的一些诡辩进行了批判。荀子称“诡辩”为“惑”，他认为“惑”有三种，第一种是“用名以乱名”：

> 见侮不辱、圣人不爱己、杀盗非杀人也，此惑于用名以乱名者也。验之所以为有名而观其孰行，则能禁之矣。（《荀子・正名》）

“见侮不辱”是宋尹学派的主张，“圣人不爱己”属于哪一派不很清楚，“杀盗非杀人”则是后期墨家提出的一个命题。荀子认为，这三个命题都属于“用名以乱名”的诡辩。所谓“用名以乱名”，意即用另外的“名”扰乱原来的“名”。有些“名”字面上虽不同，但内容却有关联，如“盗”和“人”就是两个不同的名词，但从内容上看，“盗”则包含在“人”之内，“盗”所指之实是“人”所指之实的一部分。不能把“盗”之名和“人”之名完全割裂开来。如果把两者完全割裂开来，说“杀盗非杀人”，那么这里概念就被偷换了，所说的“盗”已与“盗”的通常含义不同。针对这种诡辩，荀子认为我们只需考虑一下名的起因，看看名的哪一种含义能够为大家所接受就可以把它制止。

第二种“惑”是“用实以乱名”：

山渊平，情欲寡，刍豢不加甘、大钟不加乐，此惑于用实以乱名者也。验之所缘无以同异而观其孰调，则能禁之矣。（《荀子·正名》）

“山渊平”是惠施的主张，“情欲寡”是宋尹学派的主张，“刍豢不加甘、大钟不加乐”则是墨子的主张。荀子认为这三条命题所犯的错误都是“用实以乱名”。所谓“用实以乱名”，就是用个别的事例来扰乱关于一般的知识。如在个别的情况下，山可能与渊处于同一个水平面上，有的人可能不喜欢吃肉类，有的人可能不喜欢听音乐，但从一般的情况看，山总比渊高，人总是喜欢美味和音乐。我们不能因为有山与渊相平，就得出结论说所有的山都和渊处于同一水平面上；同样，我们不能因为有人不喜欢吃肉类，不喜欢听音乐，就得出结论说所有的肉类都不好吃，所有的音乐都不好听。如果真的像惠施、墨子这样概括的话，那就犯了以偏概全的错误。针对这种诡辩，荀子认为我们只要用感官直接观察事物之间的同异，看看哪一种说法符合一般的客观实际就可以制止它。

第三种“惑”是“用名以乱实”：

非而谒楹，有牛马非马也，此惑于用名以乱实者也。验之约名，以其所受悖其所辞，则能禁之矣。（《荀子·正名》）

本条中的两个例子都属于后期墨家的主张。其中，“非而谒楹”的意思不清楚，“有牛马非马”讲的则是兼名和别名的关系。荀子认为，墨家的这两条命题都属于“用名以乱实”的诡辩。所谓“用名以乱实”，意思是说用“名”的语词形式来扰乱“名”所指的客观事实。如“牛马”这个兼名是由“牛”和“马”两个名结合而成的集合概念，“牛马”所反映的实，实际上就是“牛”和“马”两个名所反映的实之和。如果因为“牛马”之名不同于“牛”之名或“马”之名，就得出结论说“牛马”之中既没有“牛”，也没有“马”，那就犯了用名来扰乱实的错误。针对这种诡辩，荀子指出，只要看看名的约定俗成的含义，用大家都能接受的名来反驳大家所反对的名，就可以把它制止。

荀子总结道：“凡邪说辟言之离正道而擅作者，无不类于三惑者矣。”

(《荀子·正名》)意思是说，所有的错误言论，归结起来，都不外乎三种类型。这三种类型即上面所提到的三种诡辩。在分析每一种诡辩时，荀子都提出了墨家的命题作为代表，这说明荀子对墨家主张的重视。他对有些命题如“杀盗非杀人”的分析，确实抓住了后期墨家陷入诡辩的症结所在。不过，出于学派的成见，荀子对墨家有些主张的批评就难免有断章取义、割裂曲解之弊。如他把墨子的非乐主张简化为“刍豢不加甘、大钟不加乐”，然后说它犯了“用实以乱名”的错误。但事实上，《非乐上》篇明明说“是故子墨子之所以非乐者，非以大钟鸣鼓琴瑟之声以为不乐也，非以刻镂华文章之色以为不美也，非以刍豢煎炙之味以为不甘也，非以高台厚榭邃野之居以为不安也。虽身知其安也，口知其甘也，目知其美也，耳知其乐也，然上考之不中圣王之事，下度之不中万民之利，是故子墨子曰：为乐非也”。墨子之所以非乐，是因为音乐不利于万民的利益而已，并不是因为音乐不好听而反对它。又如，后期墨家曾从逻辑学的角度探讨了名的种类问题，他们依据整体与部分的关系把“名”区分为“兼名”和“别名”，因为兼名如“牛马”作为整体或集合，其性质并不等于各部分如“牛”和“马”的性质之和，所以他们得出结论说“牛不非牛，马不非马，牛马非牛非马”。荀子并未充分理解后期墨家这种区分的逻辑意义，就从常识的角度立论，说“有牛马非马”犯了“用名以乱实”的错误，这种做法显然是偏狭的。

除了对后期墨家所提出的一些逻辑命题进行分析之外，荀子还对前期墨家的政治主张进行了系统的批评。在《非十二子》篇中，荀子对墨子的思想曾下了一个总评：

> 不知壹天下、建国家之权称，上功用，大俭约而僈差等，曾不足以容辨异，县君臣。然而其持之有故，其言之成理，足以欺惑愚众，是墨翟、宋牼也。

“不知壹天下、建国家之权称”是说墨子不懂得统一天下，建立国家的重要，“上功用、大俭约而僈差等”是说墨子只注意到了节约、实用的好处，而轻慢了人与人之间的差等关系，“曾不足以容辨异，县君臣”是“僈差等”的结果，其意思是不能够区分君臣上下。从这个总评可以看出，荀子对墨子最大不满之处在于，墨子的主张损害和动摇了封建礼法，危及

了等级制度的基础。在《解蔽》篇中，荀子对墨子还有一个类似的评论："墨子蔽于用而不知文。""蔽于用"是说只知道与人衣食相关的才叫作用，"不知文"是说墨子不知道文饰的好处。在一个重视礼法的社会里，"文饰"不仅能满足人情感的需要，而且起着维护等级制度的作用，因为君臣上下之别正是通过服饰、住所和享受的不同来表现的。墨子提出的节用之法、丧葬之法等，对所有人均一视同仁，显然都没有为这种文饰留下任何余地，这是荀子称"墨子蔽于用不知文"的主要原因。

和孟子相比，荀子是一位更重视"礼"的思想家。如果说孟子在儒学中的贡献是为孔子的仁提供了一个人性的基础，那么荀子的贡献则是发展了孔子思想中关于礼制的一面。荀子曾经声称："《礼》者，法之大分、类之纲纪也。故学至乎《礼》而止矣。夫是之谓道德之极。"(《荀子·劝学》)《礼》是法典、制度的根本和原则，所以学到了《礼》就可以终止了，这就叫作道德的极致。正因为特别重视礼，所以荀子对墨家的批评也就主要集中在其与礼相关的几个论题上。

首先，关于"节用"和"非乐"。荀子认为，如果生产力得到充分发展，社会财富是用不完的。天下的公患并不是财富不足，而是社会大乱。"不足"只不过是墨子的"私忧过计"而已："墨子之言，昭昭然为天下忧不足。夫不足，非天下之公患也，特墨子之私忧过计也……夫天地之生万物也，固有余足以食人矣，麻葛茧丝鸟兽之羽毛齿革也，固有余足以衣人矣。夫有余不足，非天下之公患也，特墨子之私忧过计也。天下之公患，乱伤之也。"(《荀子·富国》)

那么，社会大乱又是什么原因造成的呢？荀子认为，墨子的"非乐"足以使天下乱，墨子的"节用"足以使天下贫：

> 胡不尝试相与求乱之者谁也？我以墨子之非乐也，则使天下乱；墨子之节用，则使天下贫。非将堕之也，说不免焉。墨子大有天下，小有一国，将蹙然衣粗食恶，忧戚而非乐。若是则瘠，瘠则不足欲，不足欲则赏不行。墨子大有天下，小有一国，将少人徒，省官职，上功劳苦，与百姓均事业，齐功劳。若是则不威，不威则罚不行。赏不行，则贤者不可得而进也；罚不行，则不肖者不可得而退也。贤者不可得而进也，不肖者不可得而退也，则能不能不可得而官也。若是，则万物失宜，事变失应，上失天时，下失地利，中失人和。天下敖然

若烧若焦，墨子虽为之衣褐带索，啜菽饮水，恶能足之乎？既以伐其本、竭其源，而焦天下矣……故墨术诚行，则天下尚俭而弥贫，非斗而日争，劳若顿萃而愈无功，愀然忧戚非乐而不和。（《荀子·富国》）

荀子的理由是：如果衣粗食恶、忧戚非乐，将会使人的奉养减少、欲望得不到满足；欲望得不到满足，奖赏也就行不通了。如果减少用人、节省官职，上下同样劳苦，将会使统治者不威严；统治者不威严，刑罚也就行不通了。赏罚都行不通，那么，贤者就不可得而进，不肖者就不可得而退，结果必然是万物失宜，事变失应，天时、地利、人和皆失，天下陷入一片混乱之中。这时，即使墨子能穿粗衣、吃粗粮、喝白水，仍然无济于事，因为天下的根本已经被动摇。

对于“非乐”，荀子在《乐论》中还有一个更详尽的批评。荀子指出，音乐至少有三个方面的作用：其一，音乐是人情感的需要。“夫乐者乐也，人情之所必不免也，故人不能无乐。”其二，音乐是沟通上下关系、和睦家庭亲族的工具。“乐在宗庙之中，君臣上下同听之，则莫不和敬；闺门之内，父子兄弟同听之，则莫不和亲；乡里族长之中，长少同听之，则莫不和顺。故乐者，审一以定和者也，比物以饰节者也，合奏以成文者也。”其三，音乐能鼓舞人的志气，锻炼人的身体和步伐，无论是对行军打仗，还是对出入揖让都很有好处。“故听其雅颂之声，志意得而广焉，执其干戚，习其俯仰屈伸，而容貌得庄焉；行其缀兆，要其节奏，而行列得正焉，进退得齐焉。故乐者，出所以征诛也，入所以揖让也。”荀子认为，正因为音乐有这么多重要的作用，先王才以礼乐治理天下。而墨子无视人情的需要，无视音乐的教化功能，仅凭功用就彻底否定音乐，这正像盲人无法分辨白黑、聋人无法分辨声音的清浊一样，不能把握先王之道的真意。

其次，关于“节葬”。荀子认为，丧葬是礼的一项重要内容，关系到人道的完善与否。墨家主张薄葬短丧，实际上等同于刑余罪人之丧：

礼者，谨于治生死者也。生，人之始也。死，人之终也。终始俱善，人道毕矣。故君子敬始而慎终。终始如一，是君子之道、礼义之文也。夫厚其生以薄其死，是敬其有知而慢其无知也，是奸人之道，而倍叛之心也……刑余罪人之丧，不得合族党，独属妻子。棺椁三寸，衣衾三领，不得饰棺，不得昼行，以昏殣，凡缘而往埋之，反无哭泣之节，无衰麻之服，无亲疏月数之等。各反其平，各复其始。已葬埋，若无丧者而止。夫是之谓至辱。(《荀子·礼论》)

荀子指出，死和生一样，是人生中的大事。君子之道，应该终始如一，事死如事生，事亡如事存。“事死如事生”也就是“文”的意思，它表达的是一种对死者的思慕之情。另外，在丧葬这种文饰活动中，其厚薄还体现了等级的差别，不同地位、不同等级的人所行的礼是大不一样的。荀子认为，像墨家这种“薄其死”的做法，不但有违礼仪文饰的作用，而且还威胁到封建等级制度，因此是一种“奸人之道、倍叛之心”。对于墨子所提出的“棺三寸，衣三领，无亲疏月数之等，反从事乎衣食之财”的节葬之法，荀子干脆斥之为“刑余罪人之丧”，认为是天底下最大的耻辱。

就批评墨家没有认识到礼乐文化的教化意义而言，荀子是对的，他的批评的确触及了墨家思想上的缺陷。不过，当荀子把墨子的节用、非乐论说明是天下大乱之源，他也就未免太不公正了。墨家之非乐节用虽然持之太过，但它们毕竟是对统治者奢侈浪费的一种约束。在生产力水平十分低下的情况下，这仍不失为一种有效地缓解社会矛盾的方法。另外，荀子对墨家的批评还有一些与事实不符之处。如《王霸》篇中，荀子说：“以是县天下，一四海，何故必自为之。为之者，役夫之道也，墨子之说也。论德使能而官施之者，圣王之道也，儒之所谨守也。”墨子其实并未说过县天下、一四海均须一人自为，论德使能而官施之亦非儒家所独有，“甚尊尚贤而任使能，不党父兄，不偏富贵，不嬖颜色”的说法甚至还是由墨家最早提出的。荀子在此故意避而不谈，显然也有失公允。一种合理的解释是，这主要是由于学派相争太激烈的缘故。看来，就连荀子这样比较理智的思想家也同样不免受到门户之见的影响。

二、道墨之辩

和儒墨之争相比，墨家与道家的辩论出现得稍晚些。据史籍记载，道家的先驱人物杨朱曾经对墨子的主张提出过质疑，其后《老子》和《庄子》书中也分别有一些批评墨家学说的言论。在墨家这方面，前期墨家批判的矛头主要指向儒家，到了后期墨家的著作中，我们才可以找到批评道家的内容。其中，道家对墨家的指责主要集中在政治、伦理方面，后期墨家对道家的批评则更偏重于谈辩及其方法上。

1. 墨家与杨朱

按照《淮南子·汜论训》的记载："夫弦歌鼓舞以为乐，盘旋揖让以修礼，厚葬久丧以送死，孔子之所立也，而墨子非之。兼爱、尚贤、右鬼、非命，墨子之所立也，而杨子非之。全性葆真，不以物累形，杨子之所立也，而孟子非之。"似乎杨朱立说的时间在墨子和孟子之间。另据孟子所谓"杨朱、墨翟之言盈天下，天下之言不归杨，即归墨"（《孟子·滕文公下》）及庄子所谓"骈于辩者，累瓦结绳、窜句游心于坚白同异之间，而敝跬誉无用之言，非乎？而杨墨是已"（《庄子·骈拇》），可证杨朱学派曾经一度势力强大，几与儒墨鼎足为三。

杨朱有否著作不得而知。现存《列子》书中的《杨朱》篇一般认为是伪作，不能代表杨朱的思想。而墨子书中也没有直接同杨朱学派辩难的记载。所以，史籍中反复提及的杨墨之辩的真实情形到底如何亦无由确断。这里，我们只好就秦汉以前各种子书的记载进行一些推测。

按照孟子的说法，"杨子取为我，拔一毛而利天下不为也"。意思是说杨朱这个人一切都是为了自己，即便拔一根毫毛而有利于天下，他都不干。《韩非子·显学》篇也说："今有人于此，义不入危城，不处军旅，不以天下大利，易其胫之一毛。"这个不愿意到危险的地方去，不愿意拿天下的大利来交换自己腿上一根毫毛的人，指的应当也是杨朱。《吕氏春秋·不二》篇又说"阳生贵己"，意思是说杨朱这个人非常重视自己，而不肯轻易利人。把这几条联系起来看，可以相信，杨朱是一位彻底的利己

主义者，其学说的中心就是“为我”。

至于说杨朱是否赞成损人利己，这却是令人十分怀疑的事情。根据《淮南子·氾论训》的说法，杨朱立论的根据在“全性保真，不以物累形”。“全性保真”意为保持自然赋予的生命，“不以物累形”是说不拿外界的事物来劳累自己的形体，两者的意思都是要求人们不要追逐物欲，丧失天真。所以，确切地说，杨朱的利己主义实际上是一种独善其身的做法，并不能和纯粹的享乐主义相提并论。

如果这种推测可靠的话，那么杨墨之辩的实质就不仅仅是简单的“利己”和“利他”，在“利己”和“利他”的背后，杨墨两家都还怀抱着某种政治目的，那就是为了实现天下之治。墨子虽讲利他，但在利他之中，自己也得到了回报。所谓“爱人者人必从而爱之，利人者人必从而利之”，讲的正是这个意思。后期墨家并且把这种说法概括为“爱人不外己，己在所爱之中”。杨朱虽讲利己，但在所有人都不损害别人的前提下，利他自然也就很容易实现。所以，就最终目的而言，杨墨之间似乎并无太大的差别，即都希望找到一个合理地处理人己关系的方法，以便实现天下之治。只不过，杨朱选择的是一种消极的方法，墨子找到的则是一条积极的道路而已。

按照《淮南子》的说法，杨朱非墨的内容主要有四项，即兼爱、尚贤、右鬼、非命。可惜的是，记载杨墨之间直接辩难的史料全都丧失了，我们并不能获得任何双方辩论的真实情形。只是在《老子》《庄子》二书中，道家对墨家的这几项主张的批评还有所保存。考虑到《老子》《庄子》与杨朱在学说上的承继关系，这两本书中对墨家的批评可能包含有一定的杨朱学派的内容。

2. 墨家与《老子》

《老子》是先秦道家的主要经典之一，其中的思想大概产生于春秋末期，但最终成书当在战国前期。《亲士》篇中，有一段话似是解释《老子》“太盛难守”的：“今有五锥，此其铦，铦者必先挫。有五刀，此其错，错者必先靡。是以甘井近竭，招木近伐，灵龟近灼，神蛇近暴。是故比干之殪，其抗也；孟贲之杀，其勇也；西施之沈，其美也；吴起之裂，其事也。故彼人者，寡不死其所长，故曰‘太盛难守’也。”因为该段话提到了吴起之死，所以一般认为《亲士》篇为墨家后学所作，由此篇并不能使《老子》的成书提前。

由于《老子》成书在战国前期，恰好是墨家势力最强盛的时候，所以《老子》书中一些观念很可能与墨家有关。上面我们提到，杨朱对墨家的批评主要有四项，即兼爱、尚贤、右鬼、非命，这四项在《老子》书中都有所反映。

第一，兼爱。兼爱是墨子的根本主张，其要点在视人如己。《老子》则恰恰相反，认为："贵以身为天下，若可寄天下。爱以身为天下，若可托天下。"（第13章）意思是说，只有那些把自身看得比天下还重的人，才可以把天下托付给他。只有那些爱自己的身体比爱天下更深的人，才可以把天下委托给它。人人都贵身、为我，则人人都可以天下托之，那么天下自然也就得到治理了。

第二，尚贤。墨子主张尚贤是为了用贤者来治理天下，他认为贤的标准必须是德才兼备。《老子》则针锋相对，提出"不尚贤，则民不争；不贵难得之货，使民不为盗；不见可欲，使民心不乱。是以圣人之治，虚其心，实其腹，弱其志，强其骨。常使民无知无欲。使夫智者不敢为也"（第3章）、"绝圣弃智，民利百倍"（第19章）、"古之善为道者，非以明民，将以愚之，民之难治，以其智多。以智治国，国之贼；不以智治国，国之福"（第65章）。在《老子》看来，培养民众的智慧、崇尚贤能的人将会导致争竞之心生；争竞之心生，人们就会为了个人的利益互相欺骗，整个天下就会变得大乱。所以，尚贤崇智是要不得的，只有使人们像婴儿一样无知无欲，才能保持社会的永久安宁。

第三，右鬼。墨子承认有鬼神是为了替人的行为制订一个外在标准，鬼神的主要作用就于赏善罚暴。《老子》则不然。《老子》虽不坚持无鬼论，可也不去祀鬼祈福。这一点在第60章中说得很明白："以道莅天下，其鬼不神。非其鬼不神，其神不伤人。非其神不伤人，圣人亦不伤人。夫两不相伤，故德交归焉。"意为治理天下者，只要依道而行，上不违神明，下不负万民，那么鬼神即使有赏罚祸福的能力，也就没有用武之地了。

第四，非命。墨家非命是为了反对人的任逸怠惰，以便能够做到强力从事。而《老子》依照其自然主义路线，采取了一种宿命的立场。如《老子》云："天之道，不争而善胜，不言而善应，不召而自来，繟然而善谋。天网恢恢，疏而不失。"（第73章）意思是说，天道虽不争攘却善于得胜，虽不讲话却善于回应，虽不召唤却自动到来，所以天这张大网是谁也无法摆脱的。后来道家多强调命的存在，很大程度上都与《老子》的这种宿命立场有关。

墨家对《老子》书的批评不多。《墨经》中有一条关于“学”的讨论，大概是针对《老子》所谓“学无益”论的：

学之益也，说在诽者。(《经下》)

学：以为不知学之无益也，故告之也。是使智学之无益也，是教也。以学为无益也教，悖。(《经说下》)

《老子》云：“绝学无忧。”（第19章）又曰：“圣人欲不欲，不贵难得之货；学不学，复众人之所过。”（第64章）按照《老子》的说法，人的贤愚出自人之本性，不可有所损益，教人学习反而容易扰乱人的本性，因此学是没有什么益处的。后期墨家驳之曰：以为人家不知道学是无益的，所以就去告诉他；告诉人使之知道学之无益，这本身是一种教导；认为学习没有益处而又去教导别人，这难道不是自相矛盾的吗？后期墨家这里抓着《老子》自身的矛盾来驳斥对方，可以说是一种相当机智的做法。

《墨经》中还有一条讲有无关系的，大概也是批评《老子》的。《老子》第40章说：“天下万物生于有，有生于无。”第2章又说：“有无相生。”这样，有无之间就是一种相互依赖、相互对待的关系。对此，后期墨家反驳道：

无不必待有，说在有无。(《经下》)

无：若无焉，则有之而后无；无天陷，则无之而无。(《经说下》)

后期墨家认为，无不必依赖有，因为无可以分为两种情况，一种是“有之而无”，一种是“无之而无”。“有之而无”是说过去曾经有过，但现在没有了。这种“无”是有待于“有”的。“无之而无”是说过去没有，现在也没有，如神话传说中的天塌下来。这种“无”就与“有”无关。本来，《老子》的“有无相生”是一种包含朴素辩证法的说法，后期墨家通过把“无”分为两种来予以驳斥，这充分显示出后期墨家在思维方法上具备一种典型的分析和实证精神。

3. 墨家与《庄子》

《庄子》是庄子学派的一部著作总集，其中既有庄子本人的著作，也有庄子后学的作品。该书中有不少地方都对墨子的主张和行为提出了批评。由于这些篇章很难断定究竟是属于庄子本人或是庄子后学的，所以在这里我们把那些批评看成是代表整个学派的共同意见。后期墨家在《墨经》中，也从逻辑和谈辩入手，对庄子的“辩无胜”论予以驳斥。不过，由于立论角度不同，后期墨家和庄子的争辩注定不会有什么结果。

《庄子》对墨家的批评主要集中在以下几个方面。

第一，对兼爱的批评。庄子学派的思想核心在全生保身，自然无为。对于治国之事，庄子本人显得极为冷漠，他曾当面告诉楚王的使者自己不愿为有国者所累，他理想的真人谁都不愿意“弊弊焉以天下为事”（《庄子·逍遥游》）。所以，对于墨子的兼爱主张，庄子学派很不以为然。《天道》篇曾借用孔老对话批评说：“老聃曰：‘请问何谓仁义？’孔子曰：‘中心物恺，兼爱无私，此仁义之情也。’老聃曰：‘意！几乎后言。夫兼爱，不亦迂乎。无私焉，乃私也。’”（《庄子·天道》）这里老聃的回答显然是用来指斥墨子“爱人者人必从而爱之，利人者人必从而利之”之言的。“无私焉，乃私也”的意思是说，兼爱表面上是爱人无私，可真正的意图却是希望别人反过来爱自己。这无疑是一种更大的更狡猾的私，因而根本谈不上什么“公”。

第二，对非乐的批评。《庄子·天下》篇说：“墨子泛爱兼利而非斗，其道不怒，又好学而博，不异，不与先王同，毁古之礼乐。黄帝有咸池，尧有大章，舜有大韶，禹有大夏，汤有大濩，文王有辟雍之乐，武王周公作武。”意思是说，墨子主张普遍地爱所有一切人，兼利一切人，并且反对战争，这与先王之教并无不同，但是墨子主张毁弃古代的礼乐，这就与先王不同了。这里，《天下》篇的作者尽管没有明言墨子非乐之不可取，但从其历引先王作乐来看，批评的意思还是很明显的。

第三，对节葬的批评。《天下》篇又说：“古之丧礼，贵贱有仪，上下有等，天子棺椁七重，诸侯五重，大夫三重，士再重。今墨子独生不歌，死不服，桐棺三寸而无椁，以为法式。以此教人，恐不爱人；以此自行，恐不爱己。未败墨子道。虽然，歌而非歌，哭而非哭，乐而非乐，是果类乎？”这是对墨子节葬论的批评。所谓“天子棺椁七重，诸侯五重，

大夫三重，士再重”，大概是上古丧礼中的规定，在先秦其他著作中也可找到近似的说法。这些规定都是为了显示贵贱上下之间的等级关系的。在《天下》篇作者看来，墨子违背这种规定，主张生不唱歌，死不守孝，只用三寸的桐棺，实在有悖人之常情。用这种方法教人，恐怕不能算是爱人，拿这种方法自己实行，恐怕也不能算是爱己。

第四，对好辩的批评。庄子反对辩，他认为辩总是一偏之见，“辩也者，有不见也”“言辩而不及”（《齐物论》），由于双方各执一词，所以辩论永无胜负可言。《骈拇》篇进一步把杨墨之流称之为“骈于辩者”：“骈于辩者，累瓦结绳、窜句游心于坚白同异之间，而敝跬誉无用之言，非乎？而杨墨是已。”意思是说坚白同异之辩都是多余的无用之言。

第五，对墨者行为的批评。《天下》篇说：

> 不侈于后世，不靡于万物，不晖于数度，以绳墨自矫，而备世之急，古之道术，有在于是者，墨翟、禽滑厘闻其风而说之；为之太过，已之大顺……其生也勤，其死也薄。其道大觳，使人忧，使人悲，其行难为也，恐不可以为圣人之道。反天下之心，天下不堪。墨子虽独能任，奈天下何？离于天下，其去王者远矣……墨翟、禽滑厘之意则是，其行则非也。将使后世之墨者必自苦为极，以腓无胈，胫无毛，相进而已矣，乱之上也，治之下也。虽然，墨子真天下之好也，才士也夫。将求之不得也，虽枯槁不舍也，才士也夫。

《天下》篇的这段话说得非常精彩。“不侈于后世，不靡于万物，不晖于数度，以绳墨自矫，而备世之急”，意思是说，墨家用不奢侈来教育后人，不浪费财物，不炫耀礼法，用严格的规矩来约束自己，随时准备奔赴当世的急务。《天下》篇的作者认为，这是墨家所继承的古代好的传统。但是墨家却把这种传统过于夸大了，因而走向了极端。要求所有的人活着的时候辛勤地劳作，死后的丧事却非常简单，这实在有违天下人的心愿，墨子本人也许能够亲自实践他的理论，但却不能使天下人都照着他的说法去做，所以墨子的学说离圣人之道相差实在太远了。《天下》篇预言说，“反天下之心，天下不堪。墨子虽独能任，奈天下何”，这一点并且为后来的事实所证明。尽管《天下》篇的作者攻击墨子的学说是“乱之上也，治之下也”，但他对墨子这个人却并无微词，所谓“真天下之好”，所谓

“才士”，最足以形容墨子之人格。

联系到前面杨朱和《老子》的说法看，除了个别之处外，道家对墨家的批评倒也真能揭示墨家理论和行为之弊端。可惜的是，后期墨家并未认真地对待道家的这些批评，他们的目光早已从政治伦理领域转到知识、科学和名辩中去了。在这些领域，他们对道家的反驳虽很正确，但却已无关乎墨家思想之主旨了。

由《墨辩》看，后期墨家批评的对象除了名家的惠施及其他一些辩者外，另外就是道家的庄子。由于后期墨家所关注的主要在于知识和谈辩领域，所以他们对庄子的批评也就主要集中在这两个方面：

> 谓辩无胜，必不当。说在辩。（《经下》）
>
> 谓：所谓非同也，则异也。同则或谓之狗，其或谓之犬也。异则或谓之牛，其或谓之马也。俱无胜。是不辩也，辩也者，或谓之是，或谓之非，当者胜也。（《经说下》）

本条是专门驳斥庄子所谓“辩无胜”论的。《庄子·齐物论》云：“即使我与若辩矣，若胜我，我不若胜，若果是也，我果非也邪？我胜若，若不吾胜，我果是也，而果非也邪？我与若不相知也。”按照庄子的说法，辩论是没有评判标准的，所以根本谈不上什么胜负和是非可言。后期墨家则通过对“辩”下了一个严格的定义来驳斥庄子。所谓“辩”实际上是在一对矛盾命题之间展开的，所以才会有“或谓之是，或谓之非”，不是矛盾命题就不能构成辩。由于一对矛盾命题中必有一真一假，所以真正的辩论必然有是有非，有胜有负。合乎实际的即为胜，不合乎实际的即为非。从辩的定义来看，庄子所谓“辩无胜”根本就没有构成真正的辩论。

> 非诽者悖。说在弗非。（《经下》）
>
> 不：诽非，己之诽也。不非诽，非可非也，不可非也，是不非诽也。（《经说下》）

本条是驳斥庄子“齐是非”论的。庄子主张不遣是非，以与世俗处。《大宗师》篇云：“与其誉尧而非桀也，不如两忘。”桀是有名的暴君，庄子不欲非之，其意在泯灭是非的界限。后期墨家则依据其鲜明的明辨是非立场，认为诽是明恶，恶者可诽，所以诽并不可少。他们批评庄子说，你既然主张不非诽，可又批评人家之诽可非，这实际上也是一种诽。从庄子的例子看，连反对诽的人亦不得不“诽”了，这表明诽仍然是不可少的。

以言为尽悖，悖。说在其言。(《经下》)

以：悖，不可也。之人之言可，是不悖，则是有可也。之人之言不可，以审，必不当。(《经说下》)

本条是批驳庄子“言尽悖”论的。在《齐物论》中，庄子称“故分也者，有不分也；辩也者，有不辩也”“辩也者，有不见也”“言辩而不及”。意思是说，凡是与人争辩的，都是由于有见不到的地方，因此一切见解和主张都是片面的，代表这些见解和主张的言论，必然都是错误的。后期墨家把庄子的这种说法概括成“言尽悖”论。他们批评说，主张“言尽悖”肯定是错误的，其理由就在于这种言论本身。因为，如果说这话的人是对的，那就说明至少有一句不悖之言。如果说这话的人是错的，那它就说明，所谓“言尽悖”必然是不恰当的。

《墨辩》中批驳庄子的条目还有许多，这里就不再详细列举了。由以上例子可以看出，在后期墨家与庄子的辩论中，后期墨家在理论上显然占据了上风，这大概是由于他们重视逻辑和方法的缘故。不过，从另一方面看，庄子轻知识斥谈辩所希望表达的只是一种生活态度，一种处世的哲学。而墨家明辨是非同异所追求的则是一种知识和真理。双方的目的显然分属于两个完全不同的领域，这一点注定了他们的争辩不会有什么结果。

三、名墨訾应

名家和墨家的关系一直是个纠缠不清的问题。晋鲁胜作《墨辩注序》，云：“墨子著书，作《辩经》以立名本。惠施、公孙龙祖述其学。”孙诒让继之，认为：“《经说》上下篇与庄周书所述惠施之论及公孙龙相出入，似原出墨子，而诸巨子以其说缀益之。”[1] 胡适则直截了当地说，惠施、公孙龙及其他辩者就是“别墨”。他的理由是：第一，惠施主张泛爱万物，公孙龙主张偃兵，都很合墨家兼爱非攻之说。第二，《庄子·天下》篇说墨家后学以“坚白同异之辩相訾，以觭偶不仵之辞相应”，而惠施刚好有论同异的话，公孙龙亦有论坚白的话。第三，现存惠施、公孙龙的学说，差不多句句都和《墨子》书的《经》《说》4 篇有关。[2]

胡适的说法引起了学术界的广泛辩难，经过深入研究，人们发现《天下》篇的“别墨”二字只是后期墨家各派之间相互攻击、相互责难之语，说对方为“别墨”，意思是说他们不是真正的墨家。所以，严格地讲，“别墨”根本不能作为一个学派之称，先秦亦无所谓“别墨”的存在。另外，惠施、公孙龙的学说虽有与《墨经》诸篇相出入之处，可是认真推敲起来，除了个别外，双方的说法刚好相反，这足以证明惠施、公孙龙与墨家并未有什么学派上的传承关系。

不过，“别墨”之说虽不成立，但胡适所列举的第一点理由却不容忽视。根据《韩非子·外储说左上》的记载，惠施曾经倡导过齐荆偃兵。所谓“偃兵”，就是息兵，不要打仗。另据《吕氏春秋·爱类》篇，惠施还主张“去尊”。“去尊”的意思大概就是反对诸侯国的称王称霸。据说，有一次惠施自相乖违，同意王齐，因而遇到匡章的质疑，惠施便回答说：“今可以王齐王而寿黔首之命，免民之死，是以石代爱子头也，何为不为?”这似乎表明惠施之“去尊”亦是服务于“寿黔首之命，免民之死”的。联系到他历物之意中的“泛爱万物，天地一体”来看，若说惠施曾经受过墨子政治思想的影响，当不为过。公孙龙的情况和惠施大体相同。《吕氏春秋·审应》篇记载说：“赵惠王谓公孙龙曰：‘寡人事偃兵十余年矣而不成，兵不可偃乎？’公孙龙对曰：‘偃兵之意，兼爱天下之心也。兼爱天下，不可以虚名为也，必有其实。’”这表明公孙龙亦是提倡“偃兵”说的人，他的根据甚至直接来源于墨子的学说，所谓“偃兵之意，兼爱天下之心也”，与墨子把兼爱作为非攻的基础可谓同出一辙。另据《庄子·秋水》篇，公孙龙曾自称“少学先王之道，长而明仁义之行”。这里所谓“仁义之行”，大概就是上面提到的兼爱偃兵思想。综合以上各书的记载，

---

① 孙诒让：《墨子间诂》序，中华书局 1986 年版。

② 参见胡适《中国哲学史大纲》卷上，商务印书馆 1919 年版，第 184 页。

我们大体可以相信，惠施、公孙龙有一个时期都曾钻研过墨家的政治学说，并且他们相当服膺墨子的兼爱非攻之论，所以在具体的政治实践中才极力提倡“偃兵”和“兼爱”。只不过，惠施、公孙龙后来又都专门朝名辩之路上发展。他们在这条路子上走得如此之远，以至于连墨家后学也无法容忍他们的学说，于是，双方围绕着坚白、同异等问题展开了激烈的辩论，这场辩论对每一方都产生了深远的影响。

按照司马谈的说法，名家学派的思想特征是：“苛察缴绕，使人不得反其意；专决于名，而失人情。”所谓“苛察缴绕”，是说缠绕在某一问题上，对之做过细的烦琐论证；“专决于名”是说专门从名称和概念方面下结论；“使人不得反其意”和“失人情”讲的则是“苛察缴绕”“专决于名”的结果，意为专注于名称、概念的烦琐分析将会使问题变得非常艰深难解，因而无法和常识相符。整句话把名家重视名相分析、易于流为诡辩的特征恰当地表达了出来。而后期墨家则刚好相反。后期墨家继承墨子的经验主义路线，非常重视常识，他们把亲知作为一切论证的最终依据，然后在此基础上建立了一套知识和逻辑系统。这个逻辑和知识系统与名家学派分别构成了对立的两端。

1. 后期墨家与“合同异”派

惠施是名家中“合同异”派的主要代表，后期墨家和“合同异”派的争辩实际上主要是和惠施的争辩。由于惠施之书不传，我们只能从先秦其他诸子的转述了解他的学说。《庄子·天下》篇的末尾曾保留了惠施的10个命题，称之为“历物之意”。这10个命题是：①至大无外，谓之大一。至小无内，谓之小一。②无厚不可积也，其大千里。③天与地卑，山与泽平。④日方中方睨，物方生方死。⑤大同而与小同异，此之谓小同异。万物毕同毕异，此之谓大同异。⑥南方无穷而有穷。⑦今日适越而昔来。⑧连环可解也。⑨我知天下之中央，燕之北，越之南也。⑩泛爱万物，天地一体也。

因为《天下》篇对这10个命题并未做进一步的说明，所以惠施提出这些论题的真实意图及其具体论证程序如何，始终是一个谜。后人对这10个命题曾做过各种各样的解释，也很难达成一致的意见。大体上讲，惠施提出这10个命题的目的很可能是为了表达万事万物都是相对的，因而没有什么绝对不变的东西。第1个命题涉及宇宙的无限大和无限小，第2个命题则包含着至大和至小相互统一的意思，第3个、第4个命题讲的是位置的相对性和运动的连续性，第5个命题讲事物之间的同异关系，第6个、第7个、第9个命题讲的是空间和时间的相对性，第10个命题则带有总结意味，意思是说天地是一个整体，里面到处充满着和谐和统一，所以个人应当以泛爱万物为立身行事的准则。

从现在的眼光看，惠施的这10个命题都充满着辩证的气息，它们既注意到了事物之间的互相对立，又注意到了事物之间的互相统一和转化。不过，在当时，惠施提出这些命题却有另一层意图，那就是《天下》篇所说的“以反人为实，而欲以胜人为名”，这是名家的一个共同特征。其结果就是惠施的说法表面上充满相对的色彩，因而和常识相乖违。这样便引来了素重常识和思维确定性的后期墨家的批评：

> 穷，或有前不容尺也。（《经上》）
> 穷：或不容尺，有穷；莫不容尺，无穷也。（《经说上》）

本条是对惠施第6个命题的批评。不管惠施对“无穷”和“有穷”如何界定，他把一对矛盾概念联结到同一判断的谓词里，都属于一种自相矛盾的做法。后期墨家通过给无穷和有穷分别下一个严格的定义来消除这种矛盾。按照后期墨家的说法，所谓“穷”就是指一个区域的前面再也容不下一条线，因此，“有穷”是前面不容一条线，“无穷”是永远没有不容一条线。这样，有穷无穷就有了严格的区别，惠施命题中的矛盾也就被有效地消除了。

> 取下以求上也，说在泽。（《经下》）
> 取：高下以差不差为度，若山泽。处下差于处上，下所谓上也。（《经说下》）

本条是对惠施第3个命题的批评。按照惠施的说法，由于位置是相对的，所以高低、上下均可互相转化，换一个角度看，山和泽、天和地可以是一样的高或平。惠施的这种说法虽有助于突破人的思维的狭隘性，但他却忽视了概念本身的确定性，以至于不管条件不管范围硬把相反的东西说成是相同的。后期墨家正是抓着惠施这一缺点立论的，他们认为，要确定一个位置，就必须以另一个位置为准。高和下不是在一个水平之上，有相差才会造成两者的不同，这正如有下才有上一样。所以，在特定的标准下，上和下、高和低都是确定的、不能随意改变的。

日中，正南也。(《经上》)

生，刑与知处也。(《经上》)

本条是对惠施第 4 个命题的批评。按照惠施的说法，任何事物在时间上都是不断运动变化的，这个运动变化没有间隔也没有停留，所以在同一瞬间，太阳可以说是正中亦可以说已经偏斜，万物可以说是生存亦可以说是走向死亡。但在后期墨家看来，惠施这里显然同样犯了思维混乱的错误。按照逻辑规则的要求，甲既是甲就不能再是非甲，所以日中就是正南，一旦偏斜就不再是日中了，生就是形体与知觉的结合，一旦知觉丧失，那就不再叫作生了。惠施把生和死、中和睨混为一谈，显然无法满足逻辑规则的要求。

同，重、体、合、类。(《经上》)

同：二名一实，重同也。不外于兼，体同也。俱处于室，合同也。有以同，类同也。(《经说上》)

异，二、不体、不合、不类。(《经上》)

异：二必异，二也。不连属，不体也。不同所，不合也。不有同，不类也。(《经说上》)

同异交得放有无。(《经上》)

这相邻的几条是对惠施第 5 个命题的批评。惠施之所以被称为合同异派的代表，正因为他非常重视同异之间的关系。按照惠施的说法，同异可分为两种，一种为大同异，一种为小同异。大同异是说万物毕同毕异。从天地一体来看万物只是一物，此之谓毕同；从万物分开看，万物各是一物，此之谓毕异；毕同毕异意为万物既莫不相同又莫不相异。这就叫大同异。小同异是说大同之中有小异，大异之中有小同。从大同的角度看，万物之间的异只是小异；从大异的角度看，万物之间的同又只是小同。这种同异关系说叫小同异。从惠施的分辨看，他显然已经意识到了事物之间同异关系的相对性，所谓同中有异、异中有同是一种富于辩证精神的说法。但是，如果把这种相对性推到极致，那么事物之间的同异关系就无法分辨了。惠施的说法就包含着这种危险。后期墨家和惠施一样重视辨析同异，只不过惠施重合，后期墨家重别。后期墨家通过对同、异、同异交得进行仔细的分类来消除惠施泯灭事物差别的危险。他们认为，同有四种，即重同、合同、体同、类同。重同的意思是二名一实，合同的意思是事物所处的空间相同，同一个整体的不同部分为体同，事物的属性相同则为类同。相应地，异也有四种，即二、不体、不合、不类。其意与四种同刚好相反。同异交得的情况更复杂。从这些分类可以看出，后期墨家有一个基本原则，那就是同和异之间有着绝对的界限，两方面不能有任何混淆，这显示出后期墨家对思维确定性的极端重视。

《庄子·天下》篇还记载有辩者二十一事。按照冯友兰的分析，这二十一事中有九条属于名家中的“合同异”派，有十二事属于名家中的“离坚白”派。前者是从惠施观点立论的，后者则与公孙龙的观点接近。从惠施观点立论的九条分别是：“卵有毛”“郢有天下”“犬可以为羊”“马有卵”“丁子有尾”“山出口”“龟长于蛇”“白狗黑”“一尺之捶，日取其半，万世不竭”。对其中一些论题，后期墨家在《墨经》中也曾有所论及：

> 非半弗新则不动，说在端。（《经下》）
>
> 非：新半，进前取也。前则中无为半，犹端也。前后取则端中也。新必半，毋与非半，不可新也。（《经说下》）

本条是对辩者“一尺之捶，日取其半，万世不竭”命题的批评。辩者声称一个有限长的物体可以无限地进行分割下去，这说明辩者已经意识到有限和无限的辩证关系。但后期墨家不同意辩者的意见，他们认为，物质不能够无限地进行分割，把一个物体破成两半，取其中的一半再破成两半，这样一直进行下去，到最后，它们就变成了一个不能再分的质点即“端”。不承认物质的无限可分性是后期墨家不同于辩者之处。

> 物甚不甚，说在若是。（《经下》）
>
> 物：甚长、甚短，莫长于是，莫短于是。是之甚也，非甚也者，

莫若如是。(《经说下》)

本条是对辩者“龟长于蛇”命题的批评。“龟长于蛇”的意思大概是说，跟比它短的东西比，龟可以说是长；跟比它长的东西比，蛇也可以说是短。辩者这里希望说明的可能是长短是相对的。后期墨家驳之说，事物的程度怎样，是由于比较而来。很长，很短，没有比它更长，没有比它更短，这个很长或很短，都是由比较而知的。因此，龟虽然跟比它的短的东西比，可以说长，但与蛇比较一般总是短的。这条辩论同样反映了惠施一派重视事物的相对性，而后期黑家则更强调事物及其标准的确定性。

后期墨家在《墨经》中对惠施一派是否还有其他的批评，由于史料的缺乏，已经很难确指。不过，从上面的分析，已经大体可以明白两个学派观点的分歧所在。这里所需补充的是，惠施还是一位比较重视研究外部自然界的思想家，《天下》篇说他“逐万物而不反”“弱于德而强于物”，并且可以“遍为万物说，说而不休，多而无已”。后期墨家之所以特别重视对自然界中物理现象的研究，很可能曾受到过惠施及其学派的一些刺激或影响。

2. 后期墨家与“离坚白”派

“离坚白”，顾名思义，就是把坚与白两种属性分离开来，承认它们都有各自的独立性。由这一点看，“离坚白”派和“合同异”派刚好相反。“合同异”派重视事物的同一性，强调事物之间是相互联系相互转化的；“离坚白”派则重视事物的差异性，坚持事物及其属性是静止不变的。就反对“合同异”派泯灭事物及其概念间的差别来说，后期墨家和“离坚白”派有一致之处。但后期墨家同样不赞成“离坚白”派把事物之间的差异绝对化的做法。他们指出，事物的同一性中就包含有差异性，差异性中也包含有同一性。这样，后期墨家实际上正好处于两个极端的中间。名家中的两派分别叫作“合同异”“离坚白”，后期墨家的立场则可以恰当地叫作“别同异”“盈坚白”。

公孙龙是“合同异”派的集大成者。在他之前，已有辩者讨论过坚白问题。《庄子 · 天地》篇称“辩者有言曰，离坚白，若县寓”。同书中的《骈拇》篇也说“骈于辩者，累瓦结绳、窜句游心于坚白同异之间，而敝跬誉无用之言，非乎？而杨墨是已”。可见初期辩者已有离坚白的主张。

“白马非马”论也不是公孙龙的专利，《韩非子·外储说左上》记载说：“儿说，宋人，善辩者也。持白马非马也，服齐稷下之辩者。”儿说略早于公孙龙，他已经率先提出了白马非马论。所以，准确地说，公孙龙在“离坚白”派中的重要地位并不是由于他开了风气之先，而在于他对该派基本论点的系统论证。

在《墨辩》中，后期墨家对公孙龙的一些论题进行了批评：

> 坚白，不相外也。(《经上》)
>
> 坚：于石，无所往而不得，得二。异处不相盈，相排，是相外也。(《经说上》)

本条是对公孙龙“离坚白”论的批评。按照公孙龙的意见，人们通常将一块石头看作坚白相盈，这是不对的。因为，当我们用眼睛去看石头时只能看到白色，而不能看到坚质；当我们用手去抚摸石头时只能摸到坚质，而不能摸到白色，这说明坚质和白色是相互分离的。那么，我们看石头时坚质究竟到哪里去了呢？我们摸石头时白色又到哪里去了呢？公孙龙认为，这时它们各自隐藏了起来。既然可以分别隐藏起来，坚中无白、白中无坚也就成为理所当然的了。这里，公孙龙显然已经意识到不同感官有不同的感觉作用，但当他进一步把这些不同的感觉作用绝对化并彻底割裂开来时，他就不可避免地流入到了诡辩之中。针对这种错误，后期墨家站在常识的角度上提出了一种完全相反的说法。在《墨经》中，后期墨家首先给“盈”下了一个定义：“盈，莫不有也。”然后在此基础上提出了“坚白相盈”“坚白不相外”的命题。所谓“坚白相盈”，意思是说石头的坚质和白色是相互包含相互渗透的，坚质和白色都是石头的属性，所以，无论对一块石头进行怎样的分割，坚和白都是无法分离的。假若坚和白可以相离，那它们就一定会处于不同的场所，这就是“相排”“相外”了。

> 所知而弗能指，说在春也、逃臣、狗犬、遗者。(《经下》)
>
> 所：春也，其势固不可指也。逃臣，不知其处。狗犬，不知其名也。遗者，巧弗能两也。(《经说下》)

本条似是对公孙龙“指物论”的批评。公孙龙在《指物论》的一开

头就说："物莫非指，而指非指。"所谓"指"本意指"手指"，引申为动词"指谓"、名词"意旨"或"概念"。"物莫非指"的意思就是说所有的物都是可指的，即都是可以被感知的，其属性通常用概念来表达。"而指非指"的意思是说指本身不是指，也就是说，指谓事物的那些概念是不能被感知的。如，我们可以感知马是白的，但我们却永远感知不到白色。为了论证"物莫非指"，公孙龙进一步提出了"非有非指"的说法："非有非指者，物莫非指也。"所谓"非有非指"意思是说，天下没有无可指认之物。这和"物莫非指"不过换了一个说法而已。后期墨家所说的"所知而弗能指"大概就是对"非有非指"的质疑。后期墨家认为，有些事物虽然可以知道，但却无法指认，如逃亡的奴隶、遗失了的东西等都属于这一类。这说明并不是所有的事物都是可以指认的。如果有事物不能被指认，那么就不能说"非有非指"，当然也就不能说"物莫非指"了。

白马，马也。乘白马，乘马也。(《小取》)

本条虽然不是直接批评公孙龙的，但它和公孙龙的"白马非马"论显然相对立。按照公孙龙的论证，"白马非马"的根据主要有以下几条：①马这个名称是用来命名形体的，白这个名称是用来命名颜色的。命名颜色的就不同于命名形体的，所以，白马不是马。②马这个名称对于颜色无所去取，故求马，黄黑马皆可以应；白马这个名称对于颜色有所去取，故求白马，黄黑马就不可以应；对于颜色有所去取和无所去取是不同的，所以，白马就不是马。③白马这个概念，是马和白的结合，马既已与白结合，那么白马自然也就不等于马了。公孙龙的这种论证看上去很雄辩，他也的确认识到了概念间一般和个别的关系，不过他把这种关系割裂开来，声称两者互不相干，这就不能说不是诡辩了。后期墨家的不同之处在于，他们处理一切问题都站在健全的常识基础之上。常识不但是他们论证自己主张的基本手段，而且也是批判其他各家诡辩论的有力武器。像"白马，马也"这种说法如果作为一种正面论证看很朴素，但把它放入到名墨之争中去时，其意味就不同了，它充分体现了两家思维方法和基本立场的差异。

除了公孙龙之外，《庄子·天下》篇所记载的辩者二十一事中还有十二个命题属于"离坚白"派。它们分别是："鸡三足""火不热""轮不辗地”“目不见”“指不至，物不绝”“矩不方，规不可以为圆”“凿不围枘”“飞鸟之影未尝动也”“镞矢之疾，而有不行不止之时”“狗非犬”“黄马骊牛三”“孤驹未尝有母”。后期墨家对其中的一些命题也进行了讨论：

> 火热。说在顿。（《经下》）
>
> 火：谓火热也，非以火之热我有，若视日。（《经说下》）

本条是专门批评辩者“火不热”命题的。“火不热”的大意是说，火之热是由于人的感觉，热是主观的，因而在我而不在火。后期墨家则针锋相对地指出，火一定是热的，说火热是说火本身有热的性质，并不是因为我们感觉到它才是热的，这正像太阳会发热一样。

> 可无也，有之而不可去。说在尝然。（《经下》）
>
> 可：可无也，已然则尝然，不可无也。（《经说下》）

本条大概是批评辩者“孤驹未尝有母”命题的。“孤驹未尝有母”的意思可能是，当孤驹有母的时候，它就不是孤驹，所以孤驹从来就没有母。后期墨家批评说辩者此论不懂得“尝然”的意思，因为对于本来没有的事物来说，它们可能以后也没有；但是对于那些已经有过的事物，它们则将永远成为事实而不能使无。就孤驹而言，既有了驹，就必然有母，即使现在没有了母，但过去曾经有过，就不能说它未尝有母。

> 知狗而自谓不知犬，过也。说在重。（《经下》）
>
> 知：知狗而不重知犬，则过。重则不过。（《经说下》）

本条是批评辩者“狗非犬”之说的。辩者的意思可能是，识狗不一定识犬，所以狗不是犬。后期墨家则认为，狗和犬是二名一实的重同，对于重同而言，知道其一也就知道了另一个，所以知狗就是知犬。

值得注意的是，后期墨家也并非在一切问题上都和“离坚白”派相对立。《经下》有一条说：“景不徙，说在改为。”这和辩者的命题“飞鸟之影未尝动也”基本一致。《经说上》有一条说：“无久之不止，当牛非马，若矢过楹。有久之不止，当牛马非马，若人过梁。”这与辩者的命题“镞矢之疾，而有不行不止之时”意思也大致相同。这似乎表明后期墨家和“离坚白”派有一种相互影响的迹象。另外，《公孙龙子》中也有一些文句直接和《墨经》相同，从引用的痕迹看，很可能是后期墨家在先，公孙龙在后。联系到后期墨家和“离坚白”派都很重视事物的区别及概念的确定性，可以推测，后期墨家极可能为名家从“合同异”向“离坚白”的发展增加了一些助力。

第十章 从显学到绝学

按照《吕氏春秋》和《韩非子》的记载，墨家在战国晚期还是一个很有实力的学派。但到了秦汉之交，这一学派就逐渐销声匿迹了。以至于它是何时中断的，其中断的原因是什么，等等，都成了思想史上的悬案。在西汉前期，墨子的名字还经常与孔子并提，被用作智慧、仁义的象征，但到汉武帝“罢黜百家，独尊儒术”之后，墨家一变而为异端，人们即使提起墨子，那也主要是用在批评意义之上的。

一、墨学中绝的原因

1. 中绝时间

把墨家称为“显学”，始于韩非子。在《显学》篇中，韩非称当世的“显学”有儒墨两家，儒家的领袖是孔子，墨家的领袖是墨子。孔子死后，儒分为八派。墨子死后，墨离为三。儒墨两家不仅相互批评，而且每一家内部也都矛盾重重。为了争夺正统地位，各派之间经常相互攻讦，并声称自己才是孔墨的真传。按照韩非子的意见，这种取舍相反、真伪难辨的“杂反之学”很容易带来思想混乱、标准不一，所以统统应该禁止，但他无意中却透露出墨家在战国晚期还是一个很有实力的学派。

《吕氏春秋》亦有类似的记载。《当染》篇称：“（孔墨）皆死久矣，从属弥众，弟子弥丰，充满天下……孔墨之后学，显荣于天下者众矣，不可胜数。”称孔墨后学显荣于天下者不可胜数，足见这两个学派人数之多。《吕氏春秋》成书于秦始皇六年，由秦相吕不韦集门客之力创作而成。这部书记载了许多墨者故事，并且提到墨家组织结构的特点，是我们了解后期墨家活动的重要文献依据。从《吕氏春秋》对墨子的推崇以及对尚贤、节用等主张的认可来看，吕氏的门客中很可能就有墨者。

《吕氏春秋》之后，有关墨者活动的记载变得极少，把现存的所有史料加起来，也不过几条而已。而且，这几条的可靠性也仍然存在问题。《盐铁论》中有两段话涉及墨者，我们把它引证在下面：

> 戍卒陈胜，释挽辂，首为叛逆，自立张楚，素非有回由处士之行、宰相列臣之位也，奋于大泽，不过旬月，而齐鲁儒墨缙绅之徒，肆其长衣。长衣，官之也。负孔氏之礼器，委质为臣。孔甲为涉博士，卒俱死陈，为天下笑。（《盐铁论·褒贤》）
>
> 日者淮南衡山修文学，招四方游士，山东儒墨咸聚于江淮之间，讲议集论，著书数十篇。（《盐铁论·晁错》）

第一条是说墨者曾经参加过陈胜起义，第二条是说有墨者曾被淮南王刘安搜罗到门下。如果这两条记载属实的话，那就说明至少在秦汉之际墨家还没有中断。但是，这两条的可靠性究竟有多大，实在令人怀疑。第一条中明明说投奔陈胜的人“肆其长衣，……负孔氏之礼器，委质为臣”，怎么可能有墨者呢？儒墨后学互相攻击，水火不容，根本不可能“负孔氏之礼器”。《史记·儒林列传》对此事的叙述则有所不同：“陈涉之王也，而鲁诸儒持孔氏之礼器往归陈王。”显然，在司马迁看来，投奔陈涉的只是诸儒，并无墨者。第二条同样有问题。按照高诱《淮南子注序》的说法，刘安“遂与苏飞、李尚、左吴、田由、雷被、毛被、伍被、晋昌八人，及诸儒大山、小山之徒，共讲论道德，总统仁义，而著此书，其旨近老子淡泊无为，蹈虚守静，出入道经”。这些人里面亦未见有墨者在，苏飞等八人显然都是道家中人。另外，正如高诱所说，《淮南子》旨近老子，讲“淡泊无为，蹈虚守静”，和墨家精神根本不类。所以，淮南王刘安的门客中是否有墨者还是一个疑问。把两条联系起来考虑，《盐铁论》的作者此处所说的“儒墨”似乎不是确指，而是用来概指天下文学方术之士的。之所以这样做，大概是因为儒墨两家在汉人的心目中一直是“文学之士”的代表。这一点正可以解释下面一段话：

> 逮至高皇帝存亡继绝，举天下之大义，身自奋袂执锐，以为百姓

请命于皇天。当此之时，天下雄俊豪英，暴露于野津，前蒙矢石而后堕谿壑，出百死而给一生，以争天下之权，奋武厉诚，以决一旦之命。当此之时，丰衣博带而道儒墨者，以为不肖。（《淮南子·氾论训》）

从字面意思看，这一段话是说刘邦创业时曾遭到儒墨的攻击。可是，作者在话中不自觉已经露出马脚：墨者的服饰是“以裘褐为衣，以跂蹻为服”，根本不能用“丰衣博带”来形容。而“丰衣博带”一直是邹鲁诸儒的特征。另外，把本条和《盐铁论》论讲儒墨投奔陈涉的一条联系起来看，也有互相矛盾的地方。该条称有墨者参加了陈涉的起义，本条却说有墨者曾批评刘邦尚武，在短时间内，墨者不应矛盾如此。把这些材料联系起来考虑，《淮南子》的作者之所以“儒墨”并称，很可能只是沿袭了一种习惯用法而已。我们再举一些“儒墨”“孔墨”并提的例子以为佐证：

君听臣之计，即长有封侯，世世称孤，必有乔松之寿，孔墨之智。（《史记·李斯列传》）

昔者鲁听季孙之说而逐孔子，宋信子罕之计而囚墨翟。夫以孔墨之辩，不能自免于谗谀，而二国以危。（《史记·鲁仲连邹阳列传》）

孔墨之弟子，皆以仁义之术，教导于世。（《淮南子·淑真训》）

汤武圣主也，而不能与越人乘干舟而浮于江湖。伊尹贤相也，而不能与胡人骑騵马而服騊駼。孔墨博通，而不能与山居者入榛薄险阻也。（《淮南子·主术训》）

吴起、张仪，智不若孔墨，而为万乘之君，此其所以车裂支解也。（《淮南子·主术训》）

在这些作者眼中，墨子和孔子一样，是智者、博通善辩者、以仁义教导于世的贤人。尽管其中的一些说法未必完全属实，但它们却反映了孔墨在汉初人们心目中的大致平等地位。人们一提到孔子，马上就会联想到墨子。“孔墨”成了一个代表智慧、仁义、博通的符号。至于说把这两个字作为符号使用时，是否与历史事实相吻合，那倒是很次要的事了。《盐铁论》中的两条引文很可能就是属于这种情况。

由于现有的几条史料均不可靠，所以我们对于墨家在秦汉之交的演变情况仍然一无所知。非常可能的是，墨家作为一个学派是在秦始皇焚书坑儒前后被迫解散的。《盐铁论·论诽》篇说："昔秦以武力吞天下，而斯、高以妖孽累其祸，废古术，隳旧礼，专任刑法，而儒墨既丧焉。"讲的可能是实情。

按照《史记》的记载，焚书发生在秦始皇三十四年（公元前213年）。当时，始皇接受了李斯的建议，收去《诗》《书》百家之语尽焚之，仅留下秦记、医药、卜筮和种树之书。李斯的理由是：

> 古者天下散乱，莫能相一，是以诸侯并作，语皆道古以害今，饰虚言以乱实。人善其所私学，以非上所建立。今陛下并有天下，别白黑而定于一尊，而私学乃相与非法制之教。闻令下，即各以其私学论之，入则心非，出则巷议。非主以为名，异趣以为高；率群下以造谤。如此不禁，则主势降乎上，党与成乎下。禁之便。（《史记·李斯列传》）

从这段话可以看出，李斯所举理由中的关键一点是，恐怕私学盛行会造成"主势降乎上，党与成乎下"的局面。也就是说，恐怕君主的权势会受到威胁以及下层群众会结成不同的党派。就此而言，墨家尤令统治者担心。在先秦诸子中，墨家是唯一有严格纪律的半军事化的学派组织，它有自己的首领，有自己的行动纲领，有内部奉行的法，有时还会为了自己的信念与国家政权相对抗。显然，这些都是一个君主专制政权所无法接受的。所以，秦始皇不焚书则已，若焚的话，首当其冲的肯定是墨家。同样，不禁止私学则已，若禁的话，首先被禁的恐怕也就是墨家。

焚书之后的第二年，秦始皇又有坑儒之举。据《史记·秦始皇本纪》载，公子扶苏曾为此进谏说："今天下初定，远方黔首未集，诸生皆诵法孔子，今上皆重法绳之，臣恐天下不安。唯上察之。"说明被坑的460余人都是诵法孔子的儒生，里面并没有墨者。也许此时墨家的组织已经不存在了。从此，墨家作为一个学派便从历史中消失了。

汉初，意识形态的控制没有那么严酷，思想气氛相对宽松，过去被禁止的许多学派重新抬头，儒家、道家、法家相继登场，但墨家却再也没能重新兴起。到汉武帝时，儒学独尊地位确立，墨家学说就更成了害道的异端而备受挞伐。如果说在罢黜百家之前，墨子和孔子作为智者、贤人还常常见称于学者之口，那么到了罢黜百家之后，孔子一跃为圣王，墨子则变成了异端。从此，墨家作为一种学说的地位也受到动摇，逐渐从思想史的主流中消失了。

2. 中绝的原因

墨家从显学一下子跌落到绝学，是秦汉思想史中的一件大事。从思想本身来看，墨家反宗法、重贤能、主尚同极有利于建立一个中央集权制的国家。但事实却是，从秦始皇到汉武帝，先秦四大家中的法家、道家和儒家都曾先后上升到官方意识形态地位，进行过具体的政治实践，唯独墨家在不声不响中消亡了。这究竟是什么原因呢？自汉代以来，就一直有人尝试着给以解答。把这些答案归结起来，大致可分为两类，一类是从墨家学说内部进行分析，一类是根据外在条件进行分析。

最早从学说内部分析墨学中绝原因的，是东汉思想家王充。在《论衡·案书》篇中，王充这样说：

> 且案儒道传而墨法废者，儒之道义可为，而墨之法仪难从也。何以验之？墨家薄葬右鬼，道乖相反，违其实，宜以难从也。乖违如何？使鬼非死人之精也，右之未可知。今墨家谓鬼审人之精也，厚其精而薄其尸，此于其神厚而于其体薄也。薄厚不相胜，华实不相副，则怒而降祸，虽有其鬼，终以死恨。人情欲厚恶薄，神心犹然。用墨子之法事鬼求福，福罕至而祸常来也。以一况百，而墨者为法皆若此类也。废而不传，盖有以也。

王充认为，儒家之道之所以能流传下来，墨子之法之所以废而不用，其原因就在于儒家的道理可以做到，墨子的主张很难顺从。例如墨家讲薄葬右鬼，从道理上说，本身就是自相矛盾、违背实际的，这当然让人很难赞成。按照墨家的说法，鬼为死人之精，右鬼即尊崇死人之精，可墨家又主张薄葬，要求人们薄待尸体。这样，厚薄变得非常不相称，表里无法做到一致，鬼一定会因为薄待其尸而生怨恨。所以，用墨子的方法事鬼求福，不但不能求到福，反而会招致祸患。以一推百，墨家的主张大都属于这种自相矛盾之类。所以，墨家的学说废而不传，并不是没有缘故的。

从外在条件分析墨学衰微根源的人更多。如清儒张惠言就认为，墨学中绝是因为孟子的批评：

> 古者杨墨塞路，孟子辞而辟之。自孟子之后，至今千七百余年，而杨氏遂亡。墨氏书虽存，读者盖鲜。大哉圣贤之功，若此盛矣。①

孟子一生以拒杨墨自任，他曾攻击墨家“兼爱”是“无父”，“无父”即“禽兽”。尽管这种谩骂无道理可言，但由于孟子在儒家中的特殊地位，后来的儒生们也就大都不敢或不愿替墨子说话了。张惠言指出，孟之批墨对墨家命运有相当大的影响不谓无见，但他把墨家衰亡的原因全部归结到孟子的批评之功上，显然是太夸大批评的力量了。

近代以来，解释墨学中绝原因的人更多。胡适的说法是：第一，由于儒家的反对；第二，由于墨家学说之遭政客猜忌；第三，由于墨家后世的诡辩太微妙了。② 梁启超替他补充说：“依我说，第三种‘诡辩太微妙’应改为‘诡辩太诡’。更有第四种原因，发于墨学自身，就是《庄子·天下篇》说的‘其道大觳，使人忧，使人悲，其行难为也……反天下之心，天下不堪，墨子虽能独任，奈天下何！’”③ 陈柱认为：“墨者之学，则侠也；其自苦既为学者所难能，而以武犯禁，又为法网所甚恶；且其名理异同之辩，已为学术统一后所不需；器械攻守之具，尤为国家统一以后所大忌；则其学虽欲不微，其可得乎？”④ 钱穆也说，墨学“自身的转变，一方面成为先秦晚年名家末流的诡辩学者，另一方面是西汉初年社会上时撄文网的游侠。诡辩家因学者间的激烈反对而消亡，游侠因政治势力的诛锄而破灭了”⑤。方授楚则把墨学衰微的原因归结为四点：“①墨学自身矛盾也。②理想之过高也。③组织之破灭也。④拥秦之嫌疑也。”⑥ 李季声称：“墨学灭亡的真正原因，到底在哪里呢？就在农工阶级的失败。”⑦ 郭沫若的看法刚好相反，认为“他这一派当时完全是反革命派，结果他是敌不过

---

① 张惠言：《茗柯文编》，上海古籍出版社 1988 年版，第 22 页。
② 参见胡适《中国哲学史大纲》卷上，商务印书馆 1919 年版，第 251 页。
③ 转引自杨俊光《墨子新论》，江苏教育出版社 1992 年版，第 313 页。
④ 陈柱：《墨学十论》，商务印书馆 1934 年版，第 169 页。
⑤ 钱穆：《墨子》，商务印书馆 1934 年版，第 78 页。
⑥ 方授楚：《墨学源流》，中华书局 1934 年版，第 205 – 209 页。
⑦ 李季：《胡适中国哲学史大纲批判》，神州国光社 1931 年版，第 172 页。

进化的攻势，尽管他和他的弟子们有摩顶放踵赴汤蹈火的精神，死力撑扎着自己的存在，然而终竟消灭了。这正是社会的进展取辩证式的证明”①。

其他的说法还有许多，这里就不再一一罗列。仅从上述各项中，我们就可以发现，在解释墨学衰微问题上，言之成理的说法少，似是而非的议论则太多，这反而妨碍对真正原因的把握。胡适讲墨家衰微的三条原因中有一条是儒家的反对，这在一定意义上是对的，但他说墨家后学“诡辩太诡”，则混淆了学派间的关系，他把名家的代表都当成了墨家的弟子。梁启超的补充可以说和胡适犯了同样的错误。陈柱和钱穆都错误地把游侠当成墨者，所以才会得出墨家衰亡与汉初对游侠禁止有关的说法。方授楚所谓“拥秦的嫌疑”和胡适的“遭政客猜忌”一样属模糊影响之谈，而马克思主义者的相互对立本身就足以说明用革命反革命的模式来解释这一问题的不当。

关于墨学中绝的原因，我觉得可以分成两个问题来讨论：一个问题是墨家为什么会衰微，另一个问题是墨家衰微以后为什么不能重新复兴。关于第一个问题，我认为大概有以下四个方面的原因。

第一，前期墨家的政治主张已被超越或消解。构成前期墨家思想主体的是墨子提出的十大主张，这十大主张围绕着“兴天下之利，除天下之害”这个总目形成了一个初步的系统。随着时代的发展和诸子之间的相互批评相互影响，墨子的这十个主张分别发生了不同程度的变化：有的过时了；有的被其他各家所吸收，成为一种共识；有的失去了依托；有的则纯属空想。过时者如“非攻”。随着诸侯国的相继覆灭，大一统帝国的正式建立，墨家的非攻主张就成为无的之矢。成为一种共识的有“尚贤”“节用”“节葬”等。如尚贤，早在墨子之前，子产就有“择能而使之”的意见，孔子也有“举贤才”的要求。经过墨子大力提倡后，诸子之中除道家外多已承认尚贤为治世之必备。孟子云：“尊贤使能，俊杰在位，则天下之士皆悦而愿立于其朝矣。”（《孟子·公孙丑上》）荀子亦云：“贤能不待次而举，罢不能不待须而废”“虽王公士大夫之子孙也，不能属于礼义，则归之庶人。虽庶人之子孙也，积文学，正身行，能属于礼义，则归之卿相士大夫。”（《荀子·王制》）《吕氏春秋》中有《下贤》《察贤》《期贤》诸篇，而法家的代表则干脆把尚贤纳入国家的政令中，李悝规定“食

① 郭沫若：《中国古代社会研究》，人民出版社1964年版，第72页。

有劳而禄有功，使有能而赏必行，罚必当”（《说苑・政理》），商鞅的法令中亦有“宗室非有军功，论不行为属籍”“有军功者显荣，无功者虽富无所芬华”（《史记・商君列传》）的原则。其他像节用之于道家，节葬之于《吕氏春秋》，均有类似的情况。既然这些主张已非墨家所独有，那么统治者即使想推行这些主张，也就不必一定要到墨家那里去寻找。失去依托的有“天志”“明鬼”“非命”等。在墨子的思想系统中，天鬼等并不具有独立的意义，它们只是为其他主张所设定的外在保障，天鬼之赏善罚暴只不过是为了保证尚贤尚同等主张的推行而已，一旦墨家的这些主张被超越或被其他各家所吸收，那么天鬼的作用也就失去了意义。纯属空想的则为“兼爱”。兼爱在墨子的十大主张中占有中心的地位，它批判的矛头直接指向儒家所拥护的宗法伦理，但正因为如此，它才和中国古代广泛盛行的血缘宗法制度相违背。血缘宗法制早在西周时期就已呈现出相当完备的形态。战国时期，王纲失统，诸侯连年征战不休，这种制度受到一定程度的冲击，墨子不失时机地提出了兼爱和尚贤等主张，但血缘宗法制毕竟推行了千年之久，它已经深深地积淀在普通民众的观念之中并成为一种牢固的民族心理和社会心理，这使得任何违背这套制度的东西都很难生存下去。秦始皇一统中国后纯用法家，以武力进行统治，结果终因违背血缘宗法社会的要求而使秦帝国很快地灭亡了。汉兴以后，社会的稳定使宗法制有一定程度的恢复，所以统治者经过几十年的摸索和试验才最后确定以儒学为国教，以顺应宗法社会下普通民众的心理。在这种情况下，宣传无差别地兼爱一切人的墨家自然也就不会有什么市场。

第二，后期墨家的理论无法承担起意识形态的功能。从前期到后期，墨家的思想发生了很大的变化。前期墨家主要关怀的是伦理和政治问题，后期墨家则把注意力转移到了科学和逻辑方面。《庄子・天下》篇记载说：“相里勤之弟子，五侯之徒，南方之墨者苦获、已齿、邓陵子之属，俱诵《墨以》而倍谲不同。”可以相信，后期墨家的主要力量已经转入到了谈辩和科学一方。这种转变的结果是，一方面使墨家对中国古代逻辑和科学做出了划时代的贡献；另一方面也使墨家偏离了现实中的政治和社会问题，因而再也无法为治天下贡献出什么新的理论出来。即使还有少数恪守墨子祖训、以救世为己任的墨者，但他们也大多缺乏足够的才干来推行墨子的政治主张。这样，墨家的政治主张既无所创新，不能适应急剧变动的现实，后期墨家的主流又转入到了与政治关系不大的科学、逻辑之中，所以一旦国家统一之后，统治者决不会选择墨学作为官方的意识形态也就是情理之中的事情。

第三，墨家的政治主张与其组织结构之间存在着不可克服的矛盾。在先秦诸子中，墨家是组织性纪律性最强的学派，巨子制是使这个团体近两百年一直保持兴盛不衰的主要原因。但按照墨子的尚同主张，下级必须绝对服从上级，一层层地上推，最后由天子一同天下之义，因而除天子一人之外，任何个人或团体都不能拥有独立的意志。把这种主张推演到极致，就必然会否定像墨家这样的民间团体存在。所以墨家之尚同不实行则已，若实行，首先要取消的就是墨家本身。后来秦始皇统一中国之后，墨家迅速沉寂，原因可能就在于此。

第四，墨家在理论上缺乏与时俱进的勇气。先秦各家各派，相互影响相互渗透的痕迹极为明显，唯有墨家从其他各家吸收借鉴的东西最少。墨子的政治主张就那么几条，后来墨者并未给予太多的充实、推演和发挥，这也许是墨家一贯主张同而不和的缘故，其灾难性的后果就是墨家的主张缺乏弹性和变化，因而无法适应不断变动的现实的需要。尽管从前期到后期墨家的倾向也发生了相当大的变化，而且后期墨家的主张与名家有相互呼应的痕迹，但这显然已偏离了政治，走到了另外一条路子上去。但是，这条道路在中国古代绝非坦途，汉武帝的“独尊儒术”只不过从形式上再一次确认了政治伦理在中国文化和中国社会中的主导地位。因而，墨学的衰亡事实上早已在后期墨家的转向中埋下了种子。

关于第二个问题，墨家衰微以后为什么不能重新复兴，原因大概也有以下两个方面。

第一，汉武帝以后，整个文化氛围与墨家的基本取向恰恰相反，因而无法为墨家提供足够的生存空间。中国文化传统的精神一直是重人伦道德，轻知识技艺，汉武帝的独尊儒术进一步强化了这种精神，它使得纯粹理性的探索活动在中国极其匮乏，科学研究在中国古代社会中没有什么地位。在这样一种文化传统之内，任何问题都必须纳入政治伦理的范围中去考虑，人们满足于用模糊意会的思维方法对外部自然进行粗浅的比附和类推，以便能够轻易地落实到人类社会中来，至于客观世界的规律、人类知识的本质等复杂的问题根本不在人们的视野之内。但墨家刚好相反，在先秦诸子中，墨家是最重视知识和方法的学派，尊重经验、关注思维的确定性，并致力于科学知识的探求恰恰是这个学派的典型特征。后期墨家还发

展出了一套初步的逻辑系统，取得了不小的科学成就。由于墨家和中国文化传统整体取向上的这种基本差异，所以它一旦衰微，在此后的近两千年中就始终无法重新崛起。

第二，儒家的正统地位确立之后，对墨家也是一种压制的力量。在先秦诸子中，儒墨之间的对立最严重，这主要是由于双方关注的问题大致相同，而所提供的解决方法则完全相反。就关注的问题而言，儒墨两家所追求的实际上都是如何通过伦理的改造以达到变革社会、实现天下之治的目的。但两家给定的答案却迥然不同：儒家希望在宗法制的基础上逐渐恢复旧的伦常规则，墨家则主张彻底冲破血缘宗法制的束缚并进而重建社会伦理。在这个基点之上，儒墨两家各自演绎出了一套思想系统。虽然随着历史的发展，这两个系统在某些方面有互相吸收的趋势，但在赞成或反对宗法制这个根本问题上，它们无论如何都无法相互融通。这一点从儒墨两家相互攻讦的激烈程度就可略见一斑：孟子以距杨墨为己任，大骂墨家兼爱为“无父的禽兽”，荀子则称“礼乐灭息，圣人隐伏墨术行”；墨者们也不示弱，他们攻击儒家的“亲亲”是天下最大的不义：“亲亲有术，尊贤有等……是为群残父母，而深贼世也，不义莫大焉。”（《非儒下》）

儒法、儒道之间的关系就不同了。尽管历史上儒家与道、法也经常发生互相批评和攻击的事情，但是由于关注的领域不同，它们之间很容易形成一种互补的关系，从而达到共存的目的。相比之下，法家关注的是现实政治问题，它向统治者提供了一套具体的政治策略，而儒家则偏重于伦理道德问题，它主要是通过道德说教来影响世道人心和现实政治。而且，双方都有各自的缺陷，法家严苛少恩，儒家则易流于陈腐迂阔，两者恰好可以相互借鉴相互补充。后来汉代的统治者之所以选择“外儒内法”“王霸相杂”的制度，原因就在于此。儒道之间同样如此。表面上看，儒家积极进取，道家退让无为，但深一层看，儒家主要关注的是国家、社会和道德问题，道家则更关心个人的生命及最终归宿。换句话说，儒道之别实际上是社会政治哲学与人生观的不同。两家关注的领域既有如此的不同，它们之间就不必一定相互冲突，在同一个人身上，儒和道实际上可以并存不悖，古人所谓“穷则独善其身，达则兼济天下”正好可以用来说明儒道之间的关系。儒墨之间就不存在这种互补、并列关系，不是儒，就是墨，中间没有调和的余地。所以儒家没有占据统治地位则已，它一旦跃上统治地位，必然会刻意压制和打击墨学。

二、独尊儒术之后

汉武帝“独尊儒术”之后，墨家从中国思想史的主流中彻底消失了。除了极个别人冒着非圣无法的危险替墨子讲几句好话之外，其他的人即使提到墨子，那也只是出于批评的目的。

较早站在儒家立场批墨的是《孔丛子·诘墨》篇。该书题为孔子八代孙孔鲋所撰，但据学者考证，这只是伪托之词，《孔丛子》很可能是东汉人所作。其中，《诘墨》篇专门批驳墨子书中的《非儒下》篇。我们知道，《非儒下》大概是墨家后学所作，里面对孔子的描写有许多不实之词。《诘墨》篇抓着这一点，逐条进行反驳。对于墨家的主张和学说，《诘墨》篇并未涉及。因此，该文的新意并不多。

《诘墨》之外，后汉时期批评墨家的还有思想家王充。王充主要从经验和逻辑的角度批评墨家主张自相矛盾：

> 墨家之议，自违其术，其薄葬而又右鬼。右鬼引效，以杜伯为验。杜伯死人，如谓杜伯为鬼，则夫死者审有知。如有知而薄葬之，是怒死人也。人情欲厚而恶薄，以薄受死者之责，虽右鬼，其何益哉？如以鬼非死人，则其信杜伯非也。如以鬼是死人，则其薄葬非也。术用乖错，首尾相违，故以为非。非与是不明，皆不可行。（《论衡·薄葬》）
>
> 夫论不留精澄意，苟以外效立事，是非信闻见于外，不诠订于内，是用耳目论，不以心意议也。夫以耳目论，则以虚象为言。虚象效，则以实事为非。是故是非者，不徒耳目，必开心意。墨议不以心而原物，苟信闻见，则虽效验章明，犹为失实。失实之议难以教，虽得愚民之欲，不合知者之心。丧物索用，无益于世，此盖墨术所以不传也。（同上）

王充指出，墨家一方面承认有鬼，一方面又主张薄葬，这是自相矛盾的。因为，如果鬼是由死人变的，那么说明死人仍有知觉。死人有知觉却

薄葬他们，肯定会得罪鬼，会受到鬼的惩罚。如果鬼不是由死人变的，那么墨家用杜伯作例子活灵活现地证明有鬼存在就是不对的。王充进一步分析到，墨家之所以陷入自相矛盾的境地，是因为他们只“信闻见于外，不诠订于内”，也就是说只重视感官知觉，不重视理性的判断，只重视从外界得来的传闻，不重视内心的思考和分析。这样做也许能够暂时满足愚民的意愿，但并不能让有理智的人信服。按照王充的意见，墨家的主张大都存在着这种首尾相违的错误，这正是它之所以灭亡的原因。

就揭示墨家主张的自相矛盾而论，王充的分析的确很精辟，术用乖错是墨家的一大缺陷。不过，王充把墨学衰亡的原因全部归结为这一点，未免把问题过于简单化了。事实上，后期墨家已经意识到墨子右鬼主张的不可靠，在《墨辩》6篇中，他们基本上不再提鬼神存在的问题。从后来的结果我们知道，不提鬼神同样没能挽救墨家衰亡的命运，这足以说明墨学之所以衰亡，除了主张本身的自相矛盾之外，还与社会的发展、文化的变迁等许多现实问题有关。

在墨学史上，真正把墨家学说作为一门学问来研究的始自鲁胜。鲁胜是西晋惠帝时人，精通天文历法，著有《正天论》。在当时玄风正盛时，鲁胜抱着兴微继绝的宏愿，率先开始替《墨辩》作注。可惜的是，他的《墨辩》注很早就亡佚了，唯有序言保留在《晋书·隐逸传》中。从这篇序中，我们可以约略了解鲁胜对墨家逻辑的看法：

> 名者，所以别同异，明是非，道义之门，政化之准绳也。孔子曰：“必也正名，名不正，则事不成。”墨子著书，作《辩经》以立名本。惠施、公孙龙祖述其学，以正刑名显于世。孟子非墨子，其辩言正辞，则与墨同；荀卿、庄周等，皆非毁名家，而不能易其论也。（名）必有形，察（形）莫如别色，故有坚白之辩。名必有分，明分莫如有无，故有无序之辩。是有不是，可有不可，是名两可。同而有异，异而有同，是之谓辩同异。至同无不同，至异无不异，是谓辩同辩异。同异生是非，是非生吉凶，取辩于一物，而原极天下之污隆，名之至也。自邓析至秦时名家，世有篇籍，率颇难知，后学莫复传习，于今五百余岁，遂亡绝。《墨辩》有上下经，经各有说，凡四篇；与其书众篇连第，故独存。今引经就说，各附其章，疑者阙之，又采诸众杂集为刑名二篇，略解指归，以俟君子。其或兴微继绝者，亦有

乐乎此也。

从墨学史的角度看，鲁胜的这篇序言至少在以下三个方面具有重要意义：第一，首先把《墨子》书中的经、说四篇合称为《辩经》，这正是“墨辩”一词的由来。第二，提出了“引说就经、各附其章”的研究方法，成为后人整理《墨辩》四篇的指南。第三，指出惠施、公孙龙、孟子、荀卿等人在思维方法上均受到过墨家的影响，对于我们正确认识战国学术发展次第有启发意义。不过，鲁胜此序也有错误之处：第一，《辩经》不是由墨子所作，而是后期墨家的作品。第二，惠施、公孙龙是名家的代表，并非祖述墨子。我们至多只能说他们曾受到过墨子的影响。后来胡适等人把惠施、公孙龙说成是“别墨”，很可能就是受了鲁胜的误导。

鲁胜之后，有乐台曾作《墨子注》三卷，可惜该书久佚，我们无法判定其内容如何。直到中唐时期，才有韩愈站出来重新评判儒墨，从而引起此后数百年的争端。韩愈本是一位非常推崇孟子的人，为了和佛老相抗衡，他曾列举一个从尧舜禹到文王、周公、孔子、孟子的道统。韩愈自己以接续这一儒家道统为己任，从而成为宋明新儒学的先驱人物。但韩愈对墨子却深表同情，他以一篇《读墨子》使自己成为汉武帝以后儒生中敢于替墨子说话的第一人：

> 儒讥墨以上同、兼爱、上贤、明鬼；而孔子畏大人、居是邦不非其大夫、《春秋》之讥专臣，不上同哉？孔子泛爱亲仁、博施济众，不兼爱哉？孔子贤贤，以四科进褒弟子，疾殁世名不称，不上贤哉？孔子祭如在，讥祭如不祭者曰我祭则受福，不明鬼哉？儒墨同是尧舜，同非桀纣，同修身正心以治天下国家，奚不相悦如是哉？余以为辩生于末学，各务售其师之说，非二师之道本然也。孔子必用墨子，墨子必用孔子。不相用，不足为孔墨。

韩愈的用意虽然值得肯定，但他的论据实在很脆弱。孔墨虽同样崇尚贤能，但孔子所谓“贤”局限于统治者内部，墨子所谓“贤”则包括农与工肆之人。孔墨虽同尊尧舜，但尧舜对他们却有不同的意义：对孔子来说，尧舜寄寓着他的周文理想；对墨子而言，尧舜只不过是他托古改制、宣传兼爱等主张的工具而已。其他内容的不同亦大体如此，如墨子明确承认有鬼神的存在，孔子则敬鬼神而远之，等等。所以孔墨的相互对立根本不容怀疑，也不是凭一时的巧思所能化解的。

即便如此，韩愈的说法还是引来了宋儒几乎众口一词的攻击。二程指出："此篇意亦甚好，但言不谨严，便有不是处。且孟子言墨子爱其兄之子犹邻之子，墨子书中何尝有如此等语？但孟子拔本塞源，知其流必至于此。大凡儒者学道，差之毫厘，谬以千里。杨朱本是学义，墨子本是学仁，但所学者稍偏，故其流遂至于无父无君。孟子欲正其本，故推至此。退之乐取人善之心，可谓忠恕，然持论不知谨严，故失之。"① 朱熹说得更严厉："杨墨皆是邪说，无大轻重，但墨氏之说尤出于矫伪，不近人情而难行，故孟子之言如此，非以杨氏为可取也。孔墨并称乃退之之缪，然亦未见得是与《原道》之作孰先孰后也。"② 而王安石干脆认为墨比杨更远于道："杨子之道虽不足以为人，固知为己矣；墨子之志虽在于为人，吾知其不能也。呜呼，杨子知为己之为务，而不能达于大禹之道也，则亦可谓惑矣。墨子者，废人物亲疏之别，而方以天下为己任，是其所欲以利人者，适所为为天下害患也，岂不过甚哉？故杨子近于儒，而墨子远于道，其异于圣人则同，而其得罪则宜有间也。"③

到了晚明时期，心学流弊既明，学风开始向实而趋。又有个别学者开始用同情的眼光看待墨家。焦竑在他的《经籍志・墨子小序》中公开声称："墨子见天下无非我者，故不自爱而兼爱也，此与圣人之道济何异？"焦竑的说法实际上已经首开后来清儒中广泛盛行的"以墨释儒"的先声。

三、"墨学影响论"辨析

作为一个学派，墨家在秦汉之际彻底消失了，但墨家思想是否也随着学派的衰亡而彻底消失了呢？这是墨家史上一个相当重要的问题。对这个问题，学者们多持否定的立场，他们不相信像墨家这样一个有影响的学派

① 《二程集》，中华书局2004年版，第231页。
② 《朱子全书》，上海古籍出版社、安徽教育出版社2002年版，第2962页。
③ 《王安石全集》第六册，复旦大学出版社2017年版，第1229页。

在短时间内会彻底消亡。在这种指导思想下，他们提出了许多种说法。除了某些不经之谈外，最有影响的有三说：一是认为儒墨在秦汉之交有一个逐渐合流的过程，因而儒家的某些典籍或某些思想家的学说中实际上包含或容纳了一定的墨学内容；二是认为秦汉时期社会上广泛盛行的游侠之风源于墨家的影响，游侠甚至就是墨家的别派，因此秦始皇统一中国之后，墨家学派并未迅速消失，而是转入到了民间，直到前汉中叶才被统治者彻底镇压；三是认为墨家是道教的思想源头之一，早期道教中的一个流派直接来自墨家，所以墨学实际上以变相的形式继续保留在道教之中。下面我们逐个进行介绍和讨论。

1. 儒墨合流论

儒墨合流论还可分为两种，一种的断定比较弱，其主要观点是说，自战国晚期起，直到前汉中叶，儒墨两家在学说上有一个相互吸收融合的过程，其中援墨入儒为主流。另一种的断定则比较强，这种观点认为，除了思想上的融合外，儒墨两家的成员也有一相互接近和混同的过程。在近代以来治《墨》的学者中，持前一种说法的主要代表有伍非百、蒙文通和方授楚等，而后一种说法则以郭沫若、陈磐的主张最力。

先看后一种说法。

在《青铜时代》中，为了解释墨学衰微的原因，郭沫若列举了两点理由：一是由于墨家后学多数逃入了儒家和道家而失掉了墨子的精神，二是由于墨家后学过分接近了王公大人而失掉了人民大众的基础。由于第二点与本章主旨无关，姑不论。且看第一点，郭氏的根据是：

> 何以见得墨家后学多数逃入了儒家道家呢？这在《墨子》书中便可以取证。第一篇的《亲士》就是摘取儒家道家的理念而成，第二篇《修身》，更完全是儒家的口吻。《经上》《经下》，《说上》《说下》，《大取》《小取》诸篇是受了名家的影响，但名家是发源于道家的。像这样拜借别人的衣钵，把墨子的本来是“不文”“不辩”的主张粉饰了起来，那吗何须乎还要你墨子呢？理论系统比较更完整的儒家道家具在，因而墨家便被同化了一大半。①

---

① 郭沫若：《青铜时代》，新文艺出版社 1951 年版，第 181 页。

名家是否源于道家尚可讨论，但郭氏仅凭《墨子》书中某些篇章就得出结论说“墨家后学多数逃入了儒家道家”，这种做法未免太过武断。更何况他所列举的那些篇章究竟是否“就是摘取儒家道家的理念而成”尚属疑问。《亲士》《修身》虽与儒家道家的一些说法有相近之处，但从其思想主旨而言，它们仍属墨家著作无疑。像《亲士》篇中的“兼王之道”，《修身》篇中的“言信行果”“据财分贫”等说法，均非他家所能有。因此，可说这些篇章的作者曾受过儒道的影响，若说这些篇章就是由那逃墨归儒或逃墨归道者所为，则不可。另外，《经》《说》及《大取》《小取》6篇亦不能笼统地说是受名家影响的结果，认真地分析其内容就会发现，它们和名家有相互呼应的痕迹，其基本主张常常和名家针锋相对。

和郭沫若相比，陈磐的论证要细致得多。陈磐对儒墨合流的论证主要从方士化这一现象入手：

> 墨子迎敌祠曰：“收（一作牧）贤士大夫及有方技者，若工，弟之”（案弟同第，谓次第也）。按墨子此篇，历言阴阳、五行、巫卜，一望而知其为方士见解。云“收有方技者”，有方技者即方士。然则墨家与方士接近，墨者已自言之矣，此也。始皇世墨者，且已成为方士之一分子。《盐铁论·论诽》篇曰：“文学曰，昔秦以武力知天下，而斯、高以妖孽累其祸，隳古术，堕旧礼，专任刑法，而儒墨即丧焉……”案始皇坑文学，实即坑术士（《史记·儒林列传》《汉书·儒林传》并阮术士，而始皇本纪谓所坑“儒生”“皆诵法孔子”）。而文学以为儒墨同丧，是始皇所坑方术士中，有墨家在也。始皇所坑方术士，本亦称文学、诸生文学、儒生官；诸生“皆诵法孔子”，何谓有墨者？盖战国末至秦汉间，儒墨多混同，故荀子儒效篇讥“俗儒”，以为其“言行已无以异于墨子”。至于墨者为儒官，为儒学，至昭帝世犹然，盐铁论遵道篇曰：“愿（文学）无顾细故之语，牵儒墨也”；又相刺篇曰：“今文学言治则尧舜，道行则称孔墨。”案文学，以官言则儒官，以学言则儒学也，今文学言必称孔墨，足知儒学、儒官中有墨者在，不为异矣。①

① 陈磐：《梅贻宝〈墨子学述〉审阅意见书》，载《中国文化月刊》第122期，第19页。

在这段话中，陈氏正确地指出了墨家后学中有与方士合流的现象，《迎敌祠》篇中讲阴阳、讲五行、讲望气、讲巫卜等显然就是由方士化之墨者所为。但陈氏进而以儒家亦有方士化现象来推定儒墨之关系，就未必恰当了。方士本身并不是一个严格的集团，其中既有讲神仙之术以求长生不死者，也有招鬼求神以便消灾去祸者；既有观象望气以便预测吉凶者，也有专门诉诸龟策进行占卜者。这些人法术各别，思想来源亦不一样（有的直接来自民间信仰，有的则分别采用道、墨、儒等传统），因而极可能有派系、立场的差别：同是方士，基于儒家的与基于道家的不必一样，基于墨家的与基于儒家的亦不必相同。所以，由儒墨都有方士化现象来推定两家之合流，从根本上讲，是无效的论证。另外，陈氏举出的其他几条根据也很成问题：首先，秦始皇所坑的术士之中并未见有墨者在，《史记·始皇本纪》明言所坑者“皆诵法孔子”，因而全为儒生无疑。《盐铁论·论诽》篇中所谓“儒墨既丧”那段话也并不专指“坑儒”一事，而是指责秦始皇摧残文化和学术的整个政策，所以由这段话并不能得出墨者同时被坑之结论。其次，荀况虽讥俗儒，谓其言行已无以异于墨子，但他还是承认这些人为“儒”，足可见出儒墨之界限不容混同。第三，儒学、儒官中根本不可能有墨者在。《盐铁论》中《遵道》《相刺》两篇虽有“孔墨并称”的现象，但这只不过说明了墨子的人格在汉人心目中尚有崇高之地位而已，并不能证明儒官儒学中就有墨者。早在战国中晚期，墨子之人格就经常见称于诸子之口，孟子云“墨子摩顶放踵，利天下，为之”，《庄子·天下》篇说“墨子真天下之好也，将求之不得也，虽枯槁不舍也，才士也夫”。到了秦汉时期，孔、墨又同时成了贤者、智者及仁人，刘安的《淮南子》和贾谊的《过秦论》中都有孔墨并称的记载。《盐铁论》中的两条只不过是这种普遍现象的反映而已。再说，昭帝统治在汉武之后，汉武之“罢黜百家、独尊儒术”彰彰明甚，他又如何能够允许和儒家适相对立的墨者们加入儒官的行列呢？

总之，郭、陈二人的立论虽新，惜证据不足。要想证明儒墨两家的成员在秦汉之际确实有一个相互接近并彻底混同的现象，那还有待将来地下史料的进一步发掘。

和郭、陈这种极端立场相反，那些把“儒墨合流”限制在两家学说相互吸收或融合上的学者们的意见就显得确凿多了。较早系统地指出儒家《礼运》大同之说出于墨家的为伍非百。在《墨子大义述》一书中，伍氏

论证道：

> 礼运大同之说，颇与儒家言出入，学者或疑为非孔氏，或以为学老、庄者渗入。实则墨子之说，而援之以入儒耳。盖儒者数传之后，墨家兼爱、尚同之理想，已大见重于人世，孔子所谓尧舜犹病者，而墨子以为实行不难，子游弟子等乃援墨入儒，谓仲尼亦有此说云耳。明知墨家之兼爱，与儒家之礼不相合，别为大同、小康二说，谓姑先行小康之治，以徐跂于大同，此礼运之所由作也。礼运大同说，与他儒家言不甚合，而与墨子书义多符，文句亦无甚远。天下为公，则尚同也；选贤与能，则尚贤也。讲信修睦，则非攻也；不独亲其亲，不独子其子，则兼爱也；货恶其弃于地，力恶其不出于身，则节用、非命也；使老有所终，壮有所用，幼有所长，矜鳏寡孤独废疾者皆有所养，则老而无妻子者有所侍养以终其寿，幼弱孤童之无父母者有所依放以长身之文也，货不必藏于己，则余力相劳，余财相分，余道相教之义也；谋诈闭而不用，盗贼窃乱不作，亦盗贼无有，谁窃谁乱之语也。总观全文，大抵摭拾墨子之文，其为墨家思想甚为显著。

稍后方授楚亦云："儒者受墨家影响之深，非可尽指，尤以《易传》之《文言》、《礼记》之《大学》与《礼运》大同之说最为彰显。"① 而蒙文通则进一步指出，早在《尸子》一书中，就首开了"儒墨合流"之肇端：

> 《尸子》书虽不完，然本诸儒墨者十八九，并儒墨为一家者，未有先于《尸子》者也。前论汉师之微言，若封禅之言禅让天子，巡狩之言黜陟诸侯，辟雍之选贤，明堂之议政，凡诸大端，莫不归本于明堂，导源于墨子。以极端平等之思想，摧破周秦之贵族阶级政治，墨家之要义，一变而为儒者之大经。自取墨以为儒，而儒之宏卓为不可及也。非入汉而墨翟之学失其传，殆墨学之精入于儒，而儒遂独尊于百世也。而论明堂最能推明本义者，则为《尸子》，《尸子》固为诵

① 方授楚：《墨学源流》，中华书局1934年版，第210页。

法墨子者。[1]

《尸子》书今残缺，我们无法确定思想整体之倾向。蒙文通之所以判定其为糅合儒墨两家者，是因为残本中记有墨子止楚攻宋一事，且其中讲禹之丧法似亦本诸《墨子》，再加上蒙氏笃信《汉志》之说，认为墨家之学，最重明堂，而《尸子》最能推明明堂之义。但是，《汉志》“诸子出于王官”之论实多附会，对此，胡适驳之甚详。而止楚攻宋亦为先秦子书所常载。从这两点还不能看出《尸子》一书是否为糅合儒墨为一家者，也不能确定汉儒之“禅让”“选贤”“议政”等论是否导源于墨子。因此，蒙氏的意见只可聊备一说耳。方授楚以《文言》《大学》为受墨家影响最为彰显的著作，可惜他并未举出受影响的具体内容，我们也无法知道他这样说的根据何在。

诸说之中，唯有伍非百的意见最具说服力。伍氏逐条对照了《礼运》大同一段和《墨子》书，雄辩地指出了两者在文字和内容上的相近或相同。这里我们所需补充的也许只是，汉代以后儒生们之所以极少提到《礼运》中的这段话，恐怕主要原因就在于它和儒家的大部分教条相冲突。直到近代，康有为重树“大同”之义时，还遭到当时保守的儒者们众口一词的辱骂。而梁漱溟，这位号称“中国最后一位儒者”，在读到《礼运》这段话时亦深感刺眼，这些均从反面证明了大同之说并非儒家本义，而是从别处吸收、借取来的。这个别处正是墨家。这一点也许是儒墨合流论中唯一令人信服之处。

近来还有一种说法，认为董仲舒的思想也吸收了墨家的一些内容。譬如，墨子讲天志，董仲舒亦云：“天者，百神之大君也，事天不备，虽百神犹无益也”（《春秋繁露·郊语》）、“天生民，性有善质而未能善，于是为之立王以善之，此天意也……王承天意以成民之性，为任者也。”（《春秋繁露·深察名号》）墨子讲天兼爱天下之人，董仲舒也说：“察于天之意，无穷极之仁也，天常以爱利为意，以养长为事，春秋冬夏皆其用；王者常以爱利天下为意，以安乐一世为事，好恶喜怒而备用。”（《春秋繁露·必知且仁》）墨子讲谴告，董仲舒也说：“灾者天之谴也，异者天之威也。谴之而不知，乃畏之以威。凡灾异之本，尽生于国家之失，国家之

---

① 蒙文通：《蒙文通文集》第1卷，巴蜀书社1987年版，第221页。

失乃始萌芽，而天出灾异以谴告之。谴告之而不知变，乃见怪异以惊骇之。惊骇之尚不知畏恐，其殃咎乃至。”（《春秋繁露·王道通三》）

表面上看，董仲舒和墨子的说法如出一辙。再加上先秦诸子中唯有墨子反复讲天意天志，所以董仲舒的天人感应说似乎就是直接继承墨家来的。但另一方面，在董子的本传和著作中，我们又找不到任何他与墨家相关联的证据，倒是在《淮南子》这部同是汉人的著作中可以发现亦有灾异谴告的说法：“人主之情，上通于天，故诛暴则飘风多，枉法令则虫螟多，杀不辜则国赤地，令不收则淫雨多。四时，天之吏也；日月，天之使也；星辰，天之则也；虹蜺彗星，天之忌也”“天之与人，有以相通也，故国危亡而天久变，世感乱而虹蜺见。”（《淮南子·泰族训》）这提示我们，墨子、董仲舒和《淮南子》在天人关系上的这种相近或相同很可能是由于它们都建立在民间信仰之上，因而受了大量的世俗迷信的影响。一般来讲，民间信仰具有相当强的稳定性，在短时期内很难发生实质性的变化。所以尽管战国秦汉时期是中国社会大变动的时代，可从墨子到董仲舒不过数百年，世俗迷信在民间社会未必会产生多大的变化。墨子和董仲舒都起于民间，他们受这种东西的影响实属当然。所以，在天人关系问题上，墨子和董仲舒之间，正如董仲舒和《淮南子》之间一样，未必真有什么思想上的继承或影响关系。

2. 游侠与墨者

游侠源于墨家，这种说法最先由晚清学者陈澧提出：“墨子之学，以死为能，战国时侠烈之风，盖出于此。”[①] 康有为继之，声称：“侠即墨也。孔墨则举姓，儒侠则举教名，其实一也。”[②] 梁启超更发挥说：“先秦书多儒墨对举，汉人亦以儒侠对举，《史记》所谓‘儒以文乱法而侠以武犯禁’是也。墨氏之教，‘损己而益所为’、‘为身之所恶以成人之所急’。《淮南子》谓‘墨子服役者百八十人，皆可使赴火蹈刃，死不旋踵’。《新语》谓‘墨子之门多勇士’。然则战国末年以逋汉初，其游侠传中人物，

① 陈澧：《东塾读书记》（外一种），三联书店1998年版，第244页。

② 康有为：《孔子改制考》，中华书局1958年版，第414页。

皆谓之‘别墨’可也。”[1] 梁启超的说法影响很大，后来的许多墨学研究者对游侠即墨者都深信不疑。如侯外庐等干脆把游侠称为墨侠，认为它是后期墨家中很重要的一派。蔡尚思也说：“西汉初、中期墨学流为民间的‘任侠’，《史记》特为它立《游侠列传》，而加以赞扬。”[2]

初看上去，游侠与墨家确实有许多共同之处。游侠讲求“言必信，行必果”；墨子也反复告诫弟子要“言足以复行者，常之；不足以举行者，勿常”。如果言论不能付之实行，却去推崇它，那就是空言妄语了。游侠为了解救别人的困厄，不惜牺牲自己的性命；墨者在同样的情况下亦会做出献身的选择，墨翟师徒自发救宋、孟胜师徒为阳城君而死就是活生生的例子，后期墨家的著作中甚至还专门为这种行为立下了界说：“任：士损己而益所为也。”“任：为身之所恶以成人之所急。”游侠在做了好事之后，常常隐姓埋名，不留痕迹，为的是不矜其能，羞伐其德；墨子止楚攻宋成功后，“归，过宋，天雨，庇其闾中，守闾者不纳也”。以至于连墨子的弟子也不得不叹息道：“治于神者，众人不知其功；争于明者，众人知之。”（《公输》）所有这些似乎都足以证明侠与墨是同一类人。

但是，仔细地分析就会发现，在这种表面相同的背后蕴含着完全不同的精神实质。

首先，墨者有确定的政治原则和行动纲领，而游侠却缺乏一贯的目的和计划。墨者之所以敢于“赴火蹈刃，死不旋踵”，是因为他们有为天下兴利除害的坚定信念，也正因为有兼爱天下的救世情怀，所以他们在生活中才能严格做到“以裘褐为衣，以跂蹻为服，日夜不休，以自苦为极”。游侠则不然。除了极个别外，游侠大都按照个人的好恶行事，遇到兄弟被侵、朋友被辱的情况，马上就去复仇，甚至“怨言过于耳，必随之以剑”，常常为了无关紧要的小事而大打出手，其末流正如司马迁在《游侠列传》中描述的北道姚氏、南阳赵调等一样，只不过是乡间恶霸而已，根本不足以担当墨者之名。

其次，墨家反对私斗，而游侠喜欢逞强斗狠。据《耕柱》篇，墨子明言“君子无斗”。他和骆滑厘的一段话最能说明问题：

---

① 梁启超：《墨子学案》，载《饮冰室合集》之《专集》第39种，中华书局1936年版，第78页。

② 蔡尚思：《中国古代学术思想史论》，广东人民出版社1990年版，第188页。

子墨子谓骆滑氂曰："吾闻子好勇。"骆滑氂曰："然。我闻其乡有勇士焉，吾必从而杀之。"子墨子曰："天下莫不欲与其所好，度其所恶。今子闻其乡有勇士焉，必从而杀之，是非好勇也，是恶勇也。"

骆滑氂显然为后世之游侠一类的人物，他所信奉的教条就是为勇而勇，不容别人比自己更强。墨子则指出他这种做法实际上是恶勇，并不是真正的勇。墨家另一部已经失传了的著作《胡非子》中也有一段类似的佚文。这段话是说，有一位叫屈将子的人恃勇，闻墨者非斗，于是便带着剑，往见墨者胡非子，劫而问之曰："将闻先生非斗，而将好勇，有说则可，无说则死。"胡非子临危不惧，给屈将子讲了五等之勇，第一等是负长剑、赴榛薄、折兕豹、搏熊罴的猎徒之勇，第二等是负长剑、赴深泉、折蛟龙、搏鼋鼍的渔人之勇，第三等是登高陟危、鹄立回望、颜色不变的陶匠之勇，第四等是剽必刺、视必杀的五刑之勇，最后一等则是"唯无怒，一怒而却万乘之师，存千乘之国"的君子之勇。故事的结果是屈将子悦而称善，解长剑，去危冠，请为弟子。也许这个故事并不十分可靠，但它从一个侧面说明了墨者所信奉的勇敢绝非匹夫一时之怒气，而是经过长期培养所形成的一种坚定信念。游侠就不同了，像司马造反复称赞的郭解尚不免"阴贼著于心，卒发于睚眦如故云"，其他品行不高的游侠就更不用说了。

正因为墨、侠之间有这些根本的不同，才会出现司马迁后来说的"儒墨皆排摈不载。自秦以前，匹夫之侠，湮灭不见"的现象。如果侠就是墨家的后学或别派，那么司马迁怎么能够说"儒墨皆排摈不载"呢？再说，如果《史记》中的《游侠列传》真的就是为墨侠所作的传，那么司马迁何以只用24个字来介绍墨子本人呢？显然，把游侠和墨者相等同纯属牵强附会。

既然如此，为什么近代以来许多治《墨》者都相信游侠即是墨徒呢？在这个问题上，我个人认为，除游侠在行为上与墨家有所相似外，韩非子把"儒墨""儒侠"对举是使人产生误解的一个重要原因。在《韩非子》中，"儒"实际上有两种用法，狭义上讲，"儒"专指由孔子开创的学派，广义上讲，"儒"是术士之称，包括儒墨等学派在内。当韩非说"世之显学，儒墨也"时，其中所谓"儒"用的是狭义，特指和墨家并立的一种学派。当他说"儒以文犯法而侠以武犯禁"时，其中所说的"儒"则是广义的儒。这种广义的儒韩非有时又叫“学者”。在《五蠹》篇中，韩非指出，构成社会蛀虫的五种人是“学者”“言谈者”“带剑者”“患御者”和“商工之民”。其中，“学者”的特征是“称先王之道以籍仁义，盛容服而饰辩说，以疑当世之法”，“带剑者”的特征是“聚徒属，立节操，以显其名，而犯王官之禁”。从韩非的说明看，“带剑者”指的就是“游侠”，“学者”指的则是包括儒墨在内所有文学方术之术。韩非明确地把墨家划归到“学者”一类：“世之显学，儒墨也”“孔墨俱道尧舜”“今儒墨皆称先王兼爱天下”。这足以说明在韩非那里，墨与侠是两类不同的人。

当然，这也并不是说墨家与游侠一定没有任何关系。作为战国时期最富牺牲精神、最讲究信义和承诺的学派，墨家很早就在人们心中树立了良好的形象，战国时期的许多思想家虽不能同意墨家的学说，但却不能不对墨子的人格表示极大的尊重。考虑到战国时期侠烈之风的盛行，某些游侠在人格上曾受到过墨家精神的影响，也并不是不可能的事。

3. 神仙化的墨子

除了“儒墨合流”论和“游侠即墨者”说之外，近代以来还有一种说法，那就是认为墨家是道教的思想源头之一，早期道教中的一个流派很可能就直接来自墨家。和前两种观点相比，这种说法似乎有更充分的根据。

首先，在道教的典籍中流传有几种托名墨子的文献。晋葛洪《抱朴子·遐览》所收道经目录中，有《墨子枕中五行记》五卷，其注云：“其变化之术，大者唯《墨子五行记》，本有五卷。昔刘君安未仙去时，抄取其要，以为一卷。”刘君安即后汉方士刘根。葛洪《神仙传》曰：“刘根者，字君安，京兆长安人。”《太平御览》卷857引有刘根《墨子枕中记抄》文。《隋书·经籍志》医方类又有《墨子枕内五行纪要》一卷。郑樵《通志·艺文略》道家类有《奇灵墨子术经》七卷，注云崔知諫撰，符箓类有《墨子枕中记》两卷。另外，《神仙传》谓后汉方士封衡著有《墨子隐形法》一卷，《抱朴子·金丹》中有《墨子丹法》，《云笈七签》卷57有《墨子行气闭气法》，《大唐开元占经》中引有《墨子占法》。甚至《墨子》这本书还是赖《道藏》才保存下来的。

其次，在道教的传说中，墨子成了采药炼丹、长生不死的神仙。葛洪在《神仙传》中说：“墨子年八十二，乃叹曰：‘世事已可知，荣位非常

保，将委流俗，以从赤松子游耳。’乃入周狄山，神思道法，想象神仙。于是数闻左右山间有诵书声者，墨子卧后，又有人来，以衣覆足。墨子乃伺之。忽见一个，乃起而问之曰：‘君岂非同岳之灵气乎？将度世之神仙乎？愿且少留，诲以道要。’神人曰：‘知子有志好道，故来相候。子欲何求？’墨子曰：‘愿得长生，与天地相毕耳。’于是神人授以素书、朱英丸卞、道灵教诫、五行变化，凡二十五篇。告墨子曰：‘子有仙骨，又聪明，得此便成，不复须师。’墨子拜受合作，遂得其验，乃撰集其要，以为《五行记》，乃得地仙，隐居以避战国。至汉武帝时，谴使者杨违束帛加璧以聘墨子，墨子不出。视其颜色，常如五十许人。周游五岳，不止一处。”陶弘景《真诰·稽神枢》亦云：“服金丹而告终者，臧延甫、张子房、墨狄子。”《真灵位业图》并且把墨子列为玉清三元宫第四阶左五二位神真。

最后，在道教的方术中，有一种法术专门叫作“墨子之术”。据葛洪云：“其法用药用符，乃能令人飞行上下，隐沦无方，含笑即为妇人，蹙面即为老翁，踞地即为小儿，执杖即成林木，种物即生瓜果可食，画地为河，撮壤成山，坐致行厨，兴云起火，无所不作也。”（《抱朴子·遐览》）《神仙传》中的许多人物均能推行墨子之术：长安人刘根于华阳山中遇仙人韩众，得授神方五篇，遂能役使鬼神，变化长生；河东孙博“治墨子之术，能令草木金石皆为火，光照数里”。沛人刘政，“治《墨子五行记》，兼服朱英丸，年百八十余岁，色如童子，能变化隐形”。直到五代时期，民间尚有推行其法者，《新五代史·唐家人传》载，后唐庄宗时，“魏州妖人杨千朗自言有墨子术，能役使鬼神，化丹砂水银，庄宗颇神之，拜检校尚书朗，赐紫”。

以上这些虽显而易见属道士们的依托和伪造，但对墨子的改造能达到有著作、有法术、成正果这样一种完备的程度，确也很不容易。正因为如此，有学者才认为早期道教团体中有一派可能就直接来源于墨子：“此派的特点是讲五行变化，能役使鬼神。”[①] 不过，在这个问题上，能否走得如此之远尚有疑问：首先，所有这些材料都是由后人依托的，因而不能作为信史看待，它们至多只能反映那些依托者的心理而已。其次，墨子本人并不讲求神仙之术，墨家后学容有沦为方术之士者，但从《墨子》书中仅能看到讲阴阳、讲五行、讲巫卜者，并没有什么役使鬼神之术。近人陈撄

① 李远国：《墨家与道教》，载《孔子研究》1991 年第 4 期。

宁对役使鬼神不属于墨家曾有过一段极有价值的评论："宗教是随着时代进化的，崇拜鬼神，这是上古时代的宗教，儒教只重人事，不重鬼神，佛教更藐视鬼神。张道陵创教，本意要和儒佛二教相抗衡，如何肯自贬其声价，所以'天师道'首先要降伏鬼神，并从而役使鬼神，设若奉墨子为教祖，即等于自己取消了自己，岂非绝大的矛盾。老子虽不信鬼神，但同时又承认鬼神之存在，并不是极端的无神论者，这样正合于张道陵所要求，因此他就说，他的道法是老君（即老子）所传授。"① 由此说来，役使鬼神应当属于老子一系，而不当归到墨子名下。

但是，史籍中为什么偏偏把役使鬼神称为墨子之术呢？既然道教和墨家不必有什么传承上的关系，那么道士们又何以刻意神化墨子呢？在这个问题上，个人觉得有以下几点原因：第一，道教的出现在很大程度上是受外来挑战的结果，为了同各方面都比较完备的佛教相抗衡，道教徒不得不想办法扩大自己的势力。这样做的结果是，不但许多与道教无关的典籍被纳入到了道书的范围，而且中国古代许多有名的人物如张良、诸葛亮等也都被改造成了道教中人，而墨子作为先秦时期与儒家相抗衡的一个学派领袖，自然极具改造之价值。第二，在先秦诸子中，墨子是最富有宗教气质的人，他的专一、执着和刻苦早已传为美谈，这对一直宣传需要持之以恒修炼神仙长生之术的道教来说，无疑是一个绝好的榜样。第三，《墨经》之中的一些科学原理很可能为道士们所熟悉。《神仙传》云，河东孙博"治墨子之术，能令草木金石皆为火，光照数里"。孙博这里所应用的可能就是《经下》篇所讲的光学原理。《经下》篇讲光学的一共有八条，最后两条说明的是球面反射镜成像原理，而这离凹镜取火相差仅一步之遥。另外，召鬼之术恐怕亦与《经下》之光的折射反射原理相关，只不过道士们并不知道《墨经》诸篇均为墨家后学所作，所以把这些原理都归到了墨子头上而已。《墨经》中的科学原理既为方士们所常用，墨子本人又是一位极宜改造的人，所以后来的道教徒们一致着力把墨子描画成一位无所不能的神仙的做法也就毫不奇怪了。

以上我们简单讨论了道教和墨家在学派上的关系以及道教徒把墨子改造成神仙的目的，结论是道教中未必真有一派起源于墨家，道教徒之所以把墨子神化，只是为了壮大自己的力量。

---

① 陈撄宁：《道教与养生》，华文出版社 1989 年版，第 40 页。

在道教和墨家的关系上，还有一种说法值得考虑。这种说法虽不主道教与墨家有什么传承上的关系，但却坚信墨家思想对早期道教主张的形成起过一定的影响作用。这种说法的根据在《太平经》。

《太平经》是后汉原始道教的主要经典，相传由琅琊人于吉所传布。由于它卷帙浩繁，内容庞杂，近人多相信其非一时一人所作，而是经过长期演变过程的产物。在这部书中，有许多思想和先秦时期的墨家相当接近。如，墨家讲天志，《太平经》也反复阐明天意及其作用："天者，至道之真也，不欺人也，万物所当亲爱。其用心意，当积诚且信，但常欲利不害，不负一物，故谓之天"、天"常为其上，司人是非。"[①] 又如，墨家讲自食其力，赖其力者生，不赖其力者不生，《太平经》亦要求"夫人各自衣食其力""天生人，幸使其人人自有筋力，可以自衣食者"。再如，墨家讲互助互爱，主张有力者疾以助人，有财者勉以分人，有道者教以劝人，《太平经》亦云："人积道无极，不肯教人开蒙求生，罪不除也""积财亿万，不肯救穷周急，使人饥寒而死，罪不除也。"

正因为有这些相近或相同之处，有的学者认为《太平经》和墨子在思想上有某种继承关系，甚至《太平经》中的一部分社会政治思想直接就是"墨家流变"。[②] 但是，这种说法同样存在疑问。尊天敬天是中国民间信仰的典型特征，所以在不同的时代出现一些类似的或相同的赞美天意的话并不显得奇怪。正如董仲舒、《淮南子》和墨子之间在天人关系问题上不必有什么联系一样，《太平经》和墨子之间也未必真有什么继承关系。另外，主张自食其力、互助和友爱是劳动者共同的心声，在一个苦难和不公正的社会里，所有深居社会底层的人都会自觉或不自觉地感受到互助和友爱的必要性。墨子和《太平经》的作者都来自或接近社会底层，所以在他们的思想或著作中同时出现一些反映农民或其他被统治者愿望的内容也是很正常的现象。

总结一下本章：作为一种学派，墨家在秦汉以后彻底消失了。但墨家思想并未随学派的衰亡而消失。在儒家的一些典籍里，我们可以找到某些原本属于墨家的理念，亦可以发现某种相互糅合的痕迹；在游侠的行为中，我们依稀可以看到墨者们勇于牺牲、乐于助人的身影；在方士们的法

---

① 王明：《太平经合校》，中华书局1960年版，第219、619页。

② 参见王明《道家和道教思想研究》，中国社会科学出版社1984年版，第107页。

术里，我们甚至可以看到墨家科学思想在实际中被扭曲的应用。但也仅此而已。墨家后学是否多数逃入到了儒家之中，于史无征，不应妄断；游侠可以肯定地说不是墨家的别派；早期道教中也并没有哪一派源于墨家，神仙化的墨子只是道教的伪造，《太平经》中的一些思想也并非墨家的流变，它只不过说明了曾经困扰过墨子本人的问题数百年后依然没有得到解决而已。

第十一章 近代墨学的复兴

清人治《墨》，始于傅山的《大取》篇注。到乾嘉年间，汪中和毕沅又对《墨子》全书进行了校勘整理。鸦片战争之后，在西学刺激下，《墨子》书中因包含光学、力学、几何学等内容而受到学者们更加广泛的注意，一些人甚至希望能从墨学中找出一条救国之路。辛亥革命以后，儒学独尊既成陈迹，墨学研究出现了空前的热潮，墨家这一沉埋千古的学说又一次扮演了反传统的角色。“墨学热”成为近代思想史中颇为引人注目的现象。

一、乾嘉时期

严格地讲，乾嘉时期并不属于近代的范畴，当时对《墨子》书的整理也还不足以称之为“墨学的复兴”。汉学家们之所以花费气力校注《墨子》一书，很大程度上是出于“援墨注儒”“以子证经”的需要。不过，也多亏了汉学家们的这种细致的校注工作，后来墨学的复兴才得以建立在比较坚实的基础之上。

1. 诸子学的兴起

清学以考据学为主，《墨子》书的校勘和整理正是这种学术风尚的产物。从外在机缘讲，清代考据学的兴盛是清代统治者高压的结果，这使得学者们根本不敢涉入与政治相关的敏感问题，更不敢有什么经世之想，只好埋首于书斋，从事没有风险的学术考证工作。从思想的内在理路来说，汉学的兴起亦是对明代心学空疏学风的反抗，也就是说学者们已经厌倦了空洞的心性之论，而希望走上一条向实求真的路子。清初的几位大儒已经预示了这种学风的转变，顾炎武首先提出“经学即理学”的主张，称“凡文之不关于六经之旨、当世之务者，一切不为”①。黄宗羲也一改心学轻视读书的惯例，认为“学者必先穷经”“读书不多无以证斯理之变化”②。方以智的“藏理学于经学”和顾炎武的说法如出一辙。另外，顾炎武的《日知录》更为这种主张提供了典范性的著作，所以后来的汉学家们多沿袭顾氏的路子、尊顾氏为始祖也就不奇怪了。只不过，在顾炎武那里，“通经”的目的在于“致用”，学术的背后还怀抱着某种政治目的，而到后来的乾嘉学者那里，这种致用的目的早已消亡殆尽，剩下的也就只是为考据而考据、为学术而学术了。

但是，考据也有自己的限制：考据的目的在于求真，求真就必须充分占有资料，可儒家的几部主要经书都是上古文献的遗存，内容既不连贯，错、讹、衍、脱之处亦所在多有，因此要想求得它们的真实面貌，除了对其内容进行细致的研究之外，还需要撇开学派的成见，深入到当时或稍后的诸子百家著作之中，寻求有用的资料。正是由于这个原因，乾嘉时期“诸子学”研究逐渐成为一种风尚，汉学家们于治经之余，对各种子书多所涉猎。梁启超的《中国近三百年学术史》详细罗列了清儒校治子学的总成绩，从中可以看出当时“诸子学”兴盛之一般。而且，值得注意的是，一开始子书主要是用来证经的，但到后来，各种子书也就差不多成为一种独立的专门之学了。

在这种背景之下，《墨子》一书也开始受到一些学者的重视。汪中、毕沅、卢文弨、孙星衍、张惠言、王念孙等这些清代一流的学者均曾从事过《墨子》书的校订或注解工作。在详细介绍他们的成绩之前，我们应该首先回顾一下另一个人的工作，正是这个人首先开启了清人治《墨》的先河——他就是清初著名的儒者傅山。

傅山是清初从实学的角度批判宋明理学的代表人物之一，同时也是清儒中率先开创子学研究的先行者。和顾炎武、黄宗羲、王夫之等相比，傅山的特点是对中国传统的名辩学说有独到的体会。汪奠基曾这样评述道：

---

① 顾炎武：《与人书三》，《亭林文集》卷四，载《续修四库全书》第1402册，上海古籍出版社1996—2003年版，第108页。

② 全祖望：《梨州先生神道碑文》，载《全祖望集汇校集注》，上海古籍出版社2000年版，第219页。

“他（傅山）的子学思想，是唐代以来最能表现因明识相诸宗的影响和运用这些影响来发挥祖国名辩学说意蕴的一人。傅山能掌握这方面的认识，所以真能揭穿宋儒如何囫囵道佛以入理学的形而上学方法。”①傅山用因明来解释中国传统名辩之学的作品主要是《墨子大取篇释》和《公孙龙子坚白论释》。

《大取》是《墨辩》6篇中最难读的一篇，因为讹脱太甚，文义已不连贯，许多内容无法索解。傅山选取《大取》篇作注，可算是给自己找到了一种理智和能力的挑战。他的注解多依文为训，尽量避免牵强附会之辞。如对《大取》中的“以形貌命者，必智是之某也，焉智某也；不可以形貌命者，惟不智是之某也，智某可也”一段话，傅山的解释是：

> 故物之以形貌命者，必知是物为某物，则尽其辞而名之曰“焉智某”也。若其不可以形貌命者，知之不真，不能的确知是物为某物也，但智某之可也，不得尽其辞曰“焉智某”也。此“焉”如汉碑“焉焉矣矣”，终辞也，决辞也。
>
> “智某”与上“是之某”，义有深浅。上文多一“之”字，下文去“之”字。上文是实指之词，下文是想象之词。②

在《大取》篇中，“以形貌命者”指的是具体概念，根据事物形态面貌而命名；“不可以形貌命者”指的是抽象概念，不能够指出其具体对象或形态是什么。傅山显然已经意识到了这两种概念间的区别，他把两者分别称之为“实指之词”和“想象之词”。“实指之词”知之真，能够根据形状确知是某物。“想象之词”知之不真，不能根据形状确知是某物，但这并不妨碍其为知，只不过和“实指之词”相比，义有深浅而已。傅山还发现，《大取》篇解释“以形貌命者”所用的“焉”字是一个“终辞”“决辞”，表达的是一种断定。这和后来墨学家们以“乃”释“焉”完全一致。

又如，对《大取》篇中“有其异也，为其同也，为其同也异”一段话，傅山解释说：“因有异也，而欲同之，其为同之也，又不能混同，而

---

① 汪奠基：《中国逻辑思想史》，上海人民出版社1979年版，第377页。

② 傅山：《霜红龛集》，山西人民出版社1985年版，第976、988页。

各有其私同者又异。《楞严》‘因彼所异，因异立同’之语，可互明此指。”[①] 这是用《楞严经》来解释《大取》的例子。《大取》中该段话的意思是说同中有异，异中有同，同异之间是一种相互包含和相互渗透的关系。而《楞严经》“因彼所异，因异立同”，讲的同样是同异之间互为立破的关系。傅山用《楞严经》来解释《大取》，可以说基本上把握住了后期墨家同异观的内容。

傅山对《大取》篇的解释多与此类似。从墨学史的角度看，傅山对墨学的贡献并不在于他的解释是否正确或有多大独创性，而在于他开了风气之先。由于缺乏足够的知识准备，傅山还无法理解和掌握《墨辩》中的逻辑学。

2. 汪中与毕沅

傅山之后，对《墨子》全书进行校注和整理的是汪中和毕沅二人。汪中是乾嘉时期一位著名的汉学家，出身贫寒，为人正直，做学问重视实事求是，不喜欢墨守成规。他率先对《墨子》全书进行了校订。根据其自序，汪中曾把《墨子》一书“定为内外二篇，又以其徒之所附著为杂篇，仿刘向校《晏子春秋》例，辄于篇末，述所以进退之意”；对于《墨子》书中的误字及文义昧晦处，则“以意粗为是正，阙所不知”；又“采古书之涉于墨子者，别为表微一卷”。由此推测，该书可观之处肯定不少。可惜汪氏此书不传，唯有该书的《序言》保留在他的另一部著作《述学》之内。正是从这篇序言中，我们才可以粗略地了解到汪氏的工作。

除了校订之外，汪中大概还是清儒中第一个对墨子深表同情的人。其《墨子序》云：

> 儒之绌墨子者，孟氏荀氏。荀之礼论乐论，为王者治定功成，盛德之事，而墨之节葬非乐，所以救衰世之敝，其意相反而相成也。若夫兼爱，特墨之一端，然其所谓兼者，欲国家慎其封守，而无虐其邻之人民畜产也。虽昔先王制为聘问吊恤之礼，以睦诸侯之邦交者，岂有异哉？彼且以兼爱，教天下之为人子者，使以孝其亲，而谓之无父，斯已枉矣。后之君子，日习孟子之说，而未睹《墨子》之本书，

① 傅山：《霜红龛集》，山西人民出版社1985年版，第979页。

其以耳食，无足怪也。世莫不以其诬孔子，为墨子辠。虽然，自今日言之，孔子之尊，固生民以来所未有矣，自当日言之，则孔子鲁之大夫，而墨子宋之大夫也，其位相埒，其年又相近，其操术不同，而立言务以求胜，虽欲平情覈实，其可得乎？是故墨子之诬孔子，犹孟子之诬墨子也，归于不相为谋而已矣。①

在这段话中，汪中很明白地指出，儒墨两家立说的目的都是为了救衰世之敝，因此意相反而实相成。从当时的情形看，孔子和墨子地位差不多，年代亦相近，他们的不同实际上是道不同，所以不相为谋而已。因此，儒墨之争是正常的学派之争，不值得大惊小怪。如果说墨家曾经诬蔑过孔子，那么孟子骂墨家“无父”也同样是诬蔑。从整段话的倾向来看，汪中的目的显然是想替墨家的主张辩护。他不但把孟子之批墨定为“诬”，而且公开承认儒墨相争的事实并把孔墨放在完全平等的位置来对待，这在当时真可谓石破天惊之论。唐代韩愈因为说了句“孔子必用墨子，墨子必用孔子”，就遭到宋儒几乎众口一词的批判，更何况在清朝文字狱最盛的乾嘉时代。汪氏秉承学术的良心，敢于公开承认自己的意见，这种勇气实在让人敬佩。

其实，在当时，就已经有人开始攻击汪中为“名教之罪人”了，曾任太子洗马的翁方纲声称：

有生员汪中者，则公然为《墨子》撰序，自言能治《墨子》，且敢言孟子之言兼爱无父为诬墨子，此则名教之罪人，又无疑也。昔翰林蒋士铨掌教于扬州，汪中以女子之嫁往送之门是何门为问，蒋不能答，因衔之，言于学使者，欲置汪中劣等，吾尝笑蒋之不学也。今见汪中治《墨子》之言，则当时褫革其生员衣顶，固法所宜也。汪中者，昔尝与予论金石，颇该洽，犹是嗜学士也。其所撰他条尚无甚大舛戾，或今姑以此准折焉，不名之曰生员，以当褫革，第称曰“墨者汪中”，庶得其平也乎？②

① 汪中：《墨子序》，见孙诒让《墨子间诂》附录，中华书局1986年版，第620页。

② 翁方纲：《书墨子》，《复初斋文集》卷十五，载《续修四库全书》第1455册，上海古籍出版社1996—2003年版，第493页。

翁氏本为汪中的朋友，只因汪中替墨子作序，就断然称之曰“名教之罪人”“墨者汪中”，并威胁说应当褫革其生员衣顶，这足可反映出问题的严重性。根据孙星衍的《墨子注后叙》，这位翁洗马其实也是当日治《墨》者中的一员：“时则有仁和卢学士抱经，大兴翁洗马覃谿及星衍三人者，不谋同时共为其学，皆折中于先生（指毕沅——引者注），或此学当显？”① 其中的翁洗马覃谿指的正是翁方纲。这倒也并不是暗示说翁氏的道德有多么败坏，品行有什么不好，它只不过反映了当时的文化氛围还没有为墨学提供足够的复苏条件而已。从翁氏的例子可以看出，当时的墨学研究尚存一种严格的限度即不能有损儒教。在这个度之内，校订也好、注释也好、批评也好，都是可以允许的，但若超出了这个度如汪中一样，那就难免会沦落为“名教之罪人”，甚而有“褫革其衣顶”的危险了。

汪中的《墨子注》校本写定于1780年（乾隆四十五年）。三年之后，毕沅的《墨子注》亦告竣工。和汪中相比，毕沅的做法就显得谨慎周全多了。他在《自序》中说：

> 非儒，则由墨氏弟子尊其师之过，其称孔子讳及诸毁词，是非翟之言也。案他篇亦称孔子，亦称仲尼，又以为孔子言亦当而不可易，是翟未尝非孔。孔子之言多见《论语》《家语》及他纬书传注，亦无斥墨词。
>
> 先秦之书，字少假借，后乃偏旁相益。若本书，源流之字作原，一又作源，金以溢为名之字作益，一又作镒，四竟之字作竟，一又作境，皆传写者乱之，非旧文。乃若贼【?】百姓之为杀字古文，遂而不反，合于遂亡之训，关叔之即管叔，实足以证声音文字训诂之学，好古者幸存其旧云。②

称孔子无斥墨词，实为失考，墨学后起，与孔子不相值，孔子当然不会有斥墨之词。但毕氏此论，用心却很良苦。把儒墨的对立化为弟子后学所为，这自然就替墨子洗刷掉了非儒的罪名。再说，《墨子》书中的古音古字“足以证声音文字训诂之学”，这同样有益于儒家经典的考校。从这

① 引自孙诒让《墨子间诂》附录，中华书局1986年版，第616页。

② 引自孙诒让《墨子间诂》附录，中华书局1986年版，第612页。

两方面考虑，为《墨子》一书作注也就不能算是替异端张目的行为了。

对墨子的一些思想，毕沅亦能采取同情的立场。墨子曾告诫弟子入国必择务而从事，毕沅评论道："是亦通达经权，不可訾议。"对《备城门》以下诸篇，毕沅认为属古兵家言，有实用的价值。这些评论，较之翁方纲已有很大的进步。

由于汪氏之书不传，毕沅的《墨子注》成为乾嘉时期流传下来的最重要的注《墨》著作。梁启超称"其功盖等于茂堂之注《说文》"① 虽然有点夸张，但其创始之功实不可没。后来孙诒让作《墨子间诂》，之所以用毕书作底本，原因就在于此。根据毕沅的自序："先是仁和卢学士文弨、阳湖孙明经星衍，互校此书，略有端绪，沅始集其成。"可知卢文弨、孙星衍二人亦曾参与该书的校注，所以确切地说，该书实为三人合作的产物，这也许是它能够取得相当成绩的主要原因。粗略地讲，毕氏的《墨子注》大致有两大贡献：一是以声音训诂之学证古字古音。此点从上面的一段引文即可看出，它同时也是毕氏颇引以为豪之处。清儒治学从顾炎武开始本来就是从音韵入手以通文字训诂，就此而论，毕氏可谓能严守家法。二是恢复《经上》篇旧本写法。墨书之中，《经》及《经说》4 篇素号难读，鲁胜之后，更无人能解。毕氏根据《经上》篇的"读此书旁行"一语，在篇末别作新考，分该篇为上下两行横列，从而使这篇千古奇文得以初还旧观。后来的墨学家之所以能够在《墨经》4 篇方面迭出新论，全赖毕氏的这一发端之功。不过，毕注也有许多缺点，如好以儒言傅会、注文简略、鲜少发明等，这也许是发端之初在所难免的通病。

汪、毕诸人之外，当时及稍后治《墨》者还有张惠言、丁杰、许宗彦、王念孙等人。张、丁、许三人均专治《经》《说》4 篇，其中，丁、许之书不传，张氏的《墨子经说解》生前亦未尝刊布，直到 1907 年孙诒让始得校写本。据其书，张氏首先援用鲁胜"引说就经"之例，将《经》《说》4 篇逐条拆开，先列《经上》旁行为一篇，而后以《经说上》附《经上》为一篇，是为上卷；次列《经下》旁行为一篇，又以《经说下》附《经下》为一篇，是为下卷。两卷书使经文与说文互相对照，条分缕析，旁行之文，全复旧观，以致就连孙诒让亦不得不赞叹说："余前补定

① 梁启超：《中国近三百年学术史》，载《梁启超论清学史二种》，复旦大学出版社 1985 年版，第 359 页。

《经下》篇句读，颇自矜为创获，不意张先生已先我得之；其善谈名理，虽校雠未审，不无望文生义之失；然顾有精论，足补余书之阙误者。”[①]不过，从其序言中可以看出，张氏亦是对墨家抱有甚深成见的人，他把墨学之亡归于圣贤之功，他称孟子的“无父”“禽兽”之骂为诛心之论并告诫后之读墨书者“览其义，则于孟子之道，犹引弦以知矩乎”[②]。所有这些，和汪中相比，其识见就未免不可以道里计了。

与张氏不同，稍后的王念孙则纯粹站在考据学的立场上整理《墨子》一书。在其名著《读书杂志》（1831）中，王氏专辟《读墨子杂志》六卷，对墨书摘条进行校注。由于王氏为清代考据学巨子，所以他的成就尤在毕张诸人之上。近人陈柱称其书有四大特色：一曰改正错简，二曰发明古义，三曰因传写之伪以考见古字，四曰阐明同声通假之字。[③] 这些均非溢美之言。其他不说，单是改正错简一条，王氏就更正了《尚贤下》等篇近十处，字数少则十余字，多则三百余字。而前此卢文弨所改者，仅《辞过》篇一条而已。由此就足以见出王氏学问之精卓了。

乾嘉年间是考据学鼎盛时期，有这么多著名学者参与对《墨子》一书的考校，对墨学来说实是幸事。尽管墨家的思想仍然没有受到公正的对待（除了个别人外），尽管学者们的立场尚未脱出援墨注儒的樊篱，但和过去的沉埋终古相比，《墨子》书总算有了差强人意的版本，语言文字得到了一定程度的梳理，历史上遗留下来的某些问题（如旁行句读）大致恢复了旧观，这为后来墨学的复兴奠定了基础。如果没有乾嘉时期这些汉学家们的努力，墨学能否会引起19世纪后半期知识界的广泛注意以及20世纪前半期的空前热潮，这都是令人十分怀疑的事情。

二、同光时期

在近代墨学史上，同光时期是一个非常重要的时期。乾嘉年间汉学家

---

① 孙诒让：《墨子间诂》自序，中华书局1986年版，第5页。

② 张惠言：《茗柯文编》，上海古籍出版社1984年版，第22页。

③ 参见陈柱《墨学十论》，商务印书馆1934年版，第178页。

们之所以从事《墨子》书的校注，主要是出于援墨注儒、以子证经的目的。到了同治、光绪年间，人们谈论或研究墨学，那大多是由于墨学本身的价值。这一时期，除了注解和研究《墨子》书的人越来越多之外，人们对墨学的评价日趋公允，墨家精神亦开始有人提倡。正是在这个意义上，我们说墨学在衰亡两千年后才第一次出现了真正的复兴。

1. 墨学的复兴

同治、光绪年间，墨学之所以能够重新引起思想界和学术界的广泛注意，大概有以下两个方面的原因。

第一，御侮自强的需要。1840 年，中英鸦片战争爆发，标志着中国历史进入了一个新的时期。从此帝国主义的侵略和中国人民的反抗构成了历史发展的主旋律。由于列强的侵略，中国始终潜伏着亡国灭种的危险。如果说在第一次鸦片战争时期人们还没有充分意识到这一点的话，那么，进入 19 世纪 60 年代以后，许多知识分子和官僚都逐渐意识到了日渐逼近的危险。在这种危机意识的支配下，他们试图从传统中寻求有助于御侮自强的资源，而墨家在反抗侵略和舍身救世两个方面刚好可以满足人们的需求。在中国历史上，墨家是最有献身精神的学派之一：摩顶放踵、利天下为之是墨者追求的目标，赴火蹈刃、死不旋踵则是墨者的行为准则。这种精神和风范在中国近代那种民族危亡时期是最最亟须的。另外，墨家崇尚非攻、自卫，也为近代知识分子提供了处理国际关系的根据。

第二，回应“西学”的需要。“西学”是随着西方的坚船利炮而来的，起初的内涵比较狭窄，只是指西方的科学和一些实用技术。随着中西交往的逐步增多，“西学”的内涵扩展到包括宗教、文化、政治经济制度等十分广泛的内容。由于中西文化是两种完全不同的异质文化，人们对西学的理解需要有一个“格义”的过程，亦即借助自己原有的知识去比附和沟通它。而墨家，由于其重视科学、鼓吹无差别的爱等独特性格，成了近代知识分子理解“西学”的一个重要的参照系。当时广泛盛行的“西学墨源”说便是这种思路的产物，尽管这种说法在事实上是站不住脚的，但它却有助于引发人们对墨学的兴趣。

由于以上两种原因，近代思想界和学术界出现了一种相当奇特的现象，即无论是激进的改革家还是顽固的保守派，都几乎众口一词地推崇起墨学，这对推动墨学的复兴无疑是一种不小的助力。

纵观19世纪最后40年间的思想界，墨学的发展呈现出了许多不同于乾嘉时期的新动向。

第一，在儒墨关系上，评价趋于和缓。乾嘉时期的汪中因为替墨子辩护，竟被目为名教之罪人，而19世纪晚期的学者们大都能够承认墨家亦有儒学所不可替代的优点。如曾出使欧西的黎庶昌就认为："墨道，夏道也。今泰西各国耶稣天主教盛行尊天明鬼兼爱尚同，其术碻然本诸墨子，而立国且数千百年不败，以此见天地之道之大，非执儒之一涂所能尽。昌黎韩愈称孔墨相为用，孔必用墨，墨必用孔，岂虚语哉。"[①] 陈澧亦云："墨翟兼爱非攻，人来攻则我坚守，何以为守？蓄其人民，积其货财，精其器械，而又志在必死，则可以守矣。此墨翟之长也。"[②] 晚清经学大师俞樾声称："墨子则达于天人之理，熟于事物之情，又深察春秋战国百余年间时势之变，欲补弊扶偏，以复之于古，郑重其意，反复其言，以冀世主之一听，虽若有稍诡于正者，而实千古之有心人也。"[③] 而替孙诒让《墨子间诂》作序的黄绍箕则干脆抱怨说："今西书，官私译润，研览日众，况于中国二千年绝学，强本节用，百家不能废之书，知言君子，其恶可过而废之乎？"由这些引文可以看出，当时的社会舆论正在朝有利于墨学的方向发展。

第二，治《墨》者的范围有所扩展。乾嘉时期，校注《墨子》者为清一色的古文经学家。到了同光时期，治《墨》者的阵营中就新增加了今文经学家、桐城派的传人以及其他不守家法的学者。这一时期治《墨》学者中比较著名的有苏时学、俞樾、孙诒让、戴望、吴汝伦、王闿运等，其中俞、孙二人为晚清古文经的大师，吴汝伦为桐城派的传人，而戴望和王闿运则属今文经学派。治《墨》者范围的这种扩展表明墨学在晚清知识界的影响正在逐步扩大。

第三，墨经中的科学内容开始受到注意。乾嘉时期，《墨经》4篇旁行之文虽然初还旧观，但其中蕴含的思想尚未得到挖掘。到了19世纪后半期，在西学的参照下，一些学者才发现《墨经》4篇中原来还包含着许

---

① 黎庶昌：《拙尊园丛稿》卷四，《续修四库全书》第1561册，上海古籍出版社1996—2003年版，第328页。

② 陈澧：《东塾读书记》（外一种），生活·读书·新知三联书店1998年版，第243页。

③ 俞樾：《墨子间诂》序，中华书局1986年版，第1页。

多数学、光学和力学的内容。广东学者邹伯奇首先发现这个事实，邹氏说：

> 《墨子·经上》："圆，一中同长也。"即几何言圆面惟一心，圆界距心皆等之意。又云："同，重、体、合、类。""异，二、（不）体、不合、不类。""同异而俱之于一也。""同异交得放有无。"此比例规更体更面之意也。又云："日中，正南也。"又《经下》云："景之大小，说在地。"亦即表度说测影之理也。此《墨子》俱西洋数学也。西人精于制器，其所恃以为巧者，数学之外有重学、视学。重学者能举重若轻，见邓玉函《奇器图说》及南怀仁所纂《灵台仪象志》，说最详悉。然其大旨亦见《墨子·经说下》"招负衡木"一段，升重法也；"两轮高"一段，转重法也。视学者转微为著，视远为近，详汤若望《远镜说》，然其机要亦《墨子·经下》"临鉴而立""一小而易，一大而正"数语，及《经说下》"景光"至"远近临正鉴"二段。①

邹氏把《墨经》中关于同异的分类解释为"比例规更体更面之意"，虽不无比附之嫌，但他总算揭示了《墨经》中有数学、力学和光学等科学内容这个事实。所以在他之后，从科学角度治《墨》亦成为墨学研究中的一条新路，较早的代表就有殷家俊、张自牧、王仁俊和冯涵初等人。

第四，"西学墨源"说广为流行。"西学中源"并非19世纪的产物，早在17世纪耶稣会士东来时，就有人认为西学只是中学的变种。到了近代，随着中西接触的增多，主张"西学中源"的人越来越多。由于墨家的主张和精神与儒家传统差别比较大，与西学反而有一点表面上的相似，所以人们谈论最多的是"西学墨源"说。持此说者来自各个不同的阶层，有政治家，有外交官，也有学者和文人，有改革家，有洋务派，也有极端的保守分子。出身不同，政治立场不同，谈"西学墨源"的目的也就不同。激进的思想家主张"西学墨源"是为了替西学传播张目，保守分子爱说"西学墨源"则是为了寻求对抗西学的工具。

最早提出"西学墨源"说的人仍旧是那位发现《墨经》包含有科学

① 邹伯奇：《邹徵君遗书·学计一得卷下》，同治十三年（1874年）南海邹达泉拾芥园刻本。

内容的邹伯奇。在简单罗列了《墨经》中的算学、光学和重学之后，邹氏接着说：

> 至若泰西之奉上帝，佛氏之明因果，则尊天明鬼之旨同源异流耳。《墨子·经上》云："此书旁行，正无非。"西国书皆旁行，亦祖其遗法，故谓西学源于墨子可也。①

从科学到宗教再到书写规则，西学与墨子有那么多相同之处，所以西学自然是源于墨子了。这种逻辑听上去非常"奇妙"，但在当时却有很多人深信不疑。王闿运在《墨子校注序》中曾记载说："颇闻同时注《墨子》者数家，而吾友曹耀湘尤神解深通，及殷家俊等并言《经说》中有光重诸法，悉泰西所本。以为巨子者，矩子十字架也。所谓南方之墨由南洋而通诸岛，为制器之先师。顾竟未见诸家成书。"② 而王氏本人亦认为："十世之后，九州之外，释迦、耶稣皆无位而奉为圣师，本墨家也。语曰：'隐居以求其志，行义以达其道。'翟可谓求而达者与。孟子徒恨其非儒，摭其偏言，以为无父，非雅士之谈也。然墨子尤工制器，西海传其学，去其节用、明鬼不便己者……同治以来，西学盛行，徒袭墨之粗迹，不知其出于墨。"③ 其他像黎庶昌认为"泰西各国耶稣天主教盛行尊天、明鬼、兼爱、尚同，其术碻然本诸《墨子》"④，《时务通考》称"墨氏之教，秦以后微于中邦，而流于西土"⑤，类似言论不一而足。甚至连维新派人士黄遵宪亦坚持认为："泰西之学，其源盖出于《墨子》。其谓人有自主权利，则墨子之尚同也。其谓爱汝邻如己，则墨子之兼爱也。其谓独尊上帝保汝灵魂，则墨子之尊天明鬼也。至于机器之精，攻守之能，则墨子备攻备突、削鸢能飞之绪余也。而格致之学，无不引其端于《墨子》经上

---

① 邹伯奇：《邹徵君遗书·学计一得卷下》，同治十三年（1874 年）南海邹达泉拾芥园刻本。

② 王闿运：《湘绮楼文集》卷三，宣统二年（1910 年）国学扶轮社刻本。

③ 王闿运：《湘绮楼文集》卷三，宣统二年（1910 年）国学扶轮社刻本。

④ 黎庶昌：《拙尊园丛稿》卷四，载《续修四库全书》第 1561 册，上海古籍出版社 1996—2003 年版，第 328 页。

⑤ 杞庐主人：《时务通考》卷十八，光绪二十三年（1897 年）点石斋印本。

下篇。”①

从思想史的角度看，“西学墨源”说是知识贫乏的产物。随着对西方的了解逐步增加，这种说法也就渐渐失去了市场，到20世纪初期它就基本不再见于学者之口。但在当时，“西学墨源”说的确有助于公正地对待墨、西两学。既然墨学西传导致了西方的繁荣，那么墨学在本国自然也应当受到重视；同样，既然西学本来源于中国，那么学习西学也就不存在什么华夷的界限了。

第五，墨家精神得到提倡。在这方面，有两个人值得特别提出来，一个是曾国藩，一个是谭嗣同。曾氏是清朝的“中兴名臣”，镇压过太平天国，主持过洋务运动；谭嗣同则是激进的思想家，戊戌变法的参与者之一，并为维新变法献出了年轻的生命。曾、谭二人均极赞赏墨家精神，只不过，曾国藩看中的是墨家的勤俭、节约和务实，谭嗣同喜爱的则是墨家的大公无私、勇敢侠义和献身精神。

在1861年的日记中，曾国藩写道：“吾学以老庄为体，以禹墨为用”，这里所谓“禹墨”大概就是指上面所说的勤俭、节约和务实精神。按照《庄子·天下》的记载，墨子继承的是“禹道”，而“禹道”的标准是“日夜不休，自苦为极”“生勤死薄，沐雨栉风”。所以后人多用“禹墨”来指代一种自我约束极严而又富于献身精神的行为风范。曾国藩之所以用“禹墨”精神相标榜，大概与他当时的处境有关。为了镇压太平天国运动，曾国藩呕尽心血，但却经常陷于四面楚歌的境地。在这种困顿危急的情况下，曾国藩自然不得不励精图治、摒弃虚华，从实入手，这当是他欣赏墨子的主要原因。另外，在曾氏的幕府中，先后有过好几位治《墨》的学者，如俞樾、王闿运、吴汝伦、戴望和曹耀湘等。曾氏之喜爱墨子，也可能受到这些幕僚的影响。

谭嗣同欣赏墨子，其着眼点和曾国藩大不相同。据谭自己说，他对墨学的兴趣集中在两方面，一为格致之学，一为任侠思想。② 考虑到谭氏个人的性格特征，可以说后一方面才是他最钟情之处：“吾自少至壮，遍遭

① 黄遵宪：《日本国志》卷三十二，《续修四库全书》第745册，上海古籍出版社1996—2003年版，第324页。

② 参见谭嗣同《仁学》自序，载《谭嗣同全集》（增订本），中华书局1981年版，第289－290页。

纲伦之厄，涵泳其苦，殆非人生所能忍受，濒死累矣，而卒不死，由是益轻其生命，以为块然躯壳，除利人之外，复何足惜，深念高望，私怀墨子摩顶放踵之志矣。”① 另外，在《仁学》中，谭嗣同曾把孔子的仁、大乘佛学的慈悲和西方的博爱融合到一起，而墨家的兼爱在其中就占有一相当重要的地位。粗略地讲，谭嗣同实际上是通过墨家的兼爱来理解西方之博爱的，所以他才会发挥墨家的兼爱一语以攻击旧礼。就此而言，谭氏实际上已经开启了20世纪初知识分子以墨批儒的先声。

以上五点是19世纪后半期墨学研究不同于乾嘉时期的新动向。它们处处反映了社会评价标准向墨学的倾斜——这种倾斜并且最终导致了20世纪初的墨学热潮。

2. 孙诒让的贡献

在近代墨学史上，孙诒让是一位承先启后的关键人物。他的贡献主要体现在两个方面：一是继承了乾嘉诸老的精神，熟练地运用汉学研究方法，对《墨子》全书进行了系统的考辨和校释；二是以同情的态度赞扬墨家的主张，为后来公正地评价墨学奠定了基础。

在孙氏之前，治《墨》者虽众，但除毕沅之外，大都或是专解经说诸篇，或是摘条进行校注，所以多不成系统。只有到了孙诒让手中，才广泛搜求诸家的见解，录入《墨子》本文之下，然后根据自己精湛的考据功夫予以辨正补阙，著成《墨子间诂》一书。这本书成了当时最完备的《墨子》读本，对20世纪初的墨学热产生了巨大的影响。

根据其自序，孙氏之所以用“间诂”二字作书名，意在模仿许慎：

> 昔许叔重注《淮南王书》，题曰《鸿烈间诂》。间者，发其疑牾；诂者，正其训释。今于字义多遵许学，故遂用题署。亦以两汉经儒本说经家法，笺释诸子，固后学所睎慕而不能逮者也。②

许慎为东汉古文经大师，孙氏模仿许慎，说明他对墨书的注解主要集

① 谭嗣同：《仁学》自序，载《谭嗣同全集》（增订本），中华书局1981年版，第289－290页。

② 孙诒让：《墨子间诂》自序，中华书局1986年版，第3页。

中在对字义的校勘训诂上。但是，墨家久成绝学，《墨子》书因长期无人过问，错简讹字极多，整理起来非常困难。为了著成《间诂》一书，孙诒让真正是做到了心力交瘁、费时良多的地步：

> 研核有年，用思略尽，谨依经谊字例，为之诠释。至于订补《经》《说》上下篇旁行句读，正兵法诸篇之伪文错简，尤私心所窃自喜以为不谬者，辄就毕本更为增定，用遗来学。①

《间诂》最初写定于1892—1893年之间，1895年以聚珍版发行。但孙氏自己并不以此为满足，除了反复续勘之外，还继续搜求有关墨学的著作以相考校，到1907年又完成了《间诂》定本。前后算起来，孙氏仅花在《墨子》的考证一项上就用了二十余年。另外，孙氏治《墨》还有一条别人不具备的优势，就是他可以借《周礼》来疏证《墨子》。从经学史的角度看，孙诒让的最卓越成就是《周礼正义》，而《周礼》这部书的成书年代和《墨子》差不多，所以两相比勘，许多难题就会涣然冰释。

对孙氏在《墨子》一书校勘训诂方面的成就，时人给予极高的评价。俞樾曾经这样写道："于是瑞安孙诒让仲容乃集诸说之大成，著《墨子间诂》。凡诸家之说，是者从之，非者正之，阙略者补之。至《经》《说》及《备城门》以下诸篇尤不易读，整纷剔蠹，衇摘无疑，旁行之文，尽还旧观，讹夺之处，咸秩无紊，盖自有《墨子》以来未有此书也。"② 替孙氏作传的章太炎亦云："《墨子》书多古字古言，《经》上下尤难读。《备城门》以下诸篇，非审屈勿能治。始，南海邹伯奇比次重差、旁要诸术，转相发明，文义犹诘诎不驯。诒让集众说，下以己意，神旨迥明，文可讽诵。自墨学废二千岁，儒术孤行，至是较著。"③ 而梁启超对《间诂》一书更是无限地推崇："大抵毕注仅据善本雠正，略释古训；苏氏始大胆刊正错简；仲容则诸法并用，识胆两皆绝伦，故能成此不朽之作。然非承卢、孙、王、苏、俞之后，恐亦未易得此也。仲容于《修身》《亲士》《当染》诸篇，能辨其伪，则眼光远出诸家上了。其《附录》及《后语》，

---

① 孙诒让：《墨子间诂》自序，中华书局1986年版，第3页。

② 俞樾：《墨子间诂》序，中华书局1986年版，第2页。

③ 章太炎：《孙诒让传》，载《章太炎全集》第4卷，上海人民出版社1985年版，第213页。

考订流别，精密闳括，尤为向来读子书者所未有。盖自此书后，然后《墨子》人人可读。现代墨学复活，全由此书导之。古今注《墨子》固莫能过此书，而仲容一生著述，亦此书为第一也。”①

值得注意的是，虽俞、梁诸人对孙著如此推崇，但在后来的墨学家们看来却一点也不过分。方授楚说：“俞氏虽誉之如此，盖非溢美。”② 陈柱亦云：“俞氏之说，诚非溢美之词。”③ 从这些话来看，孙书在考据学上的价值也就不言自明了。

除了考据之外，孙氏对墨学的评价也有许多新的见解：

> （墨子）身丁战国之初，感悕于犷暴淫侈之政，故其言谆复深切，务陈古以剀今。亦喜称道《诗》《书》及孔子所不修百国《春秋》，惟于礼则右夏左周，欲变文而反之质，乐则竟摒绝之，此其与儒家四术六艺必不合者耳。至其接世，务为和同，而自处绝艰苦，持之太过，或流于偏激，而非儒尤为乖戾。然周季道术分裂，诸子舛驰，荀卿为齐鲁大师，而其书《非十二子》篇于游、夏、孟子诸大贤，皆深相排笮。洙泗龂龂，儒家已然，墨儒异方，跬武千里，其相非宁足异乎？综览厥书，释其纰驳，甄其纯实，可取者盖十六七。其用心笃厚，勇于振世救敝，殆非韩、吕诸子之伦比也。④

孙氏根据儒家内部亦有相互攻击的现象来解释儒墨相非的事实，已与汪中之说无异。他称赞墨子“用心笃厚，勇于振世救敝，殆非韩吕诸子之伦比也”，可见他对墨子的评价之高。观其后文，一则曰“墨子立身应世，具有本末，自非孟荀大儒不宜轻相排笮”，再则曰“彼勤生薄死，以赴天下之急，而姓名澌灭，与草木同尽者，殆不知凡几，呜呼悕已”，孙氏之爱墨之心溢于言表。章太炎在传记中说他“行亦大类墨氏”，足可看出墨学对他的影响之深。

从传记中可知，孙氏亦是具有维新思想的人物，生前曾亲手创办或领

---

① 梁启超：《中国近三百年学术史》，载《梁启超论清学史二种》，复旦大学出版社 1985 年版，第 360 页。

② 方授楚：《墨学源流》，中华书局 1934 年版，第 217 页。

③ 陈柱：《墨学十论》，商务印书馆 1934 年版，第 187 页。

④ 孙诒让：《墨子间诂》自序，中华书局 1986 年版，第 1－2 页。

导创办各类学校很多所，晚年并主温州师范学校，担任浙江教育会长。尽管在政治上他不赞成激进的革命，但从学术上他还是曲折地表达了自己对进步的向往，他推崇墨子无形中构成了对儒学独尊的冲击，其中某些言论足可称作是维新革命的舆论先导。

值得一提的还有孙氏求知的热情和奖掖后进的高尚情怀。在《与梁卓如论墨子书》中，孙氏曾这样写道：

> 曩读《墨子》书，深爱其撢精道术，操行艰苦，以佛氏等慈之旨，综西士通艺之学，九流汇海，斯为巨脉。徒以非儒之论，蒙世大诟，心窃悕之。研校廿年，略识旨要，遂就毕本，补缀成注。然《经》《说》诸篇，闳谊眇旨，所未窥者尚多。尝谓《墨经》揭举精理，引而不发，为周名家言之宗，窃疑其必有微言大例，如欧士雅里大得勒之演绎法、培根之归纳法，及佛氏之因明论者。惜今书伪缺，不能尽得其条理……拙著印成后，间用近译西书，复事审校，似有足相证明者……以执事研综中西，当代魁士，又夙服膺墨学，辄刺一二奉质，觊博一哂耳……贵乡先达兰甫、特夫两先生，始用天算光重诸学发挥其旨，惜所论不多……倘得执事赓续陈、邹两先生之绪论，宣究其说，以饷学子，斯亦旷代盛业，非第不佞所望尘拥篲，翘盼无已者了。①

《与梁卓如论墨子书》作于1897年，此时孙诒让早已是德高望重的经学大师了，他却还能虚心地学习“近译西书”，并与《墨》书相互印证，这种求知热情实在不能不令人敬佩。他所提出的《墨经》中有与西方逻辑、印度因明有相近的“微言大义”实际上首开了三种逻辑相互比较的先河。在具体论证上，后来虽然变得更加精密了，但我们却不能不佩服孙氏眼光之独到。在与梁启超的关系上，孙氏作为一位长者，也显得极为谦逊，这自然会引起梁启超的感激和奋发。梁氏后来追述道：“此书初用活字版印成，承仲容先生寄我一部，我才二十三岁耳。我生平治《墨》学及

---

① 孙诒让：《籀庼述林》卷十，民国五年（1916年）刻本。

读周秦子书之兴味，皆由此书导之。”[①] 事实证明，梁启超后来确实不负孙氏的厚望，当他开始用他那枝常带感情的笔锋，为墨学摇唇鼓舌并最终引起了一场墨学热潮时，人们不得不又一次佩服孙诒让识见之卓越了。

三、民国时期

经过同光时期学者们的努力，墨学逐渐获得公允的评价，很少有人再以异端目之；《墨子》书有了比较完善的版本，人们可以根据原著来把握墨家学说的精髓了，不必再信从什么耳食之言；墨家精神亦得到提倡，一些富有献身精神和救世情怀的志士常常以墨子作为其人格的榜样。所有这些，都为墨学的进一步繁荣奠定了基础。所以到了民国时期，思想和学术界终于出现了盛极一时的“墨学热”。

墨学研究至孙诒让而达到一个高峰。栾调甫曾说：“自孙仲容总集清儒校注为《墨子间诂》，全书伪谬疑滞已去泰半。”[②] 作为晚清古文经学的殿军，孙氏的研究完全笼罩在汉学的传统之下，汉学为他规定了解决问题的程序和基本价值取向，那就是从音韵入手以通文字训诂，并进而求得经典或本文的真实意涵。按照经学史家周予同的意见，孙氏比较独特之处是能够从文字演变史实中推求文字源流。[③] 但这只不过是从“由音求义”到“由形求义”的扩展而已，因击并未超出考据学的传统。真正值得人们惊奇的倒是，孙氏对汉学方法的应用是如此娴熟以及他个人的识见是如此卓越，以至于在对《墨子》一书的研究中，他解决了大部分的与文字音韵有关的训诂问题。其结果，在这同一条研究道路上，孙氏留给后人的只不过是拾遗补阙而已。

但是，在研究过程中，孙诒让也并非没有遇到难题。从邹特夫、陈澧的著作中，他了解到《墨经》4 篇中包含有天算光重诸学，从与外来名学

---

① 梁启超：《中国近三百年学术史》，载《梁启超论清学史二种》，复旦大学出版社 1985 年版，第 360 页。

② 栾调甫：《墨子研究论文集》，人民出版社 1957 年版，第 143 页。

③ 参见朱维铮《周予同经学史论著选集》，上海人民出版社 1996 年版，第 773 页。

著作的对勘中，他朦胧地感觉到这几篇中还可能有与西方逻辑、印度因明相似的“微言大义”，但由于缺乏现代科学和逻辑学等知识，他却无法给这些问题以恰当的说明。由发生在孙氏身上的这种现象可以看出，墨学研究已经到了不得不发生“革命”以便树立一种新的研究传统时期。树立新的研究范式这个历史性的任务便落到了梁启超和胡适身上。

另外，世纪之交的思想界状况亦为墨学的这种“革命”提供了良好的环境：西学的传播越来越深入，人们已经有可能利用西方的科学方法来整理中国古代的典籍了；科学的声誉日渐提高，科学主义开始成为一种不可忽视的潮流；逻辑和方法得到了前所未有的强调。在这种情况下，包含有科学和逻辑内容的《墨子》一书自然会受到人们越来越广泛的重视。所以，当梁启超和胡适开始用西方的科学方法来重新整理和研究《墨子》一书时，学术界竟会出现一呼百应的现象也就不值得大惊小怪了。

1. 梁启超与胡适

根据梁启超的自述，他幼而好墨，在万木草堂时就“诵说其兼爱、非攻诸论”。后来又得到孙诒让的鼓励，从而开启了他治《墨》及先秦子书之兴趣。戊戌变法失败后，梁启超流亡日本，接触到一些西方的社会政治学说，眼界逐渐开阔。1904 年，梁启超在《新民丛报》上连载《子墨子学说》和《墨子之论理学》，后合为《墨学微》出版。这是我国第一部系统地研究墨子思想的著作，它标志着近代墨学研究进入了一个新阶段。其后，梁氏在同一课题上继续钻研，并于 20 年代初先后出版了《墨子学案》《墨经校释》二书，前者在《子墨子学说》的基础上对某些问题进行了更深的挖掘，后者则利用现代逻辑和科学专门诠释《经》《说》4 篇。

前后算起来，梁氏研读《墨子》垂二十年，出版著作三种，尤可称道的是，他的研究已经远远超出了汉学传统的制约，开始利用西方近代社会科学方法来阐释墨学，并最先把孙诒让无力进行的中西学术比较付诸实践，这使得梁启超本人亦成为一种新的研究传统的开创者。在梁氏之前，治《墨》者虽众，但他们大都局限于校勘训诂方面，即使有人希望对墨子思想有所评论，那也只是在短短的序言中略提一二。这既限制了思想的发挥，同样也不利于墨子学说的传播。到了梁启超手中，墨子学说被分解为宗教思想、经济思想、逻辑和科学思想，每一方面都得到了专门的叙述和解释。这样做极大地便利了人们对墨子思想的整体把握，所以，后来论述墨学的人也就大都仿效了梁氏从西方社会科学借鉴来的这种分类模式。与此相联系，梁启超的墨学研究特重比较方法的运用：有中国古代各种哲学流派之间的比较，有中西比较，亦有中印比较。中印比较、中国内部各流派之间的比较且不说，单就中西比较而言，就有各个时期、各个侧面的不同。譬如，在论及墨子的宗教、伦理思想时，梁启超就拿基督教、苏格拉底、康德等做参照："墨子之天志，乃景教的而非达尔文的也。""道德与幸福相调和，此墨学之特色也，与泰西之苏格拉底、康德，其学说同一基础者也。"[①] 在论及墨子的经济思想时，梁启超想到的是当时西方盛行的社会主义思潮："墨子之生计学，以劳力为生产独一无二之要素，其根本观念，与今世社会主义派所持殆全合。"[②] "墨子是个小基督，从别方面说，墨子又是个大马克思。马克思的共产主义，是在'唯物观'的基础上建设出来，墨子的'唯物观'，比马克思还要极端。"[③] 在论及墨子的政治思想时，梁启超则把它和西方近代的契约论相提并论："墨子之政术，民约论派之政术也。泰西民约主义，起于霍布士，盛于陆克，而大成于卢梭。墨子之说，则视霍布士为优，而精密不逮陆、卢二氏。"[④] 这些言论在当时不但使人耳目一新，而且还能挑起人们研究之兴味。

不过，由于西学并非梁氏的特长，所以他的墨、西比较就难免有粗疏之嫌：说墨子和康德在伦理问题上有"同一基础"已经失据（墨子主要是一位效果论者，康德则信仰一种坚定的义务论），再把墨子和马克思的唯物史观相提并论更属戏论。至于说墨子思想和西方近代契约论的关系，梁氏的说法和事实刚好相反，从墨子的尚同政治中找不到任何民选的痕迹。梁氏的这些缺点很大程度上是由于知识不足的缘故，这一点到胡适的手中就发生了极大的改观。

和梁启超相比，胡适对西学的了解更深。留学美国时，胡适曾经师从

---

① 梁启超：《子墨子学说》，载《饮冰室合集》之《专集》第37种，中华书局1936年版，第6、10页。

② 梁启超：《子墨子学说》，载《饮冰室合集》之《专集》第37种，中华书局1936年版，第22页。

③ 梁启超：《墨子学案》，载《饮冰室合集》之《专集》第39种，中华书局1936年版，第20页。

④ 梁启超：《子墨子学说》，载《饮冰室合集》之《专集》第37种，中华书局1936年版，第37页，

实用主义的大师之一杜威博士，受到过系统的西洋哲学训练。从杜威那里，他学会了用进化、发展的眼光看问题。他并且发现，实用主义主要是一种研究方法，而学术的进步很大程度上正是基于方法论的完善情况。因此，胡适刻意挖掘中国古典哲学中的逻辑和方法，以便寻求与西方哲学和科学相嫁接的合适土壤。这样，《墨经》诸篇理所当然地成了他关注的焦点。在他的博士论文《先秦名学史》和稍后的《中国哲学史大纲》中，有关《墨经》的内容都占了相当大的篇幅，这些均足以弥补梁启超的不足。从传记中知道，胡适本来也是一个关心政治并对西方民主政体有深刻理解的人，但在讨论墨子的政治思想时，他却不像梁启超那样滥用比较的方法。这很可能是出于以下两个原因：第一，他切实地意识到了墨子政治思想与西方民主政体的天壤之别；第二，他太偏爱方法了，以至于方法占据了他墨学研究的主要注意力。综观胡适的墨学研究，至少在以下几个方面做出了自己独特的贡献。

首先，第一次用发展的眼光把墨家思想描述成一个不断进步和完善的过程。在胡适之前，虽然汪中、孙诒让已经怀疑《墨子》书中掺杂有后学的内容，但果断地把《墨经》诸篇确定为墨家后学作品的却是胡适。尽管胡适用宗教和科学来区分前后期墨家太过夸张，把惠施、公孙龙称为“别墨”混淆了学派间的基本限制，但他能够敏锐地意识到墨家前后期在思想倾向上的差异，意识到墨家后学与名家代表人物之间有相互呼应的痕迹，这已经是不小的成就了。后来由冯友兰提出的受到学术界普遍赞成的前后期之分说到底也只是对胡适意见的进一步完善而已。

其次，利用西方逻辑、哲学和近代自然科学知识对《墨经》诸篇所包含的逻辑思想进行了系统的发掘和评述。此前，章太炎在《原名》中曾就墨西比较略做比勘，梁启超亦作有《墨子之论理学》一文，但章梁二人于西方逻辑本非内行，故所论或失之太简，或竟谬之千里，如梁启超就曾把墨子三表法中的前两表都分解为演绎归纳两类，以为第一表中的“考之于天鬼之志”、第二表中的“征以先王之书”属演绎派，第一表中的“本之于先圣大王之事”、第二表中的“下察诸众人耳目之情实”属归纳派。但实际上，墨子的三表法从性质上讲纯粹是一种经验主义的归纳方法，与演绎理论了无干涉。到了胡适那里，情况就不同了。胡对西方逻辑和知识论有比较深刻的理解，所以在讲墨子的思想时才能把他的哲学方法（应用主义）和具体的论辩方法（三表法）分开，讲别墨时才能把知识论、演绎法、归纳法分类讨论。在胡适的笔下，《经上》篇一开头那几条看似重复的对“知”字的讨论成了别墨建立精密知识论的标志，因为他们相当科学地区分了知识中的理智、知觉和理解等因素；《小取》篇中令人困惑的几个范畴，如“效”“辟”“侔”“援”“推”实际上概举了五种推理方法，其中，“效”属演绎法，其他则属归纳法。这种分析较之于梁启超对三表法的解释，就显得贴切和准确多了。

最后，以平等的眼光对待先秦诸子，开创了20世纪初广泛盛行的“以墨批儒”思潮。胡适之前，虽然也有人如汪中等就认为墨子和孔子在地位或身份上是平等的，但却没有人敢于把批判的矛头指向孔子和儒家，即使在19世纪60年代西学中源说盛行以后，学者们对墨家也大多只能选取有补圣教的立场。梁启超可能算是最激进的了，在《子墨子学说》一开头，他就高呼：“今举中国皆杨也。有儒其言而杨其行者，有杨其言而杨其行者，亦有不知儒不知杨其行于无意识之间者。呜呼，杨学遂亡中国！杨学遂亡中国！今欲救之，厥惟墨学，惟无学别墨而学真墨。”① 他也只能痛骂同是异端的杨学，而对儒学的原则却极少异辞，所以当他后来写《先秦政治思想史》时突然改变一贯崇墨之立场，转而赞成孟子“兼爱无父”之断案也就不值得大惊小怪了。胡适不同，作为新文化运动的主要领导人之一，胡适很早就意识到，中国哲学的将来，有赖于从儒学的道德伦理和理性的枷锁中得到解放，有赖于那些伟大的非儒学派的恢复，因为在这些学派中可望找到移植西方哲学和科学最佳成果的合适土壤。胡适认为：“如为反对独断主义和唯理主义而强调经验，在各方面的研究中充分地发展科学的方法，用历史的或者发展的观点看真理和道德，我认为这些都是西方现代哲学的最重要的贡献，都能在公元前五、四、三世纪中那些伟大的非儒学派中找到遥远而高度发展了的先驱。”② 当说这话的时候，胡适心目中所意指的显然主要是墨家。所以，在胡适那里，墨家实际上扮演了一种与19世纪后半叶完全不同的角色，开始承提起批判儒学、接合中西的崭新功能。这种功能在此后的一二十年间成了墨学研究的主旋律。

---

① 梁启超：《子墨子学说》，载《饮冰室合集》之《专集》第37种，中华书局1936年版，第1页。

② 胡适：《先秦名学史》，载《胡适学术文集·中国哲学史》下册，中华书局1992年版，第774页。

2. “墨学热”的形成

梁启超是晚清言论界之骄子，胡适则是民初新文化运动的领袖，两人同时推崇和宣传墨学，这对思想界的影响自然很大，所以在他两人之后，治《墨》者急遽增加，各种研究、评论性的著作文章大量问世，墨学研究呈现空前繁荣的局面。栾调甫于20世纪30年代曾经回顾说：“顾自《大纲》《学案》一出，谈墨述哲之作，遂纷至而沓来。”[①] 据初步统计，整个民国时期，注《墨》释《墨》的著作多达数十种，论文百余篇。这些著作大体上可以分为三类：一类是校注《墨子》全书的，一类是专门校注《墨经》或《墨辩》诸篇的，另外一类则是研究墨家思想学说的。为了对这种热潮有一点具体的认识，下面把各类有代表性的著作列举如下。

第一，校注《墨子》全书的有：尹桐阳《墨子新释》，刘师培《墨子拾补》，陶鸿庆《读墨子札记》，张纯一《墨子集解》，刘昶《续墨子间诂》，陈柱《定本墨子间诂补正》，吴毓江《墨子校注》等。

第二，校释《墨辩》诸篇的有：梁启超《墨经校释》，胡适《墨子小取篇新诂》，张之锐《墨子大取篇释义》，伍非百《墨辩解故》，邓高镜《墨经新释》，谭戒甫《墨经易解》，范耕研《墨辩疏证》，鲁大东《墨辩新注》等。

第三，研究墨家思想的有：梁启超《墨学微》《墨子学案》，胡适《先秦名学史》、《中国哲学史大纲》上卷，陈顾远《墨子政治哲学》，张纯一《墨子分科》，陈柱《墨学十论》，钱穆《墨子》，伍非百《墨子大义述》，方授楚《墨学源流》等。

三类之中，第一类走的大致还是以孙诒让为代表的汉学路子，主要从事文字语言的考订校勘，因而可以说是对孙氏《间诂》的补充。第二类、第三类则主要沿袭梁、胡二人所开创的方向进行：校注《墨经》或《墨辩》的，多借助西方古典逻辑学和近代科学；研究墨家思想与学说的，则多喜与西方近代哲学、宗教与政治学说相互比附。除了个别人外，这两类研究者亦和梁启超、胡适一样多对墨学抱有好感，在遇到和儒学相冲突之时，经常会右墨而左儒。

除了专门学术圈子之外，墨学亦更加频繁地出现在政治家、思想家和

---

① 栾调甫：《墨子研究论文集》，人民出版社1957年版，第142页。

激进青年口中，成为批判儒家传统、传播西方文化的一种重要工具。孙中山认为中国古代最讲爱的莫过于墨子①，他声称墨子的兼爱理想实际上就等于社会主义。章太炎对墨子的道德大加赞赏，认为连孔、老也不能及："墨子之学，诚有不逮孔老者，其道德则非孔老所敢窥视也。"陈独秀在批判孔教的同时，鼓励青年要以孔、墨为榜样，培养一种积极进取的人生观："人之生也，应战胜恶社会，而不可为恶社会所征服；应超出恶社会，进冒险苦斗之兵，而不可逃遁恶社会，作退避安闲之想。呜呼！欧罗巴铁骑，入汝室矣，将高卧白云何处也？吾愿青年之为孔墨，而不愿其为巢由。"②"反孔健将"吴虞则著文专门辨孟子辟杨、墨之错误："观孟子之斥杨墨，至于无君无父，其词严矣。然推其说之所由来，不过曰杨子为我、墨子兼爱而已，别无左证也。呜呼！吾有以知孟子之攻击杨墨，特以门户意气之私见，而实未窥杨墨之学说……夫墨子之学说，岂惟兼爱而已，兵革不息则倡非攻，各国竞立则倡兼爱，法夏禹则倡节用主义，效管仲则倡经济主义，矫儒之虚而持节葬，御输之巧而坚墨守，其他算学、重学、光学、机器学、工程学皆发明最早……《备城门》以下诸篇，亦略见兵家之遗法。由此观之，墨子非徒谨守一节之人，乃通权达识之人也；非止修词坐论之人，乃实践竺行之人也……且杨墨之学，靡惟光大于当时，于太西诸大哲之学说亦多暗合。如墨子之兼爱，即耶稣之博爱平等也；墨子之明鬼，即苏格拉底之信重鬼神也；墨之节用，即谙埋笛狃斯之削除情欲也；墨之修身，即柏拉图之智德同一也；墨之大取小取，即弥勒之名学也；墨之非攻，即俄皇弭兵之旨也；墨之以利为善之实质，即达克之功利主义也。"③ 许啸天认为，墨子的思想是对治现实的一剂良药："墨家同情心的深厚，义务观念的坚强，牺牲精神的伟大，实在值得吾人的崇拜，值得吾人的研究，更其是值得整理的——尤其是现在的人心时局，墨子思想却是一剂对症的良药，如何可不快快地整理、快快地宣传以求挽回人心于万一。"④ 胡适认为，墨子可能是中国有史以来最伟大的思想家："那反对墨家的最厉害的孟轲道，'墨子兼爱，摩顶放踵利天下，为之'。这话本有

① 参见吴毓江《墨子校注》附录四，中华书局 1993 年版。

② 陈独秀：《独秀文存》，安徽人民出版社 1987 年版，第 6 页。

③ 吴虞：《辨孟子辟杨墨之显而易非》，载《辛亥革命前十年间时论选集》第 3 卷，三联书店 1977 年版，第 737 – 739 页。

④ 许啸天：《墨学的大概》，载《国故学讨论集》第二集，上海书店 1991 年影印版，第 317 页。

责备墨子之意，其实是极恭维他的话。试问中国历史上，可曾有第二个‘摩顶放踵利天下为之’的人么?”[①] 而易白沙干脆宣称墨子是先秦诸子中唯一“可益于国人而无余毒者”：“周秦诸子之学，差可益于国人而无余毒者，殆莫如于墨子矣。其学勇于救国，赴汤蹈火，死不旋踵，精于制器，善于治守，以寡少之众，保弱小之邦，虽大国莫能破焉。”[②] 在后文中，易白沙甚至替墨子的宗教学说辩护，认为天志明鬼之说亦像兼爱非攻一样不可缓。这种说法直接与新文化运动的主导思想相乖违，因而难逃有意溢美之嫌疑。但在《新青年》杂志中竟会出现这种言论，亦足看出时人对墨学之厚爱了。

与这种热潮相联系，20 世纪的墨学研究也生出两种反动：一种是在崇墨正盛的情况下坚持批墨的立场。持这种立场的主要代表有柳诒徵、郭沫若。在《读墨微言》中，柳诒徵攻击当时治《墨》者曰：“今人多好讲墨学，以墨学为中国第一反对儒家之人；又其说多近于耶教，扬之可以迎合世人好高骛新之心理，而又易得昌明古学之名。故讲国学者莫不右墨而左孔，且痛诋孟子距墨之非。然世界自有公理，非任少数人舞文弄墨，便可颠倒古今之是非也。墨子之道，本自不能通行，自战国以来，墨学久绝者，初非举数千年若千万人，皆为孟子所愚，实由墨子之说，拂天性而悖人情，自有以致之耳。”柳氏雄辩地指出墨学之亡主要基于自身理论上的缺陷，这对那些盲目崇拜墨子的人来说无疑是一副清醒剂。因此说来，柳氏亦可谓当世治《墨》者之诤友了。郭沫若则不同。郭是用马克思主义的立场和方法研究墨学的拓荒者，但他对墨学却抱有一种本能的反感。在《青铜时代》中，郭沫若这样写道：“墨子始终是一位宗教家，他的思想充分地带有反动性——不科学，不民主，反人性，名虽兼爱而实偏爱，名虽非攻而实美攻。像他那样满嘴的王公大人，一脑袋的鬼神上帝，极端专制，极端保守的宗教思想家，我真不知道何以竟成了‘工农革命的代表’。”[③] 为了证明自己的观点，郭沫若不但把《墨经》诸篇说成是造字的当时说发现了的“粗浅常识”，而且故意曲解墨子各种主张的基本意思。尽管他自己言之凿凿，声称无所偏好，但这无异于不打自招，终难逃脱有

① 胡适：《中国哲学史大纲》卷上，商务印书馆 1919 年版，第 150 页。

② 易白沙：《述墨》，载《新青年》1 卷 2 号。

③ 郭沫若：《青铜时代》，新文艺出版社 1951 年版，第 165 页。

意溢恶之嫌疑。

另一种反动是因尊墨太过而宣称墨子非中国人。随着《墨》书的整理不断完善，墨家思想与学说的真实面目也越来越清楚，一些学者震惊于墨家逻辑和科学之先进以及墨家精神之高远，开始不相信这些东西能够属于东土之所产。再加上墨子之生地一直无法确断，这也为各种附会留下了余地。最早怀疑墨子非中国人的为胡怀琛。他根据“翟”与“狄”音近、兼爱非攻等与佛学相似、墨者之名多怪癖等理由，认定墨子为印度佛教徒。稍后卫聚贤替墨子作传，据“肤黑”“秃头”“赤足”及“墨书之引文不类中国文体”等理由，亦怀疑墨子为印度人或阿拉伯人。金祖同则作有《墨子为回教徒考》，认为墨子或即为印度回教徒。针对以上各种说法，方授楚曾经有过详细的驳辩。从思想史的角度看，这些说法只不过是民族虚无主义的表现，随着追求新奇之风一过，它们自然也就不值一提，至多只能算是近代墨学热潮中的一段小小的插曲而已。

3. 在复兴背后

如果从傅山的《墨子大取篇注》算起，到20世纪40年代止，前后大约有两百年之久。在这两百年间，中绝了近两千年的墨学重又经历了由小到大、由微而著的过程。经过好几代人的共同努力，《墨子》书得到了系统的整理，墨家思想得到了不断的挖掘，墨家精神亦受到广泛的提倡并最终出现了20世纪上半叶的“墨学热”。这两百年成了墨学史上的第二个黄金时代。

把这两百年和战国时期的两百年相比，可以看出两者有不少相似之处：第一，这两个时期都是社会发生急剧变革、新旧秩序不断更替时期。第二，这两个时期都是战乱频仍、灾荒满地的年代。战国之所以补称为战国，正因为各诸侯国之间常年征战不休。而近代，自鸦片战争以后，中国也一直处于被列强蹂躏、侵略甚至即将瓜分的境地，侵略和反侵略构成了近代史发展的主线。第三，这两个时期都是思想非常活跃、新旧冲突非常剧烈的时代。战国时期，由于政治气氛的宽松，思想界出现了百家争鸣的繁荣局面。近代，由于西学的冲击，古今中外各种观念、各种学说也变得更加容易交汇和冲突。所有这些大概都是战国时期墨学得以产生和近代墨学得以复兴的基本条件。

不过，两个时期也有一些不同。战国时期，墨学的产生可以说就是受当时环境和现实挑激的结果，墨子本人的各种主张一开始就主要是为了治世的。到了近代，墨学的重新兴起似乎更多的是受了外来势力的影响。战国时期，墨家作为诸子之一和儒家并立，墨之批儒只是因为学术路向或社会理想的不同。到了近代，“以墨批儒”则更多的是出于反传统的考虑。这两点对我们正确认识近代墨学的复兴来说是至关重要的。首先，由于近代的“墨学热”很大程度上是受到西学传播的影响，人们研究墨学或是出于对抗西学的目的，或是为了寻求移植西方文明的合适土壤。对抗西学者的典型说法是“西学墨源”说，接引西学者则更多地把墨学看成和西学一样或一致的东西。这两种说法的共同之处是，都停留在墨学和西学的表面上的相似之处，而忽略了两者之间的深层区别，结果极容易夸大墨学的价值和作用。其次，由于近代墨学复兴的一个重要原因是为了反传统、反儒家，人们提出或研究墨家是为了能找到一些与儒家教条不同的内容，所以研究者多注重揭示和发挥墨学中的积极内容，至于墨学本身的内在限制却常常被有意无意地忽略了。随着认识的深入，人们一旦发现墨学理论上的问题，狂热的情绪就会平复下去，墨学也就会重新陷入消沉的境地。

余论　墨学的现代价值

从晚清到民国，思想和学术界出现了“墨学热”。进入20世纪50年代以后，情况发生很大变化，马克思主义作为一种官方意识形态占据了思想界的主导地位，因此无论是回应西学还是批判传统，人们都很少再借助于两千年前的旧学说。于是，墨学重归于寂。“文化大革命”时期，墨学研究彻底中断。直到20世纪80年代，在文化热潮的刺激下，墨子和墨学才又一次引起人们的注意。除了《墨辩》研究继续深入之外，一些学者也开始重新鼓动墨家精神，以便对治现代社会的弊端。墨学复兴论成了传统文化研究领域和现代新儒家、现代新道家相类似的一种新思潮（只不过和新儒家、新道家相比，墨学复兴论的声音无疑太微弱了）。

本书不赞成复兴墨学这种极端的立场，也不能同意把墨子的形象无谓拔高的做法。作为先秦时期的“显学”，墨家的确曾经显赫一时，提出过很多重要的观念，建构了一套理论系统。墨子本人的人格也确实很高尚，具有丰厚的同情心和无畏的牺牲精神。但我们不能因此而忘记，墨子思想系统中还包含许多与现代文化精神格格不入的负面因素。如果忽视了这些负面因素而去刻意鼓吹墨家学说，那不但不能对墨家精神获得一个准确的了解，而且还极易产生替现代社会中某些病态现象做辩护的嫌疑。

另外，一提到“复兴”，给人的印象就是树立一种学术门户。树立一种学术门户，自然无可厚非。但是，从树立一种门户到落入门户之见其实只有一步之遥。正是基于这种考虑，在下文的讨论中，我们将把门户之见作为随时警惕的陷阱，争取尽量少一点个人的成见和好恶，多一分同情的理解，以便能平实地展现墨子思想的现代意义及其不足之处，公允地对待这一古老的文化遗产。

一

一位思想家的学说，之所以在相隔遥远的年代还能够发挥其影响力，一个重要的原因是，那些曾经困扰过思想家本人的问题如战争、饥荒、暴力等依然在困扰着后来的人们。这些问题在可以预见的将来也许仍然无法得到最后的解决，但思想家的真诚思考毕竟向解决这类问题迈出了可贵的一步。这是人们一直纪念他的原因所在。

墨子就是这种思想家的一个典型例子。他一生劳劳碌碌，四处奔走，上说下教，所试图解决的无非就是如何制止战争，如何解决贫富差距，如何实现平等，如何制止暴力，以及如何协调人与人的关系以实现永久的和平等问题——这些问题几乎都是人类面临的永恒难题。墨子的主张一共可以概括为十条，即兼爱、非攻、尚贤、尚同、节用、节葬、非乐、非命、天志、明鬼，这十大主张无疑寄寓着墨子尝试解决这类难题的努力。

现在的问题是，我们究竟应该如何看待墨子这些主张的价值？在战争、饥荒、暴力和不平等现象仍然存在的今天，墨子的这些主张是否还能够为人们解决这些社会危机提供一些有益的启示？

在墨子十大主张中，大概最容易激起当代人共鸣的是“非攻”和“节用”两条。“非攻”意味着国与国和平相处，“节用”意味着合理地利用资源和财力。在和平与发展已成世界两大主题、自然资源越来越匮乏的今天，这两条获得大多数人的首肯是没有问题的。

当然，并不是说世界上再也没有军备竞赛，也不是说已经没有人歌颂战争，我们的意思只是说，主张和平相处、反对武力相加已成为当今世界的一种主导力量。过去有一种说法，认为战争可以刺激技术进步和经济增长，这曾经是好战者的一个重要借口。但现在持这种乐观想法的人已经越来越少，人们明白在核战的阴影下，没有人能够置身局外。

墨子之所以提倡“非攻”，主要是从战争后果考虑的。他认为，战争没有赢家，不仅对被侵略一方来说是如此，而且对侵略的一方来说也是如此。被侵略者家园被毁、老弱被覆、重器被迁，当然惨不忍睹，但侵略者同样得付出“国家失率、百姓易务，转死沟壑者不可胜计”的代价，因此战争实在是一种有百害而无一利的行为。关于战争的本质，墨子分析说，它正像偷人牛马、杀人越货一样出于自私自利的本能，只不过战争较之偷窃杀人更残暴更不义而已。墨子主张实行积极的防守，以便随时应付来犯者；适当的时候，还可以出诛或征讨那些好战的国家。

把墨子的看法与当代史学家汤因比的说法做个比较，将会很有启发。汤因比曾经这样概括战争的本质：“战争是人类暴力和残酷性的一种特殊表现形式。我相信这些坏的冲动，是人的本性生来具有的，是生命本身的一种本质表现。”他分析战争的后果说：“在战争这种制度的背后，存在着这样一种设想，就是认为交战国必有一方胜利，一方失败，而战胜国从胜利中所得的利益一定比付出的多。这种企图往往是隐藏在背后的。实际上，战争往往给胜利者一方也带来破坏。至于核战争，可以明确地说，胜利的一方是不存在的，无论你付出多高的代价。”汤因比相信，“消灭战争一定是可能的。即使就一切人类说，不可能根除战争以外的暴力行为，而消灭战争也一定是可能的”。因此，他建议成立一个世界政府，“这个世界机关为了维护和平，应当配备有效的力量，使最强大的地方国家也必须服从”。①

两人的说法几乎在每一点上都是一致或接近的。中国古代的思想家和西方当代著名学者之间的这种惊人相似，只能说明一个问题，那就是人类爱好和平之心是没有种族、国界以及古今之分的。这也正是墨子的“非攻”主张能够获得人们激赏的原因所在。如果我们相信人类的希望终在于和平的话，那么墨子的“非攻”论总能焕发出它的特殊魅力。

墨子的“节用”论也当作如是观。就本义言，墨子当初提出节用、节葬、非乐等主张时，也许只是想限制统治者的挥霍浪费，以便普通百姓都能取得一定的生活资料，以维持最低标准的生存。这一点就足以体现出墨子深厚的同情心。但“节用”论的价值远不止这些，它实际上已经为如何解决人类与其居住环境、资源之间的矛盾提供了足资参考的意见。在古代，生产力水平低下，能够利用的资源有限，导致财富极端匮乏，少数人的浪费就会危及多数人的生存。所以，从理论上说，只有节约用度才能维持社会的正常运作。到了近代，生产力高度发达，可供利用的资源越来越广泛，反而使人放松了警惕，以为人与自然的矛盾终于有望解决。这种极

① 汤因比、池田大作：《展望二十一世纪》，国际文化出版公司1985年版，第248－251页。

度膨胀的乐观情绪带给人类的却是一枚酸涩的苦果：人口爆炸和资源滥用造成了环境恶化、能源短缺等一系列问题，人类的生存直接受到威胁。这一沉痛的教训告诉我们，即使在科技高度发达的今天，墨子所提出的“节用”主张仍然没有过时，它甚至还是我们应当大力提倡的美德和必须实行的措施。

中国的问题更加严重。本来，我们的国家资源贫乏、人口众多，人民的生活水平相当低下，可由于习俗和制度等方面的原因，挥霍浪费、破坏环境、无节制地滥用资源的现象却屡禁不止，新闻媒体披露的一些统计数字常常令人触目惊心。如果听任这种现象继续发展下去，要不了多久，人们就必须加倍地品尝自己亲手酿造的苦酒。到那时，再来回味我们先哲“俭节则昌，淫佚则亡”（《辞过》）的古训，恐怕就悔之晚矣。

在讨论“节用”的措施时，墨子曾经提出要“非乐”。换句话说，就是要取消一切艺术活动。墨子之所以反对音乐，主要原因是音乐这类艺术活动不能创造财富，无法满足人们实际的物质需要。从实用的角度出发思考问题本来就是墨子思维的特征，这使他无法认识到艺术有陶冶人的性情、满足人的情感需要、抚慰人的心灵的作用。这是墨子思想的偏狭处，也是他的主张最不能和现代精神相契合的地方之一。在充分肯定墨子节约思想的同时，我们必须认识到他的这点不足。

二

与“非攻”“节用”等主张相比，墨子的“尚同”“尚贤”论对我们当代社会的意义就比较难以评定。造成这种结果的原因是，人们对“尚同”和“尚贤”关系的理解一直存在争议。一种意见认为，“尚贤”是根本，“尚同”是“尚贤”派生的。持这种立场的人大多欣赏墨子“官无常贵，民无终贱。有能则举之，无能则下之”等激进的、富平等气息的宣言，因此更愿意肯定墨子与现代民主政治的吻合处。另一种意见刚好相反，认为“尚同”是根本，“尚贤”是“尚同”的派生。持这种立场的人则非常厌恶墨子“尚同”论的专制品格。因此，更倾向于认为墨子是一位极权主义政治的宣传者，而“尚贤”只不过是对极权主义的限制或补充。

两种说法都能在《墨子》书中找到有利于自己的材料，我们则宁愿把这种对立看成是今人用现代观念取舍古人的结果。合理的推测是，这两大主张之间并不能互相化约，“尚同”归“尚同”，“尚贤”归“尚贤”，“尚同”和“尚贤”服务于一个共同的目的，即“兴天下之利，除天下之弊”，但表现出来却是不同的效果：“尚贤”只会流于贤人政治，“尚同”则必导致专制。在这个问题上，区分动机和效果非常重要。

另外，需要注意的是，墨家的政治思想构成了中国古代政治传统的一个组成部分，而当代的政治生活在一定程度上仍然是中国古代政治传统的延续。之所以称墨家的政治思想是中国古代政治传统的一个组成部分，是因为学派的中绝并未导致其思想的完全消失。相反，墨家的政治理念通过儒、法的吸收和改造而融会到了中国古代政治传统中去。大体上说，儒家的吸收主要体现在“尚贤”论。传统上，儒家之“贤”偏于德行、限于贵族，到了荀子那里，“官无常贵，民无终贱。有能则举之，无能则下之”也就成了儒家的社会理想（参看第三章有关内容）。法家的吸收主要体现在“尚同”论上。从商鞅的“一刑罚”可以看到墨子“一同天下之义”的影子，而墨家“富贵以道其前，明罚以率其后”的说法，也开了法家以赏罚为治国基本手段的先声。墨家的影响尽管是间接的，但它毕竟参与了塑造中国的政治传统。从这个意义上说，我们批评中国传统政治之弊端时，也就不能不连带地批评墨子的政治思想。同理，我们评价墨子政治思想之价值时，也就不能完全撇开中国的政治实际。

首先看“尚贤”。在一个专制主义盛行的社会里，“尚贤”是人们可以想象得到的，而且有时也的确能实现的政治理想。无论如何，由一个开明的统治阶层来治理，总是比无德无才的暴君佞臣统治为好。从这点来看，墨子的“尚贤”论在中国古代政治思想史上有其重要地位。另外，中国还是一个宗法制度极为完备的国家。经过儒家强化的宗法伦理和专制主义政治制度的结合，产生了很多腐败现象，如以权谋私、贪污腐化、拉帮结派、搞裙带关系等，这些现象一直影响到当代的政治生活。墨子之所以提倡“尚贤”，要求不分贵贱等级，重用那些德才兼备的人，主旨就是要解决这种不合理的现象。如果说墨子的“尚贤”论在中国古代体现了下层民众的一种平等参政要求，有效地批判了传统的宗法伦理，那么在当代，宣传“尚贤”思想将会有助于对各种腐败现象的批判。这是墨子“尚贤”论对当代社会的一点积极意义。

但是仅此而已。墨子的“尚贤”不是解决政治腐败的有效方法。过分地夸张“尚贤”的作用甚至会混淆视听，转移问题的焦点。一般来说，导致腐败的主要原因是权力过分集中，缺少一个有效的机制来约束制衡那些握有权力的人。解决腐败的关键在实现真正的民主，让民众有权参与决策并监督政府。墨子的“尚贤”论最理想的结果也不过是传统的所谓“德政”，因此依然没有超出“清官思维”的路子。从思想史的角度看，我们必须充分认识到墨子“尚贤”论在当时的革命意义，但就当代政治生活而言，“尚贤”的作用决不容夸张。

过去流行一种说法，那就是认为墨子的“尚贤”论有似于西方近代民主。这纯属误解。民主虽然没有一个大家普遍接受的定义，但大体上说，民主可以理解为一种社会管理体制。在该体制中，社会成员基本上能够直接或间接地参与影响全体成员的决策。民主的关键在参与。如果一个社会中的大多数成员都没有权力参与决定自己命运的决策，那么这个社会绝不是真正的民主社会。参与的最基本途径是选举。墨子虽有参政的要求，但没有选举的观念。他理想的社会中，各级官员都是自上而下任命的，这样逐级后退，结果必然导致一人专政。在一个民主社会里，贤能自然是一种值得肯定的品德，但贤能的标准不是由某个人所决定的，谁最适合担任公职，那是需要经过合法的程序由大家选举出来的。墨子的“尚贤”论所缺乏的正是这种必不可少的合法程序。

再看“尚同”。在墨子的十大主张中，也许最令现代人反感的就是他的“尚同”论。墨子所谓“尚同”，不仅要求政治集中，而且要求思想的统一。所谓“上之所是，必亦是之；上之所非，必说非之。已有善，傍荐之；上有过，规谏之。尚同义其上，而毋有下比之心”的说法，几乎把个人的自由和权利剥夺净尽，没有思想，没有自决权，甚至也没有独立的人格，一切都服从上面的意志，个人只不过是工具而已。所有这些，和民主政治的精神完全背离，因此墨子的“尚同”论对于现代社会没有任何积极意义。相反，由于借助法家的吸收和改造，墨子的这种主张同时成了中国历代专制主义政治的理论源头之一。要想成功地清除专制主义的余毒，墨子的“尚同”论恐怕也应当属于批判之列。

由于“尚同”必然导致专制和极权，所以也有人就根本怀疑墨子的用意，认为墨子立说的目的纯粹是为统治者着想。这种说法似乎不太公平。从墨子的各项主张来看，他所关心的仍是天下万民之利，像“兴天下之利，除天下之弊”“息饥食寒”“富贫众寡、安危治乱”等说法都足以表明墨子的立场所在。墨子的问题只是他的方法与他的目的恰相乖违而已。

三

“兼爱”是墨子思想的核心，也是墨家区别于其他各家的标志。“兼爱”要求视人如己，平等地爱一切人。这虽不合于中国传统的宗法伦理，但却更易于与现代社会的博爱精神相契合。汤因比早就说过：“把普遍的爱作为义务的墨子学说，对现代世界来说，更是恰当的主张。”“我想只有普遍的爱，才是人类拯救自己的唯一希望。”① 池田大作也认为：“墨子关于舍去利己，树立爱他的兼爱学说，是反对侵略战争的理论先导……这种理论是极为近代化的。”②

墨子的“兼爱”有许多独特的地方。首先，爱利必须并提。如“兼相爱，交相利”“爱利万民”“爱人利人”“相爱相利”等。在墨子的观念里，爱人利人必表现于实际的事功，没有实际事功的爱就不能称作真正的爱。所以，虽从概念上分辨，“兼相爱”可以说是一条最基本的道德理想，“交相利”是这种道德理想在实际中的应用，但究极而言，“兼相爱”就等于“交相利”，“交相利”也就等于“兼相爱”，两者说的是一回事。爱利并提使墨子的思想带有功利主义的特征。

其次，坚持对等互报原则。《兼爱上》云：“子自爱不爱父，故亏父而自利；弟自爱不爱兄，故亏兄而自利；臣自爱不爱君，故亏君而自利。此所谓乱也。虽父之不慈子，兄之不慈弟，君之不慈臣，此亦天下之所谓乱也。”子不爱父、弟不爱兄、臣不爱君，这叫乱；同样地，父不慈子、兄不慈弟、君不慈臣，这也叫乱。所以，父子、兄弟、君臣之间的爱是互相的、对等的。爱的施受双方不再是森严等级的两端，而是两个平等的个体。在兼爱的背后实际蕴含着一种人格平等的观念。这些都和现代伦理观念有近似之处。

---

① 汤因比、池田大作：《展望二十一世纪》，国际文化出版公司1985年版，第425页。
② 汤因比、池田大作：《展望二十一世纪》，国际文化出版公司1985年版，第426页。

墨子提倡“兼爱”，主要目的是批判传统的宗法制。宗法制体现在伦理上便是重血缘、重差别、重等级，其典型表现便是“亲亲”和“尊尊”。儒家伦理在很大程度上正是建立在宗法制度的基础之上。这种伦理的最基本精神是重义轻利，重义务轻权利，主张从自身做起，从而推己及人，其优点是重视个人德行的修养、重视家庭关系等，其毛病则是容易产生忽视个人权利、抹杀个性甚至陷入自私自利。由于儒墨两家命运迥异，两家伦理思想的遭遇也不一样。墨家的兼爱说被攻击为“无父禽兽”之论而遭人鄙弃，儒家伦理则成了维系社会秩序的一个最基本因素，直接决定着中国人的道德观念。

20 世纪以来，经过新文化运动的打击和马克思主义的改造，儒家伦理已经分崩离析，丧失了它维系社会的功能。在这种情况下，与现代伦理精神比较接近的“兼爱”学说自然可以为我们提供一些借鉴。经过创造性地解释，墨家的“兼爱”极有可能成为新型伦理的一个重要组成因素。

参考文献

（按出版日期）

［1］胡适．中国哲学史大纲：卷上［M］．北京：商务印书馆，1919.
［2］钱穆．墨子［M］．北京：商务印书馆，1934.
［3］陈柱．墨学十论［M］．北京：商务印书馆，1934.
［4］梁启超．墨子学案［M］//饮冰室合集：专集第39种．北京：中华书局，1936.
［5］方授楚．墨学源流［M］．北京：中华书局，1934.
［6］詹剑峰．墨家的形式逻辑［M］．武汉：湖北人民出版社，1956.
［7］栾调甫．墨子研究论文集［M］．北京：人民出版社，1957.
［8］侯外庐．中国思想通史：第1卷［M］．北京：人民出版社，1957.
［9］高亨．墨经校诠［M］．北京：科学出版社，1958.
［10］罗根泽．诸子考索［M］．北京：人民出版社，1958.
［11］岑仲勉．墨子城守各篇简注［M］．北京：中华书局，1958.
［12］康有为．孔子改制考［M］．北京：中华书局，1958.
［13］王明．太平经合校［M］．北京：中华书局，1960.
［14］冯友兰．中国哲学史［M］．北京：中华书局，1961.
［15］杜国庠．杜国庠文集［M］．北京：人民出版社，1962.
［16］谭戒甫．墨辩发微［M］．北京：中华书局，1964.
［17］郭沫若．中国古代社会研究［M］．北京：人民出版社，1964.
［18］李渔叔．墨辩新注［M］．台北：台湾商务印书馆，1968.
［19］爱因斯坦．爱因斯坦文集：第1卷［M］．北京：商务印书馆，1976.
［20］汪奠基．中国逻辑思想史［M］．上海：上海人民出版社，1979.
［21］沈有鼎．墨经的逻辑学［M］．北京：中国社会科学出版社，1980.
［22］谭嗣同．谭嗣同全集［M］．增订本．北京：中华书局，1981.
［23］谭戒甫．墨经分类译注［M］．北京：中华书局，1981.

[24] 詹剑峰. 墨子的哲学与科学 [M]. 北京：人民出版社，1981.
[25] 顾颉刚. 古史辨 [M]. 上海：上海古籍出版社，1982.
[26] 王焕镳. 墨子校释 [M]. 杭州：浙江文艺出版社，1982.
[27] 金景芳. 古史论集 [M]. 济南：齐鲁书社，1982.
[28] 郭沫若. 十批判书 [M]//郭沫若全集：历史编第二卷. 北京：人民出版社，1982.
[29] 伍非百. 中国古名家言 [M]. 北京：中国社会科学出版社，1983.
[30] 方孝博. 墨经中的数学和物理学 [M]. 北京：中国社会科学出版社，1983.
[31] 陈孟麟. 墨辩逻辑学 [M]. 济南：齐鲁书社，1983.
[32] 杨向奎. 绎史斋学术文集 [M]. 上海：上海人民出版社，1983.
[33] 蔡仁厚. 墨家哲学 [M]. 台北：台湾东大图书公司，1983.
[34] 任继愈. 中国哲学发展史：先秦卷 [M]. 北京：人民出版社，1983.
[35] 王明. 道家和道教思想研究 [M]. 北京：中国社会科学出版社，1984.
[36] 傅山. 霜红龛集 [M]. 太原：山西人民出版社，1985.
[37] 梁启超. 中国近三百年学术史 [M]//梁启超论清学史二种. 上海：复旦大学出版社，1985.
[38] 李绍昆. 墨子：伟大的教育家 [M]. 长沙：湖南教育出版社，1985.
[39] 汤因比，池田大作. 展望二十一世纪 [M]. 北京：国际文化出版公司，1985.
[40] 孙诒让. 墨子间诂 [M]. 北京：中华书局，1986.
[41] 王焕镳. 墨子校释商兑 [M]. 北京：中国社会科学出版社，1986.
[42] 赵靖. 中国古代经济思想史讲话 [M]. 北京：人民出版社，1986.
[43] 陈独秀. 独秀文存 [M]. 合肥：安徽人民出版社，1987.
[44] 蒙文通. 蒙文通文集：第1卷 [M]. 成都：巴蜀书社，1987.
[45] 张惠言. 茗柯文编 [M]. 上海：上海古籍出版社，1984.
[46] 朱志凯. 墨经中的逻辑学说 [M]. 成都：四川人民出版社，1988.
[47] 顾颉刚. 顾颉刚古史论文集：第一册 [M]. 北京：中华书局，1988.
[48] 韦政通. 中国哲学辞典大全 [M]. 北京：世界图书出版公司，1989.
[49] 陈撄宁. 道教与养生 [M]. 北京：华文出版社，1989.
[50] 李约瑟. 中国古代科学思想史 [M]. 南昌：江西人民出版

社，1990.
［51］蔡尚思. 中国古代学术思想史论［M］. 广州：广东人民出版社，1990.
［52］张知寒. 墨子研究论丛（一）［M］. 济南：山东大学出版社，1991.
［53］孙中原. 墨子及其后学［M］. 北京：新华出版社，1991.
［54］赵靖. 中国经济思想通史：第1卷［M］. 北京：北京大学出版社，1991.
［55］胡适. 先秦名学史［M］//胡适学术文集·中国哲学史（下册）. 北京：中华书局，1992.
［56］杨俊光. 墨子新论［M］. 南京：江苏教育出版社，1992.
［57］顾立雅. 孔子与中国之道［M］. 太原：山西人民出版社，1992.
［58］吴毓江. 墨子校注［M］. 北京：中华书局，1993.
［59］孙中原. 墨学通论［M］. 沈阳：辽宁教育出版社，1993.
［60］周云之. 先秦名辩逻辑指要［M］. 成都：四川教育出版社，1993.
［61］邢兆良. 墨子评传［M］. 南京：南京大学出版社，1993.
［62］梁启超. 先秦政治思想史［M］. 上海：东方出版社，1996.
［63］朱维铮. 周予同经学史论著选集［M］. 上海：上海人民出版社，1996.
［64］沈剑英. 因明学研究［M］. 上海：东方出版中心，1996.
［65］张永义. 苦行与救世［M］. 广州：广东人民出版社，1996.
［66］陈澧. 东塾读书记（外一种）［M］. 北京：三联书店，1998.
［67］郑杰文. 中国墨学通史［M］. 北京：人民出版社，2006.
［68］江瑔. 读子卮言［M］. 上海：华东师范大学出版社，2011.
［69］冯立升. 畴人传合编校注［M］. 郑州：中州古籍出版社，2012.
［70］孙中原. 墨子与墨学［M］. 北京：中国书籍出版社，2015.
［71］何炳棣. 何炳棣思想制度史论［M］. 北京：中华书局，2017.
［72］解启扬. 显学重光［M］. 北京：中国政法大学出版社，2017.
［73］曾昭式. 先秦逻辑新论［M］. 北京：科学出版社，2018.